高等院校 **市场营销专业** 精品规划教材

国际市场营销学

(第2版)

International Marketing, 2nd Edition

主编 李威 王大超

机械工业出版社
China Machine Press

国际市场营销学于20世纪60年代从基础市场营销学中分离出来，成为市场营销学的分支。通过本课程的学习，学生可以理解有关国际市场营销的基本概念、原理，同时课程配合使用国内外的市场营销案例进行教学，使学生掌握具有一定的可操作性的实践技巧。本书收录了该学科当代最新的理论和观点，以及权威的统计资料和典型的跨国公司案例，同时介绍了该学科主要理论的发展趋势。

本书可以作为高等院校相关专业的教材，也可以作为各种培训班教材，是各层次、各类经营管理人员的必备读物。

图书在版编目（CIP）数据

国际市场营销学/李威，王大超主编．—2版．—北京：机械工业出版社，2012.8（2014.11重印）
（高等院校市场营销专业精品规划教材）

ISBN 978-7-111-39277-4

Ⅰ．国…　Ⅱ．①李…　②王…　Ⅲ．国际营销－高等学校－教材　Ⅳ．F740.2

中国版本图书馆CIP数据核字（2012）第173351号

机械工业出版社（北京市西城区百万庄大街22号　邮政编码　100037）
责任编辑：王金强　　　版式设计：刘永青
北京瑞德印刷有限公司印刷
2014年11月第2版第3次印刷
185mm×260mm·18.75印张
标准书号：ISBN 978-7-111-39277-4
定价：38.00元

凡购本书，如有缺页、倒页、脱页，由本社发行部调换
客服热线：（010）88379210；88361066
购书热线：（010）68326294；88379649；68995259
投稿热线：（010）88379007
读者信箱：hzjg@hzbook.com

前言

从2005年国际市场营销学校级精品课程建设启动到2007年申报辽宁省省级精品课程成功，从2011年被确定为辽宁省“十二五”规划教材到2012年国家“十二五”规划教材的申报，国际市场营销课程建设坚实地、一步一步地走过了7年。在与国外优质教育资源合作的大背景下，沈阳师范大学国际商学院的教学团队始终将课程建设目标定位于教学理念创新、教学模式创新、教学内容创新和教学手段创新。实现创新，特色是关键。本教材坚持国际化、时代化的特色，具体体现在“理论及理论更新+经典及最新的中外案例”和中英文结合的双语模式上。

2007年一个偶然的机缘，“相逢正当时”且“情投意合”地接触到机械工业出版社华章公司，促成了这本书的构思、写作、成稿和最终出版。教材出版后，引起了许多高校的关注，产生了良好的学术反响。这便是我们计划编写第2版的重要原因。

教材第1版问世于2008年，而2008~2012年，看似短暂的4年，却极不平凡。在这几年中，全球发生了太多的重大事件，国际市场也因此发生了太多的变化，其中的许多情况是始料不及的。如果不对第1版教材进行修订、更新，其内容特别是中外大量案例显然将滞后于国内外形势的发展。在机械工业出版社华章公司的强烈建议、敦促下，本书在第1版的基础上进行了比较系统的更新。

机械工业出版社华章公司教育图书策划部对本书从选题到具体的内容都提出了宝贵的意见和建议，他们将本书的写作大纲发给了全国100多位从事市场营销教学的专家、学者征求意见，收到了许多非常有价值的意见和建议，使得本书的写作有了更坚实的学术基础。在此要特别感谢江西财经大学吴忠华、中南财经政法大学汤定娜、大连海事大学杭艳秀、华东师范大学何佳讯、嘉兴学院胡勇、西南政法大学周杰、西北大学康蓉、湖南大学于坤章、重庆师范大学左金隆、上海师范大学刘建良、天津职业大学钟强、湖北大学陈汉林、山西大学孟慧霞、江苏大学王艳、湘潭大学杨建军、广东外语外贸大学阳林、广东外语外贸大学张红明、东华大学周力等院校同行给予我们的意见与帮助，他们的建议在书中也得到了很好的体现。

应该说，本书是所有老师的艰辛探索和点滴收获的汇集，是国际市场营销学课程的阶段性总结。但是真正催生这个应势应运产品的是国家和辽宁省精品课程建设的大势，是机械工业出版社华章公司的厚爱，是国内多位专家学者的意见、建议和帮助。

国际市场营销学是极具中国特色的营销教材。本书的初稿是本科层次的英文教材，辅以中文的关键词和关键理论。因为在写作前的市场调研中，我们发现目前我国高校使用的市场营销、国际市场营销和市场营销管理类教材有两类：一类是引进的原版教材，普遍存在的问题是难度较大、内容较多（多为硕士层次的教材），案例与中国企业、中国市场之间的关联度不够，学生理解和应用起来不够方便；另一类是传统模式的教材，普遍情况是案例较少，理论的时效性不强，讲述不够生动。因此，我们力图编写一本适用于中国高校的国际市场营销学本科教材，该教材应充分体现出以下特点：①创新的视角，即立足于中国的视角和中国的市场环境，研究并探讨中国企业的国际化营销和国际企业的中国营销；②贴近中国的商务环境，大量结合中国的市场案例，针对中国市场和中国消费者的特点；③强调营销的最新趋势，使相关理论和资料数据得以更新；④借鉴国外教材，辅以大量的案例分析、图片展示；⑤采用中英文双语教材的模式，以中文为主，提供英文重点词汇和关键词（这是与我们初稿不同的地方，在改动的时候，我们还是很犹豫，毕竟英文教材原稿凝聚了我们太多的心血和智慧，历时两年多，经过两轮的使用和多次修改）；⑥采用中英文案例，原则上避免反向翻译造成的不必要的语言表达上的差异。

在本书的编写过程中，我们做了很多尝试，涉及以往教材中不曾提及的，营销实践中不曾遇到的，课程教学中不曾思考的问题。无论是对新的教学思路的探索，还是对新的教学模式的尝试，无论是对国内外最新理论的追踪，还是对中国营销实践的描述和分析，都只是最原始的实践积累和最质朴的成果总结，是我们在前进过程中为了更好地发展而进行的驻足反思，是集前人丰硕成果的跬步积累，是吸纳并获取更多专家、学者与教师建议和意见的平台。

在本书中，大量的编写任务凝结着以下老师的倾力付出：韩莹老师和王大超老师负责撰写第1章；栗峥老师负责撰写第2章；李敏舒老师负责撰写第3章；王东升老师负责撰写第4章和第6章；王志文老师负责撰写第5章和第8章；孙福广老师负责撰写第7章；刘春芝老师负责撰写第9章；李威老师负责撰写第10～13章。全书由李威、王大超老师负责统稿及确定第2版的编撰原则。

辽宁省国际市场营销学精品课编写组
2012年5月1日

教学建议

一、课程简介

国际市场营销学是建立在经济科学、行为科学、现代管理理论基础之上的应用学科，是与经济学、行为科学、心理学、社会学、管理学、公共关系学等学科密切结合的一门综合性、边缘性、实践性的经济管理学科。它是市场营销专业的专业课程，也是国际贸易和国际金融专业的专业基础课程。本课程的任务是帮助学生了解和掌握国际市场营销的基本原理与应用方法，为今后更好地解决实际问题打下扎实的理论基础和技能基础。

二、选课建议

本课程适合贸易、金融、营销和管理类专业学生在选修课程（相关的经济学、消费者行为学、市场营销学等课程）的基础上，进一步提高实践能力和综合能力所用。

三、课程任务和教学目标

通过本课程的学习，使学生掌握国际市场营销的基本概念和理论，明晰国际市场营销的整个操作流程，熟悉当前国际市场营销的最新趋势和特征。通过营销实务、案例分析、实际调研、营销策划等，培养学生发现、分析和解决问题的基本技能，提高学生的创新能力，为学习后续课程打下坚实的基础。

四、课程基本要求

通过本课程的教学，要求学生了解当前国际市场营销的特点，掌握国际市场营销和市场营销的区别；熟悉国际市场营销的流程和内容（包括国际市场分析、国际市场营销环境分析、国际市场信息系统管理与市场调研、国家目标市场的选择、国际营销策略以及国际营销的组织和控制），学会基于以上理论基础的实践应用，包括市场环境分析的基本方法，市场调研的程序和方法，根据调研结果进行的市场分析、目标市场定位、营销策略策划以及国际市场营销策略的制定和实施。

五、教学内容、学习要点及课时安排

教学内容	学习要点	课时安排	
		营销专业必修课	贸易、金融、管理类选修课
第 1 章　国际市场营销理论基础	（1）掌握国际市场营销的基本概念和相关理论 （2）了解市场营销管理哲学的发展和演变 （3）掌握国际市场营销的基本流程和主要内容 （4）了解国际市场营销与市场营销的区别 （5）了解与国际市场营销相关的国际经济组织	6	4
第 2 章　国际市场营销的政治环境与法律环境	（1）了解宏观环境和微观环境对国际市场营销的影响 （2）掌握宏观环境和微观环境的构成 （3）掌握分析与评估市场机会和环境威胁的基本工具 （4）了解国际市场营销中的政治和法律环境因素 （5）掌握应对政治和法律风险的手段与方法	4	3
第 3 章　国际市场营销的经济环境	（1）了解影响国际市场营销的经济环境因素 （2）掌握经济因素对国际市场营销的影响 （3）掌握分析及应对经济因素影响的方法和工具	4	3
第 4 章　国际市场营销的文化与社会环境	（1）了解文化的定义和全球范围的文化差异 （2）掌握社会文化因素对国际市场营销的影响 （3）学会在营销实践中关注和重视社会文化因素的影响	6	3
第 5 章　国际市场营销的科技环境	（1）了解科技环境对国际市场营销的影响 （2）了解基于科技进步的网络营销模式 （3）了解科技的最新发展趋势	3	2
第 6 章　中国市场及消费者分析	（1）了解国际市场营销在中国的发展、现状、特色和未来趋势 （2）了解中国市场营销环境的特殊性 （3）了解中国消费者的独特性	4	3
第 7 章　国际市场营销调研	（1）了解国际市场营销调研的内容和程序 （2）掌握营销调研的方法、工具和手段 （3）了解市场营销调研的重要性 （4）了解市场营销信息系统的含义与构成	3	2
第 8 章　国际市场进入战略	（1）掌握国际市场进入的基本方法和策略 （2）了解各种战略模式在实践应用中的利与弊 （3）掌握影响企业进入模式选择的因素	4	2

（续）

教学内容	学习要点	课时安排	
		营销专业必修课	贸易、金融、管理类选修课
第 9 章　国际市场细分战略	（1）了解国际市场细分、市场选择、市场定位战略的内容 （2）掌握国际市场细分的依据、步骤和衡量标准 （3）掌握目标市场锁定的方法 （4）掌握企业市场定位的方法和依据	4	2
第 10 章　国际市场营销的产品策略	（1）了解产品的概念和整体产品的构成 （2）掌握国际市场营销中的产品策略 （3）了解影响产品策略制定的因素 （4）了解品牌概念及其在国际市场营销中的应用 （5）掌握制定和实施品牌策略的原理和方法	4	3
第 11 章　国际市场营销的价格策略	（1）了解产品的价格构成及影响国际产品定价的因素 （2）掌握企业定价的基本方法 （3）掌握企业的国际定价策略 （4）了解企业在价格战中的应对策略	4	3
第 12 章　国际市场营销的渠道策略	（1）了解渠道的概念和渠道构成 （2）掌握影响企业营销渠道选择的因素 （3）掌握企业在国际市场营销中的渠道策略选择 （4）了解零售业发展新格局下的渠道变革 （5）了解新技术条件下的渠道创新 （6）了解物流管理的基本理论和发展趋势	4	3
第 13 章　国际市场营销的促销策略	（1）了解促销的含义和作用 （2）了解促销组合的基本内容以及各种促销方式的主要特点 （3）掌握整合营销传播的概念 （4）掌握企业在国际市场营销中的促销策略 （5）了解信息技术带来的促销方式的变化	4	3
案例讨论：结合本课程各章的内容，提供若干中外案例，建议各章至少选择 1 个案例，让学生参与讨论分析，提出解决问题的方案		13 ~ 20	13 ~ 20
情景模拟：选择教材及配套参考资料中的 4 ~ 6 个情景模拟题，通过模拟实验，得出结果后进一步比较评价，从而提高学生的综合分析能力		8 ~ 10	6 ~ 8
课时总计		54	36

注：案例讨论与情景模拟的课时可以由教师灵活掌握分配使用。

目录

前　言

教学建议

第一篇　国际市场营销导论

第二篇　国际市场营销环境

CONTENTS

Part IV International Marketing Mix

Part I

第一篇

国际市场营销导论

Introduction

第 1 章 Chapter 1

国际市场营销理论基础
International Marketing Fundamentals

重点词汇

Domestic Marketing Targeting exclusively on the home country market. A company in domestic marketing may be doing this consciously as a strategy or unconsciously in order to avoid challenge of the managing how to market outside the home country. ㊀

Globalization The worldwide movement toward economic, financial, trade, and communications integration. Globalization implies the opening of local and nationalistic perspectives to a broader outlook of an interconnected and interdependent world with free transfer of capital, goods, and services across national frontiers. However, it does not include unhindered movement of labor and, as suggested by some economists, may hurt smaller or fragile economies if applied indiscriminately. ㊁

International Marketing The firm's marketing activities in more than one nation. At its simplest level, it involves the firm in making one or more marketing mix decisions across national boundaries. At its most complex level, it involves the firm in establishing manufacturing facilities overseas and coordinating marketing strategies across the globe. ㊂

International Trade The exchange of goods or services along international borders. This type of trade allows for a greater competition and more competitive pricing in the market. The competition results in more affordable products for the consumer. The exchange of goods also affects the economy of the world as dictated by supply and demand, making goods and services obtainable which may not otherwise be available to consumers globally. ㊃

㊀ 肖云南. 国际市场营销［M］. 国家教育部新世纪网络课程建设工作项目. 商务英语系列课程教材. 北京：清华大学出版社，2005.

㊁ http://www.businessdictionary.com/definition/globalization.html.

㊂ Doole, I. and Lowe, R. International Marketing Strategy Analysis, Development and Implementation. 3rd Ed. London: Thomson Learning, 2001: 13.

㊃ http://www.businessdictionary.com/definition/international-trade.html.

Market The sum of demand and supply, which can be classified into goods market, factor market and financial market.

Marketing An organizational function and a set of processes for creating, communicating, and delivering value to customers and for managing customer relationships in ways that benefit the organization and its stakeholders. ㊀

Marketing Philosophy A way of organizing and controlling marketing. The whole philosophy of marketing is changing. Previously, marketing involved creating a demand for a specific product or service. That approach is obsolete. Today marketers must interact with the market, determine what products and services are needed, and supply enough information to the market about those products so that the products find their own market. ㊁

Multinational Corporation (MNC) An enterprise operating in several countries but managed from one (home) country. Generally, any company or group that derives a quarter of its revenue from operations outside of its home country is considered a multinational corporation. ㊂

导入案例

瑞士手表，为中国制造

纵观2010年各品牌推出的最新表款中，无一不体现了以下的趋势：各系列增加了玫瑰金的款式、各款式纷纷推出镶钻版本、更经典复古的设计、高科技精密陶瓷的广泛改良运用……目睹这些，来自中国的经销商、媒体都不由会心一笑：中国人就喜欢这样的瑞士手表。

毫无疑问，亚洲已成为2010年最大的瑞士钟表消费市场，全球超过半数的销售额来自亚洲（大部分为华人购买者），而且增长速度高达34.6%，轻易击败了美国（14.5%）和欧洲（10.4%）。而展馆内此起彼伏的中国各地方言交谈声，随处可见的华人面孔，更是这些数据的现实佐证。

“中国是我们最重要的市场，无论是对销售潜能，还是整个集团未来的全球战略。”摩凡陀品牌亚太区总裁 Fabrice Poch 说道。

瑞士制造的美度（Mido）手表，据其中国区副总裁王颖透露，中国已贡献了美国在全球近一半的销售业绩，2010年销售额比往年翻了将近一倍；至于较美度定位略高的浪琴，中国市场占其全球销售额约1/3；至于在中国一直表现得“雷声大雨点小”的豪雅表（Tag Heuer）中国市场在全球的销售排名也从2009年的第20位上升到如今的第10位。

放大表背的浮雕纪念图案和商标、一切和8有关的都好卖、更多限量版……瑞士手表品牌的这些违反常规的设计，无一不是因为“中国人就是喜欢”。

确实，比起华而不实的计时码表、月相、万年历等复杂功能，超薄、贵金属、镶钻这些才是能够让普通中国老百姓觉得“物有所值”的购买理由。

以2011年巴塞尔钟表珠宝展上欧米茄的新品——Hour Vision 同轴镂空铂金限量版为例，

㊀ http://www.marketingpower.com/.

㊁ http://greatday.com/.

㊂ http://www.businessdictionary.com/definition/multinational-corporation-MNC.html.

41毫米的表壳由950铂金手工精制而成，360°透明蓝宝石表壳主体可以从各个角度观察同轴8403型机芯的运转，醒目的蓝宝石表盘上刻有“Limited Edition”（限量版）字样，底板上刻印有欧米茄标志、机芯英文名称以及限量编号（00/88）。限量发售88枚，无疑是为中国市场考虑，但凡是8、18之类逢8的编号总是第一时间被中国市场所购买，屡试不爽。

比起欧美市场流行的白金材质，中国人因为肤色等原因，更偏好粉红金、黄金等18K金的材质，为了差别化竞争，欧米茄还推出了18K“橙金”的配方，融合黄金、铂金等材质达到了介于玫瑰金与黄金之间独特的暖色调。

就连一向特立独行“为未来而设计”的宇舶表，也考虑到中国市场的接受度，推出了Classic Fusion系列，与主打Big Bang系列棱角分明、张扬的设计相比，其表面更为简洁、线条柔和，定价也属于名牌中的入门级产品。“中国是一个大国，对我来说它并不仅仅是一个国家，更是很多不同的文化和民族的综合体，不同的城市有着自己的文化。尽管我每个月来中国一次，也不能充分认识这个国家。”宇舶表全球CEO Jean-Claude Biver的说法颇具代表性，对每个瑞士制表品牌而言：“中国的市场容量相当于一个大洲，值得为其做出改变。”

资料来源：胡颖，苏贝仪. 21世纪经济报道，2011-04-01. http：//www. 21cbh. com/.

当瑞士手表制造商敏锐地察觉到消费群体发生变化时，也随之改变了瑞士手表的常规设计。国际市场营销正是研究企业在不断融合的国际贸易中，如何应对复杂且变化多端的环境因素，寻求在国际市场立足的机会。

1.1 市场营销基本范畴（The Concepts of Marketing）

市场营销学是建立在经济科学、行为科学、现代管理理论基础之上的应用学科，是与经济学、行为科学、心理学、社会学、管理学、公共关系学等学科密切结合的一门综合性、边缘性、实践性的经济管理学科。当它指学科时，习惯译为“市场营销学”。除此之外，还有人将之译为“市场营运学”、“市场行销学”或“市场学”、“销售学”等。[1]

在经济学研究中，市场是一种通过供需关系的相互作用决定销售价格及数量的机制，换句话说，市场是供给和需求的总和。中国市场学会对市场的定义为：市场是某种或某类商品需求的总和，或者说是某一产品的所有现实买主和潜在买主所组成的群体；市场是供求双方力量相互作用的总和，如“买方市场”、“卖方市场”；市场是指一定时间、一定地点条件下商品交换关系的总和；市场也是商品生产者、中间商、消费者交换关系的总和。

市场包含3个主要因素，即有某种需要的人、为满足这种需要的购买能力和购买欲望。三者相互制约、缺一不可，共同决定市场的规模和容量。例如，一个国家或地区人口众多，但收入很低，购买力有限，则不能构成容量很大的市场。又如，购买力虽然很大，但人口很少，也不能形成很大的市场。只有人口多，购买力又强，才能形成一个庞大而具有潜力的市场。但是，如果提供的产品得不到购买者文化和个性的认同，也不能引起人们的购买欲望，仍然不能成为现实的市场。所以，市场是上述3个因素的统一。[2]

1.1.1 市场营销（Marketing）

美国市场营销协会1985年给出的市场营销定义是关于构思、产品和服务的设计、定价、促销和分销的规划和实施过程，目的是创造能实现个人和组织目标的交换。该协会在 2004 年 8 月对沿用了 20 年之久的市场营销定义做出最新修订，提出市场营销既是一种组织职能，也是为了组织自身和利益相关者的利益而创造、传播和传递客户价值、管理客户关系的一系列过程。[3]

中国市场学会认为市场营销是企业的一整套活动，即对一种能满足现有的和潜在需要的产品、劳务、计谋，从设计、定价、促销、调运到销售互为影响的一系列活动的计划和实施过程。当它指活动时将其译为“市场营销”或“营销活动”。[1]

因此，绝不能把市场营销简单地等同于促销和推销。美国市场营销学权威菲利普·科特勒认为：“营销最重要的内容并非是推销，推销只不过是营销冰山上的顶点……如果营销者把认识消费者的各种需求、开发适合的产品以及定价、分销和促销等工作做得很好，这些产品就会很容易地销售出去。”

市场营销的主要职能体现在以下几个方面。

（1）采购与销售（Buying and Selling）。产品满足市场现有的和未来的需求的关键是以最优的价格买进最好的原材料，同时选出最适合目标市场的产品。

（2）分销与存货（Distribution and Storage）。产品的分销方式和存货地点会影响到运输费用及运输时间，进而影响企业的市场营销活动。

（3）质量与数量（Quality and Quantity）。市场营销将帮助销售者决定各类产品的等级质量、价格及销售数量。

（4）促销与信息（Promotion and Communication）。通过广告与促销战略吸引目标市场是市场营销的关键。

（5）财务与风险（Finance and Risk Taking）。公司的财务政策会在广告、预算、营销计划等方面对市场营销造成影响。同时客户是否对产品服务有需求，是否能接受其价格，以及产品是否会很快过时都是市场营销中存在的风险。

在很多情况下，企业并不是在完成产品的生产以后才开始市场营销活动的。首先，企业要进行市场调研，找到能够销售产品的市场，调查市场的规模并对市场进行细分，然后了解消费者的喜好及购买能力和购买习惯。在获得以上信息后，才由产品研究开发部门对产品进行设计，然后展开生产活动。同时，市场营销部门要对产品进行定价，并制订出分销和促销计划，对已销售出的产品还要提供优质的售后服务。也就是说，市场营销在产品生产之前就已经开始，在产品售出后仍然没有结束。我们学习和研究市场营销，也就是学习和研究市场营销过程中的每一个环节。华润雪花啤酒的成长轨迹，无不说明企业营销的成功所在（见营销透视 1-1）。

营销透视 1-1

华润雪花啤酒成为全球销量第一的啤酒品牌

华润雪花啤酒（中国）有限公司成立于 1994 年，是一家生产、经营啤酒和饮料的外商独资企业，总部设在中国北京。其股东是华润创业有限公司和全球第二大啤酒集团 SABMiller。华润雪花啤酒从一个区域性的单一工厂，发展成为行业中的知名企业，仅用了 10 年的时间。目前华润雪花啤酒在中国内地 19 个省市经营超过 60 家啤酒厂，占有中国啤酒市场 18% 的份额。旗下拥有 30 多个区域品牌，在中国众多的市场中存在区域优势。

1964 年，中国啤酒权威云集的产品评比会上，一种新产品击败中国所有的老牌啤酒，夺得第一。此啤酒因其泡沫丰富洁白如雪、口味持久溢香似花，遂命名为“雪花啤酒”。

2002 年，华润雪花啤酒（中国）有限公司全力将雪花啤酒塑造成为全国品牌，雪花啤酒一直以清新、淡爽的口感，积极、进取、挑战的品牌个性深受到全国广大啤酒消费者的普遍喜爱，成为当代年轻人最喜爱的啤酒品牌。

2002 年以来，雪花啤酒多次被国家质量监督检验检疫总局正式认定为“中国名牌”产品，在 2006 年年底国家质量监督检验检疫总局批准雪花啤酒（500ml）产品免检，并颁发了产品质量免检证书。2007 年 9 月，国家工商行政管理总局商标局认定“雪花”商标为“中国驰名商标”。

2005 年，雪花啤酒以 158 万千升的单品销量成为全国销量第一的啤酒品牌。2006 年雪花啤酒成为中国成长最快、最具价值的啤酒品牌，其品牌价值达到 111.85 亿元。继 2006 年雪花单品销量全国第一之后，2007 年再创历史新高，以 510 万千升的销量，再次蝉联中国啤酒行业单品销量第一的桂冠。2007 年，雪花啤酒的品牌价值达到 136.58 亿元。

2011 年，雪花啤酒的销量为 1 030 万千升，同比增长 102 万千升，增速达到 11%。

资料来源：中国沈阳市政府门户网站：http：//www.shenyang.gov.cn.

1.1.2 市场营销理念（Marketing Philosophy）

市场营销理念也称市场营销哲学，是企业组织和控制市场营销活动的基本指导思想。由于市场活动日益复杂化，市场营销理念也在不断地发展，我们可以根据其出现的顺序，将市场营销理念分为生产导向、产品导向、销售导向、市场导向和社会导向。前 3 种是以企业为主的传统市场营销理念，后两种是新理念，分别强调市场和社会。

1. 生产导向（Production Orientation）

流行于 20 世纪早期的生产导向是以企业为主的一种传统理念。它以生产为中心，主要存在于欠发达的生产市场。当某种产品的需求供小于求时，企业会致力于扩大生产和服务的规模，降低成本，满足市场需求。由于市场上对产品的需求量很大，所以企业的一切经营活动以生产为中心，先生产出产品，然后生产什么就销售什么。因此，市场首先考虑的不是产品的质量和服务，而是产品的生产和供应。

2. 产品导向（Product Orientation）

产品导向是另一种早期的市场营销理念。随着生产的扩大，消费者的选择余地也有所增大，质量好的产品更容易在市场上受欢迎。因此，企业开始致力于从工艺的角度生产出质量更高的产品以增加销售额。但采用这种市场营销理念的营销者往往会忽略产品的实用性。在这一阶段，经营管理的重点仍然是生产。

3. 销售导向（Selling Orientation）

当生产有了进一步的发展，市场上产品不再供小于求时，市场上出现了激烈的竞争。销售导向的市场营销理念就是市场竞争激烈的结果。它认为消费者通常不会购买没有强烈需求的商品，因为消费者有权利在市场上选择他们认为最好的产品。因此，企业要通过有力的营销活动证明它们的产品是高质量的，从而将商品卖给顾客。这一时期，企业的销售力量成为市场营销的关键。

4. 市场导向（Marketing Orientation）

市场导向的市场营销理念出现在第二次世界大战以后，也被称为消费者导向的市场营销理念，已成为目前发达国家的主导市场营销理念。随着社会生产力的发展，在 20 世纪 50 年代早期逐渐出现了明显的产品供大于求的趋势，第一个真正以购买方为主体的市场出现了。很多企业不再依靠它们的销售代表，以市场为中心的现代市场营销理念得以建立。这个新的市场营销理念表明了企业生产的价值依赖于是否有消费者购买它们的产品。如果产品没有人买，企业的生产便没有价值，企业便不可能获利，也就不能生存。享誉全球的亚马逊公司就是通过"以顾客为中心"的市场营销导向赢得了自己的市场份额。该公司初期的收入主要来自图书和音像制品的自销。今天，亚马逊销售的产品已远远超出了图书和音像制品的范围，扩大到服装、玩具、电子产品和食品，其获利方式也在悄然发生着变化。随着亚马逊品牌影响力的增强，公司将焦点转移到范围更大的电子商务上，希望把亚马逊建成"电子商务之窗"，更具体地说就是网上商城。在这里，亚马逊不仅自己销售各种商品，也允许其他人在亚马逊网站上销售商品。亚马逊通过向网上的 3 700 万顾客销售产品，可从中提成 15%。亚马逊的经理发现，该公司大客户收藏的产品量非常大，尤其是光盘，所以偶尔客户会订购一些他们在几年前已经买过的东西。于是亚马逊决定，当顾客有这种需要时，要提醒客户。在短期内，这种做法的确会对销量有所影响，但亚马逊全球 CEO 杰夫・贝佐斯表示，只要能让客户满意，销量最终也会得到提高。他说："你必须相信自己的判断力。遇到这种情况时，我们会说'还是想简单点吧，我们知道这有利于客户，那我们就做吧'。"[4]

因此，企业必须将了解消费者的需要作为一切活动的出发点，这也是公司所有活动的前提。生产者必须遵循消费者的需求来组织生产和销售产品。"顾客至上"也成了企业销售人员的口号。以消费者为中心的市场营销理念开始取代以企业为中心的市场营销理念，进而使企业逐步将注意力转向社会经济效益。

5. 社会营销导向（Societal Marketing Orientation）

20 世纪 70 年代，消费者导向的市场营销理念开始受到质疑。人们逐渐意识到消费者的需要不会永远与消费者的利益或者社会利益一致，比如，香烟能够满足吸烟者的需求，但是吸烟有害健康，任何鼓励吸烟和对烟草进行促销都是对消费者和社会的有害行为。另外，一些商品在能够满足消费者需求的同时，浪费了大量的自然资源和社会资源，比如，我们常用的木制方便筷子。1971 年，查拉尔・蔡尔曼和菲利普・科特勒最早提出了"社会市场营销"的概念，促使人们将市场营销原理应用于环境保护、计划生育、改善营养等具有重大推广意义的社会目标。[5]在这种理念的指导下，企业既要考虑消费者的需求，也要考虑消费者、企业和整个社会的长期、共同利益，甚至在某种程度上，对这些问题的考虑远比满足消费者需求和获得利润更重要。

营销透视 1-2

花王的"社会责任感"

1993 年 8 月，花王在中国的第一家企业——"上海花王有限公司"在上海成立。公司秉承“创造优质产品”的宗旨，着眼于认真分析把握中国消费者的需求和生活方式的变化，在此基础上进行产品开发。经过多年的诚信经营，花王中国旗下已经拥有了“碧柔”、“乐而雅”、“诗芬”、“洁霸”、“花王”、“飞逸”等众多以高品质著称的品牌，并得到了广大中国消费者的支持与信赖。1995年，花王在中国的业务进一步拓展到化工业，先后在上海市和广东省中山市设立工厂，逐步实现了花王独自研制开发化学品原料的本土化生产，同时也带来了花王集团在化学工业领域的尖端研发成果。

花王进入中国以来，始终本着守法经营的原则，力求通过健全和诚实的业务活动，赢得员工、合作伙伴、社会的信任和尊重。作为一家有强烈社会责任感的企业，花王先后以兴建希望小学、捐赠教学设施、支持抗洪救灾、捐资慈善机构、向“非典”等重大疫情实施援助等多种方式回馈中国社会。在保证向消费者提供安全、优质产品的同时，最大限度地为中国社会的可持续发展做出贡献。

资料来源：花王在中国. 智库百科. http: //wiki. mbalib. com/.

社会营销导向在花王公司的经营策略中得到了充分的体现。该公司以消费者需求为导向的同时，热心社会公益事业，在全国各地开展了助学、助老、赈灾、推进城市环境卫生建设等社会公益活动，受到了政府和社会公众的广泛好评。该公司始终坚持“社会责任感”的企业价值观，已成为中国日用消费品的强势企业。

随着全球环境破坏、资源短缺等问题的日益严重，很多西方国家越来越重视社会导向的市场营销理念，强调社会发展的长远利益。社会市场营销理念认为，企业在生产和经营的过程中，不仅要考虑消费者的需要，同时也要考虑整个社会的长远利益，并把它作为企业的责任和目的。有人质疑如果企业推行社会导向的市场营销理念，获利是不是会下降。答案当然是否定的，因为这些企业会被公认为负责的企业，其信誉和社会知名度会促进消费者购买其商品，从而使利润上升。与之相反，2011年发生的印度假酒事件令人深思。为了降低制酒成本，牟取暴利，酒商不顾消费者利益甚至性命非法生产假酒，不仅使制造商失去利润，也使他们失去了公众信誉。

营销透视 1-3

印度假酒事件：政府专营制酒，黑帮疯狂造假

印度东部西孟加拉邦一座名为松格兰布尔的村庄在2011年12月14日发生假酒致人死亡事件，陆续有约300人因饮用假酒入院。截至16日，已确认至少170人死亡。

印度卫生部门表示，致死原因是喝了甲醇引起心脏功能衰竭，这是该国史上最严重的假酒致死事件之一。目前假酒样品已经送交检验，导致中毒的物质很可能是甲醇。

饮用假酒致死者都是当地穷人，比如挣日薪的工人和小摩托车司机等。有报道称，出事的假酒由当地黑帮团伙操控的窝点生产，卖给当地的穷人，价格低至每半升5卢比就有交易。

印度警方16日逮捕了12名制贩假酒的犯罪嫌疑人。在此前，印度当局刚宣布引入死刑，严惩非法提供或销售假酒者。

西孟加拉邦政府已宣布赔偿每名死者20万卢比（约合3 757.7美元）。其领导人巴纳基表

示："我愿意积极采取行动打击制造和销售非法酒类。但这是一个社会问题，全社会必须共同努力。"

正准备撰写一本关于印度酒业书籍的阿里鲁达·姆克基介绍说："在印度，酿酒业几乎完全由国家控制。很多邦只有获得政府许可的生产商才能造酒，这些人绝大多数是地方高官的亲朋好友，形成垄断。"

姆克基表示，本周刚发生假酒致命案的西孟加拉邦是少数不存在政府垄断的邦。而在其他地区，特别是德里，所有的酒类只能在国营商店销售。

以印度产的洋酒为例，合法的印度产洋酒由糖蜜（印度制糖业的一种副产品）酿造而成，但由于政府征收重税，这种酒的价格高到只有两成印度民众可以负担得起。例如，一瓶 700 毫升的威士忌或朗姆酒售价可高达 400 卢比（约合 4.81 英镑）。相比之下，那些由地下作坊主要采用蔗糖非法酿造的假酒，价格往往不到正规酒的 1/10，通常一个塑料袋或一个玻璃瓶装的假酒花 25 ~ 30 卢比就可以买得到。

资料来源：印度假酒事件：政府专营制酒，黑帮疯狂造假．广州日报．2011 年 12 月 17 日．

1.1.3 市场营销组合理念的发展（The Development of Marketing Mix）

市场营销组合是指企业根据目标市场的需求特点将各种可能的营销策略和手段有机地结合起来，通过系统化整合，形成企业的经营特色，达到企业营销目标的统一规划。市场营销组合的特点除了是可控制因素之外，它还是一种变化多端的动态组合，也是一种多层次的组合。它的基本思路是：从制定产品策略着手，同时制定价格、销售渠道和促销策略。反复考虑其相互影响，最后组合为策略总体，以最优的组合方式，达到企业的经营目标。[6]

1. 4P—7P—11P 市场营销组合

一门学科的理念建设，将引导社会的未来发展。传统的 4P 市场营销组合已经深入人心，也将是本书讲解的重点。但目前在市场营销原有的 4P 组合基础上，西方国家开始广泛接受更新的 7P 组合理念，同时也提出了更细化的 11P 组合。

（1）4P 理论。1964 年，市场营销学家麦卡锡（McCarthy）提出了 4P 市场营销组合的理念，即产品（Product）、价格（Price）、渠道（Place）和促销（Promotion），成为市场营销的经典理论。但随着社会经济的发展，4P 营销组合开始受到越来越多的挑战。

很多业内人士指出 4P 营销组合过于简单，市场营销领域的很多问题已经不能应用 4P 理论，尤其是在服务营销方面。因为服务与有形的产品有很大的区别。首先，服务是无形的，因此变化性很大，也很难进行评估。比如一家人在圣诞夜想参加某酒店举办的圣诞晚会，晚会提供的食品等有形的产品信息可以通过酒店的宣传品提前传达给消费者。但在晚会的过程中是否玩得尽兴，这一点在购买"晚会"这个产品之前，是看不见摸不着的。另外，在同一酒店的同一次晚会上，不同的服务员提供的服务质量也可能不尽相同。也就是说，以同样的价格购买同样的产品，消费者得到的服务质量很有可能不同。其次，服务是不可以储存的，服务的提供与消费同时进行。比如航空公司的航班服务，当天的座位如果不能售出，也不能存到第二天再出售。芭蕾舞团的演出，在演员表演的同时，观众作为消费者已经消费了他们的产品。以上这些问题在 4P 组合中都没有得到体现。

（2）7P 理论。1981 年，两位市场营销学家布姆斯与比特纳（Booms & Bitner）发表了 7P 营销组合的理论，即在传统的 4P 组合的基础上，加入人员（People）、物质环境（Physical Evidence）和过程（Process），使传统的 4P 组合更加完善。

首先，人员不仅指企业的员工，也指消费者。他们进行提供和接受服务的活动。比如网上银行，消费者的参与就很明显。没有参与者，服务也就不能存在，服务营销也就不存在。其次，物质环境可以理解为购买产品的环境。比如商店的外装潢、店内的摆设等。尤其是餐厅、电影院、旅馆等，服务环境已经成为产品的重要组成部分。最后是过程，也就是消费者获得服务前必须经历的过程。最为典型的是快餐厅的消费者排队等候的过程。市场营销人员要考虑顾客能否接受在排队过程中消耗的时间，或者说他们能够接受多长的排队等待时间。比如快餐业的领先者麦当劳就要求其员工在提供服务时，从顾客开始点餐到离开柜台的时间应限制在 32 秒以内，这就充分考虑到了服务营销中消费者对“过程”这一要素的要求。

（3）11P 理论。1986 年 6 月，美国著名市场营销学家菲利普·科特勒教授又提出了 11P 市场营销组合的概念。11P 市场营销组合将产品、定价、渠道和促销称为“战术 4P”，将探查（Probe）、分割（Partition）、优先（Priorition）和定位（Position）称为“战略 4P”。在“战术 4P”和“战略 4P”的基础上，加入人员（People）、运用权力（Power）和公共关系（Public Relations），构成了 11P 市场营销组合，具体内容如下。

- 产品（Product）：包括产品的设计、质量、功能、款式、品牌和包装等。
- 价格（Price）：指对于产品合适的定价，强调在产品不同的生命周期内需要制定相应的价格。
- 促销（Promotion）：主要指的是通过吸引消费者的广告等对产品进行宣传、销售。
- 渠道（Place）：指销售产品的通道或路径。
- 权力（Power）：主要指政府的权力，即依靠两个国家政府之间的谈判，打开另外一个国家的市场大门。
- 公共关系（Public Relations）：是指通过新闻媒体的宣传力量，帮助企业树立良好的形象，同时消除或减少对企业不利的报道。
- 探查（Probe）：也称探索，就是市场调研，指通过市场调研了解市场对某种产品的需求状况。
- 分割（Partition）：市场细分的过程。
- 优先（Priorition）：选出企业的目标市场，然后以该市场为中心展开相应的市场营销活动。
- 定位（Position）：是指确立产品竞争优势的过程，或者说为企业生产的产品赋予一定的特色，使该产品能在消费者心目中形成一定的印象。
- 人员（People）：一是指企业的员工，企业需要充分调动员工的积极性；二是指消费者，也是市场营销过程的一个重要针对对象。

从某种程度上讲，11P 组合理论是对市场营销全过程的涵盖。除了传统的 4P 组合以外，权力和公共关系对应于市场营销学中的公共关系（属于 4P 市场组合中的促销）；探查对应于市场营销中的市场调研，分割、优先和定位对应于市场营销过程中的市场细分、目标市场锁定和定位（STP），而人员则是贯穿市场营销活动始终的必要因素。

11P 市场营销组合虽然更细化，但由于它比较复杂，涉及的因素也比较多，因此目前并没有传统的 4P 组合或者 7P 组合应用得广泛。

2. 4P—4C—4R—4V 市场营销组合

（1）4P 理论与 4C 理论。4P 理论诞生于供给高于需求的市场条件，企业通过大规模的生产就可以获得利润和发展的空间。基于 4P 理论发展起来的 7P 和 11P 理论均延续了 4P 理论的以企业为中心的出发点。但是随着科技的进步、经济的发展和全球化的进程，供求关系的转化，消费者的消费能力大幅提升，全球消费需求的多样化，以及大量新兴市场的出现，消费者的地位得到了前所未有的重视。20 世纪 90 年代初，美国北卡罗来纳大学的罗伯特·劳特博恩（Robert F. Lauterborn）教授提出了新的 4C 市场营销组合理论，即顾客（Consumer）、成本（Cost）、便利（Convenience）和沟通（Communication）。这个理论改变了以产品为中心的市场营销模式，把研究消费者的需要放在了首位。它认为：消费者要购买什么产品比企业能够生产什么产品重要；消费者为获得需要满足所付出的成本比企业的成本重要；消费者的方便比企业的渠道重要；与消费者的沟通和鼓励消费者主动参与产品的改进过程比单向的促销重要。

从 4P 理论发展到 4C 理论，并不是对传统的市场营销组合理念的否定，只是市场营销领域随着社会的发展而发生的一次重大理论变革。当然这一理论如同其他理论一样，也有它的不足之处。由于该理论将消费者放在中心位置，而消费者存在着很大程度的不确定性，所以与传统的 4P 理论相比，虽然该理论迎合了消费者的心理，但实行起来却可能遇到重重困难，消费者的不确定性常常使企业的市场营销活动处于被动状态。

（2）4R 理论。随着服务业的兴起和服务业消费者满意程度调查结果的公布，企业发现提高顾客的满意率、减少老顾客的流失将为企业带来意想不到的收益和利润。满意的消费者，不仅会忽略价格上的细微差别，还会再次购买产品或服务，并将自己的感受告诉其他消费者。据此，美国学者唐·舒尔茨（Don E. Schuhz）提出了 4R 理论，即关联（Relativity）、反应（Reaction）、关系（Relation）和回报（Retribution）。企业通过与消费者之间建立起来的紧密关联，提高客户忠诚度，减少客户流失；企业通过建立快速反应机制，提高对市场需求变化的反应速度和回应力；企业需要通过关系营销，协调好各方关系，满足客户、员工、供应商等各方面的利益。以上这三点共同服务于企业的最终目标。企业应该追求回报，因为有了市场回报，企业才能与市场建立进一步长久稳定的关系，也才能生存下去。该理论还指出，不能仅从企业或者消费者的角度去考虑市场营销活动，因为市场营销活动是开放的，它与周围的很多要素有着不可分割的关联，比如供应商和分销商也是市场营销活动的重要环节，因此要建立让消费者、企业员工和社会都满意的市场营销环境。它突出体现了与现有的顾客建立长期的关系以及社会营销导向的市场营销理念。但 4R 理论的实践性比较弱，因为 4R 理论强调的是比较抽象的关系，所以企业实际应用起来也会存在一定困难。

（3）4V 理论。市场营销学中关于市场营销组合的理论越来越丰富，也越来越多样化，在新经济时代还出现了 4V 市场营销组合理论，即异化（Variation）、功能化（Versatility）、附加价值（Value）和共鸣（Vibration）。这也是跨国公司整合资源的结果，更强调无形的因素，相对而言不容易把握。

这些市场营销组合的理论各有所长，并且随着社会的发展将不断得到丰富。这些丰富多样的市场营销组合理念为我们提供了广阔的思考空间。在未来的市场营销发展过程中也将不断出现更新的理念，只有将它们与企业自身的情况相结合，才能更好地发挥其理论作用。

营销透视 1-4

发改委称将适时调整高铁车票价格

据国家发展和改革委员会（以下简称发改委）价格司介绍，2010 年上半年以来，国家价格主管部门一直密切关注高速铁路运营状况，收集和分析有关数据，关注全国高铁运营和车票试行运价实施情况，适时通过法定程序，正式制定高速铁路票价。

发改委价格司有关人士告诉记者，自 2008 年 8 月京津城际轨道交通运营以来，旅客运量一直处于快速增长阶段。2007 年京津两地间铁路旅客运量共 830 万人次，2008 年 8 月 ~ 2009 年 7 月，两地间铁路旅客运量累计达到 1 870 万人次，比开通前增长了 126%，其中高速动车组运送旅客 1 585 万人次；2010 年 1 ~ 2 月，高速动车组运送旅客 341 万人次，同比增长 17%。

这位人士表示，铁路运输成本中线路折旧等固定成本所占比例较高，和运量关系不大，因此在运量仍保持快速增长的时期测算运输成本、核定运价，可能带来旅客分摊的固定成本偏高的问题，进而推动票价上升，不利于保护消费者权益。

2008 年，发改委、铁道部联合发布的《关于京津城际轨道交通运价有关问题的通知》规定，京津城际轨道交通开通运营后，新开行的时速 300 ~ 350 公里动车组列车实行试行运价。试行运价水平，由京津城际铁路有限公司根据市场供求状况自主确定。试行满 1 年后，按法定程序制定正式运价。

这位人士表示，价格主管部门在核定高铁票价时，将综合考虑维护铁路运输正常运营，兼顾广大旅客的经济承受能力，充分发挥铁路运力等因素，注重发挥市场机制作用，形成合理的价格。

资料来源：发改委称将适时调整高铁车票价格．新浪网．http：//www.sina.com.cn. 2010 年 5 月 19 日．

随着中国高铁的快速发展，普通百姓开始热议高铁票价，一些政协委员也对高铁票价公开发表意见。高铁票价定高了没人坐，定低了要亏本，因此高铁的营销问题是个关系到持续发展的问题，需要解决铁路客运供需矛盾、运力紧张等问题。铁路建设不是一个纯商业模式，但却富含了营销的内容，如何通过营销理念帮助解决国家福利问题将成为社会发展过程中的新话题。

1.2 国际市场营销基本范畴（The Concepts of International Marketing）

随着跨国贸易的发展，市场营销活动不仅局限于本国境内。国际市场营销是指企业为了获得利润，通过一系列的商业活动，将本企业的产品和服务在一个以上的国家销售。它也是市场营销理念在国际商务中的应用。国际市场营销将市场营销活动延伸到其他国家和地区，目的是为了使本企业的产品或服务国际化。

国际市场营销属于管理学范畴，是市场营销主体内容的延伸。几十年以来，国际市场营销一直受到全世界的广泛关注，因为它能够创造财富，并使国家和个人受益。无论企业大小，经营何种商品，市场营销人员有责任通过他们的专业知识帮助企业了解全球的消费对象，在不同的市场内竞争，从而提高企业的销售额。而市场营销人员成功的关键就在于理解和掌握国际市场营销知识。

发展到今天的国际市场营销学包含两个范畴：一是对国际市场领域的研究，如市场调查、消费者行为理论等；另一个是对国际市场竞争的研究，如各种市场营销策略组合等。国际市场营销研究的主要内容包括市场分析、商品营销、物流管理、产品特性、定价、促销、销售人员培训等。学习国际市场营销知识可以提高企业在国际市场中的竞争意识和竞争能力。国际市场营销学的研究对象主要是跨国企业的市场营销活动的规律性，研究企业的产品或服务如何转移到消费者手中的过程，探讨企业在生产领域、流通领域和消费领域内如何运用有效的原理、方法和策略不断拓展市场。

对国际市场营销的研究鉴于以下背景：第一，全球经济已经成为一种趋势，因此只关注国内市场是远远不够的；第二，国际贸易飞速发展，市场营销人员很可能在全世界范围遇到更多的竞争对手；第三，全球的联系在加强，企业不能再忽视国际市场营销的影响。

在国际环境下，国际市场营销正面临巨大的挑战，因为有很多可控或不可控的因素会对国际市场营销产生影响。很多企业设计的产品是为了满足国内市场的消费者，而当其进入国际市场时，仍然销售与国内市场同样的产品，不考虑其他国家消费者的需求，从而导致产品销售的困难。对国际市场和国际市场营销不了解的企业也因此陷入困境。

随着经济全球化趋势不断上升，国际间交往日益密切，国际市场营销也变得越来越重要。这也是我们要学习国际市场营销的原因。在讨论国际市场营销概念之前，我们有必要先了解一下与国际市场营销密切相关的几个名词：跨国公司、全球化和新兴市场。

1.2.1　跨国公司（Multinational Corporations）

跨国公司指在本国设立总部，在其他国家设有分公司或工厂的大公司。它通过在其他国家的附属机构实行直接管理，实现其在生产、市场营销、金融、员工等方面跨越国界的商务战略。跨国公司也称跨国企业（Multinational Enterprise，MNE，或者 Transnational Corporation，TNC），这些企业通常有一个集中的总部，负责全球的管理，而产品和市场设在其他国家，它对于设立下属公司的国家是完全独立的。它是外国直接投资（Foreign Direct Investment，FDI）发展的结果。第二次世界大战后，美国政府就帮助本国的一些大企业到世界上许多国家和地区投资设厂。至今跨国公司控制着全球企业资产的1/3，按控制实力排名，全球前三位的是美国、英国和日本。

跨国公司的主要特征之一是高级管理层来自不同的国家。通常总部的经理来自本国的母公司。有时，一家国际公司之所以成为跨国公司，是因为母公司的经理来自很多不同的国家。大部分跨国公司都是由美国、日本或西欧的发达国家成立的，由总部来实施全球化管理，例如，宝马、耐克、可口可乐、沃尔玛、东芝和本田等公司。20 世纪 90 年代以后，跨国公司通过收购股权的方式，在发展中国家投资。相对于自建分销渠道而言，这种形式既节省时间，又节约成本。参与当地公司股权的另一个好处是，其产品或服务比纯粹的外资公司更容易被当地消费者接受。

跨国公司不仅能为发达国家带来诸多益处，也能为发展中国家带来好处。以中国为例，20 世纪 90 年代以前，中国吸收国际转移的产业以劳动密集型的纺织、服装、食品、低端消费类电子行业为主。20 世纪 90 年代以后，外商投资开始大规模进入我国的制造业，带动了我国制造业生产和出口规模的持续扩大，使中国制造业在国际分工中的地位不断上升。加入 WTO 后，跨国公司对华产业转移进入了新的阶段。世界 500 强跨国公司纷纷加强了对中国制造环节的投资。同时，面对世界潜力最大的中国市场，跨国公司在华的研发活动也日趋活跃，其研发、采购和管理的本土化趋势显著增强。随着开放程度的加大以及加大服务贸易呼声的提高，中国服务业对外开放程度也明显提高，跨国公司对中国的服务业转移开始提速。据联合国贸易和发展会议统计，中国吸收外资已连续 10 多年居发展中国家首位。目前全球 500 强企业中已有 480 多家在中国投资设立了企业，跨国公司在中国设立的研发中心近 1 000 家，地区总部近 40 家。在短短 20 多年的时间内，中国已成为亚太地区 FDI 存量规模最大的国家。[7]

跨国公司的市场营销目标是全球利润最大化。由于发展中国家劳动力成本低，跨国公司的经理多以发展中国家为目标，为当地创造更多的就业机会，提高一些发展中国家的生活水平，使这些国家在经济和政治上相对稳定。通过文化上的合作交流也使当地的消费者更容易获得高质量的产品。例如，中国的消费者现在可以购买到像宝马这样的世界级品牌产品，也可以在沃尔玛这样的世界顶级超市里购物。

但另一方面，跨国公司也颇受争议。一些批评家指出跨国公司会破坏投资国家的经济，原因是它会增加该国的失业率，从而导致其经济和社会的不稳定；同时，由于跨国公司在经营过程中获取大部分利益，形成对发展中国家的剥削；另外，跨国公司的一些生产项目会对发展中国家造成环境污染，引起当地政府和人民的不满；还有人认为虽然跨国公司促进了文化交流，但同时可能引发当地传统价值观的改变。虽然跨国公司会给当地经济、环境和文化方面带来一些问题，但不可否认的是中国和许多国家的发展与跨国公司有着紧密的联系，跨国公司对这些国家企业的国际市场营销活动也会产生巨大的影响。

1.2.2 全球化（Globalization）

全球化趋势始于 18 世纪中期，随着工业革命时代的到来，机器生产体系逐步建立，社会分工不再局限于本国，逐步形成了世界市场。全球化是 20 世纪 80 年代以来由科技进步，尤其是通信技术进步引起的，这一时期生产社会化程度提高，国际分工不断深化，国际经济联系从商品国际化发展到资本国际化，再到生产国际化，世界市场不断扩展。这一趋势加快了商品和资本、技术、劳动力等各种生产要素的国际间的流动。这一时期各国经济的相互联系和相互依赖也进一步加深。20 世纪 90 年代的世界新技术革命将经济全球化带入高潮，标志着人类社会迎来了经济全球化时代。国际货币基金组织（IMF）在 1997 年 5 月发表的一份报告中指出，这一时代的主要特征就是“跨国商品与服务贸易及国际资本流动规模和形式的增加，以及技术的广泛迅速传播使世界各国经济的相互依赖性增强”。[8]

目前，对于“全球化”这个概念，还没有公认的定义。有两种定义比较流行，分别是丹尼·罗德里克在《全球化走得太远了吗》和托马斯·弗里德曼在《凌志汽车与橄榄树——理解全球化》中对全球化的理解。罗德里克认为，全球化是指“各种商品、服务和资本市场的国际一体化”。弗里德曼则将全球化定义为“资本、技术和信息通过形成单一全球市场并在某种程度上形成地球村的方式，实现跨越国家疆界的一体化”。[9]

从物质形态看，全球化是指货物与资本的越境流动。从这一角度来看，全球化经历了跨国化、局部的国际化以及全球化这几个发展阶段。货物与资本的跨国流动是全球化的最初形态。在此过程中，出现了相应的地区性、国际性的经济管理组织与经济实体，以及文化、生活方式、价值观念、意识形态等精神力量的跨国交流、碰撞、冲突与融合。

总的来看，全球化是一个以经济全球化为核心，包含各国各民族各地区在政治、文化、科技、军事、安全、意识形态、生活方式、价值观念等多层次、多领域的相互联系、影响、制约的多元概念。“全球化”可概括为科技、经济、政治、法治、管理、组织、文化、思想观念、人际交往、国际关系 10 个方面的全球化。[10]

国际货币基金组织认为：全球化是指跨国商品与服务交易的增加和国际资本流动规模、形式的增加，以及技术的广泛传播使世界各国经济的相互依赖性的增强。全球化是由于贸易和文化交流所带来的社会的变化和世界经济的变化。

全球化的主要体现是市场经济体系在全世界的扩张。经济全球化特指国际经济活动的延伸和扩张，其中既包括国际贸易的繁荣、国际投资的增加，也包括国际并购的频繁发生，同时伴随着科技的不断创新。在经济领域里，全球化强调的是贸易，特别是自由贸易的影响。但全球化不仅仅只体现在经济领域，还包括物质产品的交流、精神产品的交流以及人员的流动。

20 世纪 90 年代以来，全球化现象已经引起了人们的广泛关注，尤其随着跨国公司在世界经济中的地位不断得到提升，全球化也越来越不可忽视。不仅个人，很多公司也都认识到自己不仅在国内竞争，也在全球竞争。但也有很多学者认为目前的世界还没有达到全球化，只能算是国际化。简单地说，两者的区别在于全球化更进一步地忽略了国家的角色。换句话说，全球化的程度比国际化要深。所以，很多学者认为在国家还没有达到要消失的地步之前，还不能说已经开始了完全的全球化。

全球化虽然已经成为一种趋势，但由此引发的问题已经成为当今社会讨论的焦点。全球化虽然给许多国家带来了繁荣，但它也使几十亿人不能分享新的财富。全球化的特征之一是通过科学与技术网络将全世界各大企业联系起来。但能进入网络的主要是可以提供信息或资金的发达国家，而一些贫穷国家的企业却被排斥在外。这样会更进一步加大发达国家与发展中国家的贫富差距，同时，全球化现象使边界更加开放，信息和货币流通更加便利，为走私、毒品、武器、核原料，甚至贩卖人口等非法交易，为恐怖主义分子和犯罪分子拉帮结网和“洗钱”的发展提供了条件。国际劳工组织总干事胡安·索马维亚注意到这一趋向的种种危险，他认为：“全球化既带来繁荣，也导致不平等，使集体责任的范围面临考验。如果我们要使全球化进程避免遭遇强烈的反抗，就有必要采取一致行动。”[11]

中国作为世界经济发展的重要推动力之一，在全球化的过程中扮演着重要角色。法国《世界报》发表题为“如果没有中国，我们该怎么办”的文章，赞扬中国对世界经济的贡献。同时全球化也为中国带来了很多贸易机会，成为中国经济发展重要的外在动力。全球化为中国提供了大量引入外资的机会。在未来，全球化的趋势会越来越显著，以中国为代表的发展中国家将面临更多的机遇和挑战。

1.2.3　新兴市场（Emerging Markets）

所谓新兴市场，是与成熟市场（Emerged Markets）相对，泛指一些正在发展中的国家和地区，如韩国、印度、中国、巴西、南非、俄罗斯及土耳其等，借助发达国家和地区在当地的投资获得先进的生产技术，推动经济发展，或者借助发达国家为其提供的低关税优惠措施，提高经济发展水平，或者依靠国际金融组织（国际货币基金组织或世界银行）的扶持加速发展经济。

新兴市场主要有以下几个特点。

（1）劳动力成本低，天然资源丰富。发达国家和地区会将生产线设在新兴市场国家和地区，利用当地低廉的劳工成本增强其竞争力。

（2）新兴市场经济总量不足，但发展迅速。如1988～1997年和1998～2007年这两个10年期间，世界实际GDP的年增长率分别为3.4%和4.1%，而包括新兴市场国家在内的发展中国家分别为4.1%和5.9%，均明显高于世界平均水平。[13]

（3）新兴市场之间联系紧密。例如，俄罗斯是产油大国，巴西自然资源丰富，因此，中国和印度对原材料与能源的需求，给作为石油大国的俄罗斯和拥有自然资源的巴西提供了利润增长的机会。

在当今全球经济中，新兴市场发挥着巨大的作用。第一，新兴市场国家，例如中国，已经逐步取代美国和日本，成为全球经济增长新的重要动力；第二，新兴市场已成为巨大的商品供应国和销售市场；第三，新兴市场国家在成为全球资本重要流入地的同时，也在积极进行对外投资。新兴市场的高增长率所带来的贸易及投资的获利机会，已经促进很多工业大国审慎衡量它们在新兴市场的利益，积极调整自己在世界市场中的布局、策略以巩固其自身的地位。

目前世界上很多跨国公司都计划今后要大幅增加在中国、印度、巴西、俄罗斯等新兴市场国家的直接投资。西方大型企业将业务外包给新兴市场国家也屡见不鲜。国际投资者对新兴市场国家的信心大幅增加。新兴市场的许多品牌也正迈向国际市场。

营销透视1-5

中国超千亿美元出口瞄准30个新兴市场

随着欧债危机愈演愈烈，过度依赖欧美市场的中国正寻觅应对措施，大力开拓发展中国家市场，有利于培育新的出口增长点，适应当前世界经贸调整格局。

根据海关公布的数据显示，2011年我国外贸进出口总值36 420.6亿美元，同比增长22.5%；其中，出口18 986亿美元，增长20.3%。单从出口规模来看，2011年已经接近2万亿美元，到2015年，5个百分点的增长对应着至少1 000亿美元的出口增长空间将瞄准传统市场之外的新兴市场。

这些新兴市场需为“资源储量丰富、人口规模较大、双边贸易基数小、战略地位重要的发展中国家”。30个国家分布范围在亚洲、欧洲、非洲和美洲，包括印度、南非、部分阿拉伯国家。专家判断，巴西、印度、南非、俄罗斯、马来西亚、印度尼西亚、越南、阿根廷、墨西哥、沙特阿拉伯等国家极有可能都在这些名单之内。

“新兴市场帮助国内保持一定的外贸规模，为国内产业升级留住了后备军，同时，由于挑选的新兴市场国家有很强的发展潜力，对产品的要求也会越来越高，带动了出口产品在质量和附加值等方面的循序渐进。”

资料来源：张慧敏，中国超千亿美元出口瞄准30个新兴市场．北京商报，http：//finance.ifeng.com/．2012年02月22日．

随着经济的发展，世界对新兴市场国家和地区的界定也在不断地发生变化。在 1993 年 9 月，美国前总统克林顿列举了 10 个市场潜力最大的新兴市场，即墨西哥、阿根廷、巴西、南非、波兰、土耳其、中国、印度尼西亚、印度、韩国。他提出“国家出口战略”要以这 10 个经济增长最快的市场为主要贸易对象。国际货币基金组织在《世界经济展望》中曾将全世界国家分为三大类：先进经济体、发展中国家和转轨国家。但从 2004 年开始，将全世界国家重新划分为两大类：先进经济体（包括亚洲新兴工业经济体）、其他新兴市场和发展中国家。21 世纪初开始，经济学家提到的新兴市场越来越多。中国改革论坛为我们提供了一些数据：英国《经济学人》(2006 年）载文说，近几年快速增长的新兴市场有 32 个。美国《纽约时报》(2007 年）载文称，目前新兴市场有 26 个。美国《国际先驱论坛报》（2007 年 6 月）发表世界银行前行长詹姆斯 · 沃尔芬森的文章说，新兴经济体“包括大约 30 个中等收入或贫困国家”等。[14]

目前新兴市场也存在一些问题，包括贫困人口多、社会分配不公、地区差别大、制度不成熟、法规不健全、社会保障体系不完善等，新兴市场还缺乏合格的经理人及技术工作人员，欠缺衡量技术水平的标准，同时，还存在腐败、环境保护意识差等问题。这些问题的存在会极大地影响新兴市场国家和地区的经济稳定、快速、健康和持续的发展。新兴市场在开放的过程中将会经历体制变化、企业重组、银行金融系统重组等变化。其中资本和金融市场的不成熟使投资者不能获得关于它们合作伙伴的准确信息。部分投资者相信“高风险，高回报”，因此会利用新兴市场不稳定的特点获取股票和债券上的短期利润。因此，新兴市场急需改进其政策法规以适应市场经济的发展。

在国际市场环境下，新兴市场的主要问题是其数据源及信誉没有发达国家可靠。新兴市场需要政府的支持及专业机构出版的关于经济的数据信息。其市场调研和广告发展也处在初级阶段。因此，在新兴市场中，企业在进行国际市场营销细分及消费者行为分析时会缺乏精确的市场信息支撑，从而增加市场战略制定和实施的难度，影响企业的效率和收益。

以上问题必须得到新兴市场国家和地区的重视。中国政府现在已经高度重视以上问题并采取了相应的措施，随着经济社会的发展和改革的深入，相信中国作为新兴市场国家有能力逐步解决这些问题。中国无疑是世界最重要的新兴市场国家之一，在近 20 年间，中国国内生产总值的增长率为 10%，与发达国家相比要高得多。英国《金融时报》的文章称：“仅仅两年时间，中国资本市场已经从原来的全球新兴市场第 4 位，当仁不让地跃升为第 1 位。可以说，面对中国资本市场的迅猛崛起，全球都始料未及。”2007 年 2 月 27 日 CNN 播出的新闻中，主持人发出感叹：“中国的影响力已经不可忽视。”[15]

当中国的影响力越来越引起关注时，快速发展也带来了一些值得警惕的社会问题。尽快扫除消费者心中“三鹿事件”的阴影，才能帮助消费者重树对商家、对社会的信心。

营销透视 1-6

洋奶粉在三聚氰胺事件后多次涨价

一位妈妈在论坛上这样说：“我也想买本土奶粉，可是我不希望我的宝宝变成大头娃娃或者享受免费的三聚氰胺测试。”

许多人仍然是通过超市等渠道购买洋奶粉。对这些人而言，洋品牌代表着更营养、更安全。虽然营养学家认为未必是这样。也因此，从2006年以来，洋奶粉多次涨价，销量却仍然一路上扬。

王女士说，这好像是洋奶粉在三聚氰胺事件后的第3次涨价：第1次是2008年10月，事件发生1个月后，洋奶粉暗中涨价，涨幅约为20%；2009年3月前后，部分洋奶粉提价了10%左右。经过或明或暗的涨价，一些洋品牌的婴幼儿奶粉价格已经比2008年同期涨了30%。

“在婴幼儿奶粉的价格中，原料成本占比并不大。即便奶粉中添加了新的营养素，成本上升幅度也远达不到价格上涨的幅度。”中国农业大学食品科学与营养工程学院教授罗永康告诉《国际先驱导报》。

陈晨介绍，三鹿奶粉曾经占据了婴幼儿奶粉市场18%的份额，三鹿倒下后，这18%的份额成了各个厂商争抢的目标。无论是洋品牌还是本土品牌，都加大了宣传和推广力度。

罗永康介绍，洋奶粉的成本有相当的比例正是放在推广和促销上。尤其是经销商环节，利润在20%~30%。这也导致经销商更愿意卖洋品牌奶粉，不愿意经销本土奶粉。

当洋奶粉的话语权越来越强时，本土奶粉品牌出现了尴尬的现象：中国奶业一线品牌伊利、蒙牛等并未把婴幼儿奶粉作为主业发展，而作为主业发展的奶粉厂商又多是二线品牌。这使得本土奶粉品牌在短期内很难和洋奶粉抗衡。

“三聚氰胺事件后，中国奶粉市场没有出现行业洗牌。”陈晨认为，只有整个行业经过重组并购，出现了几家在资金、技术、市场方面都足够强的巨头，才能够和洋奶粉竞争，获得本土奶粉的话语权。

资料来源：张皓雯．洋奶粉三聚氰胺事件后多次涨价，理由五花八门．http：//news. QQ. com. 2009-09-03.

尽管新兴市场的发展对世界经济起到了巨大的推动作用，但有些发达国家却将本国所面临的问题归咎于新兴市场国家，特别是中国。有的国家认为中国向它们大量销售低廉的产品，导致本国某些行业工人就业出现问题。但事实上，这些问题很有可能是由于本国进行产业结构调整的结果，中国产品的销售并没有直接影响到这些国家的总体失业率。新兴市场国家的快速发展是当代世界经济发展的积极因素，无论是发达国家还是发展中国家都会从中受益。

随着新兴市场国家在当代世界经济中的地位不断提高，其国际影响力也在不断加强。只有在新兴市场国家积极参与的情况下，当代世界面临的许多问题才能得到更好的解决。在世贸组织多哈回合谈判中，以印度、巴西、中国等新兴市场国家为首的发展中国家坚持反对美欧等国对本国农业提供补贴，认为它严重损害了发展中国家的利益。在这次谈判中，新兴市场国家发挥了积极的作用。随着时代的发展，新兴市场国家在当今全球政治、经济秩序的变革中将扮演更为重要的角色。

目前，中国作为全世界的新兴市场，正在发挥着巨大的作用。与此同时，许多产业作为中国的新兴市场越来越引起人们的关注。虽然现在对中国的新兴产业没有一个明确的界定，但我们可以将这些市场基本归纳为3种：第一，生物、电子、卫星应用、航天航空产业等高新技术产业；第二，用高新技术改造的传统产业，比如中国储备粮管理总公司进行的粮食储运新技术与设备优化集成高技术产业化工程；第三，一些社会公益事业产业化和一些新兴的服务行业，比如物流业、动漫制作、广告设计、婚庆业、传媒业、生态餐厅业等。目前甚至农村互联网也正在成为新兴市场。

营销透视1-7

屡战屡败的国内手机何不角逐海外新兴市场

2007年，国产手机在洋品牌的强势压力下，众多厂商都遇到了产品销售低迷的问题。而手机牌照核准制的取消，更是使国内手机市场竞争进一步白热化。在国内市场屡战屡败的国产手机厂商，为何不转换一下观念，往海外新兴市场发力呢？

目前，印度、俄罗斯、南非、刚果、莫桑比克、阿尔巴尼亚、奥地利、土耳其等，其本土手机制造业并不发达，但电信市场已经兴起。这些新兴电信市场有着很大的发展空间，给通信设备厂商和终端企业都带来巨大的机会，华为和中兴正是抓住了这样的机会而获得了迅速的成长。2006年，华为实现销售收入656亿元，同比增长45%，其中65%收入来自国际市场；同期中兴通讯在海外的收入已占总体收入的40%以上。2006年，华为和中兴的手机销售量均高达1 200万部，其中大部分都是销往海外市场。来自信息产业部的数据表明：2007年1~5月，国内品牌手机出口1 695.3万部，同比增长49.6%，占全部出口的13%，比2006年提高了2.1个百分点。高速增长的出口量给处于困境中的国产手机指明了一条出路——向海外市场进军。

自加入WTO后，中国企业进入国际市场就成为一种历史的必然。随着国外企业不断进入国内，国内的手机企业也势必走上国际舞台同国外企业竞争。而此前在国内手机市场上沉默了2年的国虹通讯，也借此成功翻身。据其CEO万明坚日前在北京召开的发布会上介绍，国虹通讯2007年11月份销量首次突破100万部，已升至国产手机前三。此外，其月出口量突破10万部，除了在深圳、重庆建有两大基地外，在伊朗已经建立了第一个海外基地，面向拉美市场的委内瑞拉基地也在筹建中……它们的成功无疑值得其他国产手机厂商借鉴。

资料来源：内战屡败的国内手机何不角逐海外新兴市场．IT时代周刊．2008-01-15．http：//www. ittime. com. cn.

这些新兴产业将带动中国经济继续向前发展，当然在发展的过程中也会遇到很多问题。其中某些产业会随着科技和社会经济的不断进步逐渐变为成熟产业，而另外一些产业也有可能因为不适应社会发展的脚步而慢慢消失。市场营销人员应及时掌握这些新兴产业的动向，从中找出与自己企业相关的信息，以更好地驾驭市场。

1.2.4 国际市场营销及其基本程序（International Marketing Process）

国际市场营销是跨国界的市场营销活动，是指将商品或者服务在一个以上国家销售的过程。因此，国际市场营销是跨国界的管理过程，是在满足多国消费者需要的同时获得利润的过程。国际市场营销具有以下3个特征。

（1）国际市场营销更为复杂。有些企业认为在本国适用的市场营销手段也同样适用于其他国家。它们带着同样的产品，使用同样的广告，甚至是同样的品牌名称和包装，在其他国家销售自己的产品，结果发现它们不可能获得成功。这是什么原因呢？其实原因很简单，就是它们忽略了不同国家和不同市场之间的差异。由于各国政治、社会文化、技术和经济环境的不同，使国际市场营销的复杂性远远大于国内市场营销。

（2）国际市场营销面临着巨大的不确定性，即风险更大。由于国际市场营销进行的是跨国界的经营活动，因此国际市场营销程序在不同的环境下表现不同，在很多情况不易把握，不确定因素更多。所以它产生的风险要远远超过国内市场营销，例如，政治风险、汇率变动风险、运输风险等。

（3）国际市场营销的竞争更加激烈。任何企业只有在形成一定规模后才能进军国际市场，尤其是一些大型的跨国公司都拥有雄厚的实力和多年的管理经验。在全球化的进程中，进入国际市场的企业大都是各国实力强大的企业。在国际市场上与这些企业竞争，激烈程度无疑要超过与本国企业竞争。

国际市场营销有5个基本程序：企业进入国际市场的第1步是对国际市场营销环境进行分析，包括企业对当前形势的理解，以及决定是否进入国际市场。在企业决定进入国际市场后，第2步是选择进入哪个市场，以及决定如何进入该市场。从国际市场营销战略的角度，包括市场细分、选择目标市场和市场定位。接下来企业将进行第3步程序，也就是采取适当的国际市场营销战略。第4步是国际市场营销组合。我们在上文已经提到，传统上，很多企业接受4P国际市场营销组合，但目前已经提出7P甚至11P组合，以及4C和4R等市场营销组合理论。本书将以传统的4P营销组合理论为重点做详细讲解。第5步是企业对国际市场营销的控制与管理（属于管理学范畴）。

我们已经介绍了一些主要的市场营销术语，例如，市场营销组合、市场战略、市场计划等。理解这些市场营销术语并不难，困难的是在国际环境下进行市场营销活动时，如何应用这些概念。因此，在详细讲解国际市场营销的这5步程序之前，我们还要了解几个与国际市场营销相关的概念：国内市场营销、全球市场营销和国际贸易。

1.2.5 国际市场营销与国内市场营销（International Marketing and Domestic Marketing）

如果一家企业想将其产品或服务销售到国内和国际市场上，它必须具备一种观念，就是当企业在外国市场中开展商业活动时，国际市场营销将变得更加复杂和困难。

（1）国内市场营销的环境与国际市场营销的环境不同。在国际市场上，目标市场的消费者不同，市场营销会受到文化、语言甚至气候的影响。消费者的购买力在国际市场上也会有所不同。各国政府对国际贸易的政策法规也会对国际市场营销产生积极或者消极的影响。当一家企业开始在几个国家运营时，所面临的是各国不同的市场营销环境，将与国内市场营销环境有很大的不同，会变得更复杂。因此，在国内市场上销售得好的产品或服务，很有可能在国际市场上遇到困难。在这样的情况下，国际市场营销策略必须能够满足目标市场的消费者及相关组织的需求和偏好。

（2）在国内市场环境下制定的市场营销方案要相对简单，而在国际市场环境下制定市场营销方案将变得复杂。国际市场营销绝不是简单地将为国内市场设计的产品拿到国际市场上进行销售。一家企业在国际市场上进行它的市场营销活动时，会有更多的选择。因此在企业进入国际市场之前，市场营销人员需要通过市场调研，综合考虑市场营销组合的各方面，包括产品、价格、渠道和促销，然后才能制订出合适的市场营销方案。市场营销人员应该考虑到市场营销组合如何适应每一个目标市场。

(3) 市场营销人员一般对国内市场营销的环境比较熟悉，而国际市场营销中存在很多不确定因素可能被营销人员忽略。例如，在很多国际市场营销的案例中，营销人员有时会忽略分销和存货方面的问题。在市场营销中，卖方在分销环节上起着至关重要的作用。与国内市场相比，在国际市场营销环境下，分销环节会存在一定的风险。营销人员要对意外事件有充分的准备，同时要明确个人或组织承担出口的风险进行国际市场营销活动的目的。

国际市场营销与国内市场营销虽然有很大的不同，但前者是在国内市场营销的基础上发展起来的，是国内市场营销的延伸和发展。虽然各国的市场本身各有不同的特点，但企业所应用的市场营销的概念、原理却是基本相同的。比如市场营销组合、市场细分、产品生命周期等理论无论在国内，还是在国际市场营销活动中都被广泛应用。

1.2.6　国际市场营销与全球市场营销（International Marketing and Global Marketing）

国际市场营销是以盈利为目的，通过制订计划、定价、促销等商务活动，将企业的产品或服务销往一个以上国家的商务活动，也可以说是市场营销原理在跨国贸易中的应用。国际市场营销是在不同国家的市场上销售自己的产品或者服务的行为，企业的产品或服务可能会针对不同的市场有所不同。企业需要针对不同的目标市场制定出不同的市场营销战略，然后将产品通过外国的代理或者分销商出口到目标市场国，销售出产品后获得利润。而生产商对目标市场上最终的零售价格、销售渠道及其他活动的控制程度相对较小。

全球市场营销是国际市场营销的发展与延伸。全球市场营销比国际市场营销的境界更高，着眼于全球市场。全球市场营销是有计划地生产出一种产品销往全世界的市场，并且对于价格战略以及促销的方法和手段都在一定程度上有整体的控制。而这种产品在全世界不同的市场上很有可能没有很大的差别。

如果一家企业想参与某个全球产业的竞争，或者说这个产业正处在全球化的过程中，那么对这家企业而言，全球市场营销就成为企业运营成败的关键。事实上，在当今世界，没有哪一个产业可以完全不受全球化的影响。所有的企业，无论其规模大小，都要建立起相应的战略来参与、反应和适应这些市场格局的变化。

有些学者比较倾向于将国际市场营销等同于全球市场营销，或者说这两个概念是可以互换的（Interchangeable）。我们在本书中将全球市场营销看成国际市场营销的延伸。

由于国际市场营销更为复杂，面临着巨大的不确定性，在进行国际市场营销时必须敏锐地察觉到一切环境的变化。茉莉花革命不仅引起阿拉伯世界的担忧，对于从事国际市场营销的许多企业而言，其业务都不同程度地受到了冲击。

营销透视 1-8

阿拉伯世界忧虑茉莉花革命蔓延

2011 年 1 月当地时间 18 日，两名埃及男子企图在埃及首都开罗闹市区自焚，而在前一日，刚刚有一名埃及年轻人在人民议会前自焚。同时，17 日，在西非国家毛里塔尼亚，一名男子在该国总统府官邸前自焚，以抗议政府虐待其部族。这接连而来的自焚事件被外界认为是受到突尼斯“茉莉花革命”的鼓励。

截至17日，因大学生小贩自焚而引起的突尼斯“茉莉花革命”看似暂告一段落，突尼斯总理加努希当日宣布，突尼斯民族团结政府正式成立。加努希称，新政府将集中精力进行突尼斯人民期盼已久的政治、经济、社会全面改革。但目前，突尼斯人仍未走出对国家未来未知的恐慌，囤积粮食和日用品的现象仍然存在。

同样恐慌的还有阿拉伯世界的其他国家。在整个中东地区，其他阿拉伯国家的领导人都紧密地关注着突尼斯局势，担心“茉莉花革命”是否会成为整个地区变革的号角。

“北非发生和突尼斯一样情况的危险也是存在的。”中国社科院非洲研究室主任贺文萍向《第一财经日报》分析，“他们的政治结构和社会问题都有相似性，失业问题也有相似性。”

“阿尔及利亚也发生过街头暴力，死了人，约旦也有类似的情况。”贺文萍说，因为国际商品价格上涨，经济危机导致了这些国家内部的困难。

2010年12月17日，突尼斯失业大学生布瓦吉吉在与城管的冲突过后自焚，次年1月4日身亡。当时，谁也没有预料到它诱发了一场持续1年、波及整个中东的政治海啸：突尼斯总统本·阿里弃国出逃；埃及总统穆巴拉克被迫辞职，随后接受审判；也门总统萨利赫在持续近1年的抗议示威之下被迫宣布出走；巴林、沙特、约旦、阿曼、科威特等君主制国家里也陆续出现罕见的抗议风潮。它还引发了一场持续了7个月，美、英、法等众多西方国家和卡塔尔、阿联酋等阿拉伯国家共同参与的局部战争——利比亚战争，最后以利比亚前领导人卡扎菲的死亡结束。

专注中东媒体研究的中东问题专家马克·林奇认为，尽管目前在其他阿拉伯国家还没有发生群体性暴力事件，但一切皆有可能，尤其是在社会公共媒体力量参与的情况下。

资料来源：第一财经日报．中国网络电视．http：//jingji. cntv. cn.

1.2.7 国际市场营销与国际贸易（International Marketing and International Trade）

贸易是个人或组织间产品服务的交换，国际贸易是跨越国界的产品和服务的交换。向其他国家出口产品或服务就产生了国际贸易。国际贸易主要是国家间进行的经济活动，用出口与进口的总和来衡量。国际贸易强调购进和售出，或者说进口和出口两个方面。

国际市场营销是跨越国界发生的市场营销活动。与国际贸易相比，国际市场营销更强调企业层面的产品销售或服务。

国际市场营销活动与国际贸易有着很紧密的联系。经济学之父亚当·斯密（Adam Smith）首先提出了贸易的绝对优势理论。他提出生产离不开社会基本价值要素，即劳动力。一个国家如果通过掌握更高技术的工人和质量更好的自然资源，用更少的劳动时间生产出同种产品，那么该国就具有对此产品的绝对优势。但如果一个国家的任何产品都不具备绝对优势，这个国家还能不能进行贸易呢？大卫·李嘉图（David Ricardo）在绝对优势理论的基础上提出了比较优势理论：即使一国对两种产品都不具备绝对优势，仍然能从两种产品中选出更具优势的一种。而另一国即使对两种产品都具有绝对优势，两种产品的优势程度也会不同。处于劣势国家的劣势较轻的产品在生产方面具有比较优势，处于优势国家的优势较大的产品在生产方面具有比较优势。两个国家分工专业化生产和出口其具有比较优势的商品，进口其处于比较劣势的商品，两国都能从贸易中得到利益。

1966 年，美国哈佛大学教授雷蒙德·弗农（Raymond Vernon）提出产品生命周期理论。产品生命周期理论与传统贸易理论有很大的差异。它强调了信息、知识及与其不可分割的成本、能力因素。它将产品周期分 3 个阶段：新产品期、成熟期和标准产品期。第 1 阶段，新产品阶段，生产没有进入标准化阶段，需要高技术劳动力，这一阶段产品的成本一般很高。第 2 阶段，生产规模开始扩大，生产过程逐步标准化，由于减少了对产品的设计环节，对高技术工人的需求也有所降低。这一阶段竞争者增加，因此产品的价格和利润率都会遇到压力。第 3 阶段，产品的生产完全标准化，只需要廉价劳动力，无须高技术，利润率很低，竞争更加激烈。

产品生命周期理论只考虑销售和时间两个变数，比较容易操作。它提供了一套适用的市场营销规划观点，将产品分成不同的策略时期，市场营销人员可针对各个阶段不同的特点而采取不同的市场营销组合策略。在最初期，新产品进入市场的试销阶段，消费者对该产品还不熟悉，因此企业的重点是如何提高产品的知名度，把产品引入市场。同时，企业的生产和销售成本比较高，企业还应关注新产品的定价问题。所以，在新产品阶段，市场营销的重点是促销和价格。在第 2 阶段，越来越多的消费者开始接受并使用该产品，竞争对手也会越来越多。因此，企业市场营销的重点应转入保持并且扩大市场销售额。企业可以通过技术改造增加产量或提高产品质量。同时可以对产品的包装和样式做出改进，重新进行市场细分以开拓新市场，增加市场营销渠道，并通过广告提高产品的信誉。当然从长期获利的角度，企业也可以适当降低价格，以提高产品的竞争力。在最后一个阶段，产品已经进入大批量生产阶段，竞争非常激烈。市场营销人员可以考虑节省费用，同时着手研发新的产品，但不能忽视原来产品的发展潜力。有些产品可以通过开发新功能而重新进入新的生命周期。在这一阶段，除了更努力地开发新市场外，还可以通过宣传使消费者增加购买量，或者通过售后服务等形式从竞争者那里争取到更多的消费者。但是，一旦确认产品已经到了更新换代的时期，企业必须经过仔细研究后，决定继续经营，还是选择放弃。

除了以上被广泛应用的贸易理论外，还有保罗·克鲁格曼（Paul Krugman）和他的同事提出的规模经济和不完全竞争理论。强调生产成本以及成本与价格如何促进国际贸易。规模经济分为内部规模经济和外部规模经济。迈克尔·波特（Michael Porter）提出的国际投资理论从全球的角度分析产业的竞争力。他强调贸易是以企业或者个人（买方）为主体，而不是国家。希望利用发展规模及利润获得竞争优势的企业可以利用国际投资理论。[16]

经济增长的差异引起了贸易的差异。北美和亚洲的 IT 业促进了当地的贸易发展，石油出口大国由于世界的能源需求使本国经济得以发展。随着国际贸易的增长，一些国家的政策可能会导致贸易战。比如对特殊产品实行补贴，以保护本国市场。如果其他国家采取报复性措施，就会出现贸易壁垒、外汇管制、投机资本流动、货币贬值等，结果使贸易额减少。我们在国际贸易中可以通过外贸依存度来衡量某一国家或地区的经济对国际市场的依赖程度，也可以由此来帮助企业制定适当的国际市场营销策略。外贸依存度是某一国家进出口总额占国内生产总值的比重。当某一个国家的对外贸易大幅度增长时，外贸依存度也会快速提高。

营销透视 1-9

2012 年 2 月 16 日，海关总署表示，2011 年中国进出口外贸依存度为 50.1%。其中出口依存度为 26.1%，进口依存度为 24%。外贸依存度在一定程度上反映对外贸易对经济发展的影响程度。海关总署相关人员介绍，2006 年以来，中国外贸依存度总体呈现回落态势，由 2006 年的 67% 回落至 2011 年的 50.1%。外贸在中国经济活动中的地位依然举足轻重。同时，从近年来外贸依存度回落态势来看，中国经济增长正由外需拉动向内需驱动转变。

资料来源：我国外贸依存度回落至 50.1%. 经济日报. 中国经济网. http://finance.ce.cn/. 2012-02-16.

国际贸易与国际市场营销息息相关，国际市场营销活动不仅可以应用到很多国际贸易的理论，还可以通过分析各国贸易数据找出相关信息来改进本企业的市场营销策略。除了以上提到的基本国际贸易理论以外，很多国际经济组织也对国际市场营销活动有很大的影响。因此，我们也有必要对这些国际经济组织有所了解。

1.3 与国际市场营销相关的国际经济组织（Related International Economic Organizations）

虽然在每一个国家都设有一些组织来指导其市场营销活动，但很多国际经济组织在国际市场营销活动中的作用也不可忽视。国际货币基金组织（International Monetary Fund，IMF）、世界银行（World Bank）和世界贸易组织（World Trade Organization）被认为是与世界经济相关的最有影响力的国际经济组织。亚洲及太平洋经济合作组织（Asia-Pacific Economic Cooperation）、上海合作组织（Shanghai Cooperation Organization）和东南亚国家联盟（Association of Southeast Asian Nations）对中国和其他亚洲国家的发展也有着特殊的影响。

中国是国际货币基金组织、世界银行和世界贸易组织的成员，从这些国际经济组织发起的外国投资活动中受益，并且正努力适应国际规则的要求。对这些国际经济组织的了解将有助于企业在国际市场上进行营销活动。

1.3.1 国际货币基金组织（The International Monetary Fund，IMF）

国际货币基金组织是政府间国际金融组织，它是根据 1944 年 7 月在美国新罕布什尔州布雷顿森林召开的联合国和联盟国家的国际货币金融会议上通过的《国际货币基金协定》而建立起来的。1945 年 12 月 27 日正式成立，至今已有 188 个成员。国际货币基金组织于 1947 年 3 月 1 日开始办理业务，1947 年 11 月 15 日成为联合国的专门机构，总部设在华盛顿，在经营上有其独立性。其资金来源于各成员国认缴的份额。

国际货币基金组织设 5 个地区部门（非洲、亚洲、欧洲、中东、西半球）和 12 个职能部门（行政管理、中央银行业务、汇兑和贸易关系、对外关系、财政事务、国际货币基金学院、法律事务、研究、秘书、司库、统计、语言服务局）。该组织的主要业务活动有：向成员提供货款，在货币问题上促进国际合作，研究国际货币制度改革的有关问题，研究扩大基金组织的作用，提供技术援助和加强同其他国际机构的联系。

国际货币基金组织的宗旨是通过一个常设机构来促进国际货币合作，为国际货币问题的磋商和协作提供方法；通过国际贸易的扩大和平衡发展，把促进和保持成员方的就业、生产资源的发展、实际收入的高水平，作为经济政策的首要目标；稳定国际汇率，在成员方之间保持有秩序的汇价安排，避免竞争性的汇价贬值；协助成员方建立经常性交易的多边支付制度，消除妨碍世界贸易的外汇管制；在有适当保证的条件下，基金组织向成员方临时提供普通资金，使其有信心利用此机会纠正国际收支的失调，而不采取危害本国或国际繁荣的措施；按照以上目的，缩短成员方国际收支不平衡的时间，减轻不平衡的程度等。

中国是国际货币基金组织创始国之一，与世界银行每年联合召开一次春季会议和年会，期间还召开货币与金融委员会会议。目前中国在国际货币基金组织中所占的投票权已从原来的2.98%提升到3.72%。由此提高了中国及其他一些发展中国家在国际货币基金组织中的发言权。[17]

虽然中国及其他发展中国家提高了自己的发言权，但美元和欧元在世界金融界仍占主导地位。美元仍是世界主要储备货币也是世界主要大宗商品的计价货币，美国也是世界上最大的金融衍生品王国。无论是美债还是欧债危机，都对市场信心形成了巨大打击。

营销透视1-10

美股再与欧债危机“同声共气”

与之前两周十分相似，上周的市场再度与欧债危机“同声共气”。目前，给欧债危机局势火上浇油的是该区域内问题银行数量的持续增加。这将引发的后果便是欧元贬值，而美元资产则将在国际金价下滑的背景下成为避险天堂；而商品期货、国际原油和黄金价格在年底获利回吐趋势和经济动能缺失现状的双重因素下承压。此外，美国经济尽管增速加快，但绝对值依旧较低。

投资者似乎十分追捧美国经济加速增长的基本面状况，但对其未来更快增长的潜力却并不感冒，原因是欧债危机可能会对美国经济产生拖累。日前，标普500指数的四家成分公司对自身第四季度的盈利预期发出了警告；而其声明中对2012年预期的较少涉及，则显示了市场中诸多不确定性的客观存在。同时，由于市场广泛预期美国国会将延长减税法案的实施时限，一旦最终结果令市场失望，对于消费信心缺失的担忧恐怕将令纽约股市情势急转直下。

总体来讲，目前市场的交易状况都是以交易日为单位的短期趋势，“牛”和“熊”都未能表现出市场统治力。因此，上周标普500指数尽管前三个交易日连跌3.46%，却在随后两个交易日成功实现0.65%的涨幅。最终，该指数本周累计跌幅为2.83%，与2010年同期相比则下跌3.02%；其中，金融板块是市场下滑的最致命因素，其跌幅高达21.2%。

从12月26日起，纽约股市将休市一周。因此，下周的交易也将因圣诞节临近而转为清淡。即将面市的经济数据则主要集中在房地产市场。本周一首先出炉的是11月全美住宅建造商协会（NABH）房地产市场指数，市场预期该数据将出现小幅下滑。周二登场的11月新屋开工率数据则可能会环比微幅上涨，但当月新屋开建许可数据却预计有所回落。随后在周三，11月成屋销售数据可望环比小幅攀升。

周四开始，其他经济数据将陆续出炉。当日，美国第三季度国内生产总值（GDP）终值及当周首次申请失业救济金人数等两项数据将与市场见面，其中前者将有望由此前2.0%的修正值略升至2.1%。周五公布的则是个人收入报告，其环比增幅预计将由前月的0.1%升至0.4%。

资料来源：作者：斯韦尔布拉特，标准普尔资深指数分析师，高健编译．中国证券报．人民网．http：//finance.people.com.cn.2011-12-19.

1.3.2 世界银行（The World Bank，WB）

世界银行的两个独立的组织：国际复兴开发银行（International Bank for Reconstruction and Development，IBRD）和国际开发协会（International Development Association，IDA）联合向发展中国家提供低息贷款、无息信贷和赠款。世界银行通过国际复兴开发银行硬贷款与英国政府赠款相结合的创新机制保持社会部门和贫困农村地区的贷款。中国是执行世界银行贷款项目最好的成员国之一。世界银行主要向中国提供以下援助。

（1）促进中国经济与世界经济的融合。深化中国对多边经济机构的参与，降低对内和对外贸易和投资壁垒，为中国的海外发展援助提供帮助。

（2）减少贫困、不平等和社会排斥。推动城镇化均衡发展，保障农村生活，扩大基本社会服务和基础设施服务，尤其是在农村地区。

（3）应对资源短缺和环境挑战。减少大气污染，节约水资源，优化能源利用（部分通过价格改革），改善土地行政管理，履行国际环境公约。

（4）深化金融中介作用。扩大金融服务（尤其是中小企业），发展资本市场，应对系统性风险，维护金融稳定。

（5）加强公共部门和市场制度。提升企业竞争力，改革公共部门，理顺政府间财政关系。

在2007财年（2006年7月1日～2007年6月30日）期间，世界银行向中国提供贷款16.4亿多美元，支持了10个项目。贷款项目主要集中在交通、城市发展、农村发展、能源、人类发展等领域。近年来，贷款项目更加注重解决中国高速发展带来的社会和环境影响。

在中国与世界银行集团的合作关系中，知识共享与知识转让是一项十分重要的内容。世界银行帮助中国引进其他国家经济发展的经验，协助分析中国的经济增长与减少贫困经验向其他国家传播；世界银行提供分析调研支持，协助中国保持有效的宏观经济管理，减小金融部门系统性风险，改善私营部门发展环境；世界银行协助对制约中国西部和东北部地区经济增长及相关服务的根本因素（包括投资环境、财政转移制度、社会服务提供、社会保障制度、城市化以及其他领域的制约因素）进行评估；世界银行也为进一步提高自然资源的利用效率和维持资源利用的可持续性提供分析和政策咨询。

2008年2月4日，中国经济学家林毅夫接受正式任命，成为世界银行副行长兼首席经济学家。这是世界银行首次任命发展中国家人士出任这一要职。

财政部是世界银行集团在中国开展业务活动的主要对口部门，国家发展改革委员会在合作计划的制订中也起着重要作用。所有项目都须经过充分的技术、经济、财务、环境和社会评估之后才提交双方有关部门做最后审批。世界银行的中国业务由世界银行中国局负责管理。[18]

另外我们还需要了解与世界银行相关的“外国投资咨询服务机构”（Foreign Investment Advisory Service，FIAS），该机构成立于1985年。当企业对投资国的环境不甚了解时，可以通过该机构加深对投资国环境的了解。20 多年来，全世界大约有 120 多个国家为其提供过资金援助和技术援助，直到现在，仍有不少国家在全力支持 FIAS 的正常运作。

外国投资咨询服务机构能针对委托国特有的投资环境构造，量体裁衣，策划出最适合该国的投资方案，使之发挥出最大的潜力，扬长避短，大力吸引外商直接投资。外国投资咨询服务机构的原则是只接受国家政府机构的委托。它还是当今世界最大的两个多边发展机构（国际金融公司和世界银行）的牵头组织。因此，外国投资咨询服务机构在帮助委托国设计投资方案时，有足够的能力号召整个银行集团（其中也包括多边投资担保机构和投资争端解决国际中心）为其提供专家意见和专业技术。[19]

1.3.3 世界贸易组织（The World Trade Organization，WTO）

世界贸易组织（WTO）成立于 1995 年 1 月 1 日，总部设在日内瓦。作为正式的国际贸易组织，它在法律上与联合国等国际组织处于平等地位。其宗旨是促进经济和贸易发展，以提高生活水平、保证充分就业、保障实际收入和有效需求的增长；根据可持续发展的目标合理利用世界资源、扩大货物和服务的生产；达成互惠互利的协议，大幅度削减和取消关税及其他贸易壁垒并消除国际贸易中的歧视待遇。

世界贸易组织负责定期审议其成员的贸易政策和统一处理成员之间产生的贸易争端，并负责加强同国际货币基金组织和世界银行的合作，以实现全球经济决策的一致性。世界贸易组织协议的范围包括从农业到纺织品与服装，从服务业到政府采购，从原产地规则到知识产权等多项内容。

世界贸易组织的最高决策权力机构是部长会议，至少每两年召开一次会议。下设总理事会和秘书处，负责世界贸易组织的日常会议和工作。总理事会设有货物贸易、非货物贸易（服务贸易）、知识产权 3 个理事会和贸易与发展、预算两个委员会。总理事会还下设贸易政策核查机构，它监督着各个委员会并负责起草国家政策评估报告。[20]

世界贸易组织有 5 项基本原则，这 5 项原则是多边贸易的基础：

- 非歧视性贸易原则。具体表现为“一般最惠国待遇”及“国民待遇”。
- 自由贸易原则。
- 透明度原则。
- 促进公平贸易原则。
- 促进发展和经济改革。

中国是关贸总协定的创始国之一。1984 年 1 月 18 日，中国正式成为总协定下属的国际纺织品贸易协议的成员。加入世界贸易组织后，我国享有以下基本权利：

- 我国的产品和服务及知识产权在 135 个成员中享受无条件、多边、永久和稳定的最惠国待遇以及国民待遇。
- 我国对大多数发达国家出口的工业品及半制成品享受普惠制待遇。
- 享受发展中国家成员的大多数优惠或过渡期安排。
- 享受其他世界贸易组织成员开放或扩大货物、服务市场准入的利益。
- 利用世界贸易组织的争端解决机制，公平、客观、合理地解决与其他国家的经贸摩擦，营造良好的经贸发展环境。

- 参加多边贸易体制的活动获得国际经贸规则的决策权。
- 享受世界贸易组织成员利用各项规则、采取例外、保证措施等促进本国经贸发展的权利。

同时，加入世界贸易组织后，中国也应履行以下义务：

- 在货物、服务、知识产权等方面，按世界贸易组织规定，给予其他成员最惠国待遇及国民待遇。
- 依照世界贸易组织相关协议规定，扩大货物、服务的市场准入程度，即具体要求降低关税和规范非关税措施，逐步扩大服务贸易市场开放。
- 按《知识产权协定》规定进一步规范知识产权保护。
- 按争端解决机制与其他成员公正地解决贸易摩擦，不能搞单边报复。
- 增加贸易政策、法规的透明度。
- 规范货物贸易中对外资的投资措施。
- 按在世界出口中所占比例缴纳一定会费。[21]

中国与世界贸易组织其他成员方的经济联系已经越来越紧密。在享受世界贸易组织带来利益的同时，中国也承担了更多的义务。但加入世界贸易组织无疑给中国企业进行国际市场营销活动带来了很多机遇和挑战，也将成为国际市场营销人员研究的主要课题之一。

1.3.4 亚洲及太平洋经济合作组织（The Asia-Pacific Economic Cooperation，APEC）

亚洲及太平洋经济合作组织简称亚太经合组织（APEC），成立于1989年，是亚太地区最具影响的经济合作官方论坛。1989年1月，澳大利亚总理霍克访问韩国时建议召开部长级会议，讨论加强亚太经济合作问题。经与有关国家磋商，1989年11月5~7日，澳大利亚、美国、加拿大、日本、韩国、新西兰和当时的东南亚国家联盟6国在澳大利亚首都堪培拉举行亚太经济合作会议首届部长级会议，这标志着亚太经济合作会议的成立。1993年6月改名为亚太经济合作组织。其宗旨是：保持经济的增长和发展；促进成员间经济的相互依存；加强开放的多边贸易体制；减少区域贸易和投资壁垒，维护本地区人民的共同利益。亚太经合组织采取自主自愿、协商一致的合作方式。所作决定须经各成员一致同意。会议最后文件不具法律约束力，但各成员在政治上和道义上有责任尽力予以实施。在1993年西雅图领导人非正式会议宣言中提出了亚太经合组织的大家庭精神：为本地区人民创造稳定和繁荣的未来，建立亚太经济的大家庭，在这个大家庭中要深化开放和伙伴精神，为世界经济做出贡献并支持开放的国际贸易体制。

亚太经合组织共有5个层次的运作机制：包括领导人非正式会议；部长级会议；高官会；委员会和工作组，即贸易和投资委员会（CTI）、经济委员会（EC）、经济技术合作高官指导委员会（SCE）和预算管理委员会（BMC）；同时设有秘书处。

亚太经合组织主要讨论与全球及区域经济有关的议题，如促进全球多边贸易体制，实施亚太地区贸易投资自由化和便利化，推动金融稳定和改革，开展经济技术合作和能力建设等。近年来，亚太经合组织也开始介入一些与经济相关的其他议题，如人类安全（包括反恐、卫生和能源）、反腐败、备灾和文化合作等。[22]

中国于 1991 年加入亚太经合组织。中国以对国际合作负责任的态度认真履行对亚太经合组织的承诺，同时也在积极思考适合自己的次区域化合作。随着经济技术合作得到越来越多的重视，中国在亚太经合组织中积极发挥地区大国的作用，将参与亚太经合组织事务与国内的经济建设与改革紧密地结合在一起。

中国对亚太经合组织贸易投资自由化进程一直持积极态度，主张亚太经合组织应坚持开放的区域主义，而不能变成一个封闭性的贸易集团；亚太经合组织成员间及亚太经合组织成员与非亚太经合组织成员间均应相互开放，摒弃经贸关系中的歧视性做法；实施贸易投资自由化应充分考虑各成员不同的经济发展水平和具体情况，坚持《大阪行动议程》中确定的自主自愿等基本原则，保持适当的速度；大力开展经济技术合作，以缩小成员间的差距，达到共同繁荣的目的。中国一贯认为，各成员的单边行动计划是亚太经合组织实现贸易与投资自由化的主渠道，并积极制订、实施和改进中国的单边行动计划。中国对 15 个部门的提前自由化问题也持原则支持态度，同时主张应坚持自主自愿、灵活性和协商一致等原则，充分照顾各成员的实际情况。[23]

1.3.5　上海合作组织（The Shanghai Cooperation Organization，SCO）

上海合作组织（SCO）于 2001 年成立于上海，成员国为中华人民共和国、俄罗斯联邦、哈萨克斯坦共和国、吉尔吉斯共和国、塔吉克斯坦共和国和乌兹别克斯坦共和国。上海合作组织每年举行一次成员国元首正式会晤，定期举行政府首脑会晤，轮流在各成员国举行。经济合作已成为上海合作组织稳步发展的物质基础。上海合作组织以反对恐怖主义、分裂主义和极端主义为中心，共同努力维护区域和平、安全与稳定，促进新的民主、公正、合理的国际政治经济秩序。

上海合作组织的宗旨是：加强各成员国之间的相互信任与睦邻友好；鼓励各成员国在政治、经贸、科技、文教、能源、交通、环保及其他领域的有效合作；共同致力于维护和保障地区的和平、安全与稳定；严格遵循《联合国宪章》的宗旨与原则，相互尊重独立、主权和领土完整，互不干涉内政，互不使用或威胁使用武力，平等互利，通过相互协商解决所有问题，不谋求在相毗邻地区的单方面军事优势。上海合作组织奉行不结盟、不针对其他国家和地区及对外开放的原则，愿与其他国家及有关国际和地区组织开展各种形式的对话、交流与合作。

至今，上海合作组织已在政治和安全领域多年成功合作的基础上向经贸、文化等领域不断扩大，机制化的发展正在逐步健全和完善。伴随着上海合作组织的成长，经济合作内容也越来越细致，越来越具体充实，通过项目合作夯实合作基础。胡锦涛主席在 2003 年明确指出：经济合作是上海合作组织的重要基础和优先方向，并建议先从交通运输和能源合作领域入手，使在上海合作组织框架下的经贸合作早见成效。2004 年 6 月 17 日，成员国元首汇聚乌兹别克首都塔什干。中国国家主席胡锦涛作了题为《加强务实合作共谋和平发展》的重要讲话，并表示中国愿向上海合作组织其他成员国提供总额为 9 亿美元的优惠出口买方信贷，以便推动经济合作尽快取得实质性成果。贷款的条件是年利率 3%，期限 10 年，同时需要提供国家担保。几经协商洽谈后，这笔优惠贷款于 2006 年全部落实（最后确认的条件是年利率 2%，15 年还款期）。

2006 年 6 月成员国元首峰会期间，在银联体的推动下，各国企业以及银行间签署了一批大中型合作项目的商务合同和贷款协议，总金额近 20 亿美元（其中有一部分是 9 亿美元优惠贷款项目）。9 月 15 日，成员国总理第五次会议在塔吉克斯坦首都杜尚别举行。会议的主要内容是落实元首峰会的任务，并确定了上海合作组织首批在能源、交通、电信等近期优先合作领域的示范项目。[24] 如前所述，国际市场营销的一大挑战就是国际政治与经济环境，而上海合作组织为各国的经济发展能够有一个稳定的环境创造了机会。

1.3.6 东南亚国家联盟（The Association of Southeast Asian Nations，ASEAN）

东南亚国家联盟（ASEAN，简称东盟）成立于 1967 年 8 月 8 日，秘书处设在印度尼西亚首都雅加达。目前的成员国为印度尼西亚、马来西亚、菲律宾、新加坡、泰国、文莱、越南、老挝、缅甸、柬埔寨。其组织机构包括首脑会议、外长会议、常务委员会、经济部长会议、其他部长会议、秘书处、专门委员会，包括工业、矿业和能源委员会，贸易和旅游委员会，粮食、农业和林业委员会，内政和银行委员会，交通运输委员会，预算委员会，文化和宣传委员会，科学技术委员会，社会发展委员会以及民间和半官方机构等。首脑会议是东盟最高决策机构，由东盟各国轮流担任主席国，负责召集。

《东南亚国家联盟成立宣言》确定的宗旨和目标是：

- 以平等与协作精神，共同努力促进本地区的经济增长、社会进步和文化发展。
- 遵循正义、国家关系准则和《联合国宪章》，促进本地区的和平与稳定。
- 促进经济、社会、文化、技术和科学等问题的合作与相互支援。
- 在教育、职业和技术及行政训练和研究设施方面互相支援。
- 在充分利用农业和工业、扩大贸易、改善交通运输、提高人民生活水平方面进行更有效的合作。
- 促进对东南亚问题的研究。
- 同具有相似宗旨和目标的国际和地区组织保持紧密和互利的合作，探寻与其更紧密的合作途径。

1991 年，中国与东盟所有国家建立或恢复了外交关系，开始与东盟正式对话。1996 年，中国成为东盟全面对话伙伴。1997 年 12 月，江泽民出席首次中国与东盟领导人会议，设立中国—东盟合作基金，发表《联合声明》，宣布建立面向 21 世纪的睦邻互信伙伴关系。尤其是 2001 年 11 月在第五次中国—东盟“10 + 1”会议上正式宣布将在 10 年内建立中国—东盟自由贸易区。其主要内容是关税减让，中国单方面做出让步，提出在东盟能向中国开放自己的市场之前，中国将提前 5 年先行向东盟开放自己的市场，并对经济落后的中南半岛国家给予优惠政策。

2002 年 11 月，双方签署《中国—东盟全面经济合作框架协议》，决定于 2010 年建成中国—东盟自由贸易区。2005 年 1 月，温家宝总理出席在印度尼西亚雅加达举行的东盟地震和海啸灾后问题领导人特别会议，就本地区防灾、救灾工作提出 18 项合作倡议，涵盖了救援、重建、旅游合作、地震和海啸预警、防灾减灾、区域合作和国际合作等 7 大领域。

2005 年 12 月，第九次中国与东盟领导人会议在马来西亚吉隆坡举行。根据温家宝总理的倡议，会议决定在原有的五大重点合作领域基础上，将交通、能源、文化、旅游和公共卫生列为双方新的五大重点合作领域。会议期间，还举行了中国向老挝、柬埔寨和缅甸提供特殊优惠关税待遇换文的签字仪式，东盟宣布中国正式成为东盟东部增长区发展伙伴。2005年10月19~21日，第二届中国—东盟博览会和中国—东盟商务与投资峰会在广西南宁举行。中国与东盟还举行了第三次海关署长会议（6月，文莱）、第四次经贸部长会议（9月，老挝）、第四次交通部长会议（11月，老挝）。5月，首届中国—东盟电信周在中国举行，期间还举行了中国—东盟电信部长论坛。中国—东盟合作基金资助实施了12个合作项目。

本章小结

1. 国际市场营销是将商品或者服务在一个以上国家销售的跨国界活动。因此，国际市场营销需要企业进行跨国界的管理，以满足多国消费者的需要同时获得利润。在国际市场营销中，企业会面临更大的风险和不确定性。这对市场营销人员提出了更高的要求：不仅要掌握基本的市场营销理论，还要对不同的市场情况有所了解。而在如今，全球化的趋势日渐明显，不可避免地要进行国际市场营销。了解国际市场营销理论，应用国际市场营销技巧来满足更多消费者的需求成为企业生存的必要条件。

2. 在国际环境下研究市场营销，还必须掌握与跨国公司、全球化、新兴市场和国际贸易等相关的知识。跨国公司在改善当地的经济环境、提高了人们的生活水平的同时也给当地的自然环境和文化传统带来了巨大的冲击。全球化仍然是一个有争议的问题，人们在支持全球化的同时也不能忽视全球工业集中的程度正在加剧。尽管新兴市场还不成熟，但它们成长的前途光明。新兴市场已经在很大程度上推动了世界经济的发展。其中一些新兴市场国家已经达到很高的人均收入和GDP水平。在不远的将来，新兴市场将有更高的出口额，吸引更多的外国投资，进一步改善本国的生活水平并能建立起更稳定的政治环境。中国作为国际贸易大国，正在世界经济发展中发挥重要作用。世界银行、世界贸易组织和国际货币基金组织等一些国际性的经济组织也在国际市场营销和国际贸易中起到重要的作用。

案例分析 科特勒VS舒尔茨：谁更能指导营销实战

美国西北大学培养出两位现代营销大师：科特勒和舒尔茨。科特勒被称为“现代营销学之父”，舒尔茨被称为“整合营销之父”，两人的营销理论究竟有多少实用性？谁更能指导中国的营销实战？

科特勒：现代营销

科特勒曾经对儿子说，你来负责科特勒集团美国的业务，来照顾这些跨国公司，我要到中国去，我要帮助中国企业和这些跨国公司进行斗争。

科特勒的复杂性正在于此，他永远处于“斗争”核心，探寻个中规律。这种复杂性使得很多人对他欲语还休。

俞利军认为，科特勒营销体系的内核包括：以顾客需要为出发点，以交换为手段，围绕需求变化进行管理；贯彻整合营销传播理念，侧重长期关系的建立，以期建立强势品牌；不断关注环境变化，平衡专业化与多元化，努力扩大市场份额，争取并力保高端市场，实现最佳利润回报。从贡献上看，科特勒确立了现代营销学的理论与操作体系，他第一个使得营销科学化，并将营销扩展到了人类生活的各个领域，使之成为人们日常生活的定式。他系统而全面地提出了不同营销情景的应对模式，使得营销者随时可以从他的工具箱里找出有用的工具。

科特勒的营销理论提供了多种模式，为处于不同发展阶段的经济体提出了不同的应对策略。只要你是搞市场经济，他的理论都可以适用。

很多中国企业希望能够运用现代营销理论提升自己，俞利军对他们提出4点建议。第一，要有远景，有使命感。中国的企业家要有逐鹿全球市场的雄心壮志，否则只能成为世界大型跨国公司的加工厂。营销人应当怀有创造民族品牌的大气，因为营销人最难也是最主要的工作就是创立、培育、发展和维护品牌。第二，处理好专业化与多元化的关系。中国企业应当首先加强专业化，在做强上下足工夫，然后再实行相关多元化，切忌盲目收购和兼并。第三，注意长期关系管理。这里的“关系”主要指的是企业内部管理层与员工的关系、企业与顾客（包括客户）的关系、企业与渠道的关系。第四，树立长期信誉。发达国家现在广泛利用公益营销来提升品牌的形象、品牌精神，我们的企业也要努力成为社会的好公民。企业产品和服务的销路往往跟它们的信誉和形象成正比。

舒尔茨：力主数据库营销

“中国企业当务之急应该是培训人才，把他们留在企业让他们发展。”舒尔茨敲响了警钟。他认为，中国企业最缺少的是受过培训、有高技能的人才。关于整合营销，舒尔茨下的定义是：整合营销传播是一个业务战略过程，它指制订、优化、执行并评价协调的、可测度的、有说服力的品牌传播计划。这些活动的受众包括消费者、顾客、潜在顾客、内部和外部受众及其他目标。

从营销理论发展来看，舒尔茨和他的合作者颠覆了传统的4P（产品、价格、渠道、促销）营销。他们认为，大众营销已经随着消费者需求的多样化而土崩瓦解，4C（消费者、成本、消费者方便、沟通）将普照大地。

舒尔茨的整合营销理论倡导“由外向内”，极大冲击了传统营销“由内而外”的模式。这种理论强调，首先要了解消费者，通过数据库营销达到小众市场中的真正沟通，留住客户，提高效益。数据库营销其实是服务整合营销，从过去的拉拉关系中走出来，注重客户关系管理。数据库本身建立起来容易，但关键是要能够不断整理、不断研究客户偏好和兴趣的变化，然后用产品去迎合。整合营销中的“整合”也不仅仅是媒体的整合、促销手段的整合，关键是从根本上改变企业贡献价值的心理过程，满足客户需求，这样企业才不会被淘汰。

关于舒尔茨理论的局限性，傅慧芬提出整合营销的理念很好，但缺乏可操作性。即便在诞生整合营销理论的欧美市场也很少有贯彻的。前些年IBM曾进行尝试，它把营销分成3个部门：市场调研部、行业和产品销售管理部、市场营销沟通部，按照程序来做。但是，在国外企业中更多的是，各个部门的人为了一个项目临时成立一个团队。

和舒尔茨在文章开头的“耸人听闻”不同，傅慧芬认为，中国企业的主要问题是创新能力差。整合营销最大的困难就是缺乏足够的创新能力来满足消费者。创新能力不够有两方面原因：第一，多数企业主观愿景差，根本不想创新。它们能模仿就模仿，能假冒就假冒，而有些想创新的小企业却没有足够资金来做。第二，法制环境有待提升。创新产品做出来，别人一窝蜂地搭便车、假冒，而抄袭、假冒得到的惩罚过轻。这两个问题是互动的，一内一外，形成恶性循环。当然，也有比较好的企业能够做强。其实，通过合作，把别人的技术学到，中国企业的创新能力也会逐渐增强。

资料来源：http：//business. sohu. com.

案例讨论

1. 你认为科特勒和舒尔茨的观点哪个更适合中国企业？请举例说明。
2. 选定一家中国企业，结合所学习的内容分析该企业的市场营销活动。

复习题

1. 什么是市场营销？市场营销的基本要素是什么？市场营销有哪些主要职能？
2. 目前有哪些市场营销组合理论？各有哪些优势和不足之处？
3. 什么是全球化？全球化对世界经济造成哪些积极或消极的影响？
4. 国际货币基金组织和世界银行应该如何促进国际经济的发展？

思考及实践题

1. 为什么有些企业要选择在国际市场上销售它们的产品或者服务？哪些因素会影响企业在国际市场上的竞争？在国际市场上企业应如何制定它们的市场营销策略？

2. 中国作为新兴市场对世界经济的发展起到了哪些作用？

本章注释

[1] 市场营销的含义［R/OL］. 2007-11-28. http：//www. ecm. com. cn.

[2] 消费者市场［R］. 2006-5-28. http：//www. 51ying. com.

[3] 刁雯. AMA 新时期的市场营销定义［R/OL］. 2005-9-18. http：//www. marketingcn. org.

[4] 龚伟同，贝佐斯. 让沃尔玛刮目相看亚马逊［J/OL］. 商务周刊. 2004-10-11. http：//news. chinabyte. com.

[5] 社会营销概述［R/OL］. 2008-1-21. http：//wiki. mbalib. com.

[6] 栗建胜. 试论市场营销组合 4Ps 向 4Cs 的转变［J］. 江苏：机械职业教育，2001（5）35.

[7] 郑雄伟. 中国在产业转移中的优势地位［R/OL］. 2008-2-21. http：//industry. ccidnet. com.

[8] 国际货币基金组织. 世界经济展望［M］. 北京：中国金融出版社，1997.

[9] 梁光严. 国外两种较常见的全球化定义［R/OL］. http：//www. cass. net. cn.

[10] 全球化定义［R］. 2007-12-15. http：//wiki. mbalib. com.

[11] 敦促企业界在全球化经济中承担新的责任［R/OL］. http：//www. un. org.

[12] 韦弦. 新兴力量与传统大国［N/OL］. 联合早报，2007-12-11. http：//www. xuanju. org.

[13] 关于新兴市场国家发展的若干问题. 世界经济与政治论坛［J/OL］. 2007-9-28. http：//www. gjmy. com.

[14] 韩志金，王海. 资本大国：中国跃居全球新兴资本市场第一位［N/OL］. 市场报，2007-10-19. http：//www. 022net. com.

[15] Pillp R. Cateora，John L. Graham. International Marketing（12th Ed）. Mc-Graw Hill，2005：pi.

[16] 王慧卿．争夺国际货币基金组织份额：中国能获益几何［N/OL］．第一财经日报，2006-9-20. http：//news. xinhuanet. com.

[17] 经济成就与当前的挑战：世界银行与中国［R/OL］. 2007-7. http：//www. worldbank. org. cn.

[18] 世界银行集团外国投资咨询服务机构简介［R/OL］. http：//www. cciip. org. cn.

[19] 世贸组织简介［R/OL］. 2001-4-17. http：//www. macrochina. com. cn.

[20] 加入世界贸易组织后我国享有的基本权利和义务［R/OL］. 2001-11-22. http：//www. cafte. gov. cn.

[21] 亚太经合组织［R/OL］. http：//baike. baidu. com.

[22] 亚太经合组织简介［R/OL］. 2000-9-8. http：//www. china. com. cn.

[23] 上海合作组织的经济合作历程［R/OL］. 2003-9-19. http：//www. sco-ec. gov. cn.

[24] 石峡．中国—东盟经贸：2006年回顾2007年展望［N/OL］．广西日报. http：//www. gx-info. gov. cn.

Part II

第二篇

国际市场营销环境

International Marketing Environment

第 2 章
Chapter 2

国际市场营销的政治环境与法律环境
International Political and Legal Environments

重点词汇

Arbitration The settling of disputes between two parties by an impartial third party, whose decision the contending parties agree to accept. Arbitration is today most commonly used for the resolution of commercial disputes, particularly in the context of international commercial transaction and sometimes used to enforce credit obligations. ㊀

Intellectual Property A product of the intellect that has commercial value, including copyrighted property such as literary or artistic works, and ideational property, such as patents, appellations of origin, business methods, and industrial processes. The term "intellectual property" denotes the specific legal rights which authors, investors and other holders may hold and exercise, and not the intellectual work itself. ㊁

Nationalism An ideology that holds the nation, ethnicity or national identity is a "fundamental unit" of human social life, and makes certain cultural and political claims based upon that belief. Nationalism also refers to the specific ideology of nationalist movements, which make cultural and political claims on behalf of specific nations. ㊂

Political Environment The government surroundings that affect and shape market opportunities, including government's role as both a controller through legislation and regulation and as a customer of business.

Political Risk The risk of loss when investing in a given country caused by changes in a country's political structure or policies, such as tax laws, tariffs, expropriation of assets, or restriction in repatriation of profits. ㊃

㊀ http://www.answers.com.

㊁ http://www.answers.com.

㊂ http://www.wikipedia.org.

㊃ http://www.investorwords.com.

Terrorism Premeditated, politically motivated violence perpetrated against noncombatant targets by sub-national groups or clandestine agents; the term "international terrorism" is defined as "terrorism involving citizens or the territory of more than one country"; and the term "terrorist group" means any group practicing, or which has significant subgroups which practice international terrorism. ㊀

导入案例

中国企业在利比亚战争中遭受难以估量的损失

尽管国内出口企业"走出去"前景被看好，但海外危机四伏令投资风险如影相随。北非和西亚局势持续动荡，出口贸易以及投资项目无不令人担忧。这一局势直接影响中国对当地的投资热情，2011年前两个月在非洲地区承包工程业务同比减半，其中在利比亚新签合同额同比减少45.3%。利比亚遭空袭以来，中国在当地新建项目和在建项目被战争梦魇所笼罩。

据悉，国内75家企业，包括13家央企在利比亚有投资项目。国资委此前披露消息显示，央企在利比亚的项目全部暂停，这些投资主要集中在基建、电信领域。战争肆虐之下，无法重建的工程损失将陆续浮出水面。

"利比亚政局的动荡确实对中资企业造成了相当大的影响。"3月下旬，在商务部例行新闻发布会上，发言人姚坚透露，目前中国在利比亚承包的大型项目一共有50个，涉及合同金额188亿美元（约1 200亿元人民币）。在大部分中资企业人员撤出利比亚之后，商务部已经会同相关部门着手评估中资企业在利比亚的损失，妥善处理相关的后续事项。相关专家估计，中资企业在利比亚的损失主要有固定资产、原材料等；难以追回的工程垫付款；撤离人员安置费用；预计200亿美元资金在利比亚"打水漂"。

专家："走出去"关注政治风险

商务部表示，在中国企业"走出去"后的诸多风险中，最突出的还是政治风险、法律风险和财务风险。其中，政治风险与东道国的政府政策变化等行为有关，包括征收、国有化、战争以及恐怖活动等政治暴力事件，还表现为政府征收、政府违约和延迟支付等。

对外经贸大学国际经济与贸易学院博士赛格还认为，长期以来，政治风险导致在国外投资的中国企业遭受了巨大经济损失，成为中国企业走出去的瓶颈。

中东局势急剧恶化时，中国信保已迅速启动应急处理机制，调整了有关国家的国别风险等级（即调升国别风险水平），全面评估已承保业务的风险水平并采取相应控制措施，对相关出口企业发出预警信息。据悉，2011年年初，中国信保发布《国家风险分析报告》，将国家风险分为1~9级，数字越高意味着风险越大，利比亚在非洲地区风险水平居中，在利比亚出险之后，位于第9级的国家阿富汗、布隆迪、乍得、科摩罗等目前的保险费率已经由平均水平的2%上升至4%左右，安哥拉等一些国家已经不予承保。

针对目前利比亚战乱发生，中国信保相关人士提醒，在撤离人员的同时，企业应保存好相关单证，尽可能收集相关证据文件，以保证未来理赔工作的顺利进行。

资料来源：北京商报，中国企业在利比亚受损200亿美元，保险赔付不足4亿元，2011年4月25日，环球网. http：//finance. huanqiu. com/.

㊀ http：//www. un. org.

从该案例中可以看出，目标市场国的政治环境和法律环境对国际市场营销的影响十分巨大。政治风险难以估计，如何防范政治风险逐渐成为出口企业亟待解决的难题。企业在进入当地前要做好准备工作，了解目标市场国的政治文化背景及当地习俗，对员工进行专业培训，并且通过政府引导，提供及时准确的信息，同时加强领事馆同当地政府的沟通，密切关注局势变化，做好突发事件的应急预案，从而使国际市场营销活动更加适应不断变化的环境。

2.1 国际市场营销的政治环境（Political Environment of International Marketing）

2.1.1 国际市场营销的政治环境因素（Political Environment Factors Influencing International Marketing）

政治环境指在特定社会中影响和限制各个组织和个人的法律、政府机构和压力集团。[1]国际市场营销的政治环境极其复杂，包含了各种现象和条件，既包括国际政治局势，又包括了国家之间的关系，还包括目标市场国的政治环境。

1. 国际政治环境（International Political Environment）

国家（States）是国际法的最重要的主体，也是国际交往中最基本的单位。国家作为国际关系的基本主体影响着国际政治局势的同时，也受到国际政治局势的影响。进入21世纪以来，国际政治局势与20世纪相比平静了许多，和平与发展仍然是当今时代的主题，世界多极化和经济全球化的趋势继续在曲折中发展，科技进步日新月异。这些情况为各国发展带来了新的机遇，但也带来了很多问题，这些问题包括：影响和平与发展的不稳定、不确定因素，地区冲突、恐怖主义、南北差距、环境恶化、贸易壁垒等。

影响国际市场营销的国际环境因素主要是国际政治局势、国家间的关系和民族主义。

（1）国际政治局势（International Political Situation）。国际政治局势的变化和国家之间关系的变化会对世界经济产生直接的影响。和平的政治局势有利于世界经济的发展，国际政治局势的动荡会直接影响经济领域的稳定。在诸多影响和平发展的因素中，地区冲突是非常突出的且长期悬而未决的问题。伊朗核计划一直是西方国家关注的重点，伊朗与西方，尤其是与美国之间的关系也因此紧张。伊朗是世界第4大石油出口国，市场担心伊朗与西方的这种紧张关系一旦导致冲突，必将危及其石油出口，从而使市场的石油供给保障受到损害。2011年年底伊朗在霍尔木兹海峡进行军演，目的在于展现自己的实力。欧盟外交官于2012年1月4日透露，欧盟各国就禁运伊朗石油初步达成共识，但何时正式通过禁令并实施还未决定。此消息一经披露，国际市场迅速作出反应，国际油价、金价闻声上涨。[2]

国际政治局势中，目前影响最大的当属国际恐怖主义问题。恐怖主义问题是进入21世纪之后人类面临的新的突出问题。恐怖主义（Terrorism）并没有一个准确的全球性的定义，美国国家反恐报告将恐怖主义定义为有预谋的、出于政治目的把暴力袭击的目标锁定在非战斗人员的政党和秘密组织的活动。

从2001年9月的纽约，到2005年7月的伦敦，再到2011年的巴基斯坦。近年来，全球范围的各种恐怖主义活动不仅没有随着打击力度的加强而消失，反而不断增加，而且有逐渐扩大的趋势。恐怖主义活动带来的损失是巨大的，不但有大量人员伤亡，而且会造成直接的、巨大的经济损失。以 2005 年 7 月 21 日伦敦地铁爆炸案为例，给英国的旅游业带来的损失超过 3 亿英镑。2011 年 4 月，恐怖组织——基地组织的头号人物本·拉登在巴基斯坦境内被美军击毙。这一消息对于各国的反恐活动无疑是一针强心剂。各国分析人士普遍认为，本·拉登之死并不能从根本上解决恐怖主义问题。相反，随着他的死亡还有可能出现新一轮的极端恐怖主义行动。如果恐怖袭击得不到有效控制，带给原油市场的负作用肯定不小。

近年来，针对外国公司和外国人的恐怖袭击越来越多，有些中东地区的恐怖组织除了绑架外国人质以外，还直接以外国的经济实体为打击目标。对于投资者来说，恐怖袭击会增加企业的运营资本。美国的公司尤其如此，他们的公司经常是恐怖袭击的首选对象。近些年来，中国工程师等工作人员在巴基斯坦、肯尼亚及阿富汗等地遭遇当地武装力量的袭击，这应该引起我国企业的足够重视。

（2）国家间关系（States Relations）。国家间关系是另外一个重要的国际环境因素。国家间关系可以体现为友好合作的关系，也可以体现为敌对的关系。在国际投资中，向与本国有友好合作关系的国家投资往往会获得一些如出口、税收、外汇方面的优惠。如果国家之间的关系体现为敌对状态，则双方往往会有一些限制措施，限制国际投资。国家出于自身利益和国家发展的需要决定同外国的关系，因此国家间关系是不稳定的。国际市场营销活动受国家间关系变化影响十分剧烈，有时这种影响是突如其来的，毫无征兆的。例如，2011 年叙利亚国内局势恶化，阿拉伯国家联盟对叙利亚实施制裁。原本土耳其是叙利亚最大贸易伙伴，土耳其与叙利亚双边贸易额 2010 年达 25 亿美元。但是自从阿盟宣布对叙利亚制裁以来，土耳其打算绕开叙利亚，开辟新的运输线路完成地区贸易。[3]

国际市场营销的特点决定了它受国际政治形势的影响很大，所以对于从事国际市场营销的企业和人员来说，掌握国际政治形势的动向对国际市场营销活动非常必要。

营销透视 2-1

地缘局势动荡触动敏感神经，国际油价料高企

2012 新年伊始，纽约市场油价就跳上每桶 100 美元大关以上，并于 1 月 4 日收于 8 个月来新高。由于地缘局势动荡触动了油价的敏感神经，导致原油供应方面存在较大不确定性，近期国际油价料将继续高企。

伊朗目前原油日产量为 360 万桶，原油出口量日均 200 万桶。由于受到西方的制裁，伊朗原油产量在欧佩克中的位置由前几年的第 2 位下滑到 2011 年的第 3 位，但由于其与欧洲和东亚距离较近，对欧洲和东亚国家的能源供应仍然举足轻重。美国近日敦促伊朗石油主要进口国大幅削减进口规模，欧盟则已原则同意禁运伊朗石油至欧洲。这无疑增加了市场对伊朗原油出口大降的担忧。

在全球能源格局中，比伊朗原油产量更重要的是市场对伊朗与西方在霍尔木兹海峡发生冲突的担忧。霍尔木兹海峡是连接波斯湾和阿曼湾的航运要道，数据显示，世界上近 40% 的石油和数量可观的天然气由此输往全球各地，对全球能源供应具有战略影响。伊朗上周威胁说，如果西方国家对伊朗石油出口实施制裁，伊朗将封锁作为全球石油运输战略咽喉的霍尔木兹海

峡。伊朗海军从2011年12月24日开始在伊朗南部海域举行为期10天的大规模军事演习，并试射多款导弹。美国国防部警告说，任何企图干扰霍尔木兹海峡交通运输的做法都不能容忍。显然，美伊双方都认为，如果一旦霍尔木兹海峡关闭或发生冲突，后果不堪设想。上述地缘局势动荡可能成为石油投资资金兴风作浪的最佳理由。

此外，全球经济复苏预期趋强也对原油基本面起到支撑作用。近来，全球部分重要经济体经济数据回暖，表明全球经济复苏预期渐强。全球经济火车头——美国2011年12月的ISM制造业采购经理人指数（PMI）已由上月的52.7升至53.9，超出53.2的市场预期值。

2011年年初，中东北非局势动荡曾引发市场对原油供应的担忧，并推动国际油价在当年上半年升至近每桶115美元的高位。目前看，由于2012年年初的地缘局势再度动荡，国际油价有望复制去年同期的强势。

资料来源：中国证券报：地缘局势动荡触动敏感神经，国际油价料高企：2012年1月6日.

（3）民族主义（Nationalism）。民族主义是一种意识形态，这种信念是建立在国家、种族的划分和民族同一性基础上的。民族主义也指某些民族为实现特定的理想而采取的极端民族主义运动。种族的划分建立在特定的标准上，包括共同的语言、共同的文化、共同的价值观以及民族认同感。经济领域的民族主义表现在很多方面，如限制进口、限制型关税及其他贸易壁垒。

营销透视2-2

可口可乐收购汇源被否决，外媒担心中国网民掀起“经济民族主义”

2009年3月18日商务部否决了可口可乐收购汇源果汁的申请。在各种质疑的声音中，外媒对于此事的态度尤其值得玩味：美国《华尔街日报》、路透社等各大财经媒体几乎众口一词地认为，此举是出于贸易保护主义的考虑。《华尔街日报》引用市场咨询公司的数据来说明，可口可乐与汇源在中国软饮料的总体份额很难说明是具有垄断性，因此否决这项交易令中国的外资企业感到大惑不解。报道引述律师和投资银行家的话说，“这项裁决是中国《反垄断法》的牛刀初试，它损害了中国政府反对保护主义障碍的公开立场。”彭博社则引述分析人士的话说，“这似乎与中国的最佳利益相悖，而对贸易保护主义者有利。”即便商务部和外交部后来都出面澄清，收购汇源案是否与贸易保护和外资在华政策无关，《华尔街日报》仍然坚称，“这一决定可能会成为对海外投资者的一个警告，表明中国可以利用《反垄断法》对收购交易施加沉重压力，甚至完全否决交易，尤其在人们担心领先民族品牌流失的情况下更是如此。”

先是有调查显示中国近八成网友反对这起收购，后又有消息称多家中国企业拟联名上书抵制。一时间，一场“反可口可乐收购汇源”风潮掀起轩然大波。有欧洲商业组织还表示，外企现在也在紧盯这一事态的发展，因为它们担心“经济民族主义”正在中国抬头。路透社称，在某网站所进行的调查中，有逾八成网民都对此次收购表示反对。中国网友认为可口可乐收购汇源“涉嫌对民族品牌的消灭”、“影响民族品牌的发展”。报道称，易凯资本首席执行官王冉认为，“在民众情绪和政治因素的介入下”，不排除该并购案无法通过反垄断审查的可能性。

资料来源：国际先驱导报. 2009年3月23日. 新浪网 http：//finance. sina. com. cn/；环球时报. 2008年9月10日. 凤凰资讯，http：//news. ifeng. com/.

2. 目标市场国的国内政治环境（Domestic Political Environment）

国际法上的国家必须包含 4 个要素，即必须有定居的居民、确定的领土、对居民和领土进行管理的政府和国家主权。主权是国家的基本属性，是国家独立自主的处理对内对外事务的权力。国家有权通过制定政策、法律对国家进行管理。政治活动会影响一国内部的政治环境。从事国际市场营销的人员必须要对目标市场国的政治环境有基本的了解和掌握，才能够更好地制定策略、调整策略并取得预期的效果。一般来说，影响国际市场营销的目标市场国的政治环境包括该国的政治制度、政治稳定性、政策连续性、行政对经济的干预程度和行政效率等。

（1）政治制度。政治制度是指在特定社会中，统治阶级通过组织政权以实现其政治统治的原则和方式的总和。它包括一个国家的阶级本质、国家政权的组织形式和管理形式、国家结构形式和公民在国家生活中的地位。狭义的政治制度主要指政体，即政权的组织形式。不同国家的政权组织形式不同，因此各个国家管理国家事务的机构设置不同。国家中行使管理国家职能的是行政机构，也就是通常所说的政府。政府的管理职能一般通过设置各种机关管理政治、经济、外交、军事及社会生活的各个方面来实现。国家管理经济机关的设置直接决定国家采用何种方法管理经济事务，了解政府管理经济的机关的设置、规章尤其重要。

在我国，中华人民共和国国务院，即中央人民政府，是最高国家权力机关的执行机关，是最高国家行政机关，由总理、副总理、国务委员、各部部长、各委员会主任、审计长、秘书长组成。国务院实行总理负责制。

在考察各个国家不同的政治制度的同时，我们应该认识到，国家间政治制度的不同会导致国家间对立，进而影响国家之间的经济交往与合作。最典型的例子就是 20 世纪以美国和苏联为首的两大不同政治制度集团的对抗。两个集团相互遏制、相互竞争的局面不仅使国际局势变得不稳定，更阻碍了世界经济的交流与合作。

（2）政治稳定性。政治稳定是国家生存和发展的先决条件，没有稳定的政治就谈不上经济的发展。如果不同国家间或同一国家中不同利益集团的利益冲突上升到暴力阶段，就演变成无规律的、革命性的运动，如内战、起义等。这不但会造成工厂、公路、港口等设施的毁坏，还会影响该国的国际形象，直接影响该国的经济发展，影响国际贸易和国际投资。2011 年爆发的利比亚战争给在利比亚投资的外国投资者带来了巨大的损失，很多在建项目不得不纷纷停工。仅中国企业的损失就超过 2 000 亿人民币。这对于利比亚的未来经济恢复有很多负面影响。外国投资者如果要继续投资，必须得到利比亚现任政府的承诺，保证政治的稳定性，并对未来可能发生的给投资者的损害承担赔偿责任。即便如此，考虑到利比亚的国内形势在近期内不会有大的改观，乐于在利比亚投资的外国投资者也如凤毛麟角。

（3）政策连续性。政府的政策连续性直接影响到外国投资的信心和投资方式。国家保持政策在相对长的时间内的稳定性对于吸引海外的投资有积极的促进作用。中国自改革开放以来，一直将鼓励外国投资作为基本的经济政策。经过了 30 年，中国政府保持了外商投资政策的连续性和稳定性，使得外国投资者对中国的投资政策树立了信心，在中国投资的数额逐年增加。

（4）行政干预。政府对经济的干预程度是另外一个重要的问题。政府和企业之间既相互依赖，又相互牵制。一般来说，国家对经济干预过多会妨碍市场对经济的调节，影响和限制企业在市场中的活动。改革开放之前，中国企业受到的行政干预过多，企业遇到问题只能“找市长”，企业的活力受到严重的制约。例如，2011 年，面对楼市价格过高，中国政府出台了一系列的行政措施干预房价上涨。国家用行政手段对经济的适当干预有助于稳定市场秩序、维护良好的经营环境、保护经营者的利益。

(5) 行政效率。政府的行政高效率会促进外国投资的进入，政府行政效率低下会加大企业的运营成本，影响企业的收益。我国在改革开放之初，为吸引外资采取了一系列提高政府效率的措施，简化外资进入的程序，加快外资进入的步伐。

国际市场营销的特点决定了它受国际政治形势和目标市场国国内政治环境影响巨大，所以对于从事国际市场营销的企业和人员来说，掌握国际政治形势的动向和目标市场国国内政治环境对国际市场营销活动非常必要。

2.1.2 政治环境对国际市场营销的影响（Influence of Political Environment on International Marketing）

企业在进行全球经营的过程中，会遭遇来自各个国家的政治风险。政治风险包括了各种冲突和能够使外国公司收益和正常运作产生困难的政府政策的变化，如进入风险、经营风险和转移风险等。

1. 进入风险（Entry Risks）

全球经济联系日益紧密的今天，很多国家的某些市场仍然是不开放的。对企业来说，要进入该目标市场国十分困难，例如，由于政治的原因，朝鲜长期严格限制外国资本的进入，市场开放极其有限。即使对于允许外资进入的国家，某些领域也是禁止外资进入的，例如，很多国家都禁止外资进入广播电视市场。有些国家的开放是逐渐的，企业即使能够进入，也要面临目标市场国苛刻的准入条件。例如，政府常常要求目标市场国当地企业与投资者合作、使用当地原料、进行出口销售等。国际市场营销活动必须遵循目标市场国的规定，在制定投资策略时必须考虑进入目标市场国的风险。

2. 经营风险（Operation Risks）

企业在国际市场营销中，可能遭遇的经营风险主要有没收（Confiscation）、征用（Expropriation）、进口限制（Import restrictions）、税收控制（Tax Controls）和价格控制（Price Controls）等。没收是最严重的政治风险，它是指国家没有补偿地占有外国公司财产的行为。20 世纪 50 年代，许多经济不发达国家对银行业、能源及公共设施等领域的外国资产进行没收，以此作为经济增长的方式。

国家对外国投资者干涉的方式从不合法的、无补偿的没收，过渡到合法的、有偿的占有外国公司的财产，这种方式就是征用。国家通过将外国公司国有化的方式获得经营的权利。对于投资者来说，即使能够从目标市场国获得补偿，它也并不愿意失去对企业的所有权和经营权。

征用和没收的目的是为了直接的获得资本，加快目标市场国工业化进程。但是目前为止，很多国家也意识到了这样的方式所取得的效果并不如他们所预期的好。国家采用了更加间接且柔和的方式对外国资本进行控制和干涉，包括采取进口限制、税收管制、价格控制等。国家的目的在于保护脆弱的本国工业，但给外国投资者带来了经营方面的风险。

国家实行进口限制的主要目的是支持本国企业。2011 年 12 月 8 日，美国商务部决定针对从中国进口的高压钢瓶征收 5% ~26% 的额外初步关税，以保护该国仅存的唯一一家高压钢瓶生产商。[4] 进口限制也有宗教和文化的原因，阿拉伯国家就禁止进口酒类、猪肉制品以及麻醉药。

政府也可能采用税收控制的手段对外国公司征收过多和非常规的税。在国家经济困难时期，为了公众的利益，国家常常实行价格控制。这种价格控制主要用于药品、食品、燃油等重要商品的价格，保障居民的基本生活。

3. 转移风险（Transition Risks）

外汇管制（Exchange Controls）是政府对进出本国的资金的一种规制。它被认为是保护目标市场国国际收支平衡的有效途径。大多数发展中国家仍然实行外汇管制，外汇失去控制会给很多发展中国家带来经济危机，1997 年的亚洲金融危机就是典型的例子。经济学家指出，限制资本自由流动能够最大限度地减小资本自由流动带来的危险，还建议东南亚国家向中国效仿外汇管制的做法，以避免危机的再次发生。外汇管制会给外国投资者带来投资利润和原本转移出目标市场国的困难，导致投资者的损失。因此投资者必须将外汇管制带来的利润转移风险考虑在内。

2.1.3 政治风险的预测及防范（Forecasting and Reducing Political Risks）

对企业来说，规避和减少政治风险是非常重要的。企业在进入一国市场之前必须对目标市场国可能存在的政治风险进行评估，以确定是否进入该市场；以何种方式进入该市场；进入市场之后的运营中应如何规避和减少政治风险。

1. 政治风险预测（Forecasting Political Risks）

除了企业内部进行的风险预测之外，专业的风险预测和评估机构也应运而生，例如，美国 Political Risks Service Group（PRS 集团）就提供这样的服务，表 2-1 是 PRS 集团提供的部分亚洲国家和地区政治风险预测的情况。分数越高，表明该国投资的政治风险越小。PRS 提供 1 年和 5 年的预测给投资者以参考。从表 2-1 中可以看出，2011 年 1 月之前，新加坡和中国香港等的政治风险一项得分在 80 分以上，表明这些国家和地区政治风险较低，适宜投资。反观朝鲜和巴基斯坦，政治风险这一项得分在 50 分左右，表明这些国家政治风险高，不适宜投资。这对企业有一定的参考价值。

表 2-1 PRS 集团提供的部分亚洲国家和地区政治风险预测的情况

Country/Region	CURRENT RATINGS			COMPOSITE RATINGS					
	Political	Financial	Economic	Year		Forecasts			
	Risk	Risk	Risk	Ago	Current	One Year		Five Year	
	01/11	01/11	01/11	02/10	01/11	WC	BC	WC	BC
China Hong Kong	81.5	42.0	48.0	81.0	85.8	82.3	87.5	77.3	88.8
India	58.5	43.5	32.5	70.5	67.3	64.0	72.3	57.5	77.0
Japan	78.5	44.0	39.5	80.0	81.0	77.0	84.3	72.5	87.5
Korea, D. P. R.	47.0	33.0	30.0	54.0	55.0	51.5	58.5	43.3	62.3
Pakistan	45.5	38.5	30.5	57.0	57.3	53.5	63.3	45.8	67.3
Singapore	85.0	45.0	47.0	82.5	88.5	83.5	90.5	77.0	92.5
Thailand	56.0	44.0	41.0	64.5	70.5	64.8	74.5	59.5	81.3
Vietnam	65.5	41.0	30.5	68.8	68.5	64.3	70.5	58.8	74.0

资料来源：The PRS Group. http：//www. prsgroup. com/.

2. 政治风险的应对及防范措施（Reducing Political Risks）

传统理论认为，企业不能改变政治环境，只能去适应、迎合它。但是越来越多的企业意识到，企业不但可以通过预测来规避和减少政治风险，也可以通过积极的行为影响周边的政治环境。

（1）对企业来说，树立良好的、有社会责任感的形象很重要。例如，美国最大的500家企业之一的著名化妆品公司——雅芳公司，早在1955年就设立了“雅芳全球基金会”。雅芳中国公司在该基金会成立50周年的纪念活动中与“中国癌症研究基金会”合作，沿着万里长城举行了大型的义诊活动。通过一系列公关行动，雅芳公司在女性中树立了良好的口碑。

（2）与目标市场国之间建立积极的互惠关系十分重要。例如，企业通过增加出口，会改善目标市场国的国际收支状况；通过向目标市场国转让资本、技术会增加目标市场国的经济与科技实力；通过在目标市场国开办企业，会为目标市场国提供更多的就业机会；纳税会增加目标市场国的财政收入。这些互惠行为有助于企业在目标市场国构建良好的政治环境。

（3）与目标市场国共担风险。例如，与目标市场国合资办企业、合作办企业等措施都会相应降低政治风险。

2.2 国际市场营销的法律环境（Legal Environment of International Marketing）

2.2.1 国际市场营销的法律环境因素（Legal Environment Factors Influencing International Marketing）

政治环境的变化经常会引起法律环境的变化。对企业来说，法律环境是在社会中的一切法律、法规及政府规章的结合，也是“商业游戏”的竞争规则。国际市场营销所面临的法律环境包括两个方面：一是国际法律环境，二是目标市场国的国内法律环境。国际法律环境由国际上的各种条约组成，而国内法律环境则包括了一个国家内部的各种法律、法规。如果出现了国家签订的国际条约与国内法律规定出现不一致的情况，还要具体看各国的规定来确定适用哪种规定。

2.2.2 国际法律环境（International Legal Environment）

目前，对国际市场营销影响较大的国际经济法主要包括：①与国际贸易相关的立法，例如，WTO的《技术性贸易壁垒协议》、《反倾销协议》等；②保护知识产权的立法，例如，《保护工业产权巴黎公约》、《保护文学艺术作品伯尔尼公约》、《商标国际注册马德里协定》及《与贸易有关的知识产权协定》等。

1. 国际贸易相关的立法（International Conventions on International Trade）

近年来，进口国以提高检疫标准、增加检测项目为手段限制中国产品出口、保护本国产业的趋势越来越明显，很多国家设置了名目繁多的技术性检验检疫措施，严重影响了中国农产品出口。以茶叶为例，欧盟宣布禁止使用的农药从旧标准的29种增加到了新标准的62种，部分农药标准比原标准提高了100倍以上；再比如蜂蜜，欧盟提出蜂蜜中的氯霉素不能超过0.1个ppb，也就是说10万吨里不能有1克氯霉素含量；2002年1月，日本以我国蔬菜有2.8%抽检不合格为由，对我国农产品强化检查了一个月，过去只抽查6种农药，现在要查40多种。[5]

(1) 贸易壁垒。贸易壁垒(Barrier to Trade)是指为保护国内市场和国内产业，国家在国际贸易领域采取的一系列对正常的国际贸易起阻碍作用的措施。虽然在世界贸易组织的规则中明令禁止配额、许可证和高关税等贸易保护措施，但对于国家为保护人类的健康和安全、环境等目的对进口货物规定禁止的配额、许可证等传统贸易保护措施是不禁止的。加上各个国家在主观上存在贸易保护的思想和意识，贸易壁垒仍然为很多国家所应用。技术性贸易壁垒是行之有效的方法之一。

(2) 技术性贸易壁垒。技术性贸易壁垒(Technical Barriers to Trade，TBT)指一国或一个区域组织因维护国家或区域安全、保障人类健康和安全、保护动植物健康和安全、保护环境、防止欺诈行为、保证产品质量等原因而采取的技术法规、标准、合格评定程序等措施，是强制性或自愿性的技术性措施。这些措施对其他国家或区域组织的商品、服务和投资进入该国或区域产生影响，它是非关税壁垒的重要组成部分，并成为发达国家限制市场准入的重要手段。英国食品标准机构就曾经以发现酱油中有致癌物质为由，禁止进口来自中国、泰国等地的酱油。

在国际市场营销活动中，企业必须面对越来越多的技术性贸易壁垒的考验。作为企业，充分认识到技术性贸易壁垒带给企业的重大影响的同时，应该从自身做起，明了规则，提升技术，制定符合国际要求的产品质量标准，才能突破技术性贸易壁垒的束缚。

(3) 反倾销。国际贸易保护的另一种形式是反倾销(Anti-dumping)。WTO《反倾销协议》中的倾销是指在正常的贸易过程中，一项产品以低于其正常价值的价格出口到另一国家或地区，从而给进口国国内相关产业造成实质损害。

运用反倾销协议的基本目的在于纠正不公正贸易，保证公平竞争的自由贸易。不正当使用反倾销制度，或者任意运用反倾销制度会阻碍国际贸易的正常开展。近几年来，我国成为了世界上接受反倾销调查最多的国家，成为了反倾销的最大受害国。

营销透视2-3

中国轮胎业频遭贸易保护主义大棒

“国外贸易保护主义情绪蔓延，中国轮胎出口将面临更严峻的考验。”中国橡胶工业协会常务副会长、秘书长邓雅俐在2011年11月8日的一次行业会议上如此表示。

事实上，中国轮胎行业在过去7年里已经承受了来自8个国家的16场反倾销、反补贴和特保案调查。

2009年4月20日，美国钢铁工人联合会向美国国际贸易委员会(ITC)提出针对中国输美商用轮胎采取“特保”措施的申请，要求美国政府对中国出口的用于客车、轻型卡车、迷你面包车和运动型汽车的2 100万个轮胎实施进口配额限制。

这是自2001年中国加入WTO以来，美国第一次运用“特保条款”对中国产品征收惩罚性关税。2009年4月，中国商务部、行业协会、轮胎企业快速反应，做了大量举证工作，聘请律师和游说团，从多层面和美方反复磋商，甚至给美国总统奥巴马写公开信。但这些动作仍未能阻止ITC的申请。当年6月29日，ITC建议对中国输美轮胎连续3年加征关税，中方代表团赴美交涉无果。9月11日，奥巴马签字征收中国输美乘用轮胎3年高关税，最高税额达35%。在奥巴马签字特保案3天后，中国政府启动了WTO争端解决程序，第一次以独立的原告方身份，提请成立专家组调查。

2011 年 9 月 5 日，WTO 上诉机构在日内瓦发布关于中美轮胎贸易纠纷案的裁决结果，判定美国对中国输美轮胎征收惩罚性关税符合世贸规则，中方铩羽而归。

中国乘用车轮胎生产商即将在 2012 年 9 月重新恢复出口。但事实上，中国轮胎行业受到的损伤是严重的。据中国橡胶工业协会介绍，特保案造成国内 30 家左右的轮胎企业减产或停产，影响中国轮胎产业 22 亿美元的产值，并有 10 万左右的轮胎工人就业受到影响。

更坏的效应是，在美国发起特保案后，其他国家亦效仿跟进，印度、阿根廷、巴西等国都立案或有意发动对华产品的特保案、反倾销案。

中国橡胶工业协会轮胎分会秘书长蔡为民指出："实施特保措施以后，中国出口美国乘用轮胎 2010 年比 2009 年下降了 23.6%，2011 年上半年又下降了 6%。而美国从第三国进口轮胎 2010 年比 2009 年增加了 20.2%，2011 年上半年又增加了 9%。这些数足以说明，以往的中国输美轮胎并没有威胁美国相关企业。"

资料来源：王洁，7 年 16 场战役：中国轮胎业反贸易摩擦之路，21 世纪经济报道，2011 年 11 月 21 日。

此案件给人的启示有很多。首先，面对国际上越来越多的针对中国企业的反倾销诉讼，企业应具有反倾销相关的法律知识，提高自身的应诉能力；其次，企业之间要团结一心，严格以行业标准要求自己，积极参与反倾销诉讼；再次，遭遇反倾销调查之后，应聘请有经验的律师；最后，政府有关部门应积极支持本国企业的海外反倾销诉讼。总之，无论是政府还是企业，只有熟练掌握 WTO 游戏规则，充分利用现有规则，才能不断增强自身参与全球竞争的实力和能力。

2. 知识产权保护相关立法（International Conventions on Intellectual Property Rights）

专门从事品牌价值评估和咨询的英国 Brand Finance 公司评选了（至 2011 年年底）全球十大最有价值商标。谷歌超越微软成为世界头号商标，排列前十位的公司中有不少 IT 互联网界的巨头。本次评选是基于商标未来可贡献的现金流预期的净现值来计算的，谷歌和微软超过 400 亿美元，分别值 443 亿美元和 428 亿美元。IBM 在 300 亿美元级别值 326 亿美元，而苹果公司和美国电信运营商 AT&T 在 200 亿美元级别，分别值 295 亿美元和 289 亿美元。[6]

对于从事国际市场营销的企业来说，对自己的商标进行保护不但关系到一个企业的产品，更关系到企业的形象和生死存亡。无论是商标权、专利权还是著作权，都属于无形的财产，统称为知识产权（Intellectual Property）。根据我国学者的观点，知识产权是"智力成果的创造人或工商业标记的所有人依法享有的权利的统称"。[7]知识产权大致可分为版权（Copyright）和工业产权（Industrial Property）两种类型。版权即著作权，是指基于文学艺术和科学作品依法产生的权利。工业产权包括了商标权和专利权等其他用于工业领域的财产权。知识产权的保护是国际经济交往的重要内容，国际上成立了专门的组织，签订了一系列公约对知识产权进行保护。相关的国际公约包括了《世界知识产权组织公约》（WIPO）和 WTO 的《与贸易有关的知识产权协议》（TRIPS 协议）。两者保护的知识产权的范围虽然不完全相同，但两者通过签订合作协议，加强合作，最大限度地保护知识产权。

TRIPS 协议于 1995 年开始生效。从 7 个方面规定了对其成员保护各类知识产权的最低要求：著作权、邻接权、商标、地理标志、工业品外观设计、发明专利、集成电路布图、未公开信息。

《保护工业产权巴黎公约》首次确立了国际工业产权保护的范围和总体框架。

《保护文学艺术作品伯尔尼公约》将作者的人身权利和财产权利共同纳入国际保护范畴。

《商标国际注册马德里协定》和《商标国际注册马德里协定有关议定书》是关于商标国际注册的国际性协定，为商标境外注册提供途径和依据。

我国的企业普遍缺乏保护知识产权的意识，使得一些质量好且历史悠久的产品商标，如同仁堂、阿诗玛等纷纷在海外被国外的公司或个人抢注。保护知识产权不仅仅是企业的事情，还与国家管理机关相关，更需要国家之间的合作。只有国家之间的进一步合作，加大全球范围内知识产权的保护力度，才能更好地创造良好的国际法律环境，才能真正保护知识产权，维护权利人的利益。

2.2.3　目标市场国的国内法律环境（Domestic Legal Environment）

虽然国际上有对国家之间或其他实体之间交往的国际规则，但国际市场营销活动归根到底要深入到具体的某一个国家或地区。由于历史、地理和文化等原因，各国的法律并不相同。世界上基本上有 4 个法系：普通法系、成文法系、伊斯兰法系以及马克思社会主义法系。

（1）普通法系（Common Law System），又称英美法系，主要常见于英国、美国、加拿大、澳大利亚等国家。普通法系非常重视程序法的内容。如果企业需要参加到普通法系的国家的诉讼中，除了需要了解实体法的内容，更要了解程序法的内容。

（2）成文法系（Civil Law System），又称大陆法系，从古代的罗马法发展而来。德国、法国、日本是大陆法系国家的典型代表。成文法系国家的基本特点是以成文法典为主要法律渊源。

两种法系的差别是显而易见的。例如，在确定公司的国籍时，不同法系的国家采用不同的标准。在普通法系的国家，认定公司的国籍一般采用成立地说，即以公司注册登记的国家为公司的国籍所在国；而成文法系的国家则采用住所地说，即以公司实际运营的和管理所在的国家该公司的国籍所在国。

（3）伊斯兰法系（Islamic Law System）的国家主要是信奉伊斯兰教的国家。法律和宗教戒律有很多相同之处，涉及生活的方方面面。例如，伊斯兰教的戒律中有禁止饮酒和赌博的规定，这些规定同样是法律。在多数信奉伊斯兰教的国家，酒的交易是被严格禁止的。企业在进入伊斯兰法系的国家之前，宗教戒律是必须了解的内容。

（4）马克思社会主义法系（Socialistic Law System）就是通常所说的社会主义法系，由于法律体系的制定遵照马克思主义理论而得名。苏联解体之后，中国成为世界上最大的社会主义国家。中国提出“建设有中国特色的社会主义”和“依法治国”的主张，积极立法，以适应不断发展的国际形势。

来自某一法系国家的国际市场营销的人员有必要在了解最基本的法律问题的基础上，进一步了解法律的差异。以营销组合为例，目标市场国的法律对营销组合影响很大。首先是产品，各国对产品的质量、包装都有不同的规定。与此相关的法律就有消费者权益保护方面的法律、产品质量法等。其次是定价，各国都有相应的价格法，调控价格。例如，我国对石油、水、电等关系国计民生的重要物资都实行价格调控。再次是分销，很多国家对产品销售的方式进行控制，有些国家禁止上门推销。我国也有禁止传销的法律规定。最后是促销，各国的广告法就是典型的对促销有影响的法律。例如，我国的广告法就禁止在电视上播放烟草广告。

我国改革开放之后制定了一系列的法律法规以维护市场经济秩序。在吸引外国投资、保护外国投资者合法利益的同时，对外国投资者在我国的活动进行严格的限制和管理。同时，国家为了保障国内企业的利益，也制定了一系列的法律法规鼓励海外投资，积极参与到国际竞争中去，发展对外经济交往。

表 2-2 我国部分影响市场营销的经济立法

管理方向	立 法
市场宏观调控	《中华人民共和国物权法》、《中华人民共和国合伙企业法》、《中华人民共和国企业所得税法》、《中华人民共和国政府采购法》等
市场秩序规制	《中华人民共和国企业破产法》、《中华人民共和国消费者权益保护法》、《中华人民共和国产品质量法》等
对外经济管制	《中华人民共和国对外贸易法》、《中华人民共和国中外合资经营企业法》、《中华人民共和国外资企业法》等
市场运营监管	《中华人民共和国证券法》、《中华人民共和国公司法》、《中华人民共和国保险法》、《中华人民共和国合同法》、《中华人民共和国商业银行法》等
劳动与社会保障	《中华人民共和国矿山安全法》、《中华人民共和国劳动合同法》等
环境资源保护	《中华人民共和国环境保护法》、《中华人民共和国节约能源法》等

2.2.4 国际商事争端的解决方式（Settlement of International Disputes）

国际市场营销中，企业之间或者企业与国家之间争议解决方式大致分为两种，即外交解决和司法解决。WTO 争端解决方式已经运作了超过 10 年的时间，是司法解决方式的典型。在这不算短的时间，作为多边贸易体制的守护者，它确实发挥了重要的作用，其争端解决机制也得到了 WTO 成员国和国际社会的高度评价。

《关于争端解决规则及程序的谅解》（DSU）是现行的 WTO 争端解决机制，在 WTO 解决争端需要以下几个阶段：磋商，斡旋、调解或调停，仲裁，专家组程序，上诉机构程序，争端解决机构决定及其监督实施、制裁等。

磋商是在 WTO 起诉之后的第一个阶段，它可以根据各方的要求进行多次，形式灵活。WTO 起诉的案件中，很大一部分都通过磋商得到了解决。如果不能通过磋商解决争端，起诉方则可以要求 WTO 设立专家组来审理此案。专家组程序也有几个阶段，一旦专家组成立，一般应该在 1 周之内确定工作时间表，在 6 个月内完成工作，最长完成工作的时间不超过 9 个月。专家组经过调查，最终做出专家组报告。如果对专家组的裁决不满，争议的任何一方都可以提起上诉，由 WTO 常设上诉机构审理，一般裁定期限是 2 个月。如果没有提起上诉，或者上诉机构做出了裁决，有关的裁决就会被 WTO 通过，成为由法律效力的文件，案件的双方都应该遵守裁决。如果拒绝执行裁决，WTO 会授权另一方采取贸易报复措施，使裁决能够最终执行。

2002 年 3 月 5 日，美国总统发布法令，对某些钢铁产品进口提高关税和对板坯进口实施关税配额的形式实施最终保障措施，加征最高达 30% 的关税，为期 3 年。

本案是中国加入 WTO 以后第一次使用 WTO 成员的权利来直接参与世贸组织纠纷，维护自身权益。中国是美国钢铁 201 案的起诉方之一，经历了磋商程序、专家组程序、上诉程序。在 WTO 做出裁决后，由于美国不执行 WTO 的裁决，本案还经历了报复程序，中国也宣布保留在美国不执行 WTO 裁决时对美国采取报复的权利。

国际商事仲裁（Arbitration）也是很重要的解决争议的方式。所谓国际商事仲裁，就是专门解决国际商事交易中争议的仲裁。国际商事仲裁处理的是具有跨国因素的私人之间或私人与国家之间的商事争议，依据的是相关国内法，除了靠当事人自愿执行以外，还能通过国内法院予以执行，很多的企业在处理国际经济争端时多选用仲裁的方式。

在国际上，影响较大的国际仲裁机构有瑞典斯德哥尔摩商会仲裁院、美国仲裁协会、伦敦国际仲裁院、香港国际仲裁中心等。达能公司于 2007 年针对于娃哈哈的纠纷，向瑞典斯德哥尔摩商会仲裁院提起仲裁申请。我国可以受理商事仲裁的机构是中国国际经济贸易仲裁委员会，成立于 1956 年，现行的仲裁规则是 2005 年制定的。中国国际经济贸易仲裁委员会在国际商事仲裁领域有良好的信誉，中国国际经济贸易仲裁委员会的裁决可以在世界上 140 多个国家得到承认和执行，是我国处理国际商事争议最重要的仲裁机构。

本章小结

1. 政治环境指在特定社会中影响和限制各个组织和个人的法律、政府机构和压力集团。国际市场营销的政治环境极其复杂，既包括国际政治环境，又包括目标市场国的国内政治环境。政治环境对国际市场营销的影响主要表现在进入风险、经营风险、转移风险和民族主义等问题上。如何预测、规避及减少政治风险，对从事国际市场营销的企业尤其重要。树立良好的企业影响、与目标市场国政府的互利合作是有效的规避及减少政治风险的方式。

2. 法律环境包括了国际法律环境和目标市场国国内法律环境。国际法律环境包括了国际上的各种条约，而目标市场国国内法律环境则包括了该国内部的各种法律、法规。世界上的法系大体分为几种：普通法系、成文法系、伊斯兰法系和社会主义法系。不同法系的法律有不同的规定，了解不同法系之间的差异对从事国际市场营销的企业尤其重要。如果在国际市场营销中出现了争议，企业可以选择以外交的途径解决，或以司法的途径解决。WTO 争端解决机制是很好的司法解决途径。但是大部分的企业遇到与目标市场国的争端时，宁愿选择非司法的方式解决。

案例分析 2-1　叙利亚遭石油禁运，中国投资油田损失最惨重

自 2011 年 3 月、叙利亚爆发大规模反政府游行抗议活动以来，由于巴沙尔政权拒绝向反对派交权，欧盟委员会 9 月 2 日开始实施对叙利亚石油禁运的制裁协议；同月 23 日，欧盟开始禁止欧洲公司在叙利亚进行新的石油领域投资。

对西方国家而言，制裁历来是对被制裁国进行外交施压的有力手段之一。而出于政治目的施行的各种制裁措施，却深入影响被制裁国政治、经济、社会发展，以及人民生活的方方面面。

15 万桶原油出口全部停滞

对叙利亚经济影响最大的，是欧盟委员会今年 9 月陆续实施的针对叙利亚石油禁运的制裁协议。欧盟的这项制裁协议包括禁止进口叙利亚原油及石油产品，以及对叙利亚石油出口相关

融资和保险进行制裁。欧盟希望通过制裁限制叙利亚当局的资金来源。统计显示，若按去年的数字计算，禁运将影响叙利亚约45亿美元的原油出口。

尽管叙利亚的政治分析人士和经济专家曾认为，欧盟对叙利亚实施石油禁运制裁对叙利亚经济影响并不大，叙利亚可以通过寻找石油出口替代市场减轻禁运影响。然而事实证明，截至目前，叙利亚并没用找到石油出口的替代市场。

石油制裁波及中资企业

由于储存原油的油库已满，叙利亚不得不将原油产量从制裁前的每天38万桶降至目前不足24万桶，原本用于出口的15万桶原油份额产量全部被削减，这是因为，叙利亚原本石油出口的95%一直都是输往法国、意大利、荷兰、奥地利等欧洲国家。

除了进口原油，融资和保险制裁也对叙利亚石油产业波及颇深。由于运输叙利亚原油的船只需要在英国伦敦船东保险公司保险，这家公司现已拒绝向这类船只提供保险。所以自欧盟对叙利亚实施石油禁运以来，叙利亚实际上已经停止了出口原油。

目前在叙利亚石油行业中共有9家外国合资公司，其中不仅有中资企业，还不乏荷兰壳牌、法国道达尔等西方石油巨头。但相比之下，中石油作业产量或权益产量，在所有外国企业中名列前茅，因此遭受的经济损失目前也最大。

据中石油叙利亚分公司总经理蒲海洋介绍，自2003年中石油与叙方签署格贝贝油田开发生产合同以来，中石油在格贝贝油田的投资达到2.8亿美元，是中石油在海外投资回报率最高的项目。但被迫压产之后，两个月来公司已损失7 000万美元，而且叙方还因为缺乏外汇收入欠了中石油叙利亚分公司一大笔款。他说，如果叙利亚局势持续动荡，该公司的损失还将继续扩大。

据了解，叙利亚最后出口的一批原油是8月25日由一艘土耳其油轮运走的。3个多月来，没有出口就没有石油外汇收入，如果不能尽快找到替代市场，由此带来的负面影响将继续显现。

资料来源：叙利亚遭石油禁运，中国投资油田损失最惨重，国际先驱导报，2011年11月18日，腾讯网，http：//news. qq. com/.

讨论题：

1. 从本事件看政治环境的变化对国际市场营销活动有何影响？
2. 作为企业，如何应对此种局面？

案例分析2-2

根据WTO的协议，2006年以后我国将取消所有对外资银行的所有权、经营权的设立形式，包括所有制的限制，允许外资银行向中国客户提供人民币业务服务，给予外资行国民待遇。

国务院发布《中华人民共和国外资银行管理条例》，该条例于2006年12月11日起开始实施。从条例的内容上看，外资银行的经营要符合我国的法律规定，而该管理条例对外资银行的进入及经营有限制。例如，在华外资银行须注册为国内法人银行，方可在全面开放后，申请全面经营人民币零售业务。外商独资银行、中外合资银行的注册资本最低限额为10亿元人民币或者等值的自由兑换货币。国内的商业银行的注册资本最低为1亿元人民币。中国履行承诺对外资银行全面开放人民币业务，并不意味着在华外资银行将自动获得人民币零售业务资格，外资银行如果要经营人民币业务，必须要提出申请，有关部门批准之后方可经营人民币业务。并且，外资银行提出申请前2年须连续盈利，并在中国境内开业3年以上。

讨论题：

从本案例分析，目标市场国法律对从事国际市场营销的企业有何影响？

复习题

1. 国际市场营销的政治环境包括哪些？
2. 结合具体实例讨论政治的稳定如何影响国际市场营销。
3. 恐怖主义已经成为全球性问题，成为对国际安全的威胁。讨论国际恐怖主义如何影响国际市场营销。
4. 造成政府不稳定的常见因素有哪些？
5. 我国是如何吸引外国投资的？
6. 从事海外经营活动时，常见的政治风险有哪些？
7. 外汇管制如何妨碍国际市场营销活动？
8. 试述企业为规避和减少政治风险可能采用的各种方法。
9. 什么是知识产权？为什么保护知识产权在国际市场营销活动中极其重要？
10. 以我国企业为例，说明如何应对外国对其提起的反倾销调查？
11. 什么是技术性贸易壁垒？
12. 解决商业争端时，哪种解决方法最好？
13. 在WTO内部如何解决争端？请举例说明。

思考及实践题

1. 选择一个国家作为例子，分析它的政治环境。探讨如何减少在该国从事国际市场营销活动的风险。
2. 举例说明技术性贸易壁垒对我国企业的国际市场营销活动带来哪些不利影响？如何应对？

本章注释

[1] 加里·阿姆斯特朗，菲利普·科特勒．市场营销教程［M］.9版，俞利军，译．北京：华夏出版社，2004.

[2] 欧盟就禁运伊朗石油初步达成共识，油价金价上涨．雅虎网.2012-01-05. http：//news. cn. yahoo. com/.

[3] 土耳其考虑绕过叙利亚开展贸易．新华网.http：//news. xinhuanet. com/world/2011-11/30/c_ 122354018. htm.

[4] 中美经贸摩擦“越来越趋于制度层面”．新浪网.http：//finance. sina. com. cn/roll/20111212/014110973253. shtml.

[5]“洋官司”纷至沓来 中国企业该如何应对．新华网.2002-05-14. http：//news. xinhuanet. com/.

[6] 中关村在线 http：//www. enet. com. cn/article/2011/0811/A20110811896530. shtml.

[7] 刘春田．知识产权法［M］．北京：中国人民大学出版社，2002.

国际市场营销的经济环境

International Economic Environment

重点词汇

Economic Environment The economic environment which encompasses such factors as productivity, income, wealth, inflation, balance of payment, pricing, poverty, interest rates, credit, transportation, and employment; it is the totality of the economic surroundings that affect a company's markets and its opportunities. ㊀

GDP (Gross Domestic Product) The total market value of all final goods and services produced in a country in a given year, equal to total consumer, investment and government spending, plus the value of exports, minus the value of imports. ㊁

GNP (Gross National Product) The total value of all final goods and services produced within a nation in a particular year, plus income earned by its citizens (including income of those located abroad), minus income of non-residents located in that country. ㊂

Purchasing Power (also called buying power) It is the value of money, as measured by the quantity and quality of products and services it can buy. ㊃

PPP (Purchasing Power Parities) The theory that is, in the long run, identical products and services in different countries should cost the same in different countries. This is based on the belief that exchange rates will adjust to eliminate the arbitrage opportunity of buying a product or service in one country and selling it in another. ㊄

导入案例

欧债危机前景再蒙阴影

欧洲理事会主席范龙佩2012年1月13日表示，即使比利时30日举行罢工，2012年欧盟

㊀㊃ http://www.marketingpower.com.

㊁㊂㊄ http://www.investorwords.com.

领导人首次峰会仍将按计划于当日在布鲁塞尔召开。此前欧盟多国首脑及国际货币基金组织总裁为铺垫此次峰会频繁会晤，旨在推动峰会求解欧债危机应对之道。然而峰会召开前夕，两大利空消息传来，为峰会前景蒙上阴影。标准普尔于北京时间2012年1月14日宣布，下调欧元区9国主权信用评级，其中，法国和奥地利丧失了AAA评级；希腊与私营债权人间关于债务重组的谈判破裂，第二轮援助希腊进程一筹莫展。在法国和奥地利丧失AAA评级后，欧元区仍保有AAA评级的国家仅剩4个，即德国、荷兰、芬兰和卢森堡。

EFSF评级前景堪忧

标准普尔14日宣布，将塞浦路斯、意大利、葡萄牙和西班牙4国评级下调两档；将法国、奥地利、马耳他、斯洛伐克和斯洛文尼亚5国评级下调一档；同时确认比利时、爱沙尼亚、芬兰、德国、爱尔兰、卢森堡和荷兰评级不变。标准普尔将奥地利、比利时、塞浦路斯、爱沙尼亚、芬兰、法国、爱尔兰、意大利、卢森堡、马耳他、荷兰、葡萄牙、斯洛文尼亚和西班牙评级前景维持于负面，这意味着该机构在2012年或2013年下调这些国家评级的可能性为1/3；同时将德国和斯洛伐克评级前景确定为稳定。该机构对欧洲金融稳定工具（EFSF）的评级前景仍为负面，将于下周完成对EFSF评级的审查。

目前，标准普尔仍在评估欧元区9国评级被降对EFSF评级的影响，预计今后几日将公布EFSF评级结果。但EFSF评级可能被下调的市场预期已引起欧元区高度紧张情绪。欧元集团主席、卢森堡总理容克14日呼吁："为维持EFSF AAA评级找寻一切办法，誓死保卫EFSF的AAA评级。"标准普尔称："2011年12月9日欧盟峰会达成的协议未能带来突破性进展，无法完全解决欧债危机。"近几周来，欧盟政策制定者采取的最新政策措施不足以完全解决欧元区系统性压力。这些压力包括：信贷紧缩、融资成本上升、政府和个人去杠杆化、经济前景黯淡及欧盟首脑针对危机应对措施争论不休。

德国总理默克尔14日表示，标准普尔下调欧元区系列评级不是意外，凸显了欧盟须尽快推进财政联盟，尽早启动永久性救助基金的紧迫性。

针对法国评级由AAA降至AA+，各方议论纷纷。德国财长朔伊布勒表示，欧元区各国相互依存，法国降级对德国也会产生影响，但市场不应过度解读标准普尔的降级决定，这毕竟只是标准普尔的一家之言。法国总理菲永表示，标准普尔下调法国评级已在预期之内，"既不能夸大也不能低估"。法国政府将继续执行原有削减债务和促进增长措施。2012年1月13日下午，法新社援引确切消息提前披露标准普尔将下调法国评级，导致原本高开高走的巴黎股市一路下跌，不过股指到尾盘时又有所反弹。当天收盘时，巴黎CAC40指数下跌0.11%，伦敦《金融时报》100种股票平均价格指数下跌0.46%，德国法兰克福DAX30指数下跌0.58%。总体来看，股市反应较为平静。不过，欧元对美元汇率当天跌至1:1.262 4，创2010年8月以来新低，欧元对日元汇率则跌至1:97.20，创2000年12月以来新低。

法国国家科学研究中心经济学家埃利·科昂认为，由于评级机构自2011年10月已多次发出警告，投资者已有心理预期；加上法国国债规模相对较小，因此法国评级下调"对市场的直接冲击有限"。

希腊与私营债权人"谈崩"

与此同时，希腊在寻求援助的进程中也遭遇阻碍。据道琼斯通讯社报道：2012年1月13日，国际金融协会负责人、希腊私营债权人代表联合宣布称："希腊政府与私营部门债权人间的谈判已暂停。”双方间的谈判可能于18日重启。希腊政府希望在3月20日前与私营部门债权人达成债务减记协议，届时该国将有规模为145亿欧元的债务到期。

2011年10月举行的欧盟峰会同意，向希腊提供规模为1 300亿欧元的第2轮援助计划，其中，希腊私营部门债权人将所持该国债务减记50%，旨在将希腊债务负担削减1 000亿欧元。希腊政府与私营部门债权人达成债务减记协议，是欧盟和IMF向希腊拨付第2轮援助方案款项的前提条件。

鉴于欧债危机当前局势，业内人士预计，私营部门债权人减记希腊债务比例可能需由50%进一步上浮至60%左右，且须有95%以上的私营部门债权人参与债务减记计划，才能令希腊债务水平恢复可持续性，目前看来，愿参与债务减记的债权人难达如此高的比例。分析人士指出，假如希腊最终无法与私营部门债权人达成债务减记协议，则该国将发生无序违约，甚至退出欧元区。

针对希腊债务减记谈判僵局，标准普尔认为，希腊存在迫近的违约风险，该国与债权人谈判的时间比预期更长。目前距离希腊3月20日赎回145亿欧元债务的时间点越来越靠近，加剧了该国发生无序违约的风险，这也会令欧元区其他国家融资环境更加复杂。

资料来源：陈听雨. 中国经济网微博. 2012-1-16. http：//www. sina. com. cn.

始于2006年的美国次贷风波来势汹汹地波及几乎全世界的各个角落。世界各国的市场或多或少地受到影响。单一国家的经济现象对世界经济所产生的如此巨大的影响，表明世界经济一体化进程正在不断加快。

市场营销是一种受其所处经济环境影响的经济活动，而国际市场营销所处的环境又具有两重性，即既受单个国家的经济环境影响，又受世界经济环境影响。第二次世界大战以来，世界经济格局发生了根本变化，而其中最根本的变化就是全球市场（Global Markets）的出现，世界经济一体化的迅猛发展。20世纪初，经济一体化仅占世界经济的10%，而今天经济一体化已占世界经济的50%以上。

3.1 国际市场营销的全球经济环境（The Economic Environment of The World）

当企业离开所在国进行国际市场营销时，一定会面临新的经济环境，国际市场营销人员因此必定要迎接世界经济的挑战。世界经济环境较一国经济环境更复杂，所涉及的范围更大，所以，作为国际市场营销人员必须对全球经济环境有全面、透彻的了解。

3.1.1 世界经济局势（Global Economic Environment）

随着世界经济发展的加速，经济的全球化已经成为一种必然趋势。国际化已经渐渐成为一种方式。任何国家、企业进行经济活动时都与世界经济局势有千丝万缕的联系，其经济活动不能独立存在。为了自身利益，无论是国家还是企业，都必须充分考虑国际环境对自身的影响。对于从事国际市场营销的企业来说，了解世界经济局势是迈出企业全球化的第一步。

21世纪世界经济呈现出3个主要特点：第一，世界经济稳中趋降。受美国房地产市场降温和次贷危机的影响，2008年世界经济增长率将略低于2007年，经济增长势头放缓。美国经济放缓和美元贬值，将导致世界部分国家和地区出口增长速度下降，也会导致部分产业的产能过剩矛盾加剧。第二，国际初级产品价格有所提升。国际市场上石油、金属等产品价格高位运行，国际粮食价格大幅度上涨。2008 年，按美元计价的国际初级产品市场稳中趋升，这也导致以美元为主要贸易货币的国家和地区内的食品价格上涨较快，能源、原材料购进价格居高不下。第三，国际货币政策上中性偏松。为了解决次贷危机带来的流动性匮乏的问题，稳定金融市场，美联储、欧盟央行和日本银行等向市场注入了大量的流动性资金，美国还降低了联邦基准利率。美国的货币政策是全球货币政策的风向标，美国降息虽不意味着其他国家也会马上跟随降息，但全球的加息周期行将结束，全球货币政策开始从适度偏紧调整为中性或中性偏松。

营销透视 3-1

美元贬值及对我国经济的影响

美元是历史形成的国际支付手段、交易中介和价值储藏手段。在国际贸易中，65% 以上是以美元结算的；同时，各国央行的金融操作也是主要采用美元，各大国的外汇储备主要是美元资产，国际银团贷款和国际债券市场的绝大多数交易都是美元或美元债券。正是由于美元所处的以上强势地位，美元汇率的变动将会对中国经济乃至世界经济产生重大影响。

美元贬值对中国经济有消极影响，但也有积极影响。美元汇率的变化其实是一把双刃剑，无论是对美国经济还是对世界其他国家的经济都会产生正负两个方面的影响。由于目前人民币实行的实际是盯住美元的汇率制度，美元的贬值将导致人民币对其他世界主要货币实际上的贬值。美国作为世界经济的“领头羊”，其货币贬值必将会对我国经济的发展产生一定的影响。

积极影响

一是扩大出口。美元汇率在较低价位震荡，人民币汇率继续保持在较低水平，将使我国出口产品更具价格优势，有利于我国外贸出口竞争力的提升。二是扩大利用外资额度，增强了我国外商直接投资的吸引力。对外资而言，美元贬值后，中国仍是国际资本较佳的投资场；另一方面，人民币升值的预期将随美元贬值而不断加大，造成的结果是资本外逃减少，内流增加。因此美元贬值可以促进外资流入中国。

不利影响

美元中长期贬值压力明显会给全球金融市场和经济走势带来诸多不确定因素。对于我国而言，将在人民币升值压力和输入型通货膨胀等方面带来严峻挑战。

(1) 人民币升值压力加大。不利于出口贸易的持续改善和恢复。在美元贬值的情况下，人民币实际有效汇率下跌，这必将使人民币面对新的升值压力，特别是现在在我国出口放缓趋势逐渐明显的情况下，更增加了人民币升值压力。

(2) 大量国际热钱流入可能引发我国主要产业市场以及股票等市场泡沫。随着美元持续贬值，人民币升值预期的不断升温，加上国内经济的持续复苏，国际短期套利资本将不断流入我国，未来几年将会有更多国际资金进入我国。热钱流入我国后，投资方向主要集中于房地产和股票等高利润领域，这在一定程度上催生了资产价格泡沫，影响市场的健康稳定。因此，不仅要防范热钱流入带来的泡沫风险，还要高度注意这些热钱突然大举撤出所可能引起的市场大幅震动。

(3) 国际市场初级产品价格上涨带来输入型和成本推动型通货膨胀。由于世界主要大宗商品基本上是以美元计价的，随着美元的贬值，以美元计价的能源资源等初级产品价格将上涨，大宗商品的价格在中期内会上升。我国作为新兴经济体，对能源资源依赖度较高，对石油、有色金属、煤炭等初级产品的价格变动十分敏感，部分粮食等农产品也需要进口。因此，国际市场上产品价格的上涨将会给我国带来输入型和成本推动型通货膨胀压力。

(4) 美元贬值给我国外汇储备资产的安全性带来风险。由于各国央行的金融操作主要采用美元，各大国的外汇储备也主要是美元资产。截至 2011 年 12 月末，我国外汇储备达到 3.181 万亿美元，我国的规模庞大的外汇储备多数是美元资产，不论是美国国债价值下跌或是美元汇率大幅贬值，会使持有美国国债的国家的资产实际购买力下降，导致我国外汇储备大幅缩水。可能造成我国资产的重大损失。

总之，国际金融市场风云多变，每一处变化往往都是牵一发而动全身。总体来看，虽然美元近期持续低迷，但美国经济仍处在全球经济的火车头位置，其引领全球经济的突出地位没有改变。对于我国来说，只有完善自身金融系统，不断加强抵御风险的能力，才能在金融动荡中保持稳定。

资料来源：夏薇薇，陈大桥．现代商业．2012-1-17. http://www.ltbka.com.

3.1.2 全球经济体系（Economic Systems of The World）

全球范围内的经济体系主要有 3 种：资本主义、社会主义和混合型，与此分类对应的资源配置的主导方式分别为市场化配置（Market Allocation）、支配性配置或中央计划调拨（Command or Central Plan Allocation）以及混合型配置（Mixed System）。

（1）市场化配置。市场化配置体系是一种依赖消费者来配置资源的分配体系。市场靠消费者决定由谁来生产和生产什么。市场体系可以说是一种经济的民主，人们有权根据自己的"钱包"来选择购买什么商品，而政府在市场经济中的角色只是促进竞争和保护消费者。美国、大多数西欧国家和日本，是市场经济的典型代表。这三大地区的产品约占全世界产品总量的 1/3。市场化配置体系在传递人们所需的商品和服务上具有明显优势，因此，很多社会主义国家也采用这种配置方式。

（2）支配性配置。在该体系里，政府在为公众利益服务方面有广泛的权利。这些权利包括生产什么产品以及生产多少。消费者有权决策购买什么，但是无法决定生产什么。在政府操作的资源配置过程中，产品差异、广告、促销几乎不起作用，市场营销组合的要素不被用做战略变量。中国和印度都是曾经采用过支配性配置体系几十年的人口大国。现在两国都在致力于经济改革，朝着市场化配置方向大踏步前进。经济改革无疑为全球化公司的大规模投资创造了机会，1974 年被印度政府挤出当地市场的可口可乐公司，在 20 年后再次重返印度就是一个很好的例证。现在，有的学者认为"古巴会是采用支配性配置方法的最后堡垒之一"。

（3）混合型配置。事实上，在世界所有的经济体中没有纯粹的市场化配置体系或纯粹的支配性配置体系。在所有的市场化配置体系中都有中央计划调拨的部分，而在所有的支配性配置体系中也都有市场化的部分。因此，严格意义上讲，所有的配置体系都是混合型的，只是不同配置体系中市场化配置部分和计划配置部分的比例不同而已。市场化配置体系中的支配性配置部分是指国内生产总值（GDP）中政府的税收和支出部分。在经合组织的30个成员方中，税收占GDP的比例从墨西哥的19.5%到瑞典的50.9%[1]，也就是说瑞典将近60%的支出都由政府控制。从这个角度来看，瑞典的经济体制更具有“支配性”，而不是“市场化”。相反，中国给予商业和个人相当大的自由度。2005年民营经济在GDP中的比重已经由2000年的55%增长到65%左右。[2]

总部位于美国华盛顿特区的美国传统基金会（The Heritage Foundation）曾经做过一项研究，对世界上的100多个国家和地区的经济自由度进行了测算、分类和排名。排名所依据的几个主要变量分别是：贸易政策、税收政策、政府消费和经济产出、货币政策、资本流动和外国投资、银行政策、工资和价格调控、财产权、规章、黑市、贪污腐败和劳动力自由度。经济自由度反映的不仅是一个国家或地区的对外开放意愿，还包括一个国家或地区对于外国投资和外国企业的欢迎程度和接纳程度。排名越靠前，经济自由度越高。值得一提的是，中国香港在多次排名中名列第一。表3-1按经济自由度由高到低，将100多个国家或地区分成4类：自由（Free）、比较自由（Mostly Free）、比较不自由（Mostly Unfree）以及受压抑（Repressed）的经济。

表3-1　2012年经济自由度排名

自由	比较自由	比较不自由	受压抑
1 China Hong Kong	6 Canada	92 Italy	160 Angola
2 Singapore	9 Ireland	96 Zambia	171 Iran
3 Australia	10 United States	99 Brazil	172 Congo, Republic of
4 New Zealand	11 Denmark	100 Egypt	176 Libya
5 Switzerland	13 Luxembourg	107 Philippines	177 Cuba
	14 U. K	119 Greece	178 Zimbabwe
	18 China Taiwan	122 Pakistan	179 North Korea (DPRK)
	19 China Macau	123 India	181 Iraq
	21 Sweden	136 Vietnam	
	22 Japan	139 Syria	
	26 Germany	142 Haiti	
	31 Korea	144 Russia	
	36 Spain		
	40 Norway		
	54 Mexico		
	60 Thailand		
	67 France		

资料来源：The Heritage Foundation（美国传统基金会）. http：//www. heritage. org/.

3.1.3　市场发展阶段（Stages of Market Development）

世界各国处于市场发展的不同阶段。划分市场发展阶段的有效指标之一是人均国民生产总值（GNP）（见表3-2）。我们把世界各国的经济发展水平共分为5个层次。尽管用收入划分市场发展阶段有些武断，但是处于同一发展阶段的国家有很多相似特点。因此这几个发展阶段的划分为全球市场细分和目标市场定位提供了依据。

表 3-2 Income Group by Per Capita GNP

（按人均国民生产总值划分收入层次）

	GNP ($ millions)	GNP Per Capita ($)	% of World GNP	Population (millions)
High-income countries GNP per capita > $ 9 266	27 370 922	28 396	80.8	964
Upper-middle-income countries GNP per capita > $ 2 995 but ≤ $ 9 266	2 750 743	4 723	8.1	582
Lower-middle-income countries GNP per capita≥ $ 755 but ≤ $ 2 995	2 642 056	1 254	7.8	2 106
Low-income countries GNP per capita < $ 755	1 107 982	434	3.2	2 554

资料来源：Warren. J. Keegan，Mark C. Green. Global Marketing [M]. 4th ed. Pearson Education，2005：55.

（1）低收入国家（Low-Income Countries），又称前工业化国家（Preindustrial Countries）。低收入国家是指人均收入低于755美元的国家或地区。这些国家的人口占世界总人口37%，但GNP却不足世界总GNP的3%。在这个收入水平的国家或地区具有以下特点：

- 工业化程度有限并且从事维持生计的耕作和农业的人口比例很高。
- 高出生率。
- 高文盲率。
- 高度依赖国外援助。
- 政治不稳定、动荡。
- 集中在非洲和撒哈拉南部。

总体来说，这些国家在对所有的产品的需求上，表现为市场有限，在产品的生产和销售上，表现为不具有竞争威胁。因此，对于从事国际市场营销的企业来说，低收入国家不是一个具有吸引力的市场，也基本上不对企业构成威胁，但是有可能成为企业的某些产品的提供商和进口国。例如，人均GNP仅有366美元的孟加拉国，它的制衣业正蓬勃发展，而且出口形势喜人。

（2）中低收入国家（Lower-Middle-Income Countries），也叫做欠发达国家（Less-Developed Countries，LDC），人均GNP水平在755～2 995美元，人口占世界总人口39%，GNP只占世界GNP总量的11%。中低收入国家处于工业化的初期，工厂为正在发展的国内市场提供诸如服装、电池、轮胎、建筑材料和袋装食品等产品。这些国家也是为出口市场提供产品的地区，它们提供的产品一般都是像服装这类能标准化生产或比较成熟的产品。

这些国家不断增长的国内消费者市场，为从事国际市场营销的企业提供了广阔的市场机会。同时，欠发达国家相对便宜的劳动力，使其在生产成熟的、标准化的和劳动密集型的产品（诸如运动鞋）中具备较强的竞争优势，东南亚最大的国家印度尼西亚就是一个例证。印度尼西亚的几家工厂都和耐克签有合同。由于有大量廉价的劳动力，耐克同样也在中国建立了数个生产基地。福建的莆田、清录，江西的上高，广州的蓉城，上海，东莞，中山，珠海都有耐克的生产厂。

（3）中高收入国家（Upper-Middle-Income Countries），又称正在工业化国家（Industrializing Countries），这些国家的人均GNP介于2 995～9 266美元。这些国家的人口占世界总人口7%，GNP大约占世界总GNP的7%。在这些国家里，从事农业的人口正急剧下降，城市化程度不断加深。高等教育比率的提升，人们的工资逐步上涨，虽然和发达国家相比人们的工资仍旧很低，但是处在这一发展阶段的国家经常会成为强大的竞争对手，并且正在经历快速的，以出口为驱动力的经济增长。处于这一阶段的国家，劳动力素质较高，劳动力价格相对很低。这就为从事国际营销的企业提供了非常诱人的人力资源条件。

（4）高收入国家（High-Income Countries），常称做发达国家（Developed Conuntries，DCs）、工业化国家（Industrialized Countries）、后工业化国家（Postindustrial Countries）或是第一世界国家。这些国家的人均 GNP 在 9 266 美元以上。除了几个石油储量丰富的国家以外，处于这一发展阶段的国家都是经过一段持续的经济增长过程才达到现在的收入水平。这些国家的人口只占世界人口的 16%，却拥有世界 GNP 总量的 82%。

“后工业化国家”一词由哈佛大学的丹尼尔·贝尔（Daniel Bell）首次提出，用来描述瑞典、美国、日本和其他一些发达的、高收入国家。除收入这一衡量标准之外，工业化国家和后工业化国家之间还是有区别的。贝尔的理论认为，后工业化社会的创新源泉越来越多地来源于已经成形的理论知识，而不是来源于“随机”的发明。后工业化社会里的产品和市场机会与工业化社会相比更加依赖新产品和创新。在大多数家庭里，基本产品的所有权水平非常高。公司如果想在已经存在的市场中扩大份额会面临很大的困难，除非它们想努力创造新市场。

后工业化的特点包括：服务部门的重要性（占 GNP 的 50% 以上）；信息处理和交换的重要性；知识作为战略资源相对于资本的优势；智力技术相对于机械技术的优势；科学家和专业人员相对于工程师和半熟练工人的优势；以及在社会功能中人际关系的重要性。

（5）无希望地区（Basket Cases）。它是指一个国家由于面临非常严重的经济、社会和政治问题以至于该国对于投资和运营都没有任何吸引力。无希望地区既包括低收入、不发展国家，如埃塞俄比亚和莫桑比克，也包括由于政治斗争而分裂的曾经发展并且成功过的国家。不断的内部冲突，导致国家和地区收入急剧下降；由于危险性很高，大多数公司在国际市场营销中会谨慎地避开这些国家。世界各国家和地区人均国民生产总值 2011 年排名如表 3-3 所示。

表 3-3 世界各国家和地区人均国内生产总值排名（2011 年）

（单位：美元）

2005 rank	Country or Region	2010 年	2011 年	2005 rank	Country or Region	2010 年	2011 年
1	Qutar	88 232	102 891	14	Canada	39 033	40 457
2	Luxembourg	80 304	84 829	17	Germany	35 930	37 935
3	Singapore	57 238	59 936	18	China Taiwan	34 743	37 931
4	Norway	52 238	53 376	22	United Kingdom	35 053	35 974
5	Brunei	47 200	49 517	23	France	34 092	35 048
6	China Hong Kong	45 277	49 342	24	Japan	33 828	34 362
7	United Arab Emirates	36 973	48 597	25	Korea	29 791	31 753
8	United States	47 123	48 147	29	Italy	29 418	30 165
9	Switzerland	41 765	43 508	52	Russia	10 521	16 687
10	Netherlands	40 777	42 330	90	China	7518	8 394
11	Austria	39 454	41 805	127	India	1 176	3 703
12	Australia	39 692	40 836	129	Vietnam	1 155	3 354
13	Kuwait	38 293	40 740	181	Congo，Dem. Rep.	188	347

资料来源：International Monetary Fund. http：//en. wikipedia. org/wiki/.

世界的市场处于不同的发展阶段，在一两百年前，低收入国家和高收入国家之间的差距可能不是很大，但是今天，低收入国家和高收入国家之间的差距却越来越大，财富大量集中在某几个国家或地区。这种贫富差距就成为低收入国家劳动力向高收入国家流动的一个巨大动因。作为国际市场营销人员一定要弄清楚本国与目标市场国所处的市场发展阶段并且做好地域划分，这样才能辨清和市场发展阶段相关的需求，制定出正确、有效的营销策略。

3.1.4 地区性经济组织（Regional Economic Organizations）

除了第1章讲到的多边贸易倡导者世界贸易组织以外，处于世界不同区域的各个国家都在本地区内寻求较低的贸易壁垒，以达到快速持续发展的目的。因此，在这些区域内都出现了地区性的经济组织。

1. 欧洲贸易集团

欧洲联盟，简称欧盟（European Union，EU），是由欧洲共同体（European Communities）发展而来的。第二次世界大战是欧盟形成的历史根源，为了避免这种杀戮及破坏重演，欧洲整合的构想呈现在世人面前。欧盟致力于世界的和平与发展。它并不是一个企图取代当前所有国家的“国家”，但却又高于其他国际组织。欧盟成员国设置共同机构并赋予其部分主权，以便能民主地做出有关共同利益具体事宜的决策，这种主权的分享又被称为“欧洲整合”。法治是欧盟的基本原则，并且所有欧盟决策及进程皆以欧盟成员国一致通过的条约为基础。

欧盟由最初的6个成员国发展到今天的27个成员国，它们分别是：比利时、保加利亚、塞浦路斯、捷克共和国、丹麦、德国、希腊、西班牙、爱沙尼亚、法国、匈牙利、爱尔兰、意大利、拉脱维亚、立陶宛、卢森堡、马耳他、荷兰、奥地利、波兰、葡萄牙、罗马尼亚、斯洛伐克、斯洛文尼亚、芬兰、瑞典及英国。

欧盟的职责也从贸易及经济方面的合作，延伸到处理各式各样直接影响我们日常生活的事宜，如公民权利，确保自由、安全与司法正义，就业政策，地区发展，环境保护，以及促进人民享受全球化进程所带来的利益。

截至2011年年底，欧盟人口达5亿，领土超过430万平方公里，共有23种官方语言。2010年，欧盟国内生产总值16.106万亿美元，人均GDP 32 283美元，约占世界经济总量的1/4。欧盟是世界上最大的贸易实体，占世界商品贸易的22.8%，服务贸易的27%，是世界上最大的援助捐助者。欧盟是世界第一大货物出口商，2005年货物出口额超过10 600亿欧元，约占世界总额的1/5；是世界第一大服务出口商，2000年服务出口额为2 910亿欧元，占世界总额的23.9%；是世界第一大外国直接投资来源地，2000年对外投资为达3 620亿欧元；是仅次于美国的世界第二大外国投资吸收地，2000年吸引外资1 762亿欧元；是全球130个国家的主要出口市场。2000年，其国际贸易额占其国内生产毛额的14%以上，而美国为12%，日本为11%。

由于欧盟的成立，20多个国家间的贸易壁垒被打破。欧盟为当地带来了半个世纪的稳定、和平与繁荣。同时，它还提高了人民的生活标准，建立起统一的欧洲市场，发行了欧洲统一货币——欧元，并且巩固了欧洲的国际地位。

2. 北美贸易集团

北美自由贸易区（Freedom Trade Region of the North America）是包括加拿大、墨西哥和美国在内的北美共同市场。3国于1992年8月12日就《北美自由贸易协定》达成一致意见，并于同年12月17日由3国领导人分别在各自国家正式签署。1994年1月1日，协定正式生效，北美自由贸易区宣布成立。

《北美自由贸易协定》的宗旨：取消贸易壁垒；创造公平的条件，增加投资机会；保护知识产权；建立执行协定和解决贸易争端的有效机制，促进三边和多边合作。

北美自由贸易区的组织机构体系包括：自由贸易委员会、秘书处、专门委员会、工作组、专家组、环境合作委员、劳工合作委员会、各国行政办事处、北美发展银行和边境环境委员会。

北美自由贸易区的特点：北美自由贸易区是典型的南北双方为共同发展与繁荣而组建的区域经济一体化组织，南北合作和大国主导是其最显著的特征：

（1）南北合作。北美自由贸易区既有经济实力强大的发达国家（如美国），也有经济发展水平较低的发展中国家，区内成员国的综合国力和市场成熟程度差距很大，经济上的互补性较强。各成员国在发挥各自比较优势的同时，通过自由的贸易和投资，推动区内产业结构的调整，促进区内发展中国家的经济发展，从而缩小发展中国家与发达国家的差距。

（2）大国主导。北美自由贸易区是以美国为主导的自由贸易区，美国的经济运行在区域内占据主导和支配地位，因此，北美自由贸易区的运行方向与进程在很大程度上体现了美国的意愿。

（3）减免关税的不同步性。墨西哥与美国、加拿大不仅在经济发展水平上存在差距，而且在经济体制、经济结构和国家竞争力等方面也存在较大差别，因此，自《美加自由贸易协定》生效以来，美国对墨西哥的产品进口关税平均下降84%，而墨西哥对美国的产品进口关税只下降43%；墨西哥在肉、奶制品、玉米等竞争力较弱的产品方面，有较长的过渡期。同时，一些缺乏竞争力的产业部门有10～15年的缓冲期。

（4）战略的过渡性。美国积极倡导建立的北美自由贸易区，实际上只是美国战略构想的一个前奏，其最终目的是为了在整个美洲建立自由贸易区。美国试图通过北美自由贸易区来主导整个美洲，一来为美国提供巨大的潜在市场，促进其经济的持续增长；二来为美国扩大其在亚太地区的势力，与欧洲争夺世界的主导权。

《北美自由贸易协定》的签订，对北美各国乃至世界经济都产生重大影响。对区域内经济贸易发展有积极影响。对美国而言，积极的影响是：

（1）不仅工业制造业企业受益，高科技的各工业部门也将增加对加拿大、墨西哥的出口。美国同墨西哥的贸易顺差将会因此而增加。

（2）美国西部投资的扩大。

（3）由于生产和贸易结构的调整结果，将会出现大量劳动力投入到那些关键工业部门中。

（4）协定对墨西哥向美国的移民问题将起到制约作用。

消极影响主要有：技术性不强的消费品工业对美国不利，为改善墨西哥与美国边境环境条件，美国要付出60亿～100亿美元的经济和社会费用，关税削减，美国减少大笔收入，加重了美国的负担。协定对加拿大、墨西哥两国同样有很大的影响。对国际贸易和资本流动也会产生影响。北美自由贸易区的建立，一方面扩大了区域内贸易，但另一方面使一些国家担心贸易保护主义抬头，对区域外国家或地区向美国出口构成威胁。

北美自由贸易区建立后，有利于形成一个包括贸易、投资、金融和劳动力流动的一体化共同市场，从而把北美地区的经济合作推向一个新的发展阶段。

3. 亚洲贸易集团

在第1章中，我们已经对亚洲的3个主要经济组织（APEC、SCO、ASEAN）作了详细的介绍，本章不再详述。

4. 南美和中美贸易集团

（1）安第斯共同体（Andean Community）简称“安共体”，成立于1969年5月，是拉美地区一个重要的区域经济一体化组织，总部设在秘鲁首都利马。其成员国为安第斯山麓国家玻利维亚、哥伦比亚、厄瓜多尔、秘鲁和委内瑞拉（2006年4月，委内瑞拉因秘鲁和哥伦比亚与美国签订自由贸易协定而退出该组织），故原称安第斯集团，1995年9月5日建成安第斯一体化体系，1996年3月改为现名。2004年7月，智利加入安共体联系国，巴拿马为永久观察员国。

安共体的宗旨是：充分利用本地区的资源，促进成员国之间的协调发展，取消各国之间的关税壁垒，组成共同市场，加速经济一体化。2000年6月在利马举行的第12届安第斯共同体国家首脑会议发表了旨在加快本地区一体化进程的《利马声明》。总统理事会为安第斯共同体最高决策机构，确定共同体一体化进程的方向，每年举行一次会议。外长理事会由成员国外长组成，负责协调成员国的对外政策，每年至少举行两次会议。总秘书处是安第斯共同体的执行机构，有权代表安共体同其他一体化组织对话。委员会由各成员国总统任命的全权代表组成，同外长理事会一同负责制定一体化政策，协调和监督该政策的落实。安第斯议会是安第斯共同体的咨询机构。

安第斯共同体5国人口为1.2亿（2003年），国内生产总值达2 850亿美元，对外贸易总额为1 280亿美元，其中7%是安共体成员国之间的贸易。

（2）加勒比共同体和共同市场（Caribbean Community and Common Market，CARICOM），是根据巴巴多斯、圭亚那、特立尼达和多巴哥及牙买加总理1973年7月签署的《查瓜拉马斯条约》于1973年8月1日正式建立的加勒比地区的经济组织。加勒比共同体和共同市场取代了1968年成立的加勒比自由贸易协会。秘书处设在圭亚那首都乔治敦。

加勒比共同体和共同市场共有15个成员国，分别是：安提瓜和巴布达、巴哈马、巴巴多斯、伯利兹、多米尼克、格林纳达、圭亚那、海地、牙买加、蒙特塞拉特、圣基茨和尼维斯、圣卢西亚、圣文森特和格林纳丁斯、苏里南、特立尼达和多巴哥。

共同体的目的是促进本地区的经济合作，实现地区经济一体化。主要任务是通过加勒比共同市场进行经济合作；协调成员国外交政策；在卫生、教育、文化、通信和工业等领域提供服务和进行合作。

（3）中美洲一体化体系（Central American Integration System，SICA），是根据1991年12月在洪都拉斯召开的第十一次中美洲国家首脑会议上签署的“特古西加尔巴声明”而建立的，它的前身是成立于1951年的中美洲国家组织。1992年12月在巴拿马举行的第十三次中美洲国家首脑会议决定，中美洲一体化体系自1993年2月1日起取代中美洲国家组织。总部设在萨尔瓦多首都圣萨尔瓦多。中美洲一体化体系共有7个成员国：萨尔瓦多、洪都拉斯、尼加拉瓜、危地马拉、哥斯达黎加、巴拿马和伯里兹。

中美洲一体化体系的职能是协调和推进一体化进程，促进中美洲地区的和平、民主与发展。同时，它负责协调各成员国执行1986年以来召开的地区首脑会议达成的各项协定，以及监督这些协定的执行情况。

在成立地区性贸易集团之前，中美和南美洲国家的综合国力普遍比较差，国际市场竞争力较弱。现在，在合作与发展的前提下，在贸易组织的推动下，国家与国家之间的合作不断加强，各国的综合国力得到显著提升。

5. 非洲和中东贸易集团

（1）西非经济共同体。西非经济共同体（Economic Community of West African States, ECOWAS），成立于1975年5月28日，是目前非洲最大的区域性经济多边合作组织，成员国总面积511万平方公里，占非洲总面积的1/6，人口近2.3亿，占非洲总人口的1/3。西非经济共同体共有15个成员国：贝宁、布基纳法索、佛得角、冈比亚、几内亚、几内亚比绍、加纳、科特迪瓦、利比里亚、马里、尼日尔、尼日利亚、塞拉利昂、塞内加尔和多哥。总部执行秘书处设在尼日利亚首都阿布贾。执行秘书为最高执行长官，由成员国首脑任命，任期为4年。共同体致力于促进成员国在经济、社会和文化等方面的发展与合作，提高人民生活水平，加强相互关系，为非洲的进步与发展做贡献。

西非经济共同体执行下列贸易政策。

1）区内贸易自由化。在一定条件下，推行未加工产品及传统手工艺品贸易自由化；实施工业产品贸易自由化：1990年1月1日起10年内，降低工业产品关税和相同作用的税收，消除非关税壁垒。目前除贝宁消除了工业产品的关税外，大部分成员国只免除了未加工产品的关税。

2）建立共同对外关税。CEDEAO下属8个法语区国家组成的西非国家经济货币联盟（UEMOA）于2001年1月1日建立共同对外关税，由4种税率组成：0%、5%、10%、20%。但UEMOA与CEDEAO其他国家要实施统一对外关税尚需时日。

3）最惠国待遇。成员国可给予另一成员国贸易上的最惠国待遇，但给予第三国关税承让待遇不得高于成员国获得的优惠待遇。成员国与区外第三国间关税承让协定将不得减损条约规定的成员国义务。

4）资本与人员自由流动。共同组建资本事务委员会，确保成员国资本自由流动不受阻碍；发行CEDEAO支票，便利区内贸易支付；所有CEDEAO居民无须签证或入境许可即可进入任一成员国，停留并居住，但是不得超过90天。

（2）东非共同体。东非共同体（East African Community, EAC）最早成立于1967年，成员有坦桑尼亚、肯尼亚和乌干达3国，后因成员国间政治分歧和经济摩擦于1977年解体。1993年11月，坦、肯、乌3国开始恢复合作。1996年3月14日，3国成立东非合作体秘书处。1999年11月30日，3国总统签署《东非共同体条约》，决定恢复成立东非共同体。2001年1月15日，3国在坦桑尼亚阿鲁沙举行东非共同体正式成立仪式。2001年11月，东非议会和法院成立。

宗旨：加强成员国在经济、社会、文化、政治、科技、外交等领域的合作，协调产业发展战略，共同发展基础设施，实现3国经济和社会可持续发展，逐步建立关税同盟、共同市场、货币联盟，并最终实现政治联盟。

（3）海湾阿拉伯国家合作委员会。海湾阿拉伯国家合作委员会（Cooperation Council for the Arab States of the Gulf），又称海湾合作委员会（Gulf Cooperation Council, GCC）。1981年5月25日在阿联酋阿布扎比成立。其成员国为沙特阿拉伯、科威特、阿拉伯联合酋长国、卡塔尔、阿曼苏丹王国、巴林6国。总秘书处设在沙特阿拉伯首都利雅得。最高权力机构为最高理事会，由成员国元首组成，主席由各国元首轮流担任，任期1年。6国政治、经济体制相似，王室联系紧密，在政治、经济、外交、国防等方面有共同的利益，是中东地区一个重要的政治经济组织。GCC成员国总面积267万平方公里，人口约3 400万，2003年的国内生产总值总计约3 800亿美元，主要资源为石油和天然气，是中东地区重要区域性组织。

在贸易集团成立之前，非洲和中东地区政局动荡，各国之间发展极其不平衡。近年来，在全球一体化的大环境下，非洲和中东的地区性贸易组织不断发挥积极作用，促进了区域性贸易合作，推动了区域和平与发展。

分布在世界各地的区域性经济组织都分别或多或少发挥着积极作用。区域性经济组织的出现和蓬勃发展正是全球经济一体化的重要表现，也为全球经济一体化的进一步发展以及全球经济的整合奠定了坚实的基础。与此同时，地区性经济组织为平衡某一地区的经济发展水平，缩小国家、地区间贫富差距做出了重要贡献。

3.2 目标市场国的经济环境因素（Economic Environment of Individual Country）

世界正变得越来越小，任何一个从事国际市场营销的企业都不可能脱离全球的宏观经济环境而孤军奋战。随着全球经济水平的总体提高、全球经济一体化的初具雏形，国际市场营销人员将面临越来越复杂的环境和越来越激烈的竞争。要想在复杂的环境中迎接挑战，营销人员就必须既对母国市场的经济发展状况了然于胸，又对目标市场国以及全球的经济发展水平及状况了解透彻。

从事国际市场营销的企业在进入目标市场国时，当地的政治、经济、文化和科技环境一定会对该企业的营销活动产生巨大影响。目标市场国的经济因素主要包括：人口、消费者收入水平、消费模式、基础设施和金融政策等。如果公司在采取营销策略前就对目标市场国经济环境因素有清楚的了解和分析，那么必定会使公司制定的营销策略方向正确、成本更低、效率更高、效果更好。

3.2.1 人口数量及分布（Distribution and Number of Population）

考察一个国家的市场时，目标市场国的市场规模是公司决定是否进入该市场的重要指标，而人口的分布状况及规模则是衡量市场规模的重要因素之一。

1. 人口规模

各国的人口规模决定着潜在的世界市场。很多产品的消费与人口有直接关系。人口的增长率也是一个重要的因素。人口继续增长就意味着世界市场的继续发展，市场需求总量将进一步扩大。如果人们有足够的购买力，人口增长便意味着市场的扩大。世界上最大的几个市场都集中在人口众多、稠密的地区（见表3-4）。另一方面，人口增长也可能导致人均收入下降，市场的吸引力降低，从而阻碍经济发展。

表3-4 2011年全球人口最多的前15个国家

（单位：万人）

国家	人口	国家	人口	国家	人口
中国	137 053	巴基斯坦	16 363	墨西哥	10 326
印度	119 802	孟加拉	15 867	菲律宾	8 871
美国	31 595	尼日利亚	14 809	越南	8 738
印度尼西亚	23 163	俄罗斯	14 250	德国	8 231
巴西	18 650	日本	12 772	埃及	7 472

资料来源：百度知道. http://zhidao.baidu.com/.

2. 人口分布状况对产品需求、促销方式、分销渠道等都产生不同程度的影响

人口密度越大的地方，对商品的需求就越大；相反，人口稀少的地方，对商品的需求量就少。例如，美国人口最稠密的地方位于东海岸、西海岸和五大湖地区，这些地区同时也是美国最大的城市所在地。中国人口最稠密的地区集中在东部及东南部沿海地区，而这些地方也是大城市集中的地区。在人口稠密区，人们对高档商品及非生活必需品的需求明显高于其他地区。

3.2.2　收入和购买力（Income and Purchasing Power）

衡量市场质量及其规模的一个重要指标就是消费者收入，而衡量市场潜力的两个收入指标是：国民生产总值（GNP）和人均收入（见表 3-5）。

表 3-5　2007 年世界各国 GNP 排名

（单位：美元）

国家	GNP/亿	人均 GNP	国家	GNP/亿	人均 GNP
1. 美国	146 214.84	48 147	11. 印度	143 00.20	3 703
2. 中国	57 451.33	8 394	12. 西班牙	13 747.79	30 622
3. 日本	53 908.97	34 362	13. 澳大利亚	12 197.22	40 836
4. 德国	33 058.98	37 935	14. 墨西哥	10 040.42	15 121
5. 法国	25 554.39	35 048	15. 韩国	90 862.56	31 753
6. 英国	22 585.65	38 974	16. 荷兰	7 703.12	42 330
7. 意大利	20 366.87	30 165	17. 土耳其	7 290.51	14 615
8. 巴西	20 235.28	11 845	18. 印度尼西亚	6 950.59	4 668
9. 加拿大	15 636.64	40 457	19. 瑞士	5 224.35	43 508
10. 俄罗斯	14 769.12	16 687	20. 比利时	4 613.31	37 677

资料来源：中华论坛 . http：//club. china. com/data. http：//en. wikipedia. org.

全球市场基于收入大体可分为 4 个消费层级。第一层级大约包括来自世界各地的 1 亿人，这些消费者主要集中在发达国家，当然也包括在发展中国家的富裕精英们。第二层级的消费者是发达国家市场中的低收入人群。第三层级的消费者主要是新兴市场中正在崛起的中产阶级消费者。第四层级的消费者主要是发展中国家的普通消费者，如图 3-1 所示。

人均年收入	层级	人口/100万
20 000美元以上	1	75~100
1 500~20 000美元	2&3	1 500~1 750
少于1 500美元	4	4 000

图 3-1　世界经济金字塔

资料来源：U. N. World Development Report，www. strategy-business. com.

一些学者把个人收入定义为：从国民收入中减去公司盈余和公司收入所得税等税收，以及各种社会保险等的余额。我国国家统计局关于职工个人收入的定义和组成内容是这样定义的：职工个人收入是指职工在一定时期内从单位内外得到的全部现金和实物。职工个人收入主要由

两部分组成：一是工资总额；二是职工在工资总额以外得到的各种其他收入（简称职工工资外收入）。工资总额是指各单位在一定时期内直接支付给本单位全部职工的劳务报酬总额，包括：计时工资、计件工资、奖金、津贴和补贴、加班加点工资和特殊情况下支付的工资。职工工资外收入是指职工在工资总额以外从本单位内以及单位外得到的各种现金和实物。包括：①保险福利费用；②劳动保护方面的费用；③按规定未列入工资总额的各种劳动报酬；④实物折款；⑤财产性收入；⑥转移性收入；⑦其他，指在上述各项以外职工得到的其他现金收入，包括实行租赁经营单位承租人的风险性补偿收入、职工的误餐补贴、出国置装费，以及职工从出差补助与调动工作的旅费和安家费中净结余的现金等。

个人收入通常是以工资、红利、租金或其他形式获得的总收入。个人收入决定了消费者个人和其家庭的购买力总量。在一些国家里，少数人的收入大大高于全国平均水平，而大部分人的收入水平则低于全国平均数。在这些国家里，人均收入会引起一定的误解。因此，营销人员要注意收入的分布情况，并且做具体分析，不能过分依赖人均收入这项指标。

2006 年中国城市人均收入前 30 名，如表 3-6 所示。

表 3-6 2011 年中国城市人均收入前 30 名

（单位：元）

排名	城市	人均收入	省份	排名	城市	人均收入	省份	排名	城市	人均收入	省份
1	东莞	22 882	粤	11	绍兴	17 319	浙	21	南京	14 997	苏
2	深圳	21 494	粤	12	中山	17 255	粤	22	东营	14 939	鲁
3	温州	19 805	浙	13	杭州	16 601	浙	23	惠州	14 884	粤
4	珠海	18 908	粤	14	厦门	16 403	闽	24	常州	14 589	苏
5	上海	18 645	沪	15	苏州	16 276	苏	25	泉州	14 209	闽
6	台州	18 313	浙	16	嘉兴	16 189	浙	26	大庆	13 662	黑
7	广州	18 287	粤	17	无锡	16 005	苏	27	济南	13 578	鲁
8	北京	17 653	京	18	舟山	15 524	浙	28	包头	13 218	蒙
9	佛山	17 424	粤	19	金华	15 387	浙	29	衢州	13 006	浙
10	宁波	17 408	浙	20	湖州	15 375	浙	30	青岛	12 920	鲁

资料来源：2011 年全国城市人均收入排名最新数据．百度空间．http：//hi. baidu. com.

GNP 是衡量一个国家的经济实力和购买力（Purchasing Power）的重要指标。通常 GNP 增长越快，该国市场对工业品的需求和购买力就越大。GDP 计算采用的是“国土原则”，即只要是在本国或本地区范围内生产或创造的价值，无论是外国人或是本国人创造的价值，均计入本国或本地区的 GDP。而 GNP 计算采用的是“国民原则”，即只要是本国或本地区居民，无论你在本国或本地区内，还是在外国或外地区所生产或创造的价值，均计入本国或本地区的 GNP。

GDP 强调的是创造的增加值，是“生产”的概念。GNP 则强调的是获得的原始收入。20 世纪 90 年代以前，资本主义世界各国主要侧重采用 GNP 和人均 GNP。但进入 90 年代后，96% 的国家纷纷放弃 GNP 和人均 GNP，而开始重点采用 GDP 和人均 GDP 来衡量经济增长快慢以及经济实力的强弱。美国经济学家萨缪尔森认为，GDP 是 20 世纪最伟大的发明之一。他将 GDP 比做描述天气的卫星云图，能够提供经济状况的完整图像，能够帮助领导者判断经济是萎缩还是膨胀，是需要刺激还是需要控制，是处于严重衰退还是处于通胀威胁之中。但是在一定程度上，从事国际营销的企业之间的竞争是 GNP 的竞争，一个国家或地区，不可能始终靠外资企业增强自己的竞争力。经济增长的结果不仅是简单做大，而要有实实在在的盈利。因此，必须适时地给予 GNP 以高度重视。

3.2.3 基础设施（Infrastructure）

基础设施的质量和可用性是衡量海外市场运营的一个至关重要条件。每一位国际市场营销者都非常依赖当地市场提供的交通、通信以及能源服务；与此同时，他们也同样依赖为当地的市场营销提供基础设施功能服务的公司或组织。这些公司或组织提供与市场营销相关的通信、配送、信息和财务等服务。诸如钢材消费、水泥生产和电力生产等与市场产业化相关的指标可以广泛被工业的生产和服务提供商有效利用。例如，人均电力消费水平可以用做评估潜在的电力市场和对现有市场中电力的平均输送提供指标。

公路、铁路、水运和航空交通网络对于货物的配送是至关重要的。对于铁路交通来说，分析每公里货运吨数是调查运输能力的一种可行方法。然而，这些数字可能不会总是反映出一个国家的实际交通系统状态。比如在我国，铁路的每公里载货量相当大，但这是以很多线路的超负荷运营为代价的，并不能说明我国交通设施的实际水平。

在基础设施中，通信和交通同样重要。我们可以根据一家公司在通信方面的基础设施来估计该公司在市场内外的通信能力。这些设施包括：电话、计算机、宽带和打印设备等。2005 年，移动电话连接业务已经超过 20 亿次，2008 年突破 30 亿次。由于在好几个市场中普及率已经超过 100%，所以手机生产商和网络运营商不得不开发诸如照相、MP3 和移动电视等新功能。

通过认真地对基础设施进行评估，我们就能够清楚地找到市场营销的机会。在亚洲，人口众多，基础设施相对不够发达。但是，亚洲市场是很多市场营销人员最关注的地区。根据一项 1999 ~ 2000 年的调查估计，除了日本以外的亚洲国家每年在电力、交通、电信、水和太阳能上的消费达到 1 500 亿元。

3.2.4 金融财政因素（Financial Factors）

对于任何一个国家来说，金融财政因素都是一个非常敏感的问题，所以为了确保金融稳定，各国经常采取严格调控的措施。国际市场营销人员需要考虑的金融因素很多，例如，金融政策、汇率、外汇流、付款程序、贷款服务等。

国际市场营销区别于国内市场营销的一个方面就是国际市场营销涉及至少两个独立的主权国家，每个国家采取的贸易管理方式不同。虽然所有国家都对对外贸易有所控制，并制定有利于本国企业的法律条文，但是各国的控制力度不同。

在国际市场营销中，汇率波动是一个重要的金融因素。一个国家的金融政策对市场的影响也是巨大的。为更好地利用外资，保持国家国际收支平衡，保持国内金融市场稳定，而又能同国际市场接轨，各国政府就要制定相应的金融政策、制度和措施。企业在从事国际营销活动中，其资金流动不可避免地面临目标市场国金融市场的影响，如企业在目标市场国的经营会面临因汇率变化、通货膨胀、货币转换等带来的影响而产生的风险。因此企业必须了解国际金融市场运行规律，充分了解目标市场国相关的金融政策。

营销透视 3-2

调整印花税对股市的影响

为进一步促进证券市场的健康发展，经国务院批准，财政部决定从2007年5月30日起，调整证券（股票）交易印花税税率，由现行1‰调整为3‰。即对买卖、继承、赠与所书立的A股、B股股权转让书据，由立据双方当事人分别按3‰的税率缴纳证券（股票）交易印花税。股票交易印花税调高200%；公安部同时下令打击证券市场4类违法犯罪行为，其中包括骗贷炒股。当天，股市大跌近7%，全天成交量首次历史性地突破4 000亿元大关，总市值缩水过万亿。

历次印花税调后大盘走势

1992年首次设置印花税种，在本次上调印花税之前，历史上曾有过两次印花税率上调，每次上调后，沪深指数都向下调整。1992年6月12日，国家税务总局和国家体改委联合发文明确按3‰的税率缴纳印花税，虽然当天指数并没有反应剧烈，但随后指数在盘整一个月后即掉头向下，一路从1 100多点跌到300多点，跌幅超过70%。1997年5月12日，证券交易印花税率由3‰提高到5‰，更是在当天就形成大牛市的顶峰，此后股指下跌500点，跌幅达到30%多。令人回味的是，与之相对应，印花税的每一次下调，都伴随着大盘的波段走牛。1991年10月为了刺激低迷的股市，深市将印花税率调整到3‰。大牛市行情从这里启动，半年后上证指数从180点飙升至1992年5月的1 429点，升幅高达694%。1999年6月1日为了活跃B股市场，国家税务总局再次将B股交易税率降低为3‰，上证B指一个月内从38点拉升至62.5点，涨幅高达50%多。B股至此步入牛市行情中。2001年11月16日印花税率再度调低至2‰，股市产生一波100多点的波段行情。

资料来源：百度网.2007-5-30. http：//zhidao. baidu. com.

3.2.5 自然环境（Natural Environment）

国际市场营销的自然环境包括影响企业市场和影响企业执行市场营销活动能力的气候、天气和自然资源等因素。

像地理分布、气候、天气等自然条件会影响国际市场营销。例如，卖往寒冷地区的汽车就应该有良好的防寒功能。销往韩国、日本、中国香港这些人均住房面积较小的国家和地区的家用电器，应该考虑到节省空间。

自然资源是有限的并且不能再生，所以如何高效地利用自然资源是全世界各国越来越关注的问题。一些国家用牺牲别国自然资源的方式来保护本国资源，通常，发展中国家在这场“保卫战”中成为受害者。现在，如何保护自然资源和自然环境从而达到可持续发展成为全球发展过程中的热点问题。因此，“绿色营销”（Green Marketing）已经成为市场营销研究中一个备受瞩目的新课题。消费者态度的变化引发新的营销策略——绿色营销——由企业开发、营销适应环境保护主义的产品。投入“绿色”经营的企业不仅仅追求环境的清洁，而且注重防止污染，真正的“绿色”工厂要求企业实行废物的三“R”管理，即废物的减少（Reducing）、再利用（Reusing）、再生（Recycling）。

营销透视3-3

绿色营销的未来

实施绿色营销是国际公认的未来企业发展的方向，同时也是国际经济贸易活动的大势所趋。各发达国家非常重视环保产业，将其视为“朝阳工业和最有希望的输出产业”。早在1994年3月，美国商务部门就把环保产业列为重点出口企业之一，并规定环保产业享受出口免税；日本政府提出了以“21世纪新地球”为主题的绿色管理计划。进入90年代以后，世界上许多公司正在纷纷实践“绿色营销”的战略思想。例如，日本一家超级市场要求顾客自备购物袋，以便减少使用塑料袋。超级市场发给每位顾客登记卡，自备购物袋的顾客，商店每次在登记卡上盖章，积累到一定数量后，商店免费赠送一定价值的商品。英国恩斯伯里超级市场集团不仅声称自己是“最绿杂货店”，而且推出了一系列“护绿”家庭用取代化学清洁剂的植物制成品，从而使其营业额大幅度上升，取得了竞争优势。在中国香港、中国台湾地区、日本、美国，被人们称为“生态服装”的图案、色彩、文字极富特色与寓意：用珍稀动植物作图案，以花草树木为色调，甚至用简洁明了的文字写在服装上，如“我爱大自然”、“保护臭氧层”等直接来表达消费者的心声。因此，各种“绿色广告”应运而生，不少著名的跨国公司和大企业纷纷利用“绿色商品”大做“绿色广告”，不少新兴的中小企业也不断强化自己的“绿色企业”形象，以谋求飞跃发展。美国生产尿布的企业，从环保角度出发，进行广告促销，强调布尿片埋在土里至少要经过500年才能分解，而纸尿片在土里很快分解，于是纸尿片在公众心中树起了“绿色形象”，短短3年，销售量猛增到1.8倍。

现在，不少国家已做出明文规定，无环境标志的产品，进口时将受到数量和价格方面的限制。重视和取得绿色标志，树立企业良好的环保形象，将会成为企业追求的重要目标，环保产业将成为国际贸易竞争的新热点，绿色营销将是国际市场营销的重点。绿色营销对中国企业参与和提高国际市场竞争有着重要意义。绿色营销有利于促进企业采用新技术和技术改造，有利于企业从粗放式经营向集约化经营的转变。绿色营销概念包括了产品的设计、制造、使用到回收处置等全过程。要实现这一概念，企业就必须采用先进技术，进行技术改造，改变能耗大、效益低的粗放经营形式，努力提高资源能源的利用率和劳动生产率，使生产经营活动不对环境造成破坏或尽量少破坏。因此，绿色营销过程也是企业实现技术升级和可持续发展的过程。

我国企业，特别是大型企业应当顺应世界经济和营销管理的这种发展趋势，抓住机遇，积极行动起来，强化绿色观念、开发绿色产品、开拓绿色市场、制定绿色价格、开辟绿色渠道、实施绿色公关、树立绿色形象，形成一套完整的绿色营销体系，努力提高营销管理和企业管理水平，提高企业的综合竞争力（包括环境竞争力），为中国经济的腾飞和中华民族屹立于世界民族之林做出贡献。

资料来源：瞧这网．http：//www.795.com.cn.

明智的企业之所以采取行动并不是因为有人强迫他们，也并非追求短期利润，而是因为这样做是对的，工作收益和环境收益两者相结合，一个促进另一个。他们相信今天环境保护、绿色营销的远见在明天无论对顾客、对企业都是会得到回报的。

本章小结

1. 经济环境是全球潜在市场和机遇的主要决定因素。世界各国的经济体系可以被划分为社会主义、资本主义和混合型3大类。近年来，很多国家正从中央计划调拨为主的计划经济向市场经济转型。根据世界各国经济发展水平，各个国家被分为低收入国家、中低收入国家、中高收入国家、高收入国家和无希望地区5大类。这就使我们通过辨别某一国的具体发展阶段来辨明其相关的需求。

2. 在欧洲，20多个国家间的贸易壁垒通过欧盟的建立而被打破。全球一共有200多个国家和地区，应对与如此多的经济体之间复杂关系的途径之一就是把焦点放在已经形成的各个经济合作共同体上。

3. 目标市场国的经济环境由生产力、人口、收入、价格、金融政策、基础设施和自然资源等众多因素构成，从事国际市场营销企业的营销决策和战略都会受到这些因素的影响。对于很多产品来说，最重要的指标就是潜在市场的收入水平。因此，判别一个国家或地区市场潜力的第一步就是弄清该地的总收入和人均收入。

案例分析 普华永道：中国今年或成为全球最大奢侈品消费国

伴随着美债、欧债危机，美国经济的寒冬还会持续，欧洲消费市场疲软的态势短期也很难扭转。实际上，很多全球的顶级品牌早就把目光转向了中国市场。2012年1月11日，德国品牌万宝龙在北京三里屯的旗舰店正式开张了，这家店也是该公司全球最大的精品概念店。万宝龙亚太区主席兼总裁詹兆安说："中国已经成为万宝龙全球中最大的市场。所以，对我们来说，中国是一个非常重要的市场。我们2007年在上海开设了一家很大的店，占地面积超过640平方米。我们纵观市场后认为，北京作为中国的首都是我们开设概念店的绝佳选择。"美国经济复苏的疲软和欧洲经济的不景气，让越来越多的奢侈品公司开始把目光纷纷转向中国，而北京正在成为国际顶级品牌设立全球旗舰店的新的首选地。

欧美奢侈品品牌纷纷抢滩中国，看重的就是中国巨大的消费市场。近几年，中国奢侈品的消费一直是处在一个井喷状态，连续4年全球增长第一。世界奢侈品协会表示：中国将会在2012年超过日本，成为全球第一大奢侈品消费国。

普华永道最新发布的2012年亚洲零售及消费品行业前景展望报告中提到：2011年，中国奢侈品市场销售额增长25%，增至115亿欧元，约合983亿元人民币。中国成为了全球推动市场增长贡献最大的国家。普华永道预测：2012年大中华区的奢侈品销售额，很可能首次超过日本，成为全球第一。

全球众多奢侈品牌也都十分重视中国这个巨大的、增长迅速的市场，纷纷加大在中国的扩容力度。万宝龙亚太区主席兼总裁詹兆安说："到目前为止，万宝龙已经在52个城市开设了98家店。我们看到了二线城市的发展，二线城市的店面比例也在增加。但是，我们相信一线城市仍会持续发展。总体而言，中国市场会扩展奢侈品市场。"与此同时，全球另外一家奢侈品集团——法国巴黎春天集团，在中国的销售收入增速从2005年的5.2%增加到2010年的17.4%。2011年上半年，在中国大陆的销售额增长更是高达54%。法国巴黎春天主席兼CEO亨利·皮诺说："很明显到2011年6月底为止，中国是法国巴黎春天集团最大的消费市场。所以，中国市场第一次超过了美国成为法国巴黎春天集团最大的消费市场，成为法国巴黎春天集团旗下9大品牌的最大消费市场。”

各大品牌不仅加快在中国开店的速度、扩大店面的规模，还开始了赴港上市的步伐。2011年6月，意大利品牌普拉达在香港上市之后，美国皮包品牌Coach也于2011年年底登陆香港市场。这些赴港吸金的奢侈品品牌表示，上市的主要目的不是筹集资金，而是要提高品牌知名度并加强与亚洲投资者的沟通。

资料来源：CCTV2. 第一时间 . 2012-1-16.

案例讨论

1. 你对全球的奢侈品品牌有多少了解？
2. 万宝龙为什么选择北京作为它全球最大的精品概念店的所在地？
3. 中国当前的奢侈品消费态势将会减弱还是会继续维持？

复习题

1. 什么是经济环境？
2. 解释市场化配置体系、支配性配置体系和混合型配置体系的区别。
3. 国家的市场发展阶段是如何划分的？每个阶段的收入标准是多少？为什么这方面的信息对于营销人员来说非常重要？
4. 后工业化国家的主要特点有哪些？
5. 请举例说明地区性经济组织在国际市场营销的积极意义？
6. GDP和GNP有什么区别？
7. 什么是购买力？
8. 在目标市场国中，对企业的国际市场营销产生影响的经济因素有哪些？

思考及实践题

1. 在当前全球经济日趋一体化的形势下，地区性经济组织的作用是日趋增大还是被日趋削弱？为什么？

2. 跨国企业在目标市场国的运营过程中，哪一个或哪几个经济因素是企业最需要关注的？为什么？

本章注释

[1] 卡博网 . 2004-12-22. http：//www. kakabook. net.

[2] 全国工商联．中国民营经济发展报告（2005—2006）[R/OL] . http：//www. pishu. cn.

第 4 章
Chapter 4

国际市场营销的文化与社会环境

International Social and Cultural Environments

重点词汇

Cultural Environment The aggregate of patterns and norms that regulate a society's behavior including the values, beliefs, and customs that are shared and transmitted by the society. ㊀

Culture The institutionalized ways or modes of appropriate behavior. It is the modal or distinctive patterns of behavior of a people including implicit cultural beliefs, norms, values, and premises that govern conduct. It includes the shared superstitions, myths, folkways, mores, and behavior patterns that are rewarded or punished. ㊁

Social Organization A group of social positions, connected by social relations, performing a social role. It can be also defined in a narrow sense as any institution in a society that works to socialize the groups or people in it. ㊂

导入案例

不同的文化，不同的商业惯例

文化上的误解会打乱最好的经营计划。有这样一个例子，有一位美国商人要到东京与一家日本公司签约。他的行程安排仅有一周时间，要在一周内签订合同，然后回家。周一，也就是他在东京的第一天，日方请他打高尔夫球。结果，那个美国人赢了两杆。第二天，他想该谈判了吧，但日商还要打高尔夫球。于是他们去了，而且他又赢了。当日方提议第三天再打高尔夫球时，他有些不满了，随口说道："我们什么时候才能干正事呢?"主人吃了一惊，回答说："我们一直在谈正事啊!"

这个美国人不明就里，当然也就没能好好利用前两天打高尔夫球的机会，最起码，他本应

㊀ American Marketing Association. http://www. marketingpower. com/.

㊁ American Marketing Association. http://www. marketingpower. com/.

㊂ http://en. wikipedia. org/wiki/.

当在第二天输几杆（当然为了保全客人的脸面，主人不会让他轻易输的）。于是，他们在第三天开始了会谈，并于周六签订了合同。但由于美国人急于达成协议，随着他自定期限的临近，不得不在好几个方面做出了让步。

由于文化背景不同而带来的在商业惯例上的冲突，会使一桩生意在开始之前就受不良影响。在这一案例中，这些冲突在哪儿？以及这些冲突可能会带来哪些后果？

第一，双方有着不同的目标。对日商来说，签约并不十分重要。由于集体主义存在于他的文化背景中，他认为一般生活都建立在各种密切关系之上，这种关系从家庭关系开始。他认为，在经营中一份合同仅是双方全面关系下的一笔小交易。他要了解这个美国人，以判定今后能否信任他，并试图与他建立一种关系，当然这种关系所能带来的不只是一份合同，而是很多份。

另一方面，美商的初衷仅仅是"要在这份合同上签字"。在美商的文化背景中，个人主义有着重要的地位，它强调自我信赖和个人成就。他已承诺要带回这份签订的合同，而不是带回一个不明确的未知交易的预期，因为这些交易可能存在，也可能永不会发生。无疑这种差异使他失去了与日商建立稳固紧密关系的机会。

第二，双方的时间观不同。对日商来说，时间是重要的，但不是首要的。在他的眼中，关系的建立需要有一个好的开端，该花多少时间就花多少时间。接下来，是商讨合同的条款和格式，双方都应详细了解合同中的每一点，这也需要相当长的时间。而对美国人来说，时间是一种昂贵的商品，不应把它浪费在打高尔夫球或挑剔标准合同的格式上，他最关心的事是双方能否于周末前在合同上签字。

第三，美商显现出不满情绪。美国人注重交易实现，任何拖延进程的行为都是让人难以容忍的。而日本社会强调协调，尽力避免表面上的不满和争执。显现不满有损于美商的形象，这给他今后与日方的商务往来带来不良影响。当他显现出不满，并随口要求坐下来谈正事时，在日商眼中他可能已失去了应有的声望。对日本人来说，在商务往来中显露不满情绪是一件有失脸面的事。同时，在日本人看来，在谈判中容易迫使显露不满的一方做出让步。

第四，在文化方面，美商有些幼稚。因为不了解日本的商业惯例，这个美国人一不小心就把自己放在一个可能受制于人的境地。日商可能就此知道他缺乏对日本文化的了解，知道他会随着时间一天一天的流逝，对漫无目的的"闲聊"深感沮丧。这样，日商就有可能利用对方的这个弱点，迫使他妥协，仓促做出决定。

资料来源：Different Cultures，Different Business Customs，Adapted from David James，Cultural Flubs Can Kill International Business Deals［J］. Asian Business. April 21，1997.

从出生到死亡中的每一天、每件事，文化对我们生活的影响处处可见，甚至影响我们睡眠的方式。比如西班牙人睡眠时间比其他欧洲人少，日本的孩子常与父母同睡。[1]更重要的是在国际市场营销中，不同国家或地区的文化环境会形成不同特征的市场，不同的文化差异可以导致消费者行为的不同模式。毫无疑问，社会文化环境影响着消费者的决策过程，使具有相似特性的消费者在不同的社会文化环境下对营销刺激的反应不同。文化与消费者行为的关系如图4-1所示。

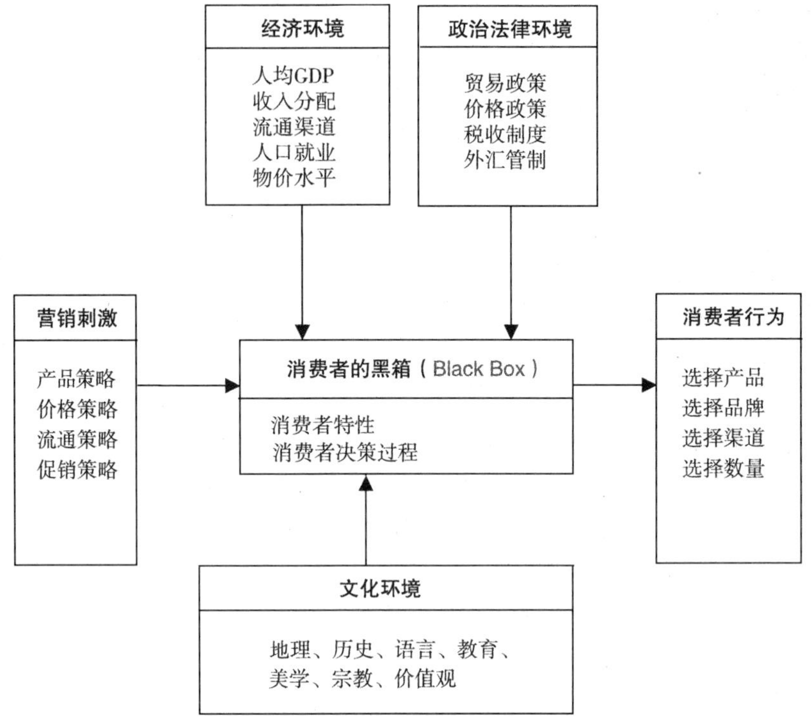

图 4-1 文化与消费者行为的关系

资料来源：闫国庆．国际市场营销［M］．北京：清华大学出版社，2007：73.

文化与某一群人的生活方式有关，不同的国家或地区有不同的亚文化，他们有自己的处世方式，因而学习市场营销学，特别是国际市场营销学，必须了解文化，成功的营销者必须研究文化。

4.1 国际市场营销的文化环境（Culture Environment of International Marketing）

4.1.1 文化的基础（The Source of Culture）

作为一名营销者，若要了解一个国家或地区的行为及其基本态度，就必须掌握关于该国家或地区的一些地理及历史知识。营销者虽能注意到一种文化的细微之处，但若不能领会地理与历史在文化形成中的作用，那么也就很难完全弄懂何以产生这些差别。

地理是指对地貌、气候、陆地、国家、民族、工业和资源的研究，它是每位营销者都将遇到且无法控制的环境因素，然而这一因素却经常被忽视。任何社会文化及经济都会努力在给定的地理限制范围内设法满足自身的需求。所以，评价市场和环境必须研究地理。西门子公司对其洗衣机做出更改：由于德国及斯堪的纳维亚地区晴朗天气较少，在该地区适销的洗衣机转速不得低于 1 000 转/分，最大转速几乎达到 1 600 转/分。这样，用户不必再费神去拧干衣服。相反，在意大利和西班牙，由于阳光充足，洗衣机转速达到 500 转/分就足够了。

历史有助于阐释一国的活动。洞察一国的历史对于理解政府及公司的作用、劳资关系、管理权力的来源及对待跨国公司的态度具有特别的作用。为了阐释清楚一个民族的自我形象、态度及恐惧心理，不仅要研究一种文化的现在，还要研究一种文化的过去，即一国的历史。出于历史原因，我们或许会憎恨“外国佬”，但在商业化的现实世界上，各国却无奈地相互牵制着。

营销透视 4-1

话说晋商

20 世纪 20 年代初的一天，住在上海的一对年轻夫妇正在筹备一次到丈夫山西老家的旅行，这对年轻夫妇正是孔祥熙和宋蔼龄夫妇。夫人第一次回去，虽然一路上她坐在 16 个仆人抬的轿中，但她仍忐忑不安，她认为那里生活肯定异常艰苦，当进入孔祥熙的故乡山西省太谷县时，她惊异地发现了一种前所未闻的最奢侈的生活。罗比・尤恩森在宋蔼龄的传记中写道，仅在这个院子中服侍宋蔼龄的佣人仆役就有 70 多人。这样的事并不仅仅发生在孔祥熙一个家族之中，这座县城中许多商人家族都过着同样的日子。因为当时一些重要的银行家都住在太谷，这里常被称为中国的华尔街，这些商人就是晋商的代表。

资料来源：李菁. 大院之谜. 央视国际 http: //www. cctv. com/.

中国社科院经济所研究员方行认为：晋商是明清时期我国一个很重要的大的商人集团。在明朝初年，明朝政府实行开中法，从而晋商在西北地区兴起。到了明代中叶，晋商正式形成一个商帮，一个大的商人集团。所谓商帮，是以地邻关系为纽带形成的商人集团，它主要由有一定贸易自由的贩运商人组成，到了清代，晋商就进入鼎盛时期。晋商文化的兴起，说明不同的地理环境和不同的历史背景就会形成特定的亚文化，特定的亚文化必然会影响消费群体和商业模式的形成。

4.1.2 文化的含义（The Meaning of Culture）

荷兰管理学教授杰尔特・霍夫施泰德把文化称做“大脑的软件”，认为文化是人类思想和行为的指南，是解决问题的工具。[2]英国被称为“人类学之父”的爱德华 B. 泰勒（Eadward B. Tyler）1971 年在其代表作《原始文化》中给文化下的定义是：“文化是一个复合的整体，其中包括知识、信仰、艺术、道德、法律、风俗以及作为社会成员而获得的其他方面的能力和习惯。”罗伯克・西蒙兹（Robock Simmonds）于 1989 年提出的文化定义是指一个社会规定人的行动的社会规范及式样的总的体系。[3]

文化有广义和狭义之分。广义的文化是指人类在社会历史实践过程中创造的物质财富和精神财富的总和。狭义的文化是指社会的意识形态以及与之相适应的礼仪制度、组织结构、行为方式等物化的精神。[4]说到底文化就是人类的全部知识和习俗的总和，既包括精神的内容，也包括物质的内容。总之，除了政治、经济以外的一切东西，都可归入社会文化的范畴。文化具有习得性、内生性、民族性、多样性、相对性、沉淀性、延续性、整体性、共享性和变动性的特点。文化是人们行为的基准和规范，文化促使社会绝大多数成员，通过某种过程而共同拥有它，团队共同的文化会形成组织的共同愿景。

营销透视 4-2

美资企业文化

"你见过这样的办公室吗？它完全是开放式的，没有间隔，每人每天的位置都不同，打卡时自动分配任务，所有人都忙得团团转，打电话、敲键盘的声音交织在一起。我一走进办公室，看到繁忙的景象，就觉得浑身的血液都沸腾了，体内的干劲就像要往外溢似的。"

眼里洋溢着激情的比尔，是一家全球著名的美国计算机公司的销售工程师。他说，在公司里，大家不论职位高低，一律直呼对方的英文名，感觉很平等、很民主，这也算外企特有的风景线吧。公司对员工的创造力和工作效率要求很高，大家工作都很拼命，通宵加班是常事。"我们的待遇很好，但正式员工并不多，很多员工是以协作形式聘请的，公司里的计算机、电话系统也都是外包的，成本降低了不少。"

比尔最满意的，是公司浓厚的学习氛围。"如果你要求加薪，公司可能会犹豫；如果你要学习，公司一定欢迎。从我们进入公司的那一天起，就开始接受永不停止的'魔鬼式'培训了，即使做到经理，仍有不同的培训在等着你。经过打磨，我们每个人都拥有一种特有的、健康的自信，这种自信，几乎成了公司员工脸上的标签，走在人群里，我们能被准确无误地认出来。"

资料来源：外国公司的人情真相．中华英才网．http：//content. chinahr. com/．2011. 02. 05.

4.1.3 文化的基本特征（The Fundamental Characteristics of Culture）

文化是整个社会的重要组成部分，它具有社会的共性，也同样有民族的个性特征。

价值观是文化的核心。任何一个人或组织总是有他们自己追求的目标，也都有自己的信念，这种最高目标和信念成为一个人或组织成员行为的共同价值观，对团队来讲也是他们的共同愿景，这就形成了个人或组织内部强烈的凝聚力和整合力，成为个人或组织成员共同遵守的行为指南，因此价值观是文化的核心。

1. 文化的中心

人性化是文化的中心。自然资源、资本资源、信息资源、人力资源是自然界的四大基本资源。人力资源是最重要的资源。因此，社会和组织只有最大限度地尊重人、关心人、依靠人、理解人、凝聚人、培养人，充分调动人的积极性，发挥人的主观能动性，努力提高社会和组织全体成员的社会责任感和使命感，使社会组织和其组织成员成为真正的命运共同体和利益共同体，这样才能不断增强组织和社会的内在活力，实现社会和组织的共同愿景。

2. 文化管理的方式

柔性管理是文化管理的主要方式。社会和组织文化是以一种文化的形式出现的现代管理方式，也就是说，它通过非刚性的文化领导，建立起社会和组织内部合作、友爱、奋进的文化心理环境，以及协调和谐的人群氛围，自动地调节社会和组织成员的心态和行动，并通过这种文化氛围的心理认同逐渐地内化为社会和组织成员的主体文化，使社会和组织的共同目标转化为成员的自觉行动，使社会这种群体产生最大的协同力。事实证明，这种由柔性管理所产生的协同力比社会和组织的刚性管理制度有着更为强烈的控制力和持久力。

3. 文化的首要任务

增强群体凝聚力是文化的首要任务。社会和组织的成员来自五湖四海，不同的风俗习惯、文化传统、工作态度、行为方式、目的愿望等会导致社会和组织成员之间的摩擦、排斥、对立、冲突乃至对抗，这就往往不利于社会和组织目标的顺利实现。而社会和组织文化通过寻找观念共同点和建立共同的价值观，不断强化社会和组织成员之间的合作、信任和团结，使之产生亲近感、信任感和归属感，实现文化的认同和融合，在达成共识的基础上，使社会和组织具有一种巨大的向心力和凝聚力，这样才有利于社会和组织共同行动的齐心协力和整齐划一。

4.1.4 文化的要素（The Elements of Culture）

文化是一个有着丰富内涵的结构体系，其中包括许多相互联系、相互制约的基本要素。从组织的角度来看，美国学者彼得斯和沃特曼认为有 7 种基本要素：战略（Strategy）、结构（Structure）、体制（System）、人员（Staff）、技能（Skill）、行为方式（Style）、共同价值观（Shared Value）。其中，前 3 个要素是文化的硬件要素，而后 4 个是软件要素。

从结构层次上可以把文化分为表层文化、中层文化及深层文化。而从表现形态上可以把文化分为物化文化、管理文化、制度文化、生活文化、观念文化。这些多种多样的文化，有以下 8 个要素构成：精神、观念、价值观、道德或伦理、素质、行为、制度、形象。[4]

从知识层面上可把文化分为两类，一类是关于某一文化的事实知识，这种知识较为明显，如各国的图腾文化、各民族的风土人情等；另一类是解释性知识，即全面地欣赏、理解、诠释不同文化特征间细微差异的能力，如时间观、人生感悟、价值观等。所以要想有效、高效地去营销，必须深入了解两类文化。以下几种具体文化形态是文化的组成要素。

1. 物质文化（Material Culture）

物质文化是指人类创造的物质产品，包括生产工具和劳动对象，以及创造物质产品的技术。[3]它与社会组织和社会经济活动紧密相连，物质文化不是所有物质形态的单纯存在或组合，自然状态下存在的物质，不属于物质文化的范畴。物质文化是人类发明创造的技术和物质产品的现实存在和组合，不同物质文化状况反映不同的经济发展阶段以及人类物质文明的发展水平。野生状态的原始森林，不属于物质文化的组成部分，人类营造的防护林体系则属于物质文化范畴。物质文化不单单指“物质”，更重要的是强调一种文化或文明状态。

物质文化决定人们的生活方式。“鸡犬之声相闻，老死不相往来”的生活方式是较低的物质文化水平决定的。物质文化环境对国际市场营销的影响是多方面的。例如，在广告促销方面，东道国传播媒介的方式和完善程度，直接影响促销方式和效果。家用电器在英法销路很好，但在电的普及率不足 1% 的国家则购者寥寥。

营销透视 4-3

国　宴

国宴作为两国友好交往的纽带，已经被赋予鲜明的政治与外交色彩，厨师的菜品来不得半点马虎。做菜首先得弄清什么不能上。

各国文化、宗教、信仰不同，各自对饮食的禁忌也不一样。而且国宴的厨师做菜，并不是简单的一汤、一羹摆桌那么简单，要考虑到民族关系、地域特点、饮食习俗、嗜好、宴会形式等诸多方面的问题。国宴厨师需要具备全面的综合素质，了解各国的饮食习惯及忌讳，如在菜品中不能出现来访国家的国旗、标志；不能出现鸡爪、内脏等恶俗的食材；不能有违背来访国宗教信仰的禁忌食物，如印度人把牛奉为神圣，餐桌上就不能出现牛排；英国人视山羊与孔雀为不祥之物，在食雕造型中就不能出现这两种动物；法国人不喜欢菊花等。一个国宴厨师堪称“百国大使”，对世界各国的风土人情、食风食俗都要如数家珍。

资料来源：王洪发．解密国宴．小康．2009-06-08.

2. 语言（Language）

语言是反映社会文化的一面镜子，在国际市场营销过程中，要与顾客、中间商、供应商、雇员、政府官员进行沟通。一个成功的国际市场营销者，必须能灵活运用当地的语言。其重要性不仅体现在意思表达上，更重要的是体现一种亲切感。对于外国营销者来说，所有必须学习的文化因素中，语言也许是最难掌握的。如对商标和广告语言的粗心翻译不仅会词不达意，而且可能表达相反的意思，包括猥亵的、冒犯性的或荒谬可笑的意思。“White Elephant Au”，本意表示白象牌汽车配件，但“White Elephant”是“无用而累赘”之意；“Pansy Men's Clothing”，本意是“三色紫罗兰男装”，但在俗语中“pansy”有“同性恋者”之意；还有，“百事可乐”的广告词“‘百事可乐’使你精神振奋”译成德语时却成了“从坟墓里活跃起来”。因此，通晓当地语言之前，应谋求在国外环境中的本国人的帮助，是国际营销取得成功的细节因素，切不可马虎从事。

语言除了口头表达方式之外，还有肢体的表达方式，如体态姿势、面部表情等。根据不同的文化环境，非语言表达出来的意思及内容会有差异，例如，在一般情况下，点头表示肯定的意思，而摇头表示否定的意思，但在北欧左右摆头则表示肯定的意思。还有触摸鼻子的手势在英国表示“小心”的意思，而在意大利则表示“正在受骗”的意思。“OK”的手势，在我国表示0或3，在法国通常就表示“正在做徒劳的事情”，而在希腊则表示与性行为有关的意思。因此，国际市场营销者不仅要了解东道国的语言表达的真正含义，而且还要了解非语言沟通手段，即手势和面部表情所代表的真正含义。

营销透视 4-4

背景文化

爱德华·霍尔提出高背景文化和低背景文化的概念。在低背景文化（Low Context Culture）中，信息的表达比较直接明确，语言是沟通中大部分信息的载体。在高背景文化中，一条信息的语言部分所包含的信息比前一种文化要少，而大部分的信息隐含在沟通接触的过程中，涉及参与沟通人员的背景、所属社团及基本的价值观。中国、日本及一些中东国家属高背景文化国家，而欧美则属低背景文化国家。

资料来源：闫国庆．国际市场营销[M]．北京：清华大学出版社，2007.

语言表达的，不一定就是说话者原本的意思，有很复杂的文化背景，话说七分，有城府，善于倾听，这就是中国人的典型文化。老子：“道可道，非常道。名可名，非常名。”这是中国成功人士的标志。而在文化背景相对简单的国家，话说七分会被认为是“不诚实”的表现。

3. 美学（Aesthetics）

美学即关于美和审美体验的观念，是文化的重要组成部分，包括各类文学艺术中以不同形式表现的美，如音乐美、绘画美、雕塑美、形体美、舞蹈美、戏剧艺术美、文学形象美等，也包括人们对各种事物的美的体验，如对色彩、设计等的美感欣赏。不同国家和地区，不同阶层、性别、趣味的人有不同的审美观。美学的内容是非常丰富的，这里只讨论对国际营销较有影响的几个方面的问题。

（1）设计（Design）。国际市场营销过程涉及产品、包装及有关建筑设施等的设计。国际市场营销者必须了解目标市场国人们的审美倾向，切不可以本国人的审美观臆测，若把本国人认为美而当地人不认为美的设计运用到该目标市场国出售的产品或包装上，必然导致营销活动的失败，有时还会伤害当地人的感情，使自己的产品很难进入该国市场。比如，历史上一些西方传教士在东方国家所做的建筑设计，因不了解也不尊重当地文化和审美情趣，而遭到责难。在许多地方，西方人建造的教堂不受欢迎，被看做西方文化侵略的象征。

在美学领域中，虽有某些国际性或普遍性的审美观，但在不同国家和民族中，不同性别、不同阶层、不同宗教信仰的人，又都有自己独特的审美标准、方法和习惯。以时装为例，审美观的地域性、民族性、传统性就很明显：日本时装，既有古典传统又善于标新立异；美国时装，色彩变化大，花枝招展，鲜艳照人。所以经营国际服装业的人，都必须深入了解和研究文化，在设计上要适合各国各地区的特点，才会有好的营销成果，同时还要考虑到多种因素带来的人们审美观的变化。

营销透视4-5

GE门前冷落

自动洗碗机是一种先进的家庭厨房用品，意在减轻人们的家务劳动负担，适应现代人的快节奏。然而，当美国通用电气公司（GE）率先将自动洗碗机投向市场时，等待他们的并不是蜂拥而至的消费者，“门前冷落鞍马稀”的局面真是出人意料。

此后，公司的营销策划专家寄希望于广告媒体，实施心理上的轮番“轰炸”，消费者总会认识到自动洗碗机的价值的。于是，①GE在各种报纸、杂志、广播和电视上反复广而告之，“洗碗机比用手洗更卫生，因为可以用高温水来杀死细菌”。②GE甚至认为细菌越小，消费者产生的恐惧就越大。他们就创造性地用电视画面放大细菌的丑恶现象，使消费者产生恐惧。③GE还宣传自动洗碗机清洗餐具的能力，在电视广告里示范表演了清洗因烘烤食品而被弄得一塌糊涂的盘子的过程。努力后的结果如何呢？“高招”用尽，市场依旧，消费者对洗碗机仍是敬而远之。

资料来源：张占东．营销近视症［J］．财富论今．http：//www.xinyuwen.com/.2011-10-03.

人们审美观不同，消费行为也表现出不同，审美观受多种因素的影响，比如各个国家或地区的风土人情、信仰不同而导致审美会有差异，个人成长的经历等也在不同程度上影响着各自的审美观。

（2）色彩（Colour）。色彩是人的视觉感受，色彩的审美倾向在不同国家、不同民族之间可能完全一致，也可能很不相同。例如，西方人多以黑色表示哀悼，东方人却以白色作为丧服的主色；西方人结婚，新娘要穿白色婚纱，东方人却以红色作为喜庆的主色调。人们对不同的色彩赋予不同意义和感情象征。例如，美国人经常用色彩来表达思想感情，他们会说看见了红色、羡慕绿色或感知了蓝色，等等。这种对色彩的审美趋向，与国际市场营销特别是商品本身及其包装的颜色选择关系极大，若选了不合适的产品色彩或包装色调，可能会失去许多买主，而仅仅是变换一下色彩，就能大大地打开销路。

营销透视 4-6

色彩和图案

美国以黑、黄、青、灰表示东、西、南、北4个方位，也用颜色代表大学专业：如橘红色是神学，青色为哲学，白色为文学，绿色为医学，紫色为法学。在泰国，黄色代表吉祥；在马来西亚，绿色代表疾病；在荷兰，黄色是女奴的象征等。在图案方面，罗马尼亚用三角形和环行图案吸引消费者，在柏林，方形图案受到欢迎，中国人的荷花表示“和合”，而日本人则以荷花表示丧气。中国人以赏菊花为乐事，意大利人却忌用菊花图案等。

资料来源：王东、李乘乘．消费导刊［J］. 2009-01-22.

不同的色彩偏好会形成不同的消费行为，这就要求营销者依据不同地区的“色彩”文化来灵活地进行产品和服务的销售，尤其要注意避免进入误区。

（3）音乐（Music）。音乐美是美学感受的一种形式，不同国家、不同民族的音乐体现了不同的文化。因此，国际市场营销者也要对不同国家人民对音乐的偏好，及其对营销活动的影响进行分析和研究。国际市场营销者不必是音乐家，但要在目标市场国推销商品、进行广告宣传，在选择背景音乐时，一定要慎重，应多听有关专家和各方面代表人物的意见。一般地说，选用当地人熟悉的音乐做广告，会起到较好的效果，人们总是乐于接受乡音。也可以适当采用一些异国风情的曲调，可能会激起消费者冲动性购买，从而收到良好的效果。

总之，目标市场国的美学观念，深刻影响着国际市场营销活动的绩效。所以，必须深入了解和研究有关的一系列美学问题，并在制定营销方案的各个细节、各个方面予以充分考虑。

营销透视 4-7

音乐与品牌

音乐营销要让音乐和品牌产生共振。众所周知，英特尔的品牌总是与一段强有力的音乐配合出现。那么，一个品牌怎样做出有关这个品牌的音乐呢？英特尔当初认真研究了人们对其品牌的一种触觉，并将音乐融合在其品牌中。品牌一旦拥有了标志性的音乐，那么，音乐出现，品牌也就出现，消费者听到音乐同时也感触到品牌，所以品牌和音乐的结合对于品牌是有非常大的提升作用。此外，像娃哈哈、百事可乐、苹果等都有做很多和音乐有关的营销，成功地让音乐和品牌融入一体，音乐中有品牌精神，品牌中有音乐元素。

资料来源：肖南方．圣雅伦大讲坛．2010-03-12.

从“太阳神”的“当太阳升起的时候”、“小霸王”的“RAP”“拍手歌”，到张惠妹的“雪碧歌”、“娃哈哈”的“我的眼里只有你”，美妙的旋律、朗朗上口的歌词使得一个个的品牌脱颖而出，甚至多年以后依旧记忆犹新。

4. 教育（Education）

教育是社会文化的一个重要因素。它与经济发展水平密切相关。一般情况下，经济发达的国家，教育水平也高；经济不发达的国家，即使有意重视教育，但由于客观物质条件的限制，教育水平也不可能很高。

由于所受教育不同，人们的消费观念和消费模式会有很大差异。例如，中国传统教育中有许多崇尚节俭的教育思想，深受这种教育的人在消费模式上就会比较节俭。受过现代科技教育的人，一般会很容易也很快接受新技术、新产品；在人均收入水平相仿的国家，往往由于教育水平的差异，教育的内容、结构和侧重点的不同，而形成不同的消费模式。

国际市场营销者不仅应了解和适应东道国的教育特征开展营销，还应当充当“教育者”的角色，即通过营销活动，特别是新产品、新技术的推广，来促进市场国教育水平、技术水平、审美观念和现代化意识的提高。

5. 宗教（Religion）

世界有三大宗教：基督教（Christianism）、伊斯兰教（Islamism）和佛教（Buddhism）。

基督教：基督教有 10 亿教徒。主要包括天主教和新教，新教对经济的影响更为重要。他们的禁欲主义信仰，使他们不是将财富消耗在纵情的世俗享乐之中，而是用于扩张资本主义企业的生产规模，为西欧及美国的资本主义发展铺平了道路。

伊斯兰教：伊斯兰教有信徒 7.5 亿人，伊斯兰教的信徒称做穆斯林。伊斯兰教告诫持有财产的人运用财产时要正当、节俭和符合社会利益。此外，伊斯兰教还强调，履行合同义务、遵守诺言和不说谎话的重要性。

佛教：公元前 600 年，印度王子悉达多·乔达摩在印度创立佛教。目前，佛教有 2.5 亿信徒，其中大部分在中亚和东南亚、中国、韩国和日本。按佛教的教义，人生充满苦难。苦难无处不在，它来源于人们享乐的欲望。佛教徒的社会中找不到强调奋发进取行为的那种文化。

宗教对国际市场营销活动的效果，起着很重要的影响。第一，宗教节日对市场需求的影响。圣诞节（Christmas）、复活节（Easter day）、斋月（Ramadan）、宰牲节（Curban festival）、逾越节（Passover）等都是如此。比如，基督教国家，由于在圣诞节有互相交换礼物的风俗习惯，因此，一般情况下中间商的年销售额中大约 1/3 是在这一期间实现的。第二，宗教禁忌对市场营销的制约。不同的宗教往往有自己的清规戒律，如伊斯兰教禁止吃猪肉和饮酒；还有在一些特定的纪念活动期间，因绝食和禁食，导致购物需求的急剧下降。

营销透视 4-8

宗教化营销

美国著名品牌咨询师马汀·林德斯特罗姆曾通过“核磁共振”仪扫描苹果“粉丝”的大脑，发现他们的大脑对苹果公司的反应与“基督徒对耶稣”的反应非常相似。林德斯特罗姆说：“苹果的品牌力量如此强大，以至于人们已经把它视为一个真正的宗教。”营销大师马丁·林斯特龙在他的《买的学问——顾客为什么买？如何购买？买的真相!》一书中说：“宗教是庄严高贵的传道，神秘的符号和仪式。”他认为，宗教和品牌具有共同特征。而苹果和宗教确有一个共同的特征：将忠实信徒们紧密地团结起来，以主动宣布挑战的策略吸引忠实客户，引发争议，提高忠诚度，使用户展开思考、争论，引起购买行为。苹果努力培养“粉丝”的“宗教热情”，包括极力维护其神秘性以及暗示顾客是“被选定的”。林德斯特罗姆指出：苹果最有效的营销方式都被整合到了他们自己的产品中。iPod 的白色耳机、白色耳机线、Mac 的开机声音以及 MacBook 与众不同的后盖，这些选择没有一个是意外。

资料来源：孔繁任. 建立一个大品牌就是建立一个宗教 [J]. 金融界. 2011-12-20.

苹果理解这种“持续性感知、暗示”的惊人力量，并且不遗余力地将所有能够增强用户记忆的方法都用于品牌营销。得人心者得信徒，得信徒者得营销，得营销者得天下。

6. 价值观和生活方式（The Value and Life Style）

（1）价值观（The Value）。价值观是个人或集体追求的一种愿景，也是个人或集体追求的目标。价值观可划分为集体主义价值观和个人主义价值观。日本由于国土面积小，自然资源匮乏，所以，一致性、服从组织成为衡量一个人和公司成功的准则。在美国这种个人主义盛行的国家里，个人财富和公司利润是衡量成功与否的准则。因此，国际市场营销管理者在海外市场制定营销战略时，必须考虑到由文化价值观引起的不同群体消费者的购买行为差异以及消费理念不同。以下是某行业价值观环境变量分析，如图 4-2 所示。

（2）生活方式（Life Style）。人们的生活方式具体表现为活动（Activities）、关心事宜（Interests）、思想见解（Opinion），即 AIO。在同一个文化圈、同一个社会阶层、同一个职业的人们，他们所具有的生活方式也有差异。[4] 为了测定人们的生活方式，一般采用 AIO 设问项目。

以消费者的心理状态为基准的市场细分的方法主要有 VALS 法，VALS 指的是消费者的价值观和生活方式（Value and Lifestyle）。VALS 从两个角度，即纵轴为消费者所具有的资源特征，如收入、教育水平、自信感、健康、购买欲望等；横轴为消费者看待世界的见解，如原则为主的消费者、身份地位为主的消费者、行动为主的消费者等，对整个市场进行细分化分成 8 个细分市场，如图 4-3 所示。其中成就者的特点是：资源丰富，并以原则为主。对每一件事情都很慎重，有责任心，有教养。业余活动主要是在家里进行，但对外面的世界动态非常清楚。对于新构思的接受力强，对社会变化反应敏感。成就者一般是具有专业职业、高收入以及追求现实的消费者群体。

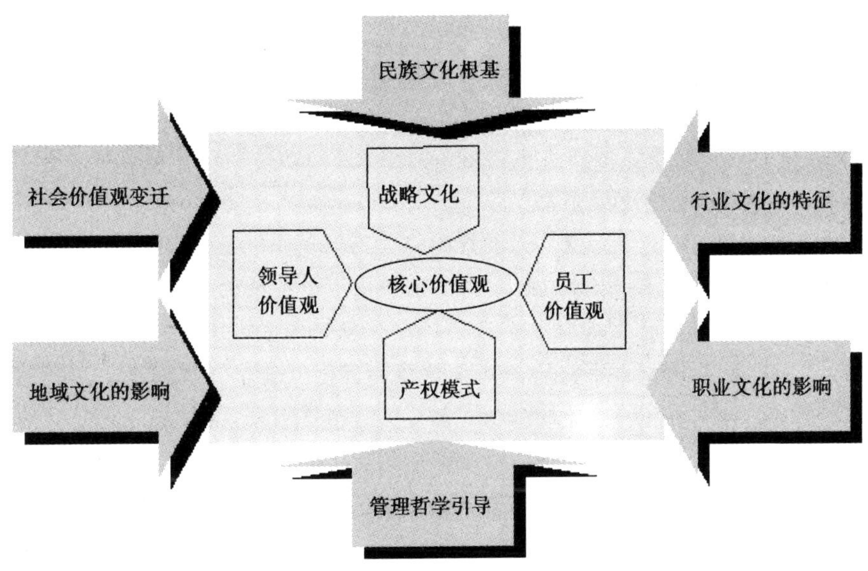

图 4-2 价值观环境变量分析

资料来源：http：//www. wg365. com. cn.

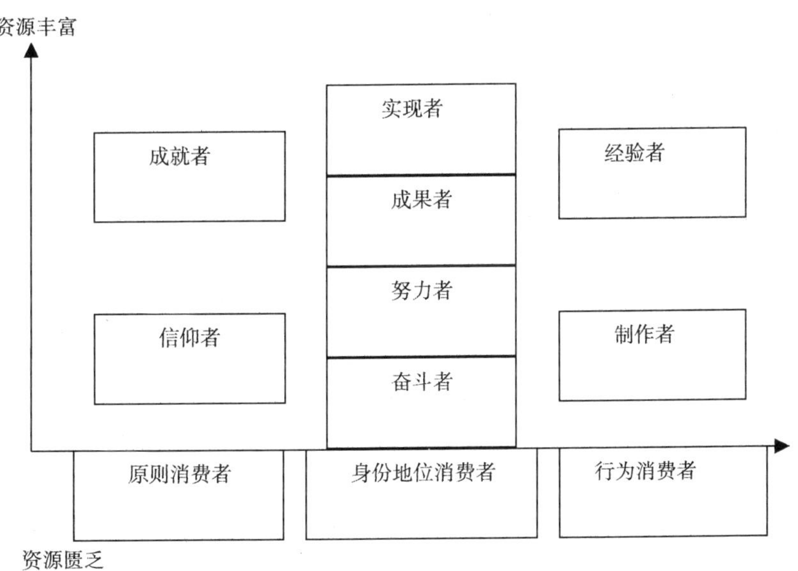

图 4-3 VALS

资料来源：闫国庆．国际市场营销学［M］．北京：清华大学出版社，2007.

营销透视 4-9

相信我就跟我走

北京时间 2011 年 10 月 6 日，苹果前任首席执行官乔布斯辞世，享年 56 岁。消息传出后，引发全球性舆论关注热潮。世界各地无数网民，上至政商精英、名人大腕，下至草根网民、各色人等都通过各种形式哀悼和纪念这位传奇人物。英国前首相布莱尔则称“对于所有生活在 21 世纪最初的 10 年里的人而言，乔布斯仅仅通过个人的创意和不懈的努力而改变了我们的生活方式”。从怀念宗教领袖、政治领袖，到一个跨国公司的商业领袖，乔布斯是至今唯一一名受到世界各地消费者顶礼膜拜的商人。乔布斯主义、乔布斯精神，成了新造的流行语，乔布斯作为世界性的偶像倾倒了众人。

“认同我价值的人，就是我的消费者，请跟着我走。”乔布斯在事业上是成功的，他和苹果一起“改变了世界”。他用 iPod 颠覆了音乐，用 iPhone 颠覆了手机，用 iMac、iPad 颠覆了计算机，又用皮克斯颠覆了电影。苹果在用精神和价值观来号召和统领消费者，超越了纯粹的产品层面。从企业营销角度讲，产品之上是品牌，品牌之上是价值观，围绕消费者价值观树立品牌，而不是围绕产品的属性打造品牌。原因很简单：品牌是由购买它的人们的价值观念决定的。价值观描述了人们认为生命中哪些事情是重要的，比“需求”更深刻。品牌的最高价值观在于，引导消费者把品牌视为日常生活的一部分，当品牌带来独特的变化时，消费者就会毫无意识地接受这些变化，从而改变消费者在生活中的行为方式。对于苹果公司旗下的产品，乔布斯引领消费者而不是迎合消费者，让消费者跟着自己走，这种信条下的苹果产品从来都是特立独行、时尚、个性、高定价，他的创造力和想象力定义了一个时代。苹果现任首席执行官蒂姆·库克说：“乔布斯留下了一个只有他才能缔造的公司，他的精神将永远是苹果之根。”某种意义上说，乔布斯和他的苹果的辉煌也许正是美国式文化价值观的再次传输与彰显。

资料来源：风青杨．乔布斯如何卖疯苹果手机［J］．中国企业家．2011-07-26.

对于顾客价值的判断是品牌内核的来源。永远站在顾客的角度，永远守护顾客的信任，才是构建品牌的可行之路。

4.1.5 文化的变迁（The Change of Culture）

文化是可以被传播的，它会从一个国家或地区移植到另一个国家或地区，因为文化是属于民族的，民族都是相通的。文化也是可以变化的，随着时间的流逝，新的文化气息会融合进来，旧的文化会被人们所抛弃。

（1）文化借鉴。为了更好地解决一个社会的特殊问题而借用其他文化的有用方法，它是一种对社会负责的努力。如果这种借用确实能适合当地需要并被习以为常，它就会融进主体的文化传统之中。因此，相当一些文化中的某些特征，事实上是借用了一部分其他文化。比如，今天我们所用的电灯、电话，都是美国人发明的；而欧洲人制作的火枪，又是在中国人发明的火药基础上发展的。

（2）文化演绎。变化是人类文化的一个特征，也是文化存在的一种形式。人们的习惯、观念、行为及气质等都并非一成不变，而是在不断变化着的。但是，在变化之初会遇到阻力。几乎任何一种新方法、新思想和新产品都要经过一番怀疑，才会被人们接受。事实上，决定何种东西会被接受以及接受程度大小的最关键的因素，是人们对新事物的兴趣以及以新代旧的程度，即新事物对现有的价值标准和行为模式有多大的破坏力。如今美式快餐、美国饮料、美国式的牛仔裤、好莱坞电影等这些具有强烈西方文化色彩的商品不仅充斥各国市场，而且也正在成为我国市场上的畅销品，中国人对“圣诞节”的逐渐接受，对英语学习的普及也正在演绎着外国的文化。同时，随着回归自然的环保理念的流行，随着我国综合国力的全面提升，中国传统文化中倡导人与自然和谐发展的“天人合一”思想越来越受到世界各国人民的重视，正是在这背景下，中医、中药、蒙（古）药、（西）藏药等一大批代表中国文化的产品已经迈入西方市场。这种观点也应验了一句老话：“凡是民族的最终必然是世界的。”这说明文化差异并不是影响全球营销的障碍，营销是无国界的。

4.1.6 各国的商业习惯（Commercial Customs of Different Countries）

一个国家的商业习惯与该国的文化是密切相关的，犹如语言一样，商业习惯也是文化环境的组成部分。东道国的商业习惯在影响着各地来此经营的效率和效果，同时，各地的风土人情也在日益丰富着东道国的亚文化，这种情况下，国际市场营销人员最为重要的是要学会调整自己，以适应东道国的文化。

人们的经商方式是文化环境的组成部分。由于地方文化的支配作用，使得各国的商务惯例在接触级别、交谈的语言和手势特点、礼貌和效率以及谈判重点等方面都存在着极大的差异。价值观、礼仪、交往方式、图案、颜色等方面影响着商业习惯。所以，在开展国际市场营销之前，营销者必须对目标市场国家的商业习俗应有所了解。这里，我们介绍几个主要贸易伙伴国家在商业习俗上的一些特点，以供参考。

在美国，“赚钱是这个国家的主要目标。美国人看重金钱与其说是为了生存，不如说是作为一生成就的证明”。[5]美国人的商业文化特点是：坦率、自信、热情、真挚，性格外露，讲究效率，喜欢直截了当地进入谈话主题，并且喜欢不断地发表自己的见解，力图说服对方，注重实际，追求物质上的实际利益。美国人的法律意识很强，在商务谈判中非常注重法律、合同。美国人的时间观念也很强，所以，在美国谈生意不必过多地问候握手，可直接进入谈话主题。美国人很注重维护别人的自尊，当谈到第三者时，都会顾及避免损伤别人的人格。美国人还很注重商品的包装和装潢。只有新奇、美观、符合国际潮流的包装与装潢，才能激起美国人的购买欲望，打开市场。

在日本，商界是最注重谦恭的。日本人在谈判中有时不能坦率、明确地表态，有时报价中的水分极大，常使对手产生含糊不清、模棱两可的印象甚至误会。

在韩国，尊重别人的长辈可以获得其好感。在做生意时可以注意问候其长辈情况，甚至送些小礼品。给他们看到商业利润的希望，他们会想尽办法与你进行商贸合作。

古巴客户所在的公司是国有公司，因此，无论双方宴请谁，出席的人必然很多，应有充足的思想准备。

4.2 国际市场营销的社会环境（Social Environment of International Marketing）

4.2.1 社会组织（Social Organization）

这里把作为社会的人相互发生联系的各种组织形式，统称为社会组织，它是人们之间相互联系、沟通的方式。最基本的社会组织形式是家庭亲属关系，还有共同区域中人们的社会联系、特殊利益集团、各种社会阶层和相关群体，等等。

1. 亲属关系（Relative）

家庭是社会生活的基本单位，亲属关系是社会组织的最基本组成部分。当代家庭规模普遍缩小，传统的大家庭日渐减少，两代人三四口在一起生活的核心家庭越来越多，子女成年后即独立生活、组织新的核心家庭，对营销活动的影响总的说并不大。在一些不发达国家中，家庭规模还是很大，如一些非洲国家的家庭多是几十口人在一起生活的扩展的家庭，这种家庭的成员之间因亲属关系而产生的联系比较紧密，对营销活动的影响就较大。

2. 相关群体（Relative Group）

由亲属关系再扩展开去，就是各种类型的共同区域中的社会关系形成的相关群体。当代各国的共同区域中的社会组织，主要是邻里、社区、地区、职业、政治、宗教等形成的各种社会组织。生活在不同区域中的人们，在生活方式、消费习惯等方面形成了一些各自的特点。国际市场营销者应当了解和分析这些特点，有针对性地对不同区域开展适合当地特点的营销活动。

3. 社会阶层（Social Stratum）

每个国家的全体居民均分为若干社会阶层，社会阶层的划分总是与经济收入相联系的，经济收入不同，形成的市场购买力也不一样。同一阶层的个人收入相仿，也具有相似的购买力，各个阶层对市场上各种商品的需求虽有变化，但总体上是稳定的。因此，社会阶层是市场细分的重要依据之一。例如，北欧各国，人均收入普遍较高，社会福利也较多，分配比较平均，阶层划分就不大明显。但是，多数国家，包括美国这样发达的资本主义国家及更多的不发达国家，其阶层划分、贫富差距还是很明显的。国际市场营销者应分析社会阶层状况，以制定合理的营销策略。

美国市场学和社会学家华纳，从市场需求和购买行为的角度，对美国的社会阶层作了代表性分析，这种分析对国际市场营销者来说很有启发。他认为：美国的社会阶层可分为从上上阶层到下下阶层6个层次，其需求特点和购买行为各不相同。比如，上上阶层主要是大富豪、大商人、大企业家或金融家、高级职员，约占总人数的1%不足。中下阶层主要是小店主、公务员、教师、技师、企业职员、警察、邮政人员及一部分蓝领贵族，是美国第二大阶层。下上阶层主要是蓝领工人、手工业者、商业职员等，是美国第一大阶层。不同社会阶层的人，购买动机和购买行为有很大区别，国际市场营销者必须针对不同社会阶层的需求展开营销业务。以上关于社会阶层与购物倾向的分析，适用于一部分商品和服务，而一般生活用品，如普通食品、卫生用品等，社会阶层之间的区别则不太大。[6]

4.2.2 社会责任与伦理（Social Obligation and Ethic）

企业社会责任（Corporate Social Responsibility，CSR）观念起源于美国，并于20世纪30年代在学术界形成了企业社会责任思想。斯蒂芬 P. 罗宾斯的《管理学》把社会责任定义为：“一种工商企业追求有利于社会的长远目标的义务，而不是法律和经济所要求的义务。”[7]所谓企业社会责任，是指企业在创造利润、对股东负责的同时，还应承担起对劳动者、消费者、环境、社区等利益相关者的责任，实现企业与其相关区域的统筹、协调发展，企业与社会的和谐、可持续发展，企业利益和社会发展的双赢。[8]

从伦理学的角度分析，当前企业主要存在着5种不道德的行为：贿赂、强制、欺骗、窃取、歧视。这些不道德行为产生的首要因素是行为人不顾他人权益的自利动机；其次是信息不对称（易产生“逆向选择”和“道德风险”）；最后是垄断的存在。

营销透视4-10

绿色气候

德班会议，即2011年11月28日至12月9日在南非德班召开的《联合国气候变化框架公约》第17次缔约方会议暨《京都议定书》第7次缔约方会议。大会最终通过决议，建立德班增强行动平台特设工作组，决定实施《京都议定书》第二承诺期，并启动绿色气候基金。

中国国家发展和改革委员会副主任、德班气候大会中国代表团团长解振华说，中国愿意在力所能及的范围内，向其他发展中国家应对气候变化行动提供支持。他同时强调，应对气候变化离不开全球通力合作。他指出，在今年开始的“十二五”规划期间，中国提出，计划将碳排放强度（即单位国内生产总值二氧化碳排放）降低17%，使非化石能源占一次能源消费比重达到11.4%，森林碳汇从2010年的20.36%提高到2015年的21.66%等一系列新的约束性指标。

德班气候大会的结果，一是坚持了公约、议定书和“巴厘路线图”授权，坚持了双轨谈判机制，坚持了“共同但有区别的责任”原则；二是就发展中国家最为关心的《京都议定书》第二承诺期问题作出了安排；三是在资金问题上取得了重要进展，启动了绿色气候基金；四是在坎昆协议基础上进一步明确和细化了适应、技术、能力建设和透明度的机制安排；五是深入讨论了2020年后进一步加强公约实施的安排，并明确了相关进程，向国际社会发出积极信号。

资料来源：郭靖．德班气候大会．中国环境报［J］．2011（12）．

在国际市场营销中，作为现代社会重要组成部分的企业，具有经济和伦理的“双重属性”。企业不仅是作为经济实体的“经济人”，也是作为伦理实体的“道德人”。企业承担社会责任、遵守伦理规范并不排斥企业追求正当的经济效益，一个真正对社会负责任的企业既要追求利润，又须遵守法律，重视伦理。企业社会责任和伦理是企业立足于社会的根本，企业的第一目标是生存，其次才能考虑利润。

营销透视4-11

新时期的“包身工”

某报以“血汗工厂黑幕：机器罚你站12小时”为标题报道了富士康深圳基地工人超时加班和工场环境恶劣的现象。富士康公司因此起诉该篇报道的记者和编辑侵害名誉权和商业信誉，并索赔3 000万元，随后又戏剧性地撤销诉讼。

资料来源：王佑．机器罚你站12小时［J］．第一财经日报．2006-06-15．

对血汗工厂制度的揭露和抵制运动在全球开展已经有多年的历史了，并且引起社会和广大消费者的极大关注。然而，恶劣的工作环境、严重的超时加班、普遍的欠薪事件、对雇员职业健康和工作场所安全问题的漠视之类的“社会责任”缺失却总是不乏其例。富士康事件在媒体的传播力量下，将血汗工厂的事件再次暴露于阳光下，使人们不再对发生在身旁的企业诸种不良行为为熟视无睹。

现代企业主们对“企业社会责任”理解不尽相同：有的把实践企业社会责任当成是经营活动中一种花边和点缀；有的把企业社会责任理解为捐款、做善事；有的认为企业社会责任的价值在于提升品牌的知名度、美誉度；有的把对企业社会责任的认识上升到“社会营销”的层面，是提升企业竞争力的一部分。不管怎样的认识，都有它的社会文化背景，虽然是同一种现象，但不同的人看法却不相同。

美国运通的一位总经理说：“社会责任是一个很好的营销诱饵。”[9]一些跨国公司不约而同地将在中国开展的公益事业锁定在3个领域：儿童教育、环保、体育事业。柯达、可口可乐、诺基亚、安利等公司都有自己社会责任的战略定位，2006年10月15日，由万科、招商银行、IBM等13家国内外知名企业和媒体共同发起创建的中国企业社会责任同盟在北京大学宣告成立。中国企业的社会责任实践从此摆脱了“无组织、无纪律”的状态，迈向了更高的境界。[10]马云说过：“财富的本意是帮助别人赚钱。”“中国首善”陈光标，2010年9月，他宣布在生命的终点会捐出全部财产（50余亿元人民币），这正是企业家社会责任的体现，企业家的社会责任不同于他们的社会响应，也更不同于法律规定企业家的社会义务。

本章小结

国际市场营销与国内市场营销之间最主要的区别在于营销环境的差别，而文化环境是影响国际市场营销的核心因素。文化是一个复合的整体，其中包括地理、历史、物质文化、语言、美学、道德、价值观、风俗以及作为社会成员而获得的其他方面的能力和习惯。物质文化是指人类创造的物质产品，它决定着人们的生活方式；语言文字是各文化要素中最具特征、区别最明显的一个要素；美学是指关于美和审美体验的观念，设计、色彩、音乐等美学因素都影响企业的国际市场营销活动；由于所受教育不同，人们的消费观念和消费模式就会有很大差异，教育水平、宗教和社会结构都在一定程度上制约着国际市场营销活动的开展。文化是运动、变化的，人们在解决社会问题的过程中，会借入一些被认为是有用的其他文化，文化的变化既给企业界带来机会，也带来威胁。文化变化推动了营销行为的变化，同时国际市场营销的努力也促进着文化的变革。社会责任与伦理的定位将直接影响国际市场营销的方向和质量，是评价国际市场营销绩效的标准。东道国的商业习俗对国际市场营销非常重要，了解商业文化、经营态度，以及做生意的方法有助于排除国际市场营销道路上的障碍。

案例分析

可口可乐的中国化

有着近120年历史的可口可乐公司，是全球最大的饮料生产及销售商，拥有全世界最畅销的5种饮料中的4种：可口可乐、健怡可口可乐、雪碧和芬达，公司旗下的产品超过100种。有资料显示，目前全世界近200个国家的消费者每日享用超过10亿杯可口可乐公司的产品，可口可乐的品牌已深入人心。正如可口可乐公司创始人艾萨·坎德勒所言：“假如可口可乐的所有公司所有财产在今天突然化为灰烬，只要我还拥有‘可口可乐’这块商标，我就可以肯定地向大家宣布：半年后，市场上将拥有一个与现在规模完全一样的新的可口可乐公司。”

可口可乐的品牌成功秘诀何在？重要原因之一就是其国际化经营中的本土化战略。虽然已经成为一种全球性的文化标志，但是在风靡全球的同时，可口可乐仍然保持着清醒的头脑，没有固执己见地一味传播、销售美国观念，而是在不同的地区、文化背景、宗教团体和种族中实施分而治之的策略，比如可口可乐公司“Can't beat that feeling”的广告口号，在日本改为“我感受可乐”（I feel cola），在意大利改为“独一无二的感受”（unique sensation），在智利又改成了“生活的感觉”。广告信息始终反映着当地的文化，且在不同时期，有不同的依托对象和显示途径、生成方式。每一则广告无不是随着具体的时空情境来及时调整自身在文化形态中的位置。换言之，可口可乐的本土化随处可见。

剖析可口可乐公司在中国的迅速发展，也能再一次印证本土化经营为跨国公司的发展所起的重大作用。作为可口可乐在中国成立的第一家合资企业——北京可口可乐饮料有限公司，其20 年的发展历程就是可口可乐在中国本土化策略的一个缩影。

对可口可乐而言，1979 年 1 月 24 日是一个载入史册的日子，这一年中美建交，也正是在这一年，3 万箱可口可乐从香港辗转运往北京、上海及广州的大商场和宾馆，可口可乐在中国的战役开始打响。1981 年，由可口可乐公司提供设备的第一个灌装车间在北京丰台建成。此后 12 年间，可口可乐一直在特许灌装和直接投资等领域寻求与国内的业务合作机会。1993 年，可口可乐公司与原轻工业部签署合作备忘录，提出了一个基于“真诚合作、共同发展”原则的长期发展规划。20 世纪 90 年代初，曾风靡全国的天津“津美乐”和上海“雪菲力”汽水就是最早打下可口可乐系列饮料本地化烙印的品牌。1996 年，面对非碳酸饮料年销售额增长将近 20% 的诱人前景，可口可乐首次推出为中国市场研制的“天与地”果汁和矿物质水品牌。1997 年 8 月，果汁碳酸饮料品牌“醒目”问世。在可口可乐全球的产品中，有 1/4 只在亚洲销售，而“天与地”系列产品和“醒目”等饮料则专为中国市场研制。

可以说，可口可乐的本土化包括各个方面，从工厂、原料、人员到产品、包装、营销，99% 都是中国的；无论是玻璃瓶还是易拉罐，从浓缩液到二氧化碳、糖，甚至含量极小的柠檬酸，都打下了中国造的烙印；在老对手百事可乐大行国际化路线时，可口可乐却将自己的产品打扮得越来越“国粹”，从 1999 年开始，可口可乐利用中国传统节日——春节大做文章，从喜气洋洋的“大阿福”、12 生肖卡通罐到奥运金罐和茶系列饮料的面世，该公司努力地拉近与中国人的距离。同时，其广告设计采取红底白字，书写流畅的白色字母在红色的衬托下有一种悠然的跳动之感，既充分体现了液体的特性，又流露出中国传统红色的喜庆气氛。此外，可口可乐请本土明星做广告宣传，聘请港台当红明星林心如等，不但贯彻了本土化的思想，而且还从明星的年轻活力中抓住了主要消费群——年轻人。总体而言，可口可乐在中国展开了一系列的公关活动，从体育、教育、文娱、环保到树立自己良好纳税人形象，通过为北京申奥制作“申奥金罐”以及签约“中国队”、押宝“冲击世界杯”等与中国人融在一起，通过捐款捐书、兴建希望小学、资助大学特困生、创立大学生奖学金、援手教育项目等活动争取社会好评……

在国内诸多企业轰轰烈烈地开展“洋务运动”时，众多国际品牌却在中国市场放下身价，使用各种方法拉近自己与中国消费者之间的距离，塑造自己富有亲和力的品牌形象。零点远景投资授权零点指针资料网在 2003 年年底发布的一项国际品牌亲和力的主题调查结果显示：虽然企业中高层管理人员认为对中国最友好的国际品牌数目众多且分布广泛，但在中国土壤上耕耘时间长且本土化程度高的国际品牌最能够获得国人好感，其中可口可乐位居第三名。可口可乐公司将自己打扮得越来越国粹，为了符合中国消费者审美观，甚至对已经用了20年的商标进行更改，采用了全新设计的中文商标。

一位美国的经济专家指出：美国公司海外业务的成败取决于是否认识和理解不同文化存在着的根本区别，取决于负责国际业务的高层经理是否愿意摆脱美国文化过强的影响。事实证明任何成功的营销经验都是地域性的，营销越是国际化，就越是本土化。

本土化思维，本土化营销，可口可乐已经成为中国的可口可乐。

资料来源：陈林．解读可口可乐在中国的本土化战略［J］．当代经济．2006（09）．

案例讨论

1. 通过本案例，请你归纳总结可口可乐中国化的战略包括哪些方面。

2. 针对中国饮料业的市场环境，你能否为可口可乐公司提出其他具有可操作性的本土化策略？

复习题

1. 什么是文化？文化的基本特征是什么？
2. 历史和地理是如何影响国际市场营销的，请举例说明。
3. 举例说明语言与国际营销沟通的关系。
4. 依据价值观和生活方式把消费者划分为若干个群体，谈谈你对他们的理解。
5. 宗教对消费者行为有什么影响？
6. 为什么说文化因素是影响国际营销的核心因素？
7. 举例说明现实生活中营销改变文化的例子。
8. 社会责任与伦理内涵是什么？比较中国与美国的社会责任方面的异同。

思考及实践题

财富的原点

巴菲特2010年6月16日在《财富》网站上发表声明说："比尔·盖茨和梅琳达·盖茨，还有我，正在呼吁数百名美国的有钱人宣誓，在有生之年或死后将自己的一半家产捐给慈善机构。至少将他们50%的财产捐给慈善事业。"这被称为"日落条款"，规定捐赠人应设定一个最后期限，届时他们或者其继承人必须将资产直接支付给慈善机构。这或将改变整个慈善事业的面貌，亦激发对"裸捐"的新讨论。作为世界第三大富翁，巴菲特已经承诺将自己家产的99%捐给慈善事业。如果他们取得成功，那么将募得近6 000亿美元，这将大大改变美国的慈善事业，成为一股强劲的慈善风暴，席卷全球。

"我很早就表明，我喜欢赚钱，也喜欢把钱捐出去，"身价10亿美元的得克萨斯州石油大亨皮根斯在自己的承诺书中说："我并不赞成财富继承的说法，通常都是坏处大于好处。"

拥有180亿美元身家的布隆伯格说："我一直认为，我们最应该做好的事情是，给子孙们留下一个更美好的世界，而不是留给他们多少财富。你的慈善行为将比你的遗嘱更让他们受益。"布隆柏格的承诺信中说："我非常急切地做出这个承诺，要在未来数年里把我几乎所有的净资产捐出，或者留给我的基金会。"

资料来源：佚名．比尔·盖茨与巴菲特倡议亿万富翁捐半数家产［J］．现代快报．2010-06-18．

1. 作为企业家，谈谈你对社会责任的理解。
2. 裸捐是一种时尚还是一种责任，社会义务、社会响应、社会责任有什么不同？

本章注释

[1] 菲利普 R. 凯特奥拉，约翰 L. 格雷厄姆．国际市场营销学 [M]．周祖成，等译．北京：机械工业出版社，2007.

[2] Greert Hofstede. Culture's Consequences. Susan P. Douglas. Exploring New Worlds: The Challenge of Goble Marketing [G]. Journal of Marketing. January 2001: 103-109.

[3] 吴泗宗，罗婉蓉．国际市场营销 [M]．太原：山西经济出版社，1994.

[4] 闫国庆．国际市场营销学 [M]．北京：清华大学出版社，2007.

[5] http://hi.baidu.com.

[6] 徐炜，刘胜．我国企业实施社会责任管理研究 [J]．技术经济与管理研究．2011.04.26.

[7] 于志宏．构建社会责任管理体系 [J]．WTO 经济导刊．2010.01.15.

[8] http://www.yiyicheng.com.

[9] http://www.sinoec.net.

[10] http://club.china.alibaba.com.

第5章 Chapter 5

国际市场营销的科技环境

International science and Technology Environment

重点词汇

CRM (Customer Relationship Management) A discipline in marketing combining database and computer technology with customer service and marketing communications. Customer relationship management (or CRM) seeks to create more meaningful one-on-one communications with the customer by applying customer data (demographic, industry, buying history, etc.) to every communications vehicle. ㊀

E-Commerce (EC) Online transaction of business, featuring linked computer systems of the vendor, host, and buyer. Electronic transactions involve the transfer of ownership or rights to use a good or service. Most people are familiar with business-to-consumer electronic business. ㊁

EDI (Electronic Data Interchange) A set of standards for structuring information and exchange of business transactions. Transmission is achieved through an electronic communication network that uses translation software to convert transactions from a company internal format to a standard EDI format. Trading partners may be involved in on-line banking, on-line retailing, and electronic funds transfer. There are paperless transactions in an electronic format.

Knowledge Economy For countries in the vanguard of the world economy, the balance between knowledge and resources has shifted so far towards the former that knowledge has become perhaps the most important factor determining the standard of living-more than land, than tools, than labour. Today most technologically advanced economics are truly knowledge-based. ㊂

OECD (The Organization for Economic Co-operation and Development) A unique forum where the governments of 30 market democracies work together to address the economic, social and governance challenges of globalization as well as to exploit its opportunities. ㊃

㊀ American Marketing Association. http: //www. marketingpower. com. 2012.

㊁ What Is E-Commerce? http: //www. export. gov/sellingonline. 2012.

㊂ Ministry of Economic and Development, New Zealand. World Development Report [R] . 1999. http: //www. med. govt. nz.

㊃ OECD. http: //www. oecd. org. 2012.

导入案例

变革与不断创新的 iPhone

成立于1976年的苹果公司，以“Switch”（变革）为公司口号，其每次推出的新产品，总能引起市场的变革。

苹果公司的主要产业包括计算机硬件、计算机软件、手机和掌上娱乐终端等方面。苹果公司现在主要经营5条生产线：Mac、iPod、iPhone、iPad、iTune。苹果的 Apple II 于1970年助长了个人计算机革命，其后的 Macintosh 接力于20世纪80年代持续发展。最知名的产品是其出品的 Apple II、Macintosh 计算机、iPod 数位音乐播放器和 iTunes 音乐商店，它在高科技企业中以创新而闻名。如今 iPhone 的横空出世很有可能将引发手机的新一轮革命。

iPhone 由苹果公司首席执行官史蒂夫·乔布斯在2007年1月9日举行的 Macworld 宣布推出，2007年6月29日在美国上市，将创新的移动电话、可触摸宽屏 iPod 以及具有桌面级电子邮件、网页浏览、搜索和地图功能的突破性互联网通信设备这三种产品完美地融为一体。iPhone 引入了基于大型多触点显示屏和领先性新软件的全新用户界面，让用户用手指即可控制 iPhone。iPhone 还开创了移动设备软件尖端功能的新纪元，重新定义了移动电话的功能。

手机智能化是移动电话市场的发展趋势，也是苹果公司的机会。2007年1月，苹果公司首次公布 iPhone，正式涉足手机领域。苹果将 iPhone 定位于：搭载了 iPod 功能及网络浏览器的移动电话。2008年6 苹果发布 iPhone 3G，软件上的革命使其成为业界标杆。智能手机市场的原有格局在 iPhone 的冲击下完全瓦解。

进入智能手机时代之后，手机的内涵开始发生深刻变化。通信成为其几个核心需求之一（而不是唯一核心需求），音乐、拍照、PDA、游戏等非通信相关的核心功能也全面排队进入手机的核心需求。用户开始面对一个问题，我买手机仅仅是用来通话和发短信吗？一旦用户回答“不是”之后，就意味着他对手机的需求已经从一个通话（短信）处理工具变成一个便携多媒体通信设备。

iPhone 兴起就是这种变革最典型的例证。当你把 iPhone 拿到手后，你能强烈地感觉到这个东西与其说是带娱乐功能的手机，还不如说是带通信功能的娱乐机（娱乐机 = iPod + 便携照相机 + 掌上游戏机 + PDA）。手机市场原“龙头老大”诺基亚正是在这一点上没有把握到位，导致在智能手机市场上完全落败于 iPhone。

资料来源：苹果公司战略管理分析——以产品 iPhone 为例，http：//www. docin. com/. 2011年11月22日。

从 iPhone 的成功，我们可以得到这样的启示：第一，技术进步和需求复杂化不断地推动创新的革命，与此同时也带来了产品和产业的融合。我们很难将移动电话定位于通信产品，其身上融合了家电、通信、计算机、娱乐等行业的先进技术，而苹果公司凭借技术创新和恰当的组合引导市场是苹果成功的关键。第二，在竞争上，苹果公司持续的技术创新使自己始终处于行业领先地位，苹果的差异化组合形成的模仿障碍把对手挡在了后面，使自己的领先地位得以保持，为自己争取到了获取价值和开展下一轮竞争的时间。第三，不断创新和与对手的时间差，还为苹果公司争取到了培养消费群体，巩固其品牌影响力的机会。接受了苹果品牌精神的消费群体成为苹果品牌的一个有机成分，推动并保护苹果的创新和竞争。

5.1 技术对国际市场营销的影响（Technological Influences on International Marketing）

在企业走向世界的今天，技术革命对国际市场营销的影响和作用越来越重要。各个国家在科学技术发展水平及其应用程度上存在着较大的差异，科技力量对各国社会经济生活领域的影响程度也不尽相同，企业国际市场营销活动所面临的科技环境日益复杂。因此，企业在制定国际市场营销策略时，必须注意技术革命尤其是信息技术发展给营销带来的变化。

5.1.1 技术对消费者需求的影响（Technological Influences on Customer Needs）

技术革命的发展改变着人类的生存环境和生活方式，影响着消费者的消费理念和行为，使消费者的需求呈现出新的特点，消费者需求的变化也对企业的国际市场营销提出了新的挑战。

1. 消费者需求多样化

技术的日新月异，大大缩短了产品的生命周期，层出不穷的新产品，为消费者提供了更多的选择；与此同时，创造需求观念，推动企业不断实施营销创新，以技术革新为契机，挖掘消费者无法意识到的消费需求，开发出新产品去创造、引导消费者的消费，形成企业特定的市场。创造需求的观念是建立在这样一种假设上，即消费者由于其知识水平、判断能力的局限，不可能适时把握最新科技的发展动态，不可能对最新科技成果的实用性、市场化了如指掌，也未必意识到自己需要什么样的新产品。创造需求的营销观念认为，消费者对产品的期望、对品牌的看法和偏爱是学习的结果。因此，企业致力于帮助消费者通过学习知识经济时代科技背景知识，在识别、认同最新产品的层面上提高自身的素质；学习企业营销活动所传达的信息，在判断和实现自己的需求方面达到满足或满意。

营销透视 5-1

新的商业悸动：移动 + 电子商务

据中国电子商务研究中心统计，2010 年我国移动电子商务实物交易总额高达 26 亿元，同比增长 370%。而到了今年第 3 季度，艾瑞咨询最新数据显示，中国手机电子商务交易规模已飙至 37.7 亿元，同比增长 508.1%。移动电子商务现在已成为现实，并且增长迅猛。一个更具财富可想象空间的数字是，中国目前已有 9 亿手机用户，相信当中很大一部分会转化成移动电子商务用户——如果使移动购物的操作方法更加简单的话。艾瑞预计，2012 年我国移动电子商务用户有望达到 2.5 亿。而电信业分析专家毛启盈认为，苹果 iPhone 和 iPad 彻底改变了移动应用方式，加上电信运营商、第三方支付的移动支付业务日趋成熟，电子商务在移动互联网领域有望取得比 PC 端更广阔的前景。而美国市场研究公司 ABI Research 分析师更是大胆断言，到 2015 年，中国将成为最大的手机购物市场。

资料来源：京东凡客等布局移动购物，中国目前 9 亿手机用户．中国营销传播网．www.emkt.com.cn. 2011 年 12 月 30 日．

2. 消费者价格敏感化

在知识经济时代，市场信息的充分化使得同类产品难以形成差价，市场价格趋于统一。加上消费者对价格的敏感程度极大增加，新产品的价格弹性变大，企业市场营销将面对更加不稳定的、容易引起震荡的市场。原先在价格波动较小条件下采取的营销策略，可能难以适应这种波动较大的市场。

3. 消费者需求个性化

技术革命的发展使消费者的需求趋于个性化。原因有二：第一，消费者受教育程度和文化知识水平的普遍提高，使得其购买需求和购买行为更加富有个性化；第二，知识创新也引导着知识消费和个性化消费，知识消费是比物质消费更是个性化的一种消费。消费者需求的个性化，使工业经济时代那种单一化、大批量的营销方式将难以满足知识经济时代的消费者需求。

4. 消费者行为理性化

知识经济时代，消费者的购买行为更加理性化、科学化。消费者可以借助发达的信息网络，全面、迅速地收集到所有与购买决策有关的信息；借助计算机咨询软件，迅速地拟定和评估不同的购买方案，做出最优的购买决策；通过现代网络，消费者还可以在购买后，及时地向生产商反馈意见。因此，工业经济时代用以诱导感性消费者的营销手段将越来越不适用。

5. 消费者消费结构知识化

知识经济时代，技术革命对高素质人才的要求，显著提升了人们对教育、信息、技术、文化等的消费需求，原有的以物质和能源为主的消费结构，逐渐向以知识消费为主的消费结构转变，知识消费成为消费者最重要和最核心的消费内容。

5.1.2　技术对交易方式的影响（Technological Influences on Transaction Modes）

信息技术革命，使得全球经济呈现出网络化、数字化的特征，传统的以实物交换为基础的交易方式将被以数字交换为基础的无形交易所代替。技术革命在削弱传统中间商的作用，实现网上一对一直接交易的同时，开拓了新的交易方式——电子数据交换（Electronic Data Interchange，EDI），通过电子计算机和通讯网络处理业务文件。因为这一新型贸易方式无须纸张单据，所以又称为“无纸贸易”。EDI 的使用大大加快了交易速度，降低了交易费用，扩大了客户范围。EDI 的采用正在并将进一步引发一场全球范围的结构性商业革命。

国际互联网的发展，大大拓宽了市场营销网络，创造了一个全新的网上贸易市场，电子商务应运而生。电子商务通过电子通信，包括电话、传真机、信用卡、电视、自动提款机和基于互联网而进行的商业贸易，是对传统商业模式的颠覆。

5.1.3　技术对企业战略的影响（Technological Influences on Competition Strategy）

首先，随着知识经济的不断发展，国际市场的竞争由传统的对资本等低层次资源占有的竞争，转变为对知识生产、占有和利用能力的竞争。国际企业，尤其是采用高技术开拓国际市场的企业在获取利润的同时，需要承担更大的风险。因此，企业改变了以往的单纯竞争模式，转而注重与相关企业建立战略合作联盟，在合作中相互依赖、相互竞争。如美国的英特尔公司为开拓存储器市场，携手日本的富士通公司，联合开发研制产品，共同享受成果。

其次，科学技术的发展改变了企业的经营观念。传统的国际市场营销因为受地理位置和时间的约束，需要在不同市场设立相应的机构和配套组织，所以开拓国际市场上的成本高、风险大、控制难度大。而信息技术革命带来的便捷的全球通信，使远程办公、远程会议和远程管理成为可能；而且随着信息成本的不断下降，这种现代化的管理模式和方式越来越具有可操作性，节省了传统模式中因旅行而发生的费用和额外开支。

最后，知识经济的兴起，促使企业从传统的侧重机构组织的硬管理，向教育、培训和提高员工的归属感的软管理转变，培养员工的归属感和提高员工素质已经成为企业国际竞争战略的一个重要组成部分。

企业国际市场营销的迅猛发展与技术革命是紧密相连的。因此，重视科学技术这一重要的环境因素对企业国际营销活动的影响，有助于企业抓住市场机会，减低经营风险，在国际市场上更好地生存和发展。

营销透视 5-2

比亚迪领先市场的秘密武器

与目前世界上风头正劲的另外两款电动车——采用锂电池的日产聆风和通用雪佛兰 Volt 相比，比亚迪是唯一采用铁电池技术的电动车生产厂家，也是目前全球唯一实现铁电池大规模商用化的企业。日产聆风的最大驶里程是 160 公里，完全充电则需要约 8 个小时，而雪佛兰 Volt 在纯电动模式下只能行驶 40 ~ 80 公里，相比之下，比亚迪的工作人员介绍，E6 快充只需要 10 分钟，能达到 50% 的电量，完全充电需要两三个小时，能行驶 300 公里。比亚迪的独门铁电池与锂电池相比，铁电池具有高容量、高安全性、低成本和绿色环保的特点，锂电池在高温、挤压的状况下有可能发生爆炸，而铁电池则不会，同时铁很容易分解，电池回收不会造成污染，尤为重要的是，铁电池的寿命相对较长，可反复充电 2 000 次，行程 60 万公里，基本上可与汽车寿命一致。世界上其他纯电动车的续航里程没有能达到 160 公里以上的，比亚迪的电动车技术水平领先行业 3 年以上。

资料来源：潘泓超．比亚迪——绿色能源的守望者．汽车网．news. cnautonews. com，2010-11-5.

5.1.4 技术对企业营销决策的影响（Technological Influences on Marketing Decisions）

随着科学技术的发展，知识经济、数据库营销、客户关系管理、现代广告、电子商务等新型营销理念和营销方式的层出不穷，企业应紧随现代科学技术发展的步伐，不断创新，提高企业的营销决策能力，形成企业的独特竞争力。

在国际市场营销的产品策略上，科学技术的发展使新原理、新工艺、新材料等不断涌现，新品种、新款式、新功能的产品不断推出，产品更新换代速度加快，产品的生命周期缩短。企业的生产和经营也从以物质价值为核心要素转变为以知识、技术价值含量为核心要素。因此，追逐技术进步的浪潮，不断实施的技术革新，提高产品的知识含量是企业在产品策略上的重要变化之一。

在国际市场营销的价格策略上，企业应当运用科学的方法，准确地预测目标消费者的需求和对价格的认同标准，配合柔性的产品设计和生产方案，提供灵活的价格标准供用户选择。在产品的设计与生产中，虽然高新技术导致产品的初期成本（研发投入等）上升，但随着技术的普及和不断运用，企业规模经济的形成，价格优势将逐步显现出来。

在国际市场营销的促销策略上，科学技术的发展和普及催生了多样化的促销方式。无论是在公共关系策略上，还是在广告策略上，乃至在商品销售促进上，企业都有了更多的选择。例如，广告设计中计算机和电子扫描仪等新型工具的应用；传统媒体以外的新媒体，包括数字电视、移动电视、手机媒体、IPTV、博客等的出现。

在国际市场营销的分销策略上，新的交通运输工具的发明和旧工具的技术改进，缩短了产品的在途时间，大大提高了国际货物运输的效率；新的物流方式和技术代替了部分体力劳动和脑力劳动，也极大地提升了产品的分销效率。JIT、EPOS、SCM、ERP等新的经营管理方式引发了企业分销领域新的变革。

5.2 电子商务与国际市场营销（Electronic Commerce and International Marketing）

5.2.1 互联网的商业应用（The Applications of Internet in Business）

1. 互联网（Internet）

互联网是一种计算机交互技术，是高科技的产物。它具有全球性、海量性、开放性和交互性的特点。随着互联网技术的日益发展和成熟，联网成本的不断降低，互联网像“万能胶”一样将企业、团体、组织以及个人跨时空地联结在一起，彼此之间的信息交换变得“唾手可得”。而市场营销最重要及最本质的交换是组织和个人之间的信息传播和交换，如果没有信息交换，交易就成为无本之木。因此，众多厂商开始利用互联网进行客户调查，寻找合作伙伴及分销商，发布产品信息，与客户沟通，提供服务信息以及获取市场分析的数据等。互联网已经成为国际市场营销不可缺少的工具。

互联网的商业应用形式可以分为以下6种，即联机商店、网络展示（平面广告、图像信息）、目录、电子商业街、热点站点和搜索代理。互联网的应用改变了信息沟通模式，从传统的一对多的营销模式，变成多对多的相互沟通的营销模式。在传统营销中，厂商准备和提供有关信息，借助各种媒体如电视、报纸、收音机等进行发布和宣传，用户只是被动接受和进行信息选择；而且这种营销模式是针对群体进行，无法满足个体需求。在计算机环境下的互联网营销模式中，企业与消费者之间形成互动，两者可以同时发布消息及接收消息和直接进行沟通；企业的营销活动可以是一对一形式的，能够充分满足个体的需求；另外，借助互联网与消费者进行直接交易，减少了营销的中间环节，降低了交易成本，直接增加厂商和消费者利益。

营销透视 5-3

你围脖（微博）了吗

据权威机构预测，2010 年年底，中国互联网微博累计活跃注册账户数将突破 6 500 万个，2011 年年中将突破 1 亿，2013 年国内微博市场将进入成熟期。无疑，微博会成为未来商战的又一重要战场。2006 年 Twitter 现身美国已有 5 年，但在中国，微博真正进入人们的生活才不过 2 年。许多中国微博先驱者先后进行了不懈探索，但大多以倒下告终，直到 2009 年 8 月新浪微博正式开通。新浪微博沿用博客推广的成功经验，短时间内迅速掀起国内微博风潮，“你围脖（微博）了吗?”成为很多人寒暄的第一句话。作为国内最早由门户网站推出的微博，新浪微博已成为国内微博领域的领先者。《中国微博元年市场白皮书》数据显示，随着用户数的不断增长，新浪微博上每天都会产生海量信息。2010 年 7 月，新浪微博产生的总微博数超过9 000万条，每天产生的微博数超过 300 万条，平均每秒会有近 40 条微博产生。

资料来源：http：//www. douban. com/group/topic，2012-03-04.

2. EDI（Electronic Data Interchange）

EDI 是一种利用计算机进行商务处理的方式，是在基于互联网的电子商务普及应用之前主要的电子商务模式之一。EDI 是将贸易、运输、保险、银行和海关等行业的信息，用一种国际公认的标准格式，形成结构化的事务处理的报文数据格式，通过计算机通信网络，使各有关部门、公司与企业之间进行数据交换与处理，并完成以贸易为中心的全部业务过程。[1] EDI 包括买卖双方数据交换、企业内部数据交换等。

实际上，EDI 的发展已经至少经历了 20 多年，其发展和演变的过程充分显示了商业领域对其重视的程度。人们将 EDI 称为“无纸贸易”（Paperless Trade），将 EFT（电子转账）称为“无纸付款”（Paperless Payment），EDI 对商业运作的影响可见一斑。由于实施 EDI 的最基本目的就是通过第三方服务方的增值服务，用电子数据交换代替商业纸单证的交换，而纸面单证的电子交换是建立在标准化信息基础上的，因此 EDI 的历史实际上就是商业数据的标准化和增值网络服务商的发展过程。

3. 网络营销（Network Marketing）

网络营销产生于 20 世纪 90 年代，发展于 20 世纪末。网络营销产生和发展的背景主要有三个方面，即网络信息技术发展、消费者价值观改变、激烈的商业竞争。

网络营销是企业整体营销战略的一个组成部分，网络营销是为实现企业总体经营目标所进行的，以互联网为基本手段营造网上经营环境的各种活动。笼统地说，网络营销就是以互联网为主要手段开展的营销活动。网络营销是以互联网为载体，以符合网络传播的方式、方法和理念实施营销活动，以实现组织目标或社会价值。与网络营销概念同义的词包括：网上营销、互联网营销、在线营销、网络行销、口碑营销、视频营销、网络事件营销、社会化媒体营销、微博营销、博客营销等。

营销透视 5-4

在线市场潜力巨大

2011 年 6 月，中国网民达到 4.85 亿的人数，位居全球第一。巨大的上网人数，带来了巨大的商机。在欧美国家，90% 以上的企业都建立了自己的网站；通过网络寻找自己的客户、寻找需要的产品，这已经成为了习惯。如果企业想购买些什么，特别是首次购买时，会先在网上进行初步的查找和选择，再进一步与供应者取得联系。网上巨大的消费群体特别是企业的商务习惯变化，给网络营销提供了广阔的空间。网络营销的跨时空性无疑是一枚“重型炮弹”，将对整个营销产生巨大的冲击。

资料来源：http：//www1.gotobdqn.com，2012 年 1 月 26 日.

4. 物联网（Internet of Things）

“物联网技术”是在互联网技术基础上的延伸和扩展的一种网络技术；其用户端延伸和扩展到了任何物品和物品之间，进行信息交换和通信。因此，物联网技术的定义是：通过射频识别（RFID）、红外感应器、全球定位系统、激光扫描器等信息传感设备，按约定的协议，将任何物品与互联网相连接，进行信息交换和通信，以实现智能化识别、定位、追踪、监控和管理的一种网络技术叫做物联网技术。[2]

物联网是物与物、人与物之间的信息传递与控制。在物联网应用中有 4 项支撑技术。一是 RFID，即电子标签，属于智能卡一类；二是传感网，借助于各种传感器，探测和集成包括温度、湿度、压力、速度等物质现象的网络；三是 M2M，这个词国外用得较多，侧重于末端设备的互联和集控管理；四是两化融合，工业信息化也是物联网产业主要推动力之一，自动化和控制行业是主力，但目前来自这个行业的声音相对较少。

物联网技术的重要意义在于突破传统思维——过去是将物理设施和 IT 设施分开：一路是机场、公路、建筑物等现实的世间万物，另一路是数据计算机、宽带等虚拟的“互联网”。而在“物联”时代，“现实的世间万物”将与“虚拟的互联网”合二为一，成为“你围脖（微博）了吗?”统一的“整合网络”，全球经济管理、生产运行、社会管理乃至个人生活的运转均以此为基础。

5. 云计算（Cloud Computing）

云计算是基于互联网的服务的增加、使用和交付模式，通常涉及通过互联网来提供动态易扩展且经常是虚拟化的资源。云其实是网络、互联网的一种比喻说法。[3] 过去在图中往往用云来表示电信网，后来也用来表示互联网和底层基础设施的抽象。云计算按照服务对象的不同，一般分为公有云和私有云两大类。前者指的是面向广域范围内的服务对象的云计算服务，一般具有社会性、普遍性和公益性等特点，而后者一般是指社会单位为自身需要所建设的自有云计算服务模式，一般具有行业性特点。

云计算包括以下几个层次的服务：基础设施服务、平台服务和软件服务。

5.2.2 电子商务对国际市场营销的影响（Impact of Electronic Commerce on International Marketing）

电子商务（Electronic Commerce，EC）是在全球各地广泛的商业贸易活动中，在互联网开放的网络环境下，基于浏览器/服务器应用方式，买卖双方不谋面地进行各种商贸活动，实现消费者的网上购物、商户之间的网上交易和在线电子支付以及各种商务活动、交易活动、金融活动和相关的综合服务活动的一种新型的商业运营模式。[4]20世纪90年代以来，随着互联网及各项相关技术的日益发展，电子商务在社会经济领域得到了广泛的应用，推动了商业、贸易、营销、金融、运输、教育等社会经济领域的创新，并因此形成了一些新产业。随着电子商务的大规模普及，互联网有望发展成为最广大、最纵深、最迅捷的市场，成为传统商业最有力的挑战者。

电子商务作为21世纪崭新的商务模式，具有无限广阔的发展前景。从最初仅仅提供信息搜集与发布、合同处理、财务结算、系统维护等服务，到现在的政府上网、电子购物、网上炒股、电子银行、网上贸易等，电子商务以其无可比拟的优势彻底改变了商务活动的方式、企业的经营方式、组织结构及人们的生活方式与消费习惯。它的产生和迅猛发展对国际市场营销产生了深刻而重要的影响，主要体现在以下几个方面。

1. 电子商务提高了国际市场营销的效率

与传统商务活动相比，电子商务具有高效率、个性化、费用低、全天候和全球性等特点，它扩大了企业的销售范围，改变了企业的传统营销方式，从而极大地提高了国际营销的效率。电子商务为企业和消费者之间准确、有效、快捷的沟通创造了良好的条件；电子商务（如网上销售、网上采购、交易电子化）既大大方便了企业和消费者，又减少了交易环节，降低了交易费用，使消费者和企业同时受益；电子商务还有助于企业更加有效地控制库存，减少库存占用的资金，从而降低企业的成本，最终使消费者受益。

2. 电子商务引起了消费者行为的变化

电子商务不仅影响企业国际市场营销的方式和效率，而且影响企业的目标市场。这种影响具体体现在消费者及其行为的变化上。电子商务打破了地域分割，缩短了流通时间，降低了物流、资金流及信息流传输处理成本，使生产和消费更为贴近，为消费者提供了极大的选择空间和余地，消费者的消费特征更加“个性化”。

网络环境下的消费者易于接受新奇的思想和事物，善于利用各种信息查询和沟通手段，在产品消费上求新求异，“货比三家”；消费者通过与企业的“零距离”交流，获得个性化服务；消费者更加在意产品的独特性、交付的准时性和服务的预期满意度。这一变化既为国际化企业创造了大量的市场机会，也带来更大的压力。如何设计和制造满足消费者个性化需求的产品，如何加快物流速度，如何提高服务水平成为企业的当务之急。

3. 电子商务引发了企业营销管理的变化

网络的虚拟性给企业的经营带来了许多不确定的因素，今天的消费者可能明天就会流失。企业能否以“客户”为导向，快速响应客户的个性化需求，决定了企业能否在激烈的国际市场竞争中生存和发展。“客户满意度”、“客户忠诚度”已经成为衡量企业发展的最重要的指标之一。

4. 电子商务改变了企业国际市场营销的方式

在企业产品提供方面，针对国际市场消费者需求差异性大的特点，利用互联网良好的互动性和引导性，企业可以引导用户对产品或服务进行选择或提出具体要求，并根据消费者的选择和要求及时进行生产并提供相应的服务，从而提高企业的生产效益和营销效率。如美国戴尔公司，一旦接到消费者在互联网上发出的请求，立刻按照消费者要求组织生产，并通过邮递公司将产品寄送到消费者手中。这种订单式的生产，不仅有效地满足了消费者的个性化需求，提升了销售额，而且零库存生产大大降低了成本，加大了企业利润。戴尔的强大竞争力让 IT 行业的三大巨头——IBM、惠普、康柏感到非常尴尬。

在企业定价方面，传统的以成本为导向的定价方式，从企业的成本出发，往往忽略了消费者的经济承受力。在竞争日益激烈的全球市场格局下，更多的企业采用以市场需求为导向的定价方法，除考虑消费者的价值观念外，还考虑消费者能接受的成本，并依据成本来组织生产和销售。以消费者为中心进行定价的前提是，准确预测市场中消费者的需求以及消费者对价格认同的标准，而互联网恰恰是能够帮助企业了解消费者的接受成本的工具。企业根据消费者的成本提供柔性的产品设计和生产方案供用户选择，直到消费者认同、确认后再组织生产和销售，所有这一切都是消费者在公司的服务器程序的引导下完成的，因此成本也极具低廉。目前，美国通用汽车公司允许世界各地消费者在互联网上，通过公司的有关导引系统，自己设计和组装满足自己需要的汽车，用户还可以进行适当的修改，最后公司生产出能满足消费者对价格和性能要求的产品。

在企业分销方面，电子商务的跨时空特点和即时销售特点，确保消费者可以随时随地利用互联网直接订货和购买产品。以法国钢铁制造商犹齐诺—洛林公司为例，使用电子邮件系统和世界范围的订货系统后，公司通过内部网与汽车制造商建立联系，根据制造商的需求及时准确地把钢材送到对方的生产线上，加工时间也从原来的 15 天缩短到了 24 小时。互联网的使用，帮助犹齐诺—洛林公司提供比竞争对手更好、更快的服务。

在企业促销手段方面，电子商务一对一的营销模式和交互式的促销方式，加强了企业与消费者的沟通和联系，既使消费者能够直接参与到公司的营销活动中来，又便于企业直接了解消费者的需求，增强消费者的认同感。

营销透视 5-5

阿里巴巴

阿里巴巴 B2B 公司是全球电子商务的领先者和中国最大的电子商务企业，其电子商务业务主要集中于 B2B 的信息流，是电子商务服务的平台服务提供商。阿里巴巴 B2B 着力于营造电子商务信任文化。其独具中国特色的 B2B 电子商务模式为中小企业创造了崭新的发展空间，在互联网上建立了一个诚信的商业体系。2007 年达到 9.678 亿元净利润的业绩充分说明了阿里巴巴在电子商务领域和为中小企业服务方面所做出的巨大贡献。

阿里巴巴 B2B 公司的总部位于中国杭州，在中国内地超过 30 个城市设有销售中心，并在中国香港、瑞士、美国、日本等地设有办事处或分公司。截至 2007 年年底，阿里巴巴 B2B 拥有超过 5 200 名的全职员工。阿里巴巴集团是全球电子商务的领先者，是中国最大的电子商务公司。自 1999 年成立以来，阿里巴巴集团已拥有多家子公司：阿里巴巴 B2B 公司（www.alibaba.com）是阿里巴巴集团的旗舰公司，是国内领先的 B2B 电子商务公司，服务于中国和全球的中小企业。

淘宝网——亚洲领先的个人网络购物市场。

支付宝——中国领先的在线支付服务。

阿里软件——服务于中国中小企业的以互联网为平台的商务管理软件公司。

中国雅虎——国内领先的搜索引擎和社区。

阿里妈妈——中国领先的网上广告交易平台。

口碑网——中国最大的生活搜索平台。

2008年6月，中国雅虎和口碑网整合，成立雅虎口碑公司，正式进军生活服务领域。它以全网搜索为基础，为生活服务消费者打造出一个海量、方便、可信的生活服务平台——雅虎口碑网。

资料来源：中国电子商务研究中心：http：//www.100ec.cn/detail-4573949.html.

5.3 科学技术的发展趋势（The Trends of Science and Technology）

科学技术的进步是现代化立国的基础，是推动世界经济和社会发展的强大动力，是衡量一个国家综合国力的重要标志，科学技术的发展趋势，无疑是世界各国最为关注的问题。

5.3.1 信息技术将成为世界竞争的关键（Information Technology Will Be The Key Determinant in The World Competition）

进入信息化社会，人们已开始认识到信息是比物质和能源更为重要的可再生的能源。信息既可压缩、扩散，也可以以光速传播，并渗透到各个领域。在时间和空间上，世界将变小、科学将变大，为人类共享精神财富创造了客观条件。信息技术把传统产业从扩大外延推向增加内涵的发展道路；同时，以数字革命为先导，以信息高速公路为主要内容的信息技术将引发一场世界性的经济竞争。因此，信息技术将成为各国竞争的关键领域。随着信息高速公路的实现，科学家可以在网络上合作研究开发，创造出更加丰硕的成果；学生可以分享世界各地最好的教学资源和课程；病人可通过远程的名医会诊和遥控治疗，得到最好的医疗服务。信息技术为人们提供了一个更方便的、多元化的、舒适协调的生存环境。

5.3.2 先进材料技术成为科学技术发展的突破口（Advanced Materials Technology as The Breakthrough to The Development of Science and Technology）

人类历史发展证明，先进材料是人类文明的阶梯，而新材料又推动了时代的进一步发展。先进材料技术已成为世界各国科技竞争的焦点。新材料中最具活力的是信息功能材料、高温、高比强度、高比刚度的结构材料、超导材料、纳米材料、能源、材料和生物材料等。信息功能材料是指用于信息的获取、传输、存储、显示及处理有关的材料，品种多、涉及面广。其中，由于单晶硅片直径愈来愈大、线宽度小、得率高、性能好、价格低，成为发展最快的先进信息材料；新型结构材料，如高温超导体、纳米材料等具有很多异乎寻常的特点；纳米技术已成为先进材料的前沿技术，用于诊断、治疗、修复人体器官或组织更换的生物材料和称为绿色材料的环保材料等。

5.3.3 现代生物技术将成为革命性技术（Modern Biological Technology Will Become The Revolutionary Technology）

现代生物技术又称生物工程，它是利用生物有机体或其组织部分开发新产品或新工艺的一系列技术群。它与信息技术、先进材料技术并列，成为决定未来的三大最重要的高新技术。现代生物技术之所以成为起主导作用的高新技术，不仅在于依据其建立起的涉及工程、农业、医药、食品、能源和环保等诸多方面的产业群，将创造出数千亿乃至上万亿美元的巨大产值，带动整个经济的发展，更重要的还在于当今人类面临的许多难题的解决途径非现代生物技术莫属。现代生物技术推动了人类生命和生活的一场革命性变革。科学家断言，21 世纪将是以生物工程为代表的生命科学的世纪。

5.3.4 先进制造技术将是工业现代化的保障（Advanced Manufacturing Technology Will Be Guarantee of Industrial Modernization）

机械制造是现代工业工艺装备的基础条件，它的发展和先进程度标志着一个国家或地区工业现代化的水平。先进制造技术是在传统制造技术的基础上，将计算机等多种现代科学技术，综合集成地应用于制造，实现优质、高效、低耗、清洁、文明生产。因此，研究、开发和推广应用先进制造技术已成为现代经济发展中的重要任务，也是各国工业现代化追求的目标。先进制造技术将是 21 世纪信息、材料和生物技术等发展和产业化的保障。

从信息技术发展实践历程上看，实际上主要是微加工技术的进步史。因此，微加工技术的进步成为计算机、通信和全球网络等信息产业发展的主要推动力，它使得信息技术渗透到工厂、商业、金融、国防、机关、学校等方面成为可能，并使信息产业成为全球产值最高的产业。

世界范围内，技术革新的激烈竞争出现在美国、日本和欧洲国家。美国是最早发展 PC 网络系统及互联网技术的国家，其在科技方面的领先地位强力推动了美国新经济的发展。日本也不甘落后，集中力量发展数字化家用电器及多媒体 PC 以占领家庭市场。欧洲国家则投入巨额资金发展信息产业及新技术。

5.3.5 当代技术创新的强大功能（Contemporary Technical Innovation Has Powerful Function）

1. 科学技术的发展直接影响企业的经济活动

现代生产力水平的提高，主要依靠设备的技术开发、新生产工艺的创造、生产流程的创新、新型原材料和新能源的开发。现代科技革命广泛而深刻地影响着经济生活和社会生活，影响着企业的经营管理和消费者的购买行为以及生活方式。

此外，以电子信息技术为核心的现代科技革命从地域范围上看是一场全球性的革命。它打破了区域性的限制和国度的界限，使各国和各地区形成一个“地球村”。

2. 科学技术的发明和应用为企业创造了新机会

科学技术的发明和应用既造就了一些新的行业、新的市场，也改造和淘汰了部分落后产业。例如，太阳能、核能等技术的发明和应用，使得传统的水力和火力发电受到冲击。晶体管取代电子管，后又被集成电路所取代；电视业对电影业的冲击；复印机工业对复写纸工业的冲击；化纤工业对传统棉纺业的冲击；以及微电子技术、海洋生物技术、信息产业、光纤通信、机器人、激光技术、遗传工程等新的科学技术和新兴产业对传统的产业产生巨大的冲击。可以说，技术变革推动下经济和产业结构的重大改变，为企业创造了更多的机会。

3. 科学技术的进步引起新一轮的消费革命

新技术的应用引发了消费者的购买动机和消费结构的变化。从追求物质需求到主张精神享受，对个性化产品的需求也越来越普遍。自动售货、邮购、电视购物、电话购物、网上购物等新的购买方式成为新宠。企业在国际市场营销中，必须深刻认识和把握由于科学技术发展而引起的社会生活和消费变化，看准营销机会，主动采取相应的营销策略，方能抢占先机，赢得市场。

本章小结

科学技术环境是市场营销者必须面对的一个重要的新挑战，科学技术环境影响消费者的需求；市场需求的这种变化必然改变企业或公司的营销组合策略；互联网的出现和由此不断广为应用的电子商务业务深度影响着交易方式；由于知识经济的发展，国际市场的竞争由传统的对资本等低层次资源占有的竞争，转变为对知识生产、占有和利用能力的竞争。科技革命推进知识经济时代的到来，知识经济的发展又推动着科技革命的发展。以数字化、网络化为主要特征，以科技革命为基础的知识经济时代，知识、信息、人力资本等新要素取代传统的经济资源如资本、土地、劳动而发挥着越来越重要的作用。

案例分析

英特尔公司不断推出新产品

20 世纪 70 年代末，英特尔公司的先进技术不可逆转地引起了电子、计算机和通信产业的革命。到了 20 世纪 80 年代，半导体成为影响社会变革与产业革命的基石。然而，连续不断、快速的技术变革与来自日本企业的强有力的竞争，又使英特尔公司面临着前所未有的战略性挑战。

1985 年英特尔决定关闭俄勒冈的 DRAM（动态存储器）第五实验室。同时，英特尔宣布开始供应 32 位的 80386 微处理器。386 微处理器唤起了电子工业界的极大兴趣。仅仅一年以后，在 1986 年秋，新的 386 系列的产品已经开发完成，开始供应。386 微处理器对已有软件的强大促进能力使其成为英特尔历史上产量最大的微处理器。在 1987 年年底，也就是公布 386 的两年之后，英特尔已供应了约 80 万片芯片，而 8086 在同期只供应了 50 万片芯片。1988 年，其产值达 10 亿美元，占英特尔全部收入的 30% ~40% 。

英特尔 20 世纪 80 年代早期的质量促进工作，已经促进生产线稳定性提高，产品整体质量上升。但作为 386 微处理器的唯一货源，英特尔需要努力满足对 386 微处理器的不断增长的需求。英特尔开始开发 1 微米的 386 微处理器，尝试将原来的 1.5 微米芯片大大缩小。更高的芯片功能与集成度，使缩小了的微处理器有更多空间去包含新的特性。缩小尺寸不仅提高了芯片功能，也大大增加了芯片产量。同时，在电子行业中客户与供应商的合作关系日益风行。英特尔提供给福特公司微控制器产品 8061，福特公司认为总成本比产品标价更重要，并要求与英特尔紧密合作，降低 8061 的生产成本。

1984 年 4 月，80486 诞生。486 微处理器有 100 多万个晶体管，包含的电路元件是 386 微处理器的 4 倍。486 微处理器得益于英特尔开发的专有设计工具的改进。微处理器 486 开发的总投资在 100 亿美元以上。为了保证其兼容策略，英特尔设计了新的技术以运行旧版本软件。

1997 年，英特尔宣布推出 Pentium 系列的微处理器芯片。

资料来源：吴国新．市场营销学习题与案例教程［M］．北京：电子工业出版社，2002.

案例讨论

1. 英特尔关闭俄勒冈的 DRAM 第五实验室的原因是什么？
2. 英特尔致力缩小 386 芯片的尺寸的原因是什么？
3. 从经营角度来看，福特公司对于英特尔来说是什么样的角色？
4. 从英特尔推出 486 芯片，是否可以看出英特尔公司的营销观念是什么？

复习题

1. 技术环境对国际市场营销产生了什么影响？
2. 电子商务对国际市场营销的影响有哪些？
3. 科学技术呈现出什么样的发展趋势？

思考及实践题

1. 科技因素对跨国公司的国际营销发挥了怎样的作用？
2. 科技因素对中国企业走向世界能发挥什么样的作用？
3. 到一家跨国公司去，调查公司的核心技术在其进入国际市场中地位和作用，写一篇 1 000字左右的小报告。

本章注释

［1］ management. yidaba. com/201009/261500091002，2012-4-12.

［2］ www. sc. gov. cn/zwgk/zwdt/bmdt/201003/t201，2012-4-12.

［3］ cloud. chinabyte. com/ 2012-4-28.

［4］ www. doc88. com/p-93741454231. html 2012-4-8.

第6章
Chapter 6

中国市场及消费者分析
Analysis of Chinese Market and Consumers

导入案例

消费井喷

中国人成为世界消费的主导，他们在创造出更多财富的同时，也拥有了更多的消费额度。而中国二三线城市新兴富豪的兴起，也让国内的奢侈品店中充斥着温州生意人、东北的药材商人、内蒙古的天然气矿主、山东的海货老板……此外，奢侈品牌的策略也在发生着变化，现在很多商场的经营者都没有想到，世界最顶级的品牌会抢着入驻，而仅仅在北京的王府井，现如今便有3家卡地亚专卖店。现在这些顶尖品牌最爱说的一句话，就是“中国的市场，才叫市场”。这句话可以解释为，现在只有在中国才能赚到钱。奢侈品牌在中国，开始以前所未有的低姿态以及令人难以抗拒的亲民策略出现在人们的视野中。中国人的消费力量，正在开始推动世界的齿轮。

10年前，当你走进任何一家店铺，店员首先用日语跟你打招呼，你不敢说话，然后是粤语，你也不敢说话。当你发现一个产品你非常感兴趣，并向店员咨询时，店员回应你的语言和脸色，是你听不懂的语言和不愿意看到的脸色。于是，在那时很多内地人决定不会继续在香港观光和购物。在当时，中国人奢侈品的消费能力排名世界96位，那时中国人的消费能力，还不被世界认可。在2012年年初，一则报道中国人消费的消息引爆了香港媒体。一名操持着外地口音的内地客人，在香港某名表店待了40多分钟，挑选了9块价值共计1 100万元的手表决定购买。这个数字显然超过了大多数信用卡的极限，所有的店员都在等着看这位并不起眼的莽撞客人怎么处理这个麻烦。此时这位客人只有两个选择，要么迅速转账1 100万现金，要不退掉一些店员已经包装好的表款。最终，那位客人打了一个电话，1 100万元到账，付款之后便迅速离开。第二天，香港媒体打出的头条是——“堪称单人一次性奢侈品消费破香港纪录。”这样的消息如今层出不穷，这也让人们感到自豪，如今在香港，内地的客人只需自豪地说普通话，就能得到最好的服务。

从进入2010年开始，欧洲大范围的罢工持续不断，甚至要求将双休日变为3休日。有媒体评论道，这是“欧洲梦”的终结，与欧洲经济危机此相对的是，在巴黎最具传统的老佛爷百货，这里早已被中国人“攻陷”，四处充斥着中文导购，甚至今年还增加了中文保安和中文投诉热线。现如今中国人的地位逐年上升，部分可能归功于我们的消费能力。只有我们的消费实力达到这个水平，法国的百货才会打破传统。

中国已经成为仅次于美国的奢侈品消费大国，曾有1.7亿内地人消费奢侈品，其中1 300万人经常购买奢侈品。目前中国奢侈品的销售价格普遍高于国外市场，少则高出30%，多则高达300%，内地消费者在境外购买奢侈品的金额是在内地的4倍，每年有数百亿美元的消费力流向境外。在北京的金宝街上，各种豪车的展厅一字排开，劳斯莱斯、兰博基尼、布加迪威龙、阿斯顿·马丁……每一款车都价值上百万元，此外还有新贵腕表品牌 Richard Mille 和 Montres De Witt……每块表的价值都在数十万元甚至上百万元。看到更多的是，越来越多的年轻人，在受过优质教育之后，形成了对奢侈品牌正确的消费观。他们开始把奢侈品作为自己的人生目标，或奖励自己的方式。现如今在中国消费奢侈品并不代表低素质，开始转变为一种个性化消费、一种睿智的消费。消费井喷爆发，而在世界范围，中国人在西方专卖店的消费额已经占到了30%以上。毫无疑问，这个世界奢侈品消费的天平开始倾向于中国。

资料来源：中国奢侈品定价全球最高．人民网．//jingji. cntv. cn/. 2012. 03. 22.

6.1 中国市场及其营销特征（The Characteristics of Chinese Market and Marketing）

6.1.1 中国市场的特征（The Characteristics of Chinese Market）

1. 市场经济和计划经济的并存

市场经济与计划经济的最大区别在于用什么办法实现资源集中。用革命的方式、剥夺的方式就是计划经济。计划经济的特征是：官本位、官大于民、官管民、企业求政府、企业和个人受约束、全面审批制、政府分配资源、政府是裁判。市场经济的特征：等价原则交换，亲兄弟明算账交换，维护自己的利益的交换、遵循游戏规则、市场是裁判。

中国改革推进的主导方式具有明显的“双轨”特征。中国市场正处从“计划经济”到“社会主义市场经济”渐进改革之中。中国市场转型的最典型的特征是国有企业的改革，一方面，在传统体制的外围和薄弱环节，通过“放开搞活”突破传统体制一统天下的局面，培育和生长出新的体制因素和力量，如个体经济、私营经济、外商投资经济；另一方面，在传统体制内，通过“微调”的方式，为新体制不断扩大成长空间，为传统体制的转轨创造条件，如计划、财税、价格、投资政府职能等方面逐步向市场靠拢。

国有企业改革经历了从扩权让利到建立现代企业制度的过程，在改革过程中，企业自主权不断增大，营销意识和营销动力随之加强，具体包括以下几个阶段：“放权让利”阶段（1978~1982年），“利改税”阶段（1983~1986年），“承包制”阶段（1987~1992年），“转换经营机制”阶段（1992~1993年），“现代企业制度”阶段（1993年以后）。[1]

“十一五”期间，我国消费市场很红火。据国家统计局数据，这5年是新中国成立以来国内贸易增长最快、市场最为繁荣活跃的5年。2010年，我国全社会消费品零售总额达154 554亿元，是5年前的2.3倍，比上一年增长18.4%。但是，与世界上一些发达国家相比，我国消费量仍有较大差距。中国的消费总量还不到美国的1/6，我国仍需要“进一步扩大内需”。

营销透视 6-1

海尔集团

海尔集团创立于1984年，创业28年来，坚持创业和创新精神创世界名牌，已经从一家濒临倒闭的集体小厂发展成为全球拥有7万多名员工、2011年营业额1 509亿元的全球化集团公司。海尔已连续3年蝉联全球白色家电第一品牌，并被美国《新闻周刊》网站评为全球十大创新公司。

20世纪80年代，正值改革开放初期，很多企业引进国外先进的电冰箱技术和设备，包括海尔。那时，家电供不应求，很多企业努力上规模，只注重产量而不注重质量。海尔没有盲目上产量，而是严抓质量，实施全面质量管理，提出了“要么不干，要干就干第一”。海尔的创新是以“海尔文化激活休克鱼”思路先后兼并了国内18家企业，使企业在多元化经营与规模扩张方面，进入了一个更广阔的发展空间。海尔OEC（Overall Every Control and Clear）管理法，即每人每天对每件事进行全方位的控制和清理，目的是“日事日毕，日清日高”。这一管理法也成为海尔创新的基石。联网时代带来营销的碎片化，传统企业的“生产—库存—销售”模式不能满足用户个性化的需求，企业必须从“以企业为中心卖产品”转变为“以用户为中心卖服务”，即用·户驱动的“即需即供”模式。海尔探索的互联网时代创造顾客的商业模式就是“人单合一双赢”模式。

市场竞争导向就是以“成者为王，败者为寇”为标准，海尔的成功就是中国本土文化与市场经济有机结合的成功。海尔将秉持一贯的社会责任意识，在创意、制造、服务、物流、回收等环节坚持践行绿色理念，积极引领消费者、合作伙伴乃至各行各业共同承担对环境的保护与关爱“虚实网络共生”、“人单合一双赢”、“打破樊篱创新”，张瑞敏以他的人生经历，诠释了人的一生不仅是行动的一生，更是思想的一生。

资料来源：海尔集团简介 . www. haier. net. 2011-09-06.

2. 中国市场的问题

当前中国市场存在的主要问题，是市场经济发展与道德建设之间的矛盾。社会主义混合所有制经济环境，一方面赋予了人们新的道德观，为道德建设提供了物质基础，并利于人与人之间结成平等友爱的关系。另一方面道德建设为市场经济的发展提供了良好的社会环境，促进了市场经济的发展。

市场经济运营过程中，进行了很多层面的有效改革，取得了世人瞩目的成就，但仍存在不少问题。国企高层任命权仍归属政府，企业产权不明晰，很多企业有地方政府参股（大股东）；政企利益相互渗透，企业经营非独立；企业活动过度受制于审批，市场交易成本高；驰名商标由地方政府认定，公司上市限额审批（导致上市公司高价）；市场运作游戏规则多变、法规不全不细造成执行的随意性等（如广告法解释因人而异）。

6.1.2 中国市场的营销特征（The Characteristics of Marketing of China）

1. 共性和个性

对中国市场营销发展的研究，其最宽泛的框架是把中国的市场营销纳入到世界范畴中做共性和个性的比较分析。所谓共性，是指营销变迁和转型的总体方向。而个性则是指“中国特色”（社会主义市场经济体制）在营销实践中的反映。中国的市场营销在中国国情（文化等因素）和中国“特色”的双重牵引下，表现出独特的方式和路径，中国市场营销正进行着悄悄的转型，如表 6-1 所示。

表 6-1　中国营销转型：与世界营销变迁的共性

	世界营销变迁		中国营销转型
营销理念变迁	营销基本概念的拓展；顾客导向营销思想的确立	营销理念转型	众多领域行业从无到有地引入营销（银行和媒体）；已有营销的行业从推销导向开始迈向顾客价值导向（关注顾客的需要）
营销运作策略变迁	营销功能环节的全面改造；21 世纪营销主流模式的展现	营销运作策略转型	从粗放营销转向精细型经营（如细分市场）；从封闭自我营销转向开放关系营销（厂商关系、顾客关系）；从单一策略转向整合性策略（竞争策略多样化、整合营销转播）
营销组织变迁	对采购、生产、研发部门的组织、流程的改造；营销部门组织演进	营销组织转型	营销部门在公司组织结构中的地位上升；初级形态的营销部门开始再造为真正意义的市场部（基于市场研究指引的产品研发）

资料来源：何佳讯，卢泰宏．中国营销 25 年［M］．北京：华夏出版社，2004.

2. 中国市场的营销理念

就整体而言，当前中国市场营销实践中生产观念、推销观念、营销观念、大市场营销观念和社会营销观念 5 种营销观念并存，但各种观念在各个地区分布不同。中国东部沿海经济较发达地区大多奉行“现代营销观念”，并已出现“大市场营销观念”和“社会营销观念”；而中国西部经济欠发达地区则主要流行“现代市场营销观念”和“推销观念”，贫困山区甚至仍然残存着明显的“生产观念”。因此，中国的市场营销观念表现为一种自西向东随地区经济发展水平而逐步进化的趋势，

总的说来，中国企业的市场营销观念正在向国际市场营销观念靠拢。但其在演变的过程中所表露出来的与世界营销的差距，更多的是因中国政治、经济、文化、政策、市场机会等方面的差异性而产生的中国营销的特殊性，除此以外，中国的市场营销还存在以下几个典型问题。

（1）感觉营销。中国惠普有限公司战略规划总监高建华曾形象地比喻说：“西方的营销是 80% 的科学加 20% 的艺术，而中国本土企业的营销则是 20% 的科学加 80% 的艺术。中国的企业很多还是处在‘艺术’经营阶段，也就是不像跨国公司那样，先把市场上非常具体的数据统计出来，而更多的是凭感觉。”

感觉营销是中国本土企业的营销特色，它们首先追求“感觉对路”，虽然在转型市场中有其理由，但也有大的风险，中国商界的“大起大落”、“流星闪现”现象就是代价。值得强调的是，本土企业正在加紧学习，提升营销水平，发展的方向是“科学”的比重不断上升，逐步向国际跨国公司的营销模式靠拢。一些优秀的企业（如海尔）进步很快，已经表现出很强的学习能力、竞争能力和创新能力。[2]

营销透视6-2

菲利普·科特勒评价中国营销

2005年，被誉为“现代营销之父”的营销学权威、美国西北大学教授菲利普·科特勒在接受媒体采访时，认为我国企业在市场营销中存在5个弱点。

（1）中国企业对营销的理解比较窄，它们把营销看成主要是广告和销售，这是一个突出的弱点。这种概念的混淆不仅存在于中国企业身上，在大多数国家也是通病，而且越来越多的美国公司认识到了这个错误。它们希望营销者不仅要销售产品，还要成为营销创新以及产品与服务改善的源泉。它们正为企业的营销增加一个新的层次——战略营销，以改变过去把营销仅仅视为一种战术的局面。因此中国企业需要扩大对营销的理解，要看到整个营销的流程。

（2）中国企业不大重视市场调研，但市场调研可以帮助它们改进产品和预测需求。中国企业领导人可能认为自己对于生于斯长于斯的国人非常了解。但人们有着不同的生活方式，有着不同的需求与动机。目前中国企业开始采用焦点小组，但对于调查问卷、民族调查、深度访谈等方法使用不够。

（3）中国企业在市场细分、选择目标市场、定位上还做得较少。但这是所有营销的起点，中国企业无疑需要加强在这方面的工作。

（4）中国企业依赖于低价格作为主要的竞争手段。很少有企业在一流的皮鞋、钱包、手表和照相机上拥有自己的品牌。竞争不是靠品牌优势，而是靠价格的一降再降，营销活动做得也不到位，例如，品牌塑造和优质服务对特定客户细分市场将是非常必要的，因为中国的中间阶层正在形成，它们是优质产品与服务、品牌消费的主要群体。

（5）中国零售商对优质服务和差异化的购物氛围投资不够，谁做到了这点，谁就会在激烈的零售竞争中脱颖而出。

资料来源：营销无界——专访营销学大师菲利普·科特勒［J］.哈佛商业评论.2005（9）.

（2）推销营销。20世纪90年代中期以来，中国市场竞争的主旋律是价格竞争，尽管品牌，这一非价格竞争优势被大肆宣扬，但真正运作的并不多。事实上，大多数中国企业仍秉承推销导向理念，把推销当营销，以推销为目的，所以才有了没完没了的价格战、促销战。企业也因此无时无刻不面临市场中的生死危机，缺乏竞争优势和核心竞争力，只能走向无奈的短期营销，单纯地追求销售额。状态较好的企业往往又没有危机感，囿于推销观念不能提升，或在管理层内无法突破固化了的推销导向理念和业绩体系。

营销透视6-3

话说保险

截至2010年年底，全国保险营销员已超过329万人；截至2011年上半年，个人代理业务占比达43%，同比上升2.7个百分点，各主要寿险公司普遍出现个人代理渠道发展速度快于其他渠道、对保费增量贡献大于其他渠道的现象，保险营销成为寿险公司首选的、最具竞争力的销售渠道。但在20年发展进程中，保险营销模式逐渐暴露出管理粗放、大进大出、关系不顺等诸多问题和隐患。相关调查显示，中国城市居民对保险公司的满意度普遍较低，且多数消费者对保险公司的销售方式、尤其是保险营销员的“忽悠”表现出无奈甚至厌恶的态度。尽管近些年寿险保费绝对值在增长，但市场增幅却在下降，新单保费收入时常陷入负增长，持续开拓市场能力在不断削弱。究其原因，门槛过低和保障残缺导致保险营销员在内部法律地位及劳动关系等问题上不明确，在外缺乏公众认可度，成为无职业归属感的“边缘人”，且粗放增员、简单教育导致了“产能低”，只要数量，不管质量，以求短期内实现“规模效应”；佣金计提的功利性，加剧了保险营销员注重眼前利益，常有损害消费者利益的短期行为发生。

资料来源：孟欣．保险营销路在何方，建议营销员诚信等级挂牌．金融时报．2012.01.04.

（3）策划营销。中国市场营销的策划多于策略，“策划”盛行是中国市场上特有的现象，许多本土企业有问题请策划，好像农民生病请土郎中，土郎中有时也可治好病甚至效果神奇，但多数是经验导向、非专业化的。伴随的现象是：市场炒作多过市场研究，或者多用单一营销手段（如广告轰炸）粗放执行而没有精细的整合营销运作。这种功利行为必然导致在竞争升级后走向失败，导致全行业亏损。

（4）初级营销。营销专业人才在中国转型市场中非常短缺，有实战经验的、在知名公司担任过市场部经理的人，在人才市场上非常抢手，其身价也越来越高。缺乏专才也正是中国企业营销水平不高的基本原因。在日益盛行的MBA教育中，迫切需要强化“营销MBA”教育。

中国不同行业、不同企业的营销水平相差悬殊，有的行业、有的企业营销专业提高很快、表现不俗。但就国际标准来看，中国的营销大面积还处于初级的阶段，或者是“小学阶段”。起点低是多数企业的共同点，大量企业必须从基础开始学习。

6.2　中国市场的营销环境（The Marketing Environment of Chinese Market）

市场营销环境是指直接或间接影响企业生存与发展，不以企业主观意志为转移的各种外部因素的总和。营销的战略与策略是企业可以控制的主观因素，环境是企业无法控制的客观因素，包括宏观环境和微观环境两个方面。企业的营销仅仅是一个适应环境的被动过程，还是在适应过程中能够影响、利用，甚至改变环境的过程，这是一个需要在营销实践中探讨的重要问题。中国的营销是怎么产生的呢？如果在美国问“美国的营销是怎么产生的？”答案是美国人生下来就处在一个营销的环境中。但是中国与别的国家不同，在中国，营销是因为从卖方到买方的一个转变结果，也就是由生产者说了算到由消费者说了算而产生的。从“皇帝的女儿不愁嫁”到“顾客就是上帝”、“顾客是朋友”、“顾客是亲人”的理念变化足以诠释中国营销环境的变化。

6.2.1　中国市场的人口环境（The Population Environment of Chinese Market）

人是市场营销的对象，是影响企业营销的重要因素。因此营销人员必须首先研究市场的人口环境。同改革开放以前相比，中国目前人口环境呈现出下述几个特点：

（1）人口基数过大，增长过快。13.7亿人口对物质与精神有着巨大的需求，市场潜力很大，给企业带来了许多营销机会。

（2）家庭日益小型化，独生子女成为家庭消费重点。

（3）老龄化趋势加快。我国即将进入老龄社会，老年人口的增加，带来了对易于消化的食品、保健食品、小食品、医疗设备的大量需求。专门为老年人服务的老年大学、各种层次的托老所、家庭护理、临终关怀医院等老年服务产业，将迅猛发展，成为21世纪长久不衰的朝阳产业。

营销透视 6-4

空巢心声

“十二五”时期，随着第一个老年人口增长高峰的到来，我国人口老龄化进程将进一步加快。2011～2015年，全国60岁以上老年人将由1.78亿增加到2.21亿，平均每年增加老年人860万；老年人口比重将由13.3%增加到16%，平均每年递增0.54个百分点。老龄化进程与家庭小型化、空巢化相伴随，与经济社会转型期的矛盾相交织，社会养老保障和养老服务的需求将急剧增加。未来20年，我国人口老龄化日益加重，到2030年全国老年人口规模将会翻一番，老龄事业发展任重道远。我们必须深刻认识发展老龄事业的重要性和紧迫性，充分利用当前经济社会平稳较快发展和社会抚养比较低的有利时机，着力解决老龄工作领域的突出矛盾和问题，从物质、精神、服务、政策、制度和体制机制等方面打好应对人口老龄化挑战的基础。

资料来源：中华人民共和国国民经济与社会发展第十二个五年规划纲要，国发〔2011〕28号.

（4）人口流动趋势增强。人口流动主要是由民工流、学生流、旅游流、商务流以及探亲流5流构成。日益增长的人口流动趋势，对交通运输业、房屋租赁业、大众性快餐、旅馆、洗澡等日常服务业和民工子女入学、职业介绍与培训、各种医疗保险产生了很强的需求。

营销透视 6-5

新生代农民工面临新问题

“以前，只觉得没钱会受人歧视。城里人看我们的眼神和说话的语气总有一种优越感，所以除了工作，和他们交往不多。”来自河南的小蔡在北京一家汽车修理厂干了5年汽修工，“可是现在，就是攒够钱，没有北京户口，经适房、廉租房还有买车，都没法申请。”

在中国，像小蔡这样的流动人口超过2亿。《中国流动人口发展报告》指出，在城市快速“成长”过程中，“我国流动人口社会融合水平整体偏低，农民工社会保障问题比较突出。”

新生代农民工的生存发展现状存在新问题。他们平均月收入1 660元，仅在社会服务业高于其他农民工群体；家庭月生活消费支出为1 441元，仍以基本的生存消费为主；每周工作至少6天，每天工作达10小时，工作压力大，劳动强度高；具有脱离农村社保体系的倾向，又没有被纳入流入地保障体系。

目前，流动人口社会保险参保率仍然较低。《中国流动人口报告》显示，就业的流动人口中，52.0%没有参加任何社会保险，特别是在工伤风险较高的采掘、制造、建筑业中，参加工伤保险的比例分别为58.4%、48.9%和25.1%，远未达到《工伤保险条例》规定的全部参保要求。

流动人口房租负担重。3/4的流动人口家庭在流入地租房居住，房租平均每月387元，超过流动人口家庭总支出的1/5。41.5%的流动人口租房者认为目前的住房支出已经达到或超过自己能承受的最高房租。

流动人口家庭抗风险能力弱，低收入阶层入不敷出问题严重。4.5%的流动人口家庭人均收入低于500元，27.0%的家庭人均收入低于1 000元。20%的最低收入家庭收入与消费支出比为1∶1.12。

资料来源：中国流动人口发展报告2011.

6.2.2 中国市场的政治与法律环境（The Political and Legal Environments of Chinese Market）

政策和法律是转型经济国家影响市场、经营和投资的重要因素。从改革开放32年的发展轨迹看，中国的政策环境宽松，法制建设逐渐健全和透明。“按国际通行规则办事”的制度理念，“公正、开放、透明”的游戏规则，对全面推进我国的制度和法律建设产生深刻的影响。产权是所有制的核心和主要内容，建立归属清晰、权责明确、保证严格、流转顺畅的现代产权制度，是完善基本经济制度的内在要求，是构建现代企业制度的重要基础。[4]这一决定为中国市场的蓬勃发展提供良好的政治和法制环境。

中国的经济改革是渐进性的，目前，由于国家的法规不完善以及企业缺乏有效的监控机制，中国市场上存在一些营销腐败现象，并且在各个行业都有体现。企业营销腐败的表现形式主要包括：吃回扣、获取通路差价和区域差价、促销资源截流、过高的差旅费支出。所有这些都意味着更高的交易成本。这也是中科院《中国可持续发展战略报告》中指出的“中国经济发展缓慢的一个原因是经济环境差”的原因，“用1美元在世界平均状况下可办到的事，在中国就需花费1.25美元”。[1]也正因如此，诸多跨国公司认为，能否在中国市场获利取决于能否控制住风险。中国的经济增长既提供了有利可图的机会，但也带来了一系列错综复杂的商业和政治风险。中国市场经济秩序出现混乱的根本原因是社会中有一部分人唯利是图或法制、道德操守低下。如果在实际市场运作中，当人们发现破坏制度总是可以比遵守制度获得更大的收益时，那么这个社会的经济秩序就一定趋于混乱。因为将会有越来越多的人自觉或不自觉地从遵守制度转向破坏制度。[5]

一流的制度环境建设仍需要很长的过程，中国市场与国际市场的政治法律环境还有一段差距。对跨国公司来说，中国政策的相对多变和法律制度的相对不健全是跨国企业进入中国市场的最大担心之一；而对很多国内企业来说，抓住政策机会和钻法律空子则又是一种发迹致富的策略，目前的中国市场还存在许多有法不依、有令不止的问题，这些都严重制约了中国市场的健康发展。

营销透视6-6

企业家的纠结

刚刚出炉的2011年中国企业家犯罪报告（以下简称报告）显示，国企负责人和民企负责人的犯罪类型有着明显的区别。国企的企业家落马的主要原因是贪污受贿，而民营企业家们翻船主要是在融资这个环节涉嫌诈骗。《新京报》评论称，国有企业一般实行行政首长负责制，在市场经济条件下，这个权力叠加成无法监督的顶峰，他们无视制度、无视民主，把国有企业当做自己的天下经营。如此的权力集中，又没有制约机制抗衡，他们在企业是一言九鼎，由于政府对稳定和政绩的需要，他们又是政府的红人，多方宠爱集一身，国有企业家不贪腐都难。

反观民营企业，不少知名民企被迫减产停产，甚至倒闭。绵绵无绝期，此“债”何时休，刚刚过去的一年，全球各金融市场皆大呼“伤不起”。从美债风波到欧债危机，现代市场似乎穿越进一幕幕跌宕起伏的莎翁戏剧，“聪明人变成了痴愚”的悲剧频频出现，“生存还是毁灭”的追问反复纠结。中国同样难以独善其身。2011 年 4 月，温州老板“跑路”事件引起广泛争议。

为了个人利益或者企业的发展，民企负责人开始铤而走险。他们或是涉黑，制造垄断获取高额利润；或是行贿依傍权力获得第一桶金；或是空手套白狼诈骗等，获得资本。报告显示，2011 年民营企业家犯罪呈现“涉黑”案件所占比例有所下降，各类诈骗案件所占比例大幅上升等特点。2010 度各类诈骗案只有 19 例，2011 年度却高达 41 例。另外，涉及证券市场的案例明显增加，有关案例达 4 例。

资料来源：2011 年中国企业家犯罪报告.

未来我国在制定宏观经济政策时，应当充分考虑国内民营企业的发展现状，并对其未来发展进行资源、资金等方面的扶持。最理想的状态是建立公平公正的市场竞争环境，给民企以相同的资源空间。

6.2.3 中国市场的经济环境（The Economic Environment of Chinese Market）

中国已经从一个农业经济体成为一个基本工业化的经济体，2011 年，中国 GDP 总额达到了 72 981.47 亿美元，排名仅次于美国的 150 940.30 亿美元、日本 58 694.71 亿美元，居世界第二。同时，中国人均 GDP 也有了大幅提高：从新中国成立初期的不足 100 美元、改革开放初期的不足 200 美元发展到了 2011 年的 4 382 美元。[6] 中国经济的高速发展吸引全球的注目，中国经济告别了短缺经济，已进入新一轮中长期增长周期。当然，中国今天的经济形势是经济改革的结果，32 年的改革形成了中国特色的改革模式。

改革的成功、经济的快速发展都与中国政府正确的战略方针分不开。2003 年 10 月党的十六届三中全会通过了《中共中央关于完善社会主义市场体制若干问题的决定》，指出当前推进改革就是要破除生产力发展面临的“体制性障碍”，标志着中国开始结束“摸着石头过河”的渐进式改革模式，进入到突破体制障碍的纵深阶段。[4] 2007 年十七大的召开又提出了经济发展的新思路，首次提出“中国特色社会主义从建设到发展、从转变经济增长到转变经济发展方式、将 GDP 翻两番由总量到人均量、创造条件让更多群众拥有财产性收入及民生”等问题。[7] 一个新的经济繁荣时期又要到来。

营销透视6-7

再创新高

政府工作报告指出，2011年我国实现国内生产总值47.2万亿元，比2010年增长9.2%；公共财政收入10.37万亿元，增长24.8%；粮食产量1.14万亿斤，再创历史新高；城镇新增就业1 221万人，城镇居民人均可支配收入和农村居民人均纯收入实际增长8.4%和11.4%。我们巩固和扩大了应对国际金融危机冲击成果，实现了“十二五”时期良好开局。

资料来源：温家宝总理《政府工作报告》（摘要）. 中国青年报. 2012. 03. 07.

6.2.4　中国市场的社会文化环境（The Social-cultural Environment of Chinese Market）

中国的社会文化环境是多种因素共同作用的结果。中国特有的风土人情、自己的语言、独特的教育模式等交织在一起形成了具有中国特色的社会文化环境。比如建立在中国文化基础之上的中国式关系营销，与西方所倡导的关系营销在关系主体（利用人际关系发展组织间关系）、关系的目的（利用非工具性关系开发工具性关系）、关系基础（人际关系，更重视社会性纽带）、交往原则（义利兼顾，重亲情、人情、轻法制）、关系媒介（人情、面子的作用）、行为模式（用其他关系行为模式掩盖开发关系的实质）、道德问题（有时会非常严重，往往与“灰色营销”相交织）上均有所不同。中国的关系营销与西方的关系营销走的是两条不同的路，尽管双方很有可能相互融合与渗透，最终走到一起。

在中国的企业环境中，由于企业太多受制于政府，与政府相关部门的关系对企业的生存发展至关重要，因而官商关系比顾客关系更加重要。外资公司进入中国市场，也不能绕过此道。在西方，往往是先签合同再干杯，在中国却一定是先干杯再谈生意。例如，由于忽视与中国政府的关系，微软公司自1992年进入中国后一直饱受挫折，不得不从2002年开始改变策略，积极进行政府公关。2003年11月，微软总裁鲍尔默先后完成了对日本和中国市场的访问。在日本，他几乎所有的时间都在与客户沟通；在中国，他大多的时候是在与政府官员见面。

中共第十七届六中全会全体会议全会指出，当今世界正处在大发展、大变革、大调整时期，文化在综合国力竞争中的地位和作用更加凸显，维护国家文化安全任务更加艰巨，增强国家文化软实力、中华文化国际影响力要求更加紧迫。当代中国进入了全面建设小康社会的关键时期和深化改革开放、加快转变经济发展方式的攻坚时期，文化越来越成为民族凝聚力和创造力的重要源泉、越来越成为综合国力竞争的重要因素、越来越成为经济社会发展的重要支撑，丰富精神文化生活越来越成为我国人民的热切愿望。全面建成惠及十几亿人口的更高水平的小康社会，既要让人民过上殷实富足的物质生活，又要让人民享有健康丰富的文化生活。我们必须抓住和用好我国发展的重要战略机遇期，在坚持以经济建设为中心的同时，自觉把文化繁荣发展作为坚持发展是硬道理、发展是党执政兴国第一要务的重要内容，作为深入贯彻落实科学发展观的一个基本要求，进一步推动文化建设与经济建设、政治建设、社会建设以及生态文明建设协调发展，为继续解放思想、坚持改革开放、推动科学发展、促进社会和谐提供坚强思想保证、强大精神动力、有力舆论支持、良好文化条件。[8]

营销透视 6-8

东西文化中的"搭便车"

东西方文化有很大的差别。外国人不了解中国的文化，假如一个学生开着车，遇到他的老师，老师提出要搭这个学生的车，但是这个学生没有答应老师，扬长而去。中国人遇到这种情况一定会说：这个学生怎么这么坏呀，没有礼貌。西方人就会觉得：没什么啊，这个学生自己的车，他不让老师搭车是他的权利啊。中国人说这个学生坏，做的是好坏判断；西方说这个学生没有做错什么，做的是对错判断，其潜台词是权利。学生开车没有带老师这很正常，因为车是学生自己的，他们认为这个学生的行为是可以接受的。中国人做好坏判断，会说这个学生怎么这么不懂事啊，很没修养。

资料来源：中国营销环境的典型特征．http：//www. douban. com. 2007. 11. 07。

由此可见，东西方文化截然不同。反应到营销理念上，就是中国人有很强的营销依赖性，比如无论买卖什么商品都想去托熟人、找关系、走后门。这就是为什么在中国是：情、理、法；在西方国家是：法、理、情。

6.3 中国市场的消费行为（The Consumer Behavior of Chinese Market）

与34年前相比，中国人的消费观念和消费行为发生了翻天覆地的变化。"新三年、旧三年、缝缝补补又三年"的传统消费模式已成遥远的过去，消费者的消费需求也凸显出了时代的特征。

1. 中国市场的消费革命

1978年中国改革开放以来，经济开始高速发展，中国的消费在这段时期发生了很大的变革。城乡居民年人均收入从1978年的343.4元、133.6元分别增长到2011年的23 979元和6 977元，增长了约68倍和51倍。1978～2010年城乡居民人均收入及人均国内生产总值实际增长率情况，如图6-1所示。

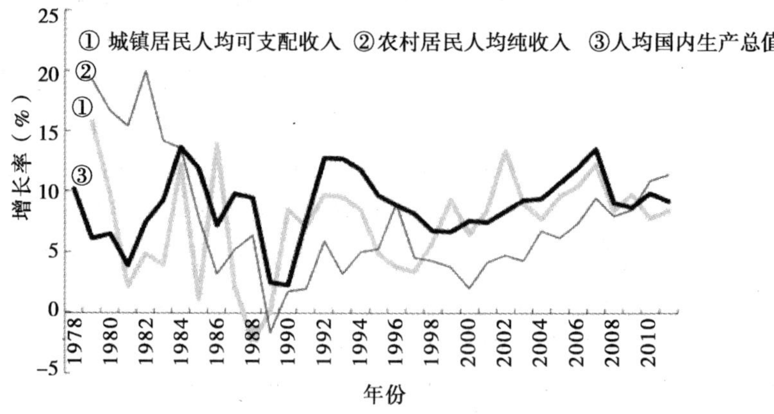

图6-1 1978～2010年历年城乡居民人均收入及人均国内生产总值实际增长率

资料来源：国家统计局 http：//www. stats. gov. cn.

2. 中国市场的消费环境

目前，中国已进入以人的自身发展为主要目标的发展型新阶段，社会需求结构消费结构和消费总量开始发生明显变化，处于消费释放的重要节点拐点。充分释放消费潜力，需要从两个方面解决如何走向消费主导的政府转型：一是彻底消除老百姓的消费行为与消费预期的各种疑虑。我们的社会福利制度还不完善，甚至有些地方还缺失。所以，大家尽管有各种消费欲望，但是又有很大程度的担心，因为消费预期并没有得到比较好的改变。二是消费结构和消费环境有待进一步完善。比如食品安全，这种消费环境还存在比较突出的问题；消费性金融还处在一个投资性金融向消费性金融的转变当中。所以，政府急需完善目前的消费结构和消费环境。[9]

3. 中国市场的消费模式

中国消费变革主要表现在消费品、消费动机、消费结构和消费能力的变化或者说是消费模式的变化上。消费模式是由经济发展水平、文化传统和价值观念所决定的消费习惯与消费结构。恩格尔系数（食品支出占家庭总支出的比重）是决定消费模式的重要因素，它的大小将直接影响购买者的行为。根据联合国粮农组织提出的标准，恩格尔系数在 59% 以上为贫困，50% ~59% 为温饱，40% ~50% 为小康，30% ~40% 为富裕，低于 30% 为最富裕。人们的消费理念也在不断地变化着，某些炫耀性消费也逐渐走向成熟，成为真正的个性消费。我国居民消费加速的领域有保险、食品包装、网上旅游、尿布、医疗器械、食品香料、牛奶、果汁、红酒、化妆品、巧克力等。在这些领域，中国的人均消费或产品普及率不及世界平均的二成，表明有巨大的持续增长潜力。但是，并非所有的消费领域都有持续增长的潜力。有些领域中国的人均消费已经远超过世界平均。比如中国方便面的人均消费是世界平均水平的 250%，接下来是猪肉，约为世界平均水平的 240%，自行车也达到了 200% 左右。

4. 中国市场的消费特征

中国市场的消费类型从权利层面分为有特权消费者和普通消费者。位置高就有特权，特权消费者适合在计划经济下生活。过去领导根据位置的不同而有不同的等级用车，特权消费者在计划经济下生活得如鱼得水。而普通消费者在自由的市场机制下，只要用钱去买东西就行了，消费者是平等的。

从个人偏好分，主要有象征性消费者、崇拜性消费者、体验性消费者。象征性消费者是为了炫耀自己的身份和地位以及这种地位所带来的荣耀、声望和名誉而进行的消费，如去高档酒店的消费等。崇拜性消费者的消费是因崇拜某些对象而消费，如年轻人喜欢穿名牌衣服，喜欢听自己偶像的音乐会等。体验性消费者的消费是为了寻求刺激、释放情感、寻找感觉的消费，如参加车友俱乐部等。这些消费模式凸显出中国消费者 21 世纪的消费特征。如开放性，向多元化发展；进取性，日益涌现的跨位消费和时尚化消费；青春性，消费者的消费和实际年龄逐渐拉开；趣味性，消费行为娱乐化，新鲜化；区域性，消费因地域不同出现差异化，东部地区占据中国总体购买力的 59.9%，中部占 26.6%，西部仅 13.5%。[10]

随着中国经济的不断增长和多元化，顾客的偏好和行为将不可避免地发生变化。事实上，在越来越多的比较富裕的城市，顾客的品牌偏好意识已经接近了美国的水平。在没有任何帮助的情况下，根据所给的产品分类，美国消费者通常能说出 7 种典型的品牌。就药品来讲，比如说，北京的消费者可以在没有任何提示和帮助的情况下说出 5 种品牌；在比较新潮的广州，消费者几乎可以说出 9 种品牌。在市场变革的晴雨表上，洋品牌已经紧紧拽住了年轻人的心，像索尼、肯德基、耐克和李维斯等就成了那些对休闲用品有足够支付力的人的购买首选。

事实上，持续快速的经济增长大大加强了中国消费者的消费信心和消费能力。中国人对汽车、电脑和移动电话等商品的需求和消费已经显现出中国作为一个超级规模的消费市场的潜力。与此同时，消费者的消费结构也将在未来20年里发生根本的变化。城市消费将集中在住房、汽车、教育、医疗和保健、奢侈品、旅游、通信、信息和家庭娱乐上；农村消费市场则在未来10年中，呈现持续扩大的趋势，家用电器和电子产品是最关键的领域。

5. 中国市场消费的障碍

传统文化、政治因素和政策限制削弱了中国消费的增长和扩张。中国人视储蓄和节俭为美德。除非绝对必须，中国人没有借钱的习惯；政府在提倡“储蓄是为国家建设作贡献”以鼓励储蓄、提高投资的同时，一定程度上抑制了消费。

目前，中国居民消费正从传统的滞后消费（先储蓄，后购买）向多种消费方式转变，即滞后消费、同步消费（这是一种不注重存钱，挣多少钱就花多少钱的及时消费）、提前消费（贷款消费）并重，虽然农村及城市中的中老年群体，还是以滞后消费为主，但不管怎样，中国消费理念毕竟有了实质性的变化。

营销透视 6-9

两个老太太

一个中国老太太和一个美国老太太在大街上相遇。美国老太太说：“我辛苦了30年，终于把住房贷款还清了。”中国老太太说：“我辛苦了30年，终于攒够了买房的钱。”这个故事用来说明美国人的消费观优于中国人。美国人超前消费，享受人生；中国人辛苦一辈子，却不懂享受或者来不及享受。

资料来源：中美消费观的再比较. http://hi. baidu. com. 2007. 10. 16.

最后，政府对人口流动的控制可能是最严重的消费障碍。长期以来，政府对农村人口流向城市有非常严格的控制，要想把农村户口变成城市户口的途径只有两条：上大学或者参军。中国有太多农业生产者，但农业消费者却相对少，使工业产品很难打开农村市场。如果农民的数量下降到一个和工业化相匹配的水平时，农村将会成为一个巨大的潜在消费市场。

6.4 中国市场发展新趋势（The New Trend of Development of Chinese Market）

6.4.1 中国市场的网络营销（The On-line Marketing of Chinese Market）

网络营销（On-line Marketing 或 Cyber Marketing）全称为网络直复营销，属于直复营销的一种形式，是企业营销实践与现代信息通信技术、计算机网络技术相结合的产物。它是指企业以电子信息技术为基础，以计算机网络为媒介和手段而进行的各种营销活动（包括网络调研、网络新产品开发、网络促销、网络分销、网络服务等）的总称。

根据调研数据显示，2010年第2季度，百度广告收入增幅近50%，带动其市场份额从上季度的26.9%上升至31.4%，首次突破30%大关。谷歌的市场份额下降2个百分点。本季度阿里巴巴市场份额由上季度的5.7%上升至7.9%，位居第4位，随着淘宝竞价广告、互动营销等广告业务的发展，下季度其市场份额有望赶超新浪跃居第三（见图6-2）。[11]

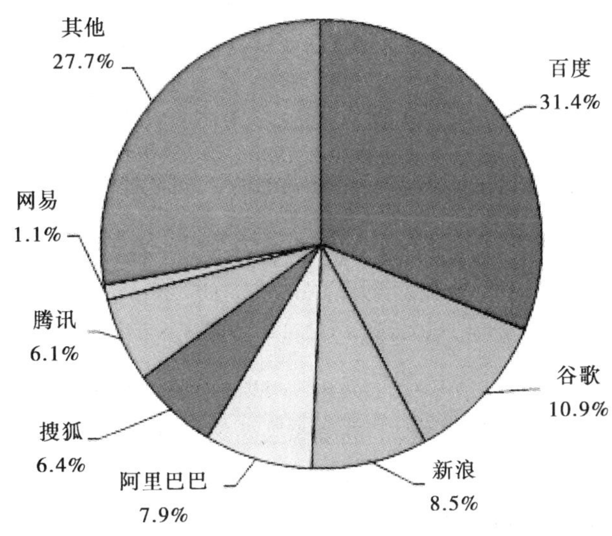

图6-2　2010年第2季度中国互联网广告运营商市场份额

资料来源：艾瑞行业研究．http//：www.iresearch.com.cn.

虽然网络营销在我国已取得了一定成绩，但仍存在不少问题，具体表现在：网络竞争意识不强，对网络营销认识不清，消费者传统购物观念的束缚；网络利用率不高，营销方式单一；网络营销产品少、范围不广；网络营销策略水平不高，效益不佳等方面。

进入2008年，越来越多的国际金融投资机构纷纷表示出对中国互联网经济发展的极大兴趣与信心。毫无疑问，在未来几年中这列“新经济金融快车”将在各种有利因素的共同推动下加速前进，用事实证明网络经济新时代的到来。

6.4.2　中国市场的物流管理（The Logistic Management of Chinese Market）

物流过程是商品实体时间效应和空间效应的累积。“物流”是物质资料从供应者到需求者的物理性运动和时间转换，主要是创造时间价值、场所价值或一定加工价值的经济活动。[12]

物流是市场营销中最重要的一个环节，从经济学角度来说，建设和谐社会，实质上是要降低社会运行的交易成本。社会和谐的相对程度可以用交易成本的高低来刻画，而这类执行机制至少包括3个方面：市场机制、产权运行机制和道德约束及其治理机制，其中的物流是关键。基于企业管理理论出发，物流是企业的第三利润源，物流费用是商品成本的水下冰山。物流被媒体称为“21世纪最大的行业”，被老百姓称为“金饭碗”。日本社会在20世纪80年代，出现了“物流”热潮。我国物流的发展还仅仅是开始，加快发展现代物流业，是我国应对经济全球化和加入世界贸易组织的迫切需要，对于提高我国经济运行质量和效益，优化资源配置，改善投资环境，增强综合国力和企业竞争力具有重要意义。商流及物流、信息流、资金流、知识流正在中国市场显示出它们的重要性，如图 6-3 所示。

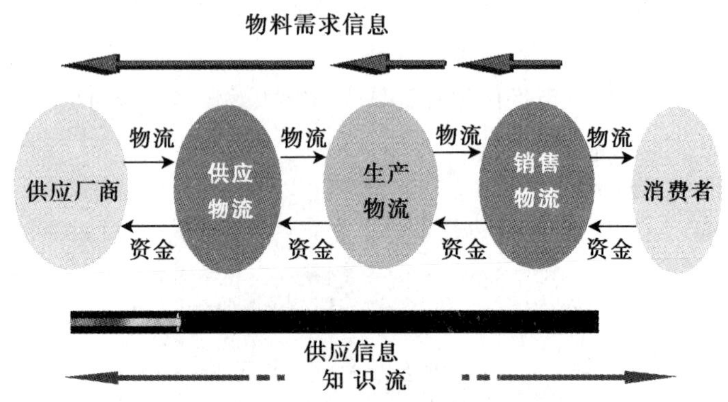

图 6-3 物流与分销渠道的关系

资料来源：王耀球．物流理念的系统演进［C］．中国物流教育发展研讨会暨人才供需交流．2007.

中国人对物流的理解，无论是 PD、Logistics、SCM，我们都翻译成“物流”。并且根据这种含糊不清的翻译，从字面上对“物流”进行想当然的解释，于是，有人认为“物流”就是物的流动，就是货物运输，这就进入了理解的误区。

中国的市场经济体制的建立过程，是计划经济体制的瓦解过程，也是物流业的发展过程。各级政府不再担任经济活动中的主体，逐步退出对企业经营活动的管理，企业逐步成为市场经济活动的主体，这个过程，就是中国经济的渐进式改革过程。中国企业开始意识到：企业经营中的投入、产出、效益、税收、利润、市场占用率、企业的生存和发展等问题，都与物流活动有关。

6.4.3 中国市场的高增长性（The High Increase of Chinese Market）

当前，随着中国对外投资的逐步发展，中国企业对外投资的形式从以往直接投资办厂、设立公司，逐步发展到以企业低成本扩张为主要特征的跨国资本运作方式。跨国兼并、收购、参股及股权置换等已成为中国企业对外投资的重要方式。这意味着中国企业的国际市场营销步入了新的阶段，面临着更多的挑战。

对中国市场环境和特殊性认识的不断深化，是中国企业市场营销得以深入开展的重要特征。科尔尼公司大中国区总裁郭略思的一个说法代表了初期外方人士对中国市场的看法，他曾说：“1992 年我来中国时，没有哪家中国公司对管理咨询有真正的认识，当时我们悲观地认为，没有二三十年不可能在中国做成成熟市场。中国市场在当时看来确实神秘莫测。”近年专家的观点则都肯定了中国市场的魅力和巨大发展空间。米尔顿·科特勒说：“中国的东、中、西 3 个地区的经济都在发展。其区域经济发展模式与美国的经济发展史类似，从‘充满活力的东部沿海’到‘生产发达的中西部’，然后再到‘快速发展的西海岸’，这种模式的发展在美国经历了 200 年的时间，而中国可能只需要 20 年的时间来完成。”唐 E. 舒尔茨的观点则暗示了在中国市场进行营销的基本导向：“中国是不断扩展的市场，营销经理人工作的重点可能是怎样获得新的客户。而美国是一个饱和的市场，消费者做的，是从一个市场转移到另一个市场，从一个产品转移到另一个产品，抛弃某个品牌而转向另一个品牌。”未来10～20年，对中国经济的预测有两个观点：高增长或是5%～6%的温和增长。然而，在不发生特定灾难的前提下，我们肯定地预测，中国未来20年将保持高增长。中国的经济有两个新的增长动力：第二阶段工业化和城市化。

在中国13.7亿人口中，有60%以上的人口在15～59岁，这一比例将会持续到2020年。届时中国总人口将达到14亿，便宜而且受过良好教育的劳动力供给将保证中国有很强的竞争力。随着国内市场扩张，外国投资者会将新的技术带给它们在中国的公司。2012年将是中国经济自高转低的一年，生产过剩矛盾的日益显露是挑战，国际经济的持续低迷则是机遇。放眼全球，美、日、欧三大经济体都没有很好的出路，其他“金砖国家”在全球性需求收缩的压力下，也会相继陷入低迷，只有中国在内部仍然酝酿着高速增长的动力。[13]

6.4.4　中国市场营销新态势（The New Marketing Trend of Chinese Market）

随着整合营销传播思想在国内的进一步传播，更多的企业将会投入人力、物力来建设客户数据库，以维护与客户的关系。也就是说，企业会越来越重视客户关系建立，建立“一对一”的互动营销，而不仅仅是单向的营销。商家将越来越注重用体验式服务取胜，通过创造出更多跟体验有关的消费者活动，以体验为基础，开发新产品、组织新活动，强调与消费者的沟通，触动其内在情感，通过体验创造出更多的附加价值。因为产品的差异性较少，同质化现象将愈加严重，在未来用“概念”来进行营销也不失为一种好方法，具体体现在以下几个方面：

（1）争夺经营客户需求总和权，以实现市场份额的持续增加，真正从“品牌整合营销战略”转向“客户关系营销战略”。21世纪将全面展开的是“客户关系营销战略”，不仅更进一步体现了“请注意消费者”的思想（过去更多的是体现“请消费者注意”的营销思想），重要的是这一战略将对消费者做一次依照消费者需求价值进行的全新划分，由此还将逐步形成新的企业生产形式——“大规模定制”，并深远地影响社会的商业结构和商业形式的转变。

（2）供应流程再造及供应链的管理将从过去笼统的服务力中分离出来，成为市场营销力的新要素（以往的营销力是由情报力、商品力、店铺力、推销力和服务力5个部分构成），供应力将是市场营销战略构成的重要部分。

（3）建设“网络信用”。网络信用的建设是未来网络营销实现的保障，它远甚于利用网络本身的价值。对于新技术带来的营销改变而言，在解决了信用问题之后，一切传统行业的营销手段都将可以适用于网络营销。

总之，在全球化营销的大趋势中，西方营销的理论方法具有普遍意义，对中国也不例外。21世纪发展的营销主流模式是关系营销、差异营销、整合营销、直销、在线营销的组合。我们只有吃透西方理论方法又深入解读本土实际，才能实现西方营销理论方法的中国本土化创新。

本章小结

中国目前经济已经进入了市场经济的快车道，但仍是市场经济和计划经济的混合体。国有企业的改革具有“双轨”特征。中国转型中的市场具有产权不清、交易成本高、游戏规则多变等特征。中国营销还停留在感觉营销、推销营销、策划营销、初级营销的层面。中国市场营销环境的特征表现在大、变、乱、躁、异等多个方面。中国市场的人口环境、中国市场的政治和法律环境、中国市场的经济环境、中国特有的社会文化环境都在影响并在某些方面制约着中国市场的营销环境。中国市场消费也正在从传统滞后消费向多种消费方式转变，表现出炫耀性、开放性、进取性、青春性、趣味性等特点。中国市场已呈现出新的发展趋势，网络营销进入了中国市场，但人们网络意识不强、网络诚信度还不够，网络营销制度还不完善。“物流”已得到了中国市场的高度重视，人们已意识到“物流”是第三方利润源。21 世纪的中国市场的营销主流模式将是关系营销、差异营销、整合营销、直销、在线营销的组合体。

案例分析 6-1　　4S 店

4S 店是一种以“四位一体”为核心的汽车特许经营模式，包括整车销售（Sale）、店介绍零配件（Spare part）、售后服务（Service）、信息反馈等（Survey）。4S 店是 1998 年以后才逐步由欧洲传入中国的舶来品。由于它与各个厂家之间建立了紧密的产销关系，具有购物环境优美、品牌意识强等优势，一度被国内诸多厂家效仿。所谓 3S 是少一项信息反馈业务。4S 店一般采取一个品牌在一个地区分布一个或相对等距离的几家专卖店，按照生产厂家的统一店内外设计要求建造，投资巨大，动辄上千万，甚至几千万，豪华气派。在整个汽车获利过程中，整车销售、配件、维修的比例结构为 2∶1∶4。维修服务获利是汽车获利的主要部分，对专卖店的重要性也是显而易见的。1998 年广本、别克、奥迪率先在我国建立汽车品牌专卖店以来，这种形式得到了制造商的青睐。随后，大大小小的新品牌纷纷建立自己的专卖店，短短 5 年内，品牌专卖店如雨后春笋般遍布于全国各大城市。4S 店是汽车市场激烈竞争下的产物。中国汽车市场逐渐成熟，用户的消费心理也逐渐成熟，用户需求多样化，对产品和服务的要求也越来越高，越来越严格，原有的代理销售体制已不能适应市场与用户的需求。4S 店的出现，恰好能满足用户的各种需求，它可以提供装备精良，整洁干净的维修区，现代化的设备和服务管理，高度职业化的氛围，保养良好的服务设施，充足的零备件供应，迅速及时的跟踪服务体系。通过 4S 店的服务，可以使用户对品牌产生信赖感，从而扩大汽车的销售量。

资料来源：汽车 4S 店是不是商业特许经营．http：//www. ccfa. org. cn/. 2011. 02. 11.

案例讨论

1. 4S 店的特点是什么？
2. 结合 4S 店在我国的成功营销，谈谈人们对汽车市场的消费理念。

案例分析 6-2　　写照百安居

南京，关店了；青岛，整顿了；官司，败诉了……继 2009 年大溃败之后，百安居中国的噩梦如今依旧延续着。

而这，仅仅是一个缩影。祸不单行，可谓是百安居中国眼下境遇最贴切的写照。

时间刚刚转入 2012 年，百安居青岛店便惹上麻烦。不仅超市内空气质量未按相关要求进行检测，部分工作人员健康证过期无效，这家开店 10 年有余的超市甚至从未办理过公共卫生许可证，不得不接受停业整顿处罚。

与此同时，远在东南沿海的百安居南京大桥店则因“虚构原价”的价格欺诈行为，被江苏省物价局点名通报，并处以5万元罚款。巧合的是，该店受到“处分”后不久，便宣告正式关闭。这意味着，这个曾经一度与北京、上海、深圳共同被寄予厚望的战略城市，已关掉了其第三家百安居门店，仅剩最后一个店面来维系着百安居在南京的脸面。

坦白而言，作为零售卖场，开店、关店实在算不上新奇，而百安居此番南京闭店之所以如此挑人神经，不得不需要翻出百安居中国的旧账来做一解释——事实上，这已经是百安居中国历史上关闭的第24家店了，其在华门店数早已从鼎盛时期的63家缩减至如今的39家。

早在2009年，百安居在华便爆发一波“关店潮”：自当年5月，百安居哈尔滨店停止营业开始，百安居在华溃败之势便一发不可收拾；仅过十余天，沈阳店停止营业，百安居正式撤离沈阳；随后，天津、西安、青岛、福州等地共计22家门店先后停止运营，已经超过了当时门店数量的1/3。其中，甚至包括百安居在华购地自建、无须承担任何租赁费用的南京栖霞店。即便如此，百安居中国的母公司翠丰集团仍然决定对剩余门店缩减面积，以应对几乎全部门店亏损的事实。

引发关店潮的理由很简单，止损——2008年，百安居在华销售下降24%，亏损高达5 200万英镑，折合人民币约5.18亿元。与此同时，百安居全球收入却实现10.86%的增幅，达100.26亿英镑，净利润则同比增长7.2%，至5.03亿英镑。

“连锁店的运营模式中，这种‘断臂保命’的方式很常见。在这种投入成本巨大的成长型市场中，叫停经营不善的、保留精英的方法，从大局看是可以提升整体盈利的。”中国特许经营学奠基创始人，中国政法大学特许经营研究中心李维华博士告诉新金融记者，百安居中国在适当的时候用了恰当的方法，只是这始终没有换来期望中的回报。

据国内某媒体报道，百安居中国市场目前仍处于巨亏状态，已进入连续第4年亏损。本报多日来一直试图与位于上海的百安居中国总部就此数据进行核实，无奈电话另一端却始终无人接听。如此一个细节，或许多多少少可以玩味出百安居中国一路走来的些许味道。

资料来源：华声在线．http：//hunan. voc. com. cn/．2012. 02. 13.

案例讨论

1. 部分百安居为什么关店？
2. 中国市场秩序混乱的根源是什么？

复习题

1. 什么是计划经济？什么是市场经济？
2. 中国市场转型的典型特征是什么？分几个阶段？
3. 举例说明感觉营销。
4. 中国市场营销环境的特点。
5. 举例说明中国市场政府干预的后果。
6. 你认为影响中国网络营销发展的因素是什么？
7. 中国市场消费的特征是什么？
8. 中国营销发展的方向是什么？

思考实践题

未来经济走势预期

在日前开的中国发展高层论坛2012年会上，针对当前中国以及世界经济的走向，经济合作与发展组织中国组主任理查德·赫德先生接受了《中国经济时报》记者的专访。他认为，由于出口增幅下降以及中国国内房地产市场低迷，中国经济全年增速会慢下来。而世界经济未来走势尚不明朗。

中国经济时报：您对中国经济形势有何判断？

理查德·赫德：中国今年的经济发展速度会慢下来。全年GDP增长速度将保持在8%～8.5%，最低点可能出现在第1季度，在7%左右。接着中国政府可能会有新的经济刺激政策出台，第2季度GDP增速开始恢复，超过第1季度。

中国经济时报：您认为是什么原因造成中国经济增长放缓？

理查德·赫德：我认为主要有两方面原因：一是出口增幅下降；二是中国国内房地产市场低迷。这两方面曾是支撑中国经济快速增长的主要引擎，现在都出现疲软趋势。

中国经济时报：欧洲经济形势将会如何？欧洲能否从债务危机中走出来？他们的前景悲观还是乐观？

理查德·赫德：按我的分析与预测，欧洲经济已经度过了最糟糕时期，西班牙、意大利、冰岛等国家纷纷出台新的政策，特别是利率明显下降，而且比较有效。比如问题比较严重的国家冰岛，以前利率高达14%，今年已降至7%。而希腊情况有所不同，危机还没有缓解，可能要甩掉大量债务才能度过危机。去年欧洲有一家很大的银行倒闭，债务最终由政府来承担。可见，对待金融问题需要有新的监管措施。

中国经济时报：您对全球经济走势有何判断？

理查德·赫德：我们组织还没有具体数字。所以，现在能给的是有些方面好、有些方面不好的判断。美国现在表现不错，今年GDP增长2%；欧洲经济还不行，恢复势头还比较弱，上季度增速在下降，这季度可能还会下降；日本还在从地震等危机中恢复；中国增长也有所下降。现在还很难谈全球经济形势，不同地区有不同的走势，有升有降。

中国经济时报：中国作为世界第二大经济体，国内有着巨大的市场需求，您认为中国市场对跨国公司有怎样的吸引力？

理查德·赫德：几年前跨国公司进入中国是为了中国市场的物流以及相关供应链。因为过去中国经济只是单纯输出。现在情况与20年前完全不同，现在中国国内市场需求份额越来越大，对跨国公司有着极强的吸引力，不少跨国公司逐渐将中国市场作为其国际发展战略的重要目标，比如，施耐德公司等，都在中国实施战略步骤。

中国经济时报：您参加过几次中国发展高层论坛？对论坛有何评价？

理查德·赫德：我这是第6次参加论坛，每次都有不同的收获。这次论坛的形式有所改变，设有分会场，还对不同热点问题进行专题讨论，这种形式很好，让大家讨论更充分。

资料来源：世界经济未来走势尚不明朗［N］. 中国经济时报. 2012-03-22.

1. 结合案例中的内容，你认为理查德·赫德对中国市场经济的预期合理吗，为什么？
2. 谈谈你对目前和未来全球经济的认识。

本章注释

[1] 何佳讯，卢泰宏．中国营销25年［M］．北京：华夏出版社，2004.

[2] 高建华．中国的商务谈判环境．http：//skylab. mbaedu. cn.

[3] 精品资料网．http：//www. cnshu. cn.

[4] 中共中央关于完善社会主义市场经济体制若干问题的决定［C］．十六届三中全会．2003.

[5] 陈淮．大道至简——讲给EMBA的经济学［M］．北京：中国发展出版社，2004.

[6] http：//finance. sina. com. cn.

[7] 十七大报告［C］．2007.

[8] 中共第十七届六中全会全体会议公报．2010.

[9] http：//news. hexun. com.

[10] http：//blog. sina. com. cn.

[11] http：//net. chinabyte. com.

[12] 王耀球．物流理念的系统演进［C］．中国物流教育发展研讨会暨人才供需交流会．2007.

[13] 王健．未来五年中国经济增长趋势预测［J］．人民论坛．2012. 04.

第7章 Chapter 7

国际市场营销调研
International Marketing Research

重点词汇

Causal Research Marketing research to test hypotheses about cause and effect relationships.

Descriptive Research Marketing research to better describe marketing problems, situations, or markets, such as the market potential for a product or the demographics and attitudes of consumers.

Exploratory Research Marketing research to gather preliminary information that will help to better define problems and suggest hypotheses.

Predictive Research Marketing research to involve the forecasting (predicting) of a likelihood of something happening and this research usually begins with finding what will happen, given that some baseline is already known.

International Marketing Research International marketing researchers follow the same steps as domestic researchers, from defining the research problem and developing a research plan to interpreting and reporting the research problem and report the result. However, these researchers often face more and different problems.

Marketing Information System (MIS) People, equipment, and procedures to gather, sort, analyze, evaluate, and distribute needed, timely, and accurate information to marketing decision makers.

Marketing Research The function that links the consumer, customer, and public to the marketer through information-information used to identify and define marketing opportunities and problems; generate, refine, and evaluate marketing actions; monitor marketing performance; and improve understanding of marketing as a process. ㊀

Primary Data Information collected for the specific purpose at hand.

Secondary Data Already exists somewhere, having been collected for another purpose.

㊀ American Marketing Association. http://www.marketingpower.com.

导入案例

3D公司

中国台湾地区3D科技实业有限公司，生产手机配件，包括手机外壳、电池、皮套、天线、充电器、吊饰等。

公司的挑战与诉求

3D科技自己通过网上调查，发现与欧美手机配件消费市场竞争对手的同类产品比较，有显著的价格优势。希望通过线上购物，直接将产品打入欧美消费市场。但由于对欧美消费市场缺乏了解，无法制定营销策略。

国际市场调查机构的解决方案

3D科技能够利用网上调查，发现产品在欧美市场的优势，非常值得大家借鉴。更难得的是，3D科技能够充分利用在台湾可以使用信用卡直接进行国际间结算，并且其产品可以利用邮递服务的特点，提出线上购物，直接进入欧美零售市场的方案。在向国际市场调查咨询前，已经迈出了成功的第一步。

企业直接面向欧美消费者，跨过许多中间环节，利润是毋庸置疑的，但如果对国际线上购物市场的困难认识不足，以为建一个英文网站，就会有顾客的上门，将注定是徒劳的。不过目前持这种观点的人，仍然不在少数。

线上购物不是面对面的买卖，缺乏与网上消费者的直接沟通，不能了解其喜好，不能了解海外市场规范、消费潮流等，网上营销活动也相对复杂困难很多。据此，国际市场调查为台湾3D科技所作的市场研究更侧重于提供网络营销的相关依据，帮助3D科技制订出行之有效的营销方案。

好在有国际市场调查人工智能市场分析系统（AIMAS 2.3.3），使本来较为复杂的问题变得简单易行。

3D科技的反馈

“不得不承认，我们起初太过乐观了，网站开张半年，还是没有卖出一件商品。我们就互相鼓励，相信如果网站的人流多了，就什么问题都解决了！在我们花了很大一笔美金做广告之后，来了不少访客，可还是没卖出东西，这时我们真的垮掉了！你们的研究报告就像是让我们的网站长了一双眼睛，可以看见国外的顾客。上个月我们网上的销售量差不多快赶上我们在忠孝东路的店了，不过线上购物的利润就大多了。由于租金太高，我们已决定在圣诞节前关掉我们的店，集中精力来做网站销售。希望你们能够继续按月为我们提供报告。另外，我们还想扩大，做个中文版的网站，专攻海外华人市场，也想请你们为我们做一个这方面的市场调查报告。”

资料来源：国际市场调查成功案例解析：中国台湾地区3D科技实业有限公司．国际市场调查［J/OL］．http：//www.worldmarketreport.com/.

上述案例告诉我们，企业在走向国际市场的过程中，了解消费者喜好、明晰海外市场规范、识别消费潮流等非常重要。为达到这一目的，企业决策人员必须认真分析、研究各个影响因素，制定有效的市场营销活动方案，并随着市场形势的不断变化，适时调整自己的营销策略。

我们应该清楚，国际市场营销调研，虽然与在本国国内进行的营销调研与很多相似之处，但它并非国内市场营销调研的一般延伸。通常说来，在实际调研中，国际市场营销调研与国内市场营销调研的复杂性与重要性不可同日而语。对目标国的文化和环境因素的陌生，使国际市场营销调研的难度增加。因此，本国与目标国的营销如何达到同样效果，存在比较大的难度，这也需要跨国企业，更加审慎地对待在目标国的营销调研，以达到自己的预期目标。

7.1 国际市场营销调研的基本概念及内容（The Basic Concepts and Contents of International Marketing Research）

市场是复杂和多变的，市场运动规律往往隐藏在大量的市场现象和事实之中，这就要求企业对所面对市场进行全面的调查和研究，通过大量的市场营销调研获取、处理和分析从环境中反馈回来的信息，并据此进行决策。

7.1.1 国际市场营销调研的概念（The Concepts of International Marketing Research）

美国营销协会关于市场调研的定义是：市场调研是把消费者、客户、大众和市场人员通过信息联结起来，而营销者借助这些信息可以发现和确定营销机会和营销问题，开展、改善、评估和监控营销活动，并加深对市场营销过程的认识。该定义强调了通过信息把组织及其市场连接起来的职能。这些信息用于界定和定义市场营销机会及问题，生产、改进和评估营销活动，控制市场营销业绩，改进人们对营销过程的理解。营销调研详细提供解决这些问题所需要的信息，设计搜集信息的方法，管理并实施数据采集过程，分析结果，最后沟通所得的信息并理解其意义。这个定义深刻揭示了市场营销调研的本质及其所涉及的基本活动。

国际市场营销调研同样具有上述本质并涉及上述基本活动。但由于在国外进行市场调研更加复杂困难，除研究消费者外，还要调查研究竞争者、中间商和有关各营销因素的数据资料，从而呈现其特殊性的一面。因此，所谓的国际市场营销调研，可定义为从事国际市场营销活动的企业，针对企业所面临的国际市场营销决策问题，采用科学的方法，系统地、客观地搜集、整理、分析、解释和沟通国际市场信息，为制定、评估和改进国际市场营销决策提供依据。

从这个概念中可以看出，国际市场营销调研是营销管理的一种辅助工具，目的是为了提高营销活动的效率，它是一项复杂且技术性较强的实践活动，是调查和研究的紧密结合。它有助于企业发现国际营销机会，进而为企业制定国际营销决策提供依据，即时反映国际市场变化，促使企业适当调整营销方案，并有助于企业分析和预测国际市场未来的发展趋势。

7.1.2 国际市场营销调研的类型（The Types of International Marketing Research）

一个调研项目有不同的目标，因而决定了国际营销调研类型的不同。按照调研目的划分，其类型包括探索性调研、描述性调研、因果性调研和预测性调研；按照调研时间划分，则通常包括一次性调研、定期性调研、经常性调研和临时性调研。对探索性调研、描述性调研、因果性调研和预测性调研的理解如下。

1. 探索性调研 (Exploratory Research)

探索性调研是为探索市场机会，或探索解决营销中某一问题的思路和方法，或探索营销中出现某一问题的原因而进行的营销调研。如企业进入某国市场之前，寻找该国市场存在哪些市场机会；又如某目标国市场的文化环境与母国的文化环境存在巨大差异，寻求适应目标国文化环境的思路与办法。探索性调研是一种比较粗略的调研，一般通过搜集二手资料，或请教内行、专家，或参照过去的案例等方式进行。

2. 描述性调研 (Descriptive Research)

描述性调研，即如实反映市场营销客观状况，如本企业的销售增长率、市场占有率、竞争对手的实力等。是各种类型营销调研中最基本、工作量最大的一种调研，它比探索性调研更深入，不仅占有资料，而且要对资料进行整理和分析。描述性调研多采用实地调查法。

3. 因果性调研 (Causal Research)

因果性调研，即调查研究某一营销现象产生的原因，并进一步研究分析因果两者之间的关系。比如调查研究发现本企业产品在市场上销售下降的原因是消费者购买力的下降，然后进一步通过逻辑分析和统计方法找出两者之间的数量关系。因果性调研又分为定性调研和定量调研两种。因果性调研主要采用实验法这一工具。

4. 预测性调研 (Predictive Research)

预测性调研是专门为了预测未来一定时期内某一环节因素的变动趋势及其对企业市场营销活动的影响而进行的市场调研。调研的结果就是对事物未来发展变化的一个预测。预测性调研的所需资料主要根据描述性调研与因果性调研所提供。

7.1.3 国际市场营销调研的内容 (The Contents of International Marketing Research)

营销调研是为营销决策提供信息服务的。因此，国际营销调研的范围就取决于国际营销决策对信息的需要，不同的决策需要不同的信息。归纳起来，国际营销决策主要有下述 6 种，不同的决策类型所需信息不同，对应的营销调研范围也就不同。

1. 国际市场机会调研

一家企业是从事国际营销，还是继续搞国内营销，要做出这项决策，就需要将国内外的市场机会和潜在困难、企业资源条件进行比较，因此需要搜集有关数据资料：国际市场和国内市场的价格；产品的世界市场总需求量；企业潜在的世界市场份额；影响企业市场份额的竞争因素；企业产品进入世界市场是否会带来企业产品单位成本的降低；企业的人、财、物等资源条件。

在国际市场上，各企业、各集团为了各自利益展开激烈的竞争，因此，各企业在进行国际营销决策之前，必须认真调研竞争对手可能做出的种种反应和各种动向，做到“知己知彼、百战不殆”。通过对竞争对手的分析，弄清市场竞争的强度和竞争结构，评价产品是否有利于进入市场，以及进入后采取何种策略应对面临的竞争，有利于企业在竞争中不断发展和完善。

2. 目标市场选择调研

企业在进入国际市场时，不可能一举进入所有国家的市场，而是要选择某个或某些国家作为目标市场，这就需要将各国市场根据市场的潜力大小予以排列。市场潜力越大、次序越靠前的国家，企业越要优先进入。在评价一国或一个地区的潜力大小时，需要搜集的资料包括：市场潜力、市场竞争情况、市场国的政治法律状况等。

（1）市场潜力是指理想状态下的市场总需求量。在一般条件下，计算某国的市场潜力是比较困难的，所以往往是在计算该国国内市场销售量的基础上对市场潜力进行估算。

（2）在研究某国市场竞争情况时，调研人员需要的信息主要包括：主要竞争者是哪些公司，它们各来自哪些国家，这些竞争对手在该国市场各占多大份额，发展趋势如何，主要竞争者的营销策略如何，各自有何优势或劣势。

（3）市场国的政治法律状况是指市场国国内政局是否稳定，市场国的国体、政体、各项有关经济的法律法规及其连续性如何，政策和法规是否具有连续性，政府对外来产品和外来投资的一般态度和政策倾向性如何。

3. 国际市场动态调研

市场动态调研是对市场本身的认识和了解，调研人员必须确定该市场的现有规模、市场类型、市场可能的变化趋势以及其他产品已争取到多大的份额，这些问题主要从下列各因素的调查和分析中找出答案。

（1）消费者研究。在一个国际市场中，消费者人口构成、购买力水平、偏好、行为等直接影响着市场规模和市场需求结构，所以，消费者的研究是我们进行市场调研的一项重点内容。对上述问题的调查研究，可以帮助企业了解市场规模和市场需求结构。应该注意的是，上述内容仅包含个人消费者的状况，除个人消费者外，还存在产业需求，如工业用户、公司以及其他结构等。

（2）消费量调研。对从事产品营销的企业来说，紧扣产品是调研工作中应遵循的基本原则，对市场总体规模和结构的了解也是十分必要的。然而，这样的详情还不足以显示具体产品市场的真正规模和潜力，还有必要了解该国际市场实际消费该产品的数量，以及消费的潜量。

通过市场动态调研，可以使调研人员分析和了解市场规模、市场类型及增长变动趋势。并可根据上述调查了解到的资料对市场进行细分，以便更精确地评估本企业产品的潜在消费量和销售量。

例如，苹果公司通过对中国市场的调研，在中国市场上对“iPhone 4S”采取了“饥饿营销”，表面上仅仅是推迟“iPhone 4S”在中国的上市时间，限制销售数量，实际上是在调研的基础上，充分“利用”了中国消费者的“从众”心理和“炫耀”心理。

营销透视 7-1

“黄牛”逼停 iPhone 4S 销售谁之过

iPhone 4S 正式登陆中国内地市场之际，各地均出现抢购热潮。由于大量“黄牛”有组织地参与抢购囤货，导致苹果公司于 2012 年 1 月 13 日下午宣布停止在京沪两地的苹果零售店销售 iPhone 4S。

“黄牛”如此猖獗，究竟谁之过？专家认为，“黄牛”搅局 iPhone 4S 销售，看似是“黄牛”为囤货牟利所致，但根源还在于苹果公司在中国内地的销售策略和消费者欠缺理性的消费观念。

资料来源：涂铭、郭宇靖、张舵．“黄牛”逼停 iPhone 4S 销售谁之过［J/OL］．2012-01-16. http：//news. xinhuanet. com.

4. 进入目标市场方式的调研

进入目标市场方式决策，即决定以何种方式（如出口、许可贸易、国外合资企业、国外独资企业等）进入国外市场。企业一旦选定目标市场，下一步就要考虑进入目标市场的方式。在选择进入国际市场的方式时，一般需要搜集的资料包括：目标国家的政治法律情况；目标国家的对外贸易政策，如外汇、关税、进口限制等关税和非关税壁垒情况以及政府给予外来企业的优惠条件和限制；目标国家的市场潜力；目标国家的基础设施情况，如交通、运输、能源、通信、商业发达程度等；目标国家的市场竞争情况；目标国家的资源条件，如原材料供应、劳动力价格、物质技术水平等；本企业的人才、技术、管理经验、资金等资源条件。

5. 营销组合策略调研

开发或改进市场的产品，选择合适的分销渠道和促销手段，制定合理的价格，为具体策略的制定和安排实施提供信息和依据，是进行调研的重要任务之一。

（1）产品调研。产品是企业对外国顾客提供服务的对象。一个企业想要在国际市场的激烈竞争中求得生存和发展，关键是能否始终如一地提供顾客满意的产品。在新经济环境下，产品生命期趋于缩短，加强产品的调研，特别是研究竞争对手的产品，对企业的发展有着非常重要的意义。其调研应包括下列内容：

- 商品在国际市场的销售情况。
- 出口产品的设计、功能和用途、使用方法和操作安全程度。
- 出口商品的生命周期。
- 出口商品的类型和产品组合、售前和售后服务。
- 老产品的用途和新市场开拓。
- 新技术、新工艺、新材料和新产品的发展趋势。
- 消费者对产品的特殊要求，包括色泽、风味、规格、图案、式样、原料、性能、技术指标以及包装等方面的要求，以及对企业产品的设计、性能、包装方面的改进意见。

（2）销售渠道调研。商品以最高的效率和最快的速度销售到消费者手中，这与加速资金周转、降低成本、提高经济效益关系极大。销售渠道调研的内容包括：

- 对国外各类中间商（包括批发商、代理商、零售商）的选择和评价，即这些中间商经销产品的种类以及设施、服务、人员、水平、财务能力、资信状况等。
- 对个别中间商的挑选与评价，中间商所期望的信用透支和销售条件。
- 对国外各市场零售网点的分析、市场上是否存在可能购买大宗数量商品的机构。
- 将产品送至市场的运费率、运输时间、保险及包装要求。

（3）价格调研。在国际市场上，价格的决定受多种因素的影响。价格调研的内容包括：

- 影响价格变化的因素。
- 该国政府对价格的管制状况。

- 进口税则、税率以及各种国内税对商品价格的影响。
- 各种不同的价格政策对销售量的影响。
- 竞争产品、相关替代商品现行价格、变相提价或降价的方法。
- 新产品的定价策略。
- 出口产品生命周期不同阶段的定价原则。

（4）促销方式调研。促销方式是国际营销组合中的一项基本活动，包括营销者宣传产品和说服促进消费者购买的活动。其调研内容如下：

- 调研国外市场促销组合、可利用的广告宣传媒体和费用标准。
- 促销推广的方法，如折扣、商店内示范、样本赠送、产品配套、竞赛、抽奖以及以赞助为目的的公益社会活动等。
- 竞争者所使用的有效宣传广告方式。
- 代理商、中间商、零售商在促销上的作用。
- 推销员的素质、水平、训练费用及在广告宣传上能起到的作用。
- 促销费用。

选定良好的目标市场，为企业进行成功的国际市场营销奠定了基础。但是，要完成具体的市场开发，使企业争取到最大可能的市场份额和赢利，还必须采用有效的营销策略组合。

6. 资源配置决策调研

资源配置决策，即企业决定如何把各种资源在世界各国市场、各子公司、各产品系列之间进行分配。企业的人、财、物等资源有限，应把它们投放到最能产生效益的市场上和产品上及最有利的营销手段中，以获得最优经济效益。企业制定合理资源配置决策需要了解的信息包括：企业在各目标国市场上的销售潜力如何，如总销量、销售增长率、市场占有率等；企业在各目标国市场上的经营状况，如在该国获取的利润在企业总利润中所占比例是多少，在目标市场推销手段的效果如何，广告效果如何，经营效果变化的原因，渠道成员努力程度如何，销售服务方式如何等；企业各种产品在各目标国市场上的生命周期状况。企业要了解关于产品功能用途改进，品牌、商标、设计改进、包装、外观改进，售前、售后服务改进，老产品寻求新用途、开拓新市场等方面的信息，以便企业通过产品、市场、营销因素改革延长产品生命周期；企业在各目标国市场上各种经营方式的经营现状及前景。

应该指出，国际企业的资源配置决策是一个非常重要且非常复杂的决策，需要的信息量极大。上述几条只是一个纲目，每一条都包含着大量的、具体的信息。企业只有在充分掌握这些信息之后，才能不断地调整企业资源在各国市场、各种产品、各种经营方式之间的分配，使其产生最佳的经济效益。

7.2 国际市场营销调研的程序和方法（The Procedure and Methods of International Marketing Research）

国际营销调研会受到跨国营销决策的性质、调研时间、调研费用、调研的客观条件等因素的影响，国际营销企业要对调研工作进行合理的预算和规划，并进行有效的管理和控制，使调研工作在有限的条件下取得最佳的效果。

7.2.1 国际营销调研的程序（The Procedure of International Marketing Research）

国际营销调研的过程一般包括以下 4 个步骤。

（1）确定调研题目。根据企业当前或今后要解决的问题确定调研题目。

（2）制订调研计划。按照前面所叙述的要求制订出详细的调研计划。

（3）进行实际调研。此程序可以由本企业有关部门执行，也可以委托外部的专业公司完成。

（4）整理、分析资料，得出结果并写成报告。

详细过程如图 7-1 所示。

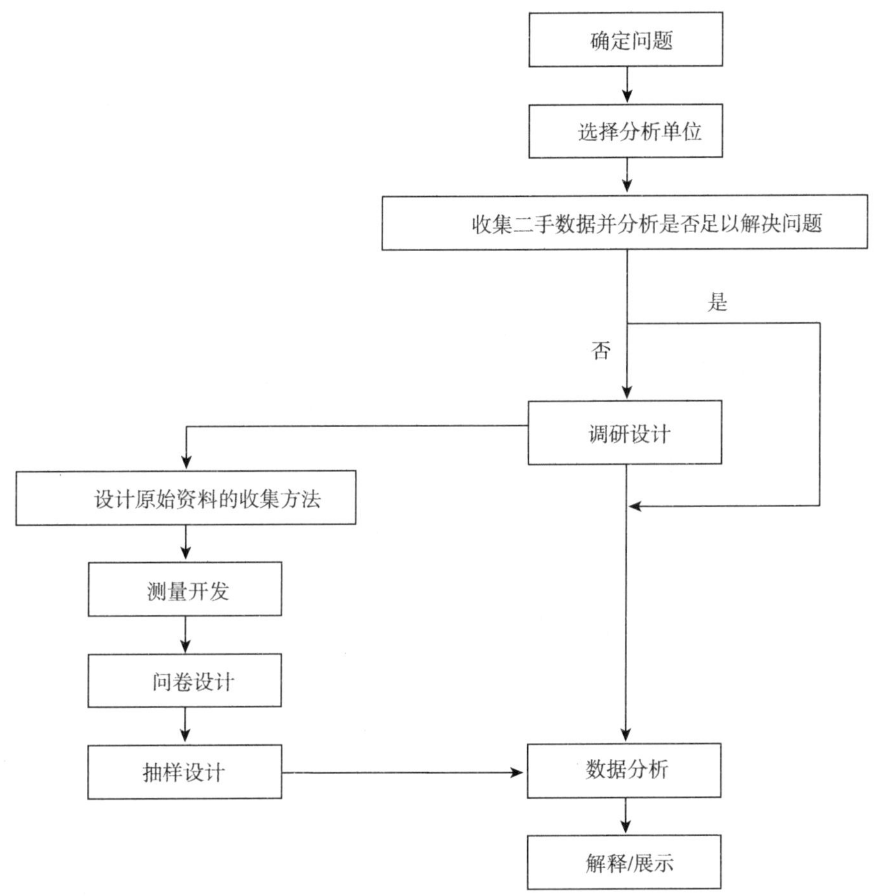

图 7-1 国际营销调研过程

资料来源：Warren. J . Keegan. 全球营销管理［M］.7 版，段志蓉，等译. 北京：清华大学出版社，2004.

7.2.2 国际营销调研的方法（The Methods of International Marketing Research）

1. 案头调研

案头调研（Desk Research），又称二手资料调研（Secondary Data Research）或文献调研

(Literature Research)，是指查寻并研究与调研项目有关资料的过程。二手资料通常经他人搜集、整理，并已经发表。在国际营销中，企业在制定市场选择决策时，可以通过案头搜集到各国人口、收入、政法环境等方面的资料，初步筛选出市场潜力大、经营环境好的国家作为目标市场。案头调研为国外实地调研（Field Work）打下基础。

成功进行案头调研的关键是发现并确定二手资料的来源。二手资料的来源有很多，主要来源一是内部资料，二是外部资料。这些资料一般可以以比较低的费用和较快的速度获得。下面仅介绍最常用的二手资料来源。

（1）调研者的案卷。有经验的调研人员往往把以前每一次调研中搜集到的各种资料储存起来，以备日后使用，这是最重要的二手资料来源。

（2）本企业的内部资料。每个企业都有自身的财务状况和销售信息等方面的详细资料。许多现代企业都建立了以电子计算机为基础的营销信息系统，其中储存了大量有关市场营销的数据资料，如企业每种产品在各目标市场上的销售额、客户名录（客户名称、客户性质、客户规模、市场覆盖面、历次成交数量、金额、支付方式、交货方式等）、利润状况、主要竞争对手及其销售额、企业利润状况及市场的各种有关数据、公司与各客户的来往函电等。这种信息管理系统是营销调研人员重要的二手资料来源。

（3）政府机构。我国政府在许多国家和地区设有商务处，可以系统地搜集到各国的大量市场信息，如贸易统计资料，关税及海关情况，进口商、零售商、制造商名录，有关政府部门的名称和地址，有关统计资料和出版商的名称及索取办法，可以提供某种帮助的官方和非官方的组织机构名称与地址等。中国国际贸易促进委员会（China Council for the Promotion of International Trade，CCPIT）和中国国际商会（China Chamber of International Commerce，CCOIC）及其各地分会也掌握着大量的国外销售和投资方面的信息。企业也可以从目标市场所在国政府的有关机构，如大使馆，得到更多的信息。此外，企业往往可从外国政府的有关部门得到更多信息。许多国家的政府为了帮助发展中国家对其出口，专门设置了“促进进口办公室”，负责提供信息，例如，统计资料；销售机会；进口要求和程序；当地营销技巧和商业习俗；某一产品系列的进口商、批发商、代理商等中间机构的名单；某些产品的求购名单及其求购数量。

（4）国际组织。许多有关国际组织都定期或不定期地出版某些刊物，发布大量市场信息。有时，国际组织制作的一些专门报告和特定信息不公开发表，但用户可以直接与国际组织的负责单位联系，获取有用的资料。对国际营销调研最重要的组织有：国际贸易中心（International Trade Center，ITC）、联合国粮食与农业组织（Food and Agricultural Organization，FAO）、经济合作与发展组织（Organization for Economic Cooperation & Development，OECD）、贸易和发展会议（United Nations Conference on Trade and Development，UNCTAD）、经济委员会（UN Economic Commissions，UNEC）、国际货币基金组织。上述大部分国际组织都提供其各种出版物的目录集。然而，它们所编写的许多研究报告和其他资料并不公开出版，在目录集上也找不到，但通常可通过与某组织内部的某一部门直接联系即可得到。因此，调研人员应熟悉这些重要的国际组织的内部结构及其内部各部门的工作内容。

（5）行业协会。许多国家都有行业协会，许多行业协会都定期搜集、整理甚至出版一些有关本行业的产销信息。对调研者来说这也是一种有价值的信息来源。但是，有些行业协会的信息服务对象仅限于本协会成员。此外，有些行业协会提供的信息不够准确，因为这些信息是从其成员那里搜集到的，而其成员数量每年都有可能变化，一些规模较大的企业可能并未参加其所在行业的协会。这些问题都需要调研者给予注意。

（6）国外调研机构。国内外有许多专业化的研究所和营销调研机构，这些机构拥有丰富的专业资料和研究成果。它们除接受委托从事调查和研究任务之外，还发表一些专项的市场报告和工业研究论文。如北京国际贸易研究所、美国的斯坦福研究院等都是这类专门研究机构。企业在制定重大营销决策时，往往有必要利用当地的调研机构。只要交纳一定费用，就可从它们那里获得较多的有用信息。

（7）银行。银行是市场信息的重要来源。调研人员应先接触国内与自己有业务往来的银行，因为银行通常都愿意向自己的客户提供信息和帮助。国内的大银行多与国外银行存在广泛的业务联系，可以提供许多信息和服务：有关世界大多数国家的经济趋势、政策及前景，重要产业及外贸发展等方面的信息；某一国外公司的有关商业资信状况的报告；各国有关信贷期限、支付方式、外汇汇率等方面的最新情报；介绍外商并帮助安排访问等。此外，调研人员还应与大型的国际银行（在本地的分行或其总部）进行联系，以获得有关信息。一些著名的银行，如巴克莱银行、劳埃德银行和大通曼哈顿银行等，出版期刊免费寄送给需要者。

（8）消费者组织。许多国家和城市都成立以保护消费者利益为宗旨的消费者组织，这些组织的众多任务之一就是测试各企业生产和销售产品的质量、数量、价格等，并向公众报告测试结果。这些组织有时还向公众报告零售价格并进行消费者调查。调查人员可以从这里获得很多有用的信息。

（9）联机检索情报系统。联机检索服务是在国际上迅速发展的一种情报服务方式。用户可以通过电子计算机的网络联结，随时调用和获得情报数据库内的文献和资料，这些文献和资料具有准确与迅速的特点。我国国家发展和改革委员会与国家信息中心，包括许多高校和科研机构均开展了联机检索的经济情报服务。在国内，企业可以通过国际通信卫星同世界上大型的情报检索系统进行联机。通过检索，调研人员可以迅速获得各个国家和地区的统计资料、国际市场动态、大型企业的情况等最新资料。随着计算机的普及和网络事业的飞速发展，联机检索服务系统将成为我国国际营销调研活动的重要资料来源之一。

（10）图书馆。一些较大的综合性图书馆和专业图书馆都藏有大量有关世界经济、国际贸易、国家环境等方面的图书资料。调研人员可以在图书馆查阅到一些有用的市场背景资料。在某些专业图书馆还可以查阅到一些更为具体的资料，如企业名录、贸易统计资料等。

此外，竞争对手企业的公开信息、国内的外贸公司和企业在国外的经销商、代理商、广告公司、运输公司等都可能提供各种有关信息资料；从归国留学人员、外国来华参观访问的学者、友好人士和回国观光的华人华侨等海外同胞那里也可能获得一部分国际市场信息。

随着信息技术的飞速发展，各种信息来源提供的信息越来越系统、深入、准确；信息的手段也越来越简单、方便、及时。当前，调研人员可以购买电子版或光盘版的报刊、年鉴、统计资料和专业调研信息，对这些大容量的信息进行快速、简便地检索和分析，甚至可以足不出户，通过互联网对远在异国的或是年代久远的资料进行在线查询。

案头调研的优点是省时间、省费用，可以迅速和便宜地获得大量的有用信息。但要做好案头调研，必须注意：企业必须有专门机构或专职人员负责二手资料的搜集，并建立科学的管理制度和资料档案，对搜集来的资料经常性地进行归纳、整理、分类，以便及时提供给有关单位使用。由于二手资料由其他人搜集、整理，因此，在许多市场上得来的二手资料存在严重缺陷。调研人员需要特别注意其可得性、准确性、时效性和可比性。

2. 实地调研

实地调研（Field Work）是指调研人员亲自搜集原始资料的过程。相对于案头调研，实地调研的成本高、费时长。而且，实地调研的质量受到访问者（interviewer）背景，访问时间、过程、地点，受访者（respondent）背景及文化背景等多方面影响，因此企业在采用这种方法搜集信息时应谨慎行事。例如，当企业打算在某国选择一个代理商时，就没有必要花很多资金和时间对该国长期市场潜量做深入调查。目前，多数企业将此业务外包（outsource）给专业的市场调研公司，委托其进行实地调研。

实地调研方法通常包括：询问法、观察法和实验法。

（1）询问法。调研人员向被调查者提问，被调查者做出回答，通过该形式取得所需调研资料的方法即为询问法。询问法可以通过电话、信函、面谈、传真、互联网等途径进行，是营销调研中最基本、最常用的实地调研方法。按照调研组织方式的不同，常用的访问调查方法可分为人员访谈法、问卷自填法和计算机辅助访谈法 3 种。

（2）观察法。观察法最显著的特点就是，调查者同被调查者之间通常没有直接交流。因此，在运用观察法的大多数情况下，被调查者并没有意识到自己正在接受调查，因此，往往表现得比较真实、自然。观察法适合于观察被观察者的行为、表情、姿势；物体的性状、位置、相互之间的距离；还可以用于记录声音和图像等。

（3）实验法。实验法是最正式的一种调研方法，是一种定量的因果分析调研技术，它首先根据调查目的选定调查对象，然后人为地改变或操纵某些因素，并记录这些因素的变化对所选定调查对象的影响，从而获得时常变量之间存在或不存在因果关系的调查结果。实验法在营销调研实践中最常用的形式之一是市场试销。

7.3 国际营销信息系统（International Marketing Information System）

营销信息系统（Marketing Information System，MIS）指由人、机器和程序构成的，系统地收集、整理、储存、检索、分析和说明市场营销数据资料的一个持续的过程和方法。营销经理为了实施他们的分析、计划、执行和控制的职能，需要营销环境的开发信息。营销信息系统的作用是评估经理的信息需要，搜集所需要的信息，为营销经理适时分配信息。所需信息的搜集通过公司内部报告、营销情报、营销调研和营销决策支持分析 4 方面工作进行。营销信息系统如图 7-2 所示。

国际营销信息系统是随着企业处理信息的增多和计算机技术的发展而逐步发展起来的。国际营销信息系统就是为收集、整理、储存、检索和分析信息并据此制定国际营销决策而设计的一个持续的系统。这个系统的功能是：①向各业务部门提供准确的营销业务信息，以寻求国际市场机会；②向业务职能管理部门按时、按地点提供管理信息，以监督企业在世界各地、各产品项目的经营情况；③为企业决策部门识别、选择和解决营销问题或机会并进行决策提供容易理解和使用的信息；④综合衡量企业在世界各地和各产品细分市场的营销战略及其效果，决定是否进行公司的资源重新分配。

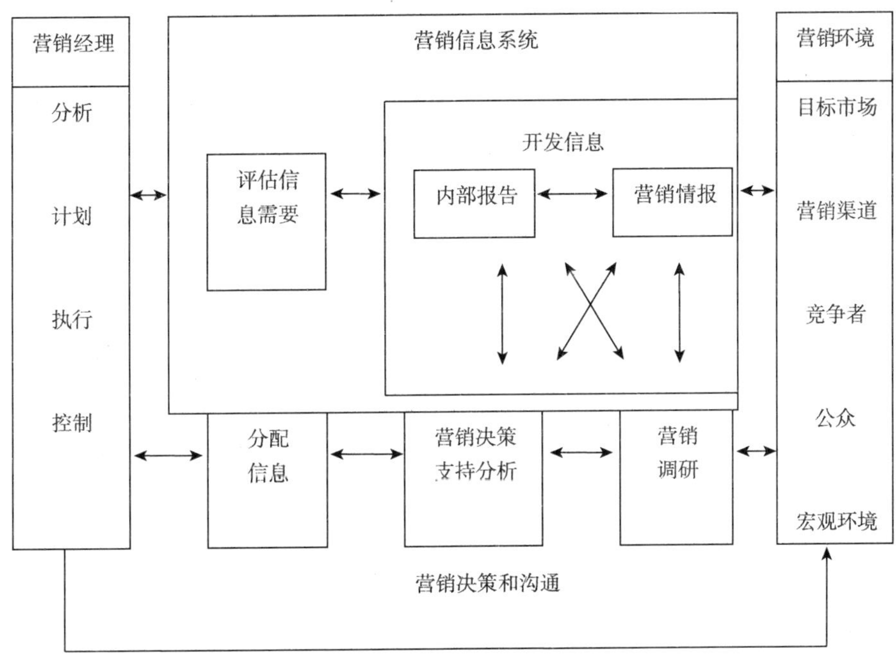

图 7-2 营销信息系统

资料来源：李健. 国际市场营销理论与实务 [M]. 大连：东北财经大学出版社，2006.

7.3.1 国际市场营销信息的组成要素（The Main Factors of International Marketing Information）

1. 内部报告系统提供的信息

内部报告系统是营销经理使用的最基本的信息系统。企业内部有大量的由各部门搜集和贮存的各类信息，如会计账目、生产进度、原材料库存、销售记录、客户名单、年度计划等。决策者可以方便快捷地从企业内部各职能部门获得现成的信息。通过分析信息，营销经理能够发现重要的机会和问题。内部报告系统至少包括：订单收款循环和销售报告系统。

订单收款循环是内部报告系统的核心。销售代表、经销商和顾客将订单送交公司；订货部门准备多份发票副本，分送各有关部门：存货不足的项目留待以后交付；需装运的项目则附上运单和账单，同时还要复印多份分送各有关部门。为了更快、更准确和更有效地处理订单—收款循环，许多公司采用电子数据互换（EDI）软件。

销售报告系统则向营销经理提供当前销售的最新报告，信息来源于企业营销队伍。

通过分析内部报告系统所提供的信息，能够发现重要的机会和问题。但应注意尽量避免该系统提供重复信息，以免造成营销成本上升和相关人员陷入烦琐的销售资料堆中。

2. 营销情报系统信息

内部报告系统为管理人员提供结果数据，即事后的数据，而营销情报系统则为管理人员提供正在发生的，即当前的数据。

营销情报是有关企业外部营销环境的信息，企业可以从多种来源搜集营销情报。企业自己的科研人员、销售人员以及与企业存在合作关系的供应商、中间商和客户等，都可能提供许多有用的信息。例如，本行业采用的最新技术、顾客对产品的意见、市场的最新动态等。企业还可以系统地搜集报刊、书籍、年鉴上的相关信息，或向相关行业和地区信息中心以及一些专业调研咨询机构购买情报。

营销经理大多数自行搜集情报，比如通过阅读书籍、报刊和同业公会的出版物，与顾客、供应商、分销商或其他外界人员交谈，同公司内部的其他经理和人员谈话。但这些方法的偶然性可能会使一些有价值的信息被忽略。

3. 营销调研系统信息

营销调研系统的主要作用是为解决企业面临的某项具体营销问题，而对有关信息进行系统地搜集、分析及评价，并对研究结果提出正式的书面报告，供决策部门解决特定问题。它与上述两个系统的本质区别在于它的强针对性，即为了特定的具体问题而从事的信息搜集、整理和分析。营销调研系统包括：①营销调研资料的供应者；②营销调研的程序；③营销调研的特征；④克服对营销调研使用的阻碍。

4. 营销决策支持系统信息

营销决策支持系统就是对内部报告系统、营销情报系统、营销调研系统三者提供的大量数据和信息进行统计处理、分析，最终形成有意义的、能为决策者所接受和理解的结果的一种机制，该系统又被称之为专家系统。它由统计工具和决策模型构成，采用先进的技术对市场营销信息进行分析，并对相关问题做出决策方案，如图7-3所示。

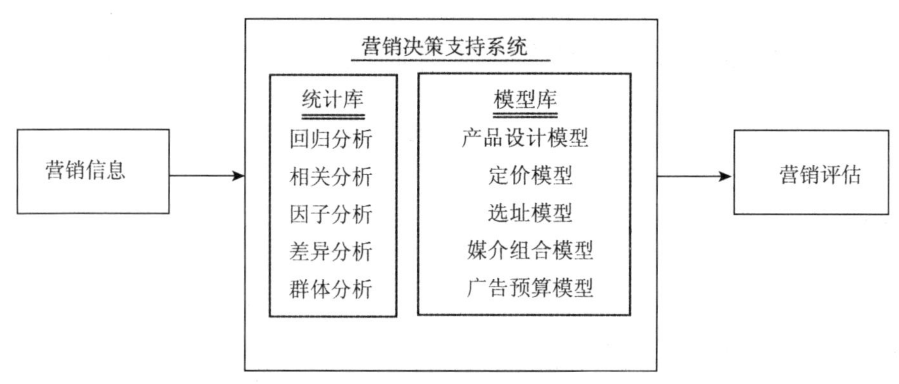

图7-3 营销决策支持系统

资料来源：逯宇铎，常士正．国际市场营销学［M］．北京：机械工业出版社，2004.

7.3.2 建立国际市场信息系统的步骤和原则（The Steps and Principles of Setting The International Marketing Information System）

1. 建立和维护一个国际市场营销信息系统的基本步骤

公司总部、区域办事处和设在各国的分部都需要信息，其中一些是战略性信息，另一些是操作性信息。这些信息可以分为市场信息、竞争信息、外汇信息、资源信息、说明性信息，以及一般情况信息（见图7-4）。

2. 国际市场营销信息系统的组织原则

（1）整体性原则。国际市场营销信息系统不是人与设备及程序等要素的简单的、机械的拼凑，而是将各个构成要素有机地结合起来，形成一个相互作用、相互联系的有效的组织系统。

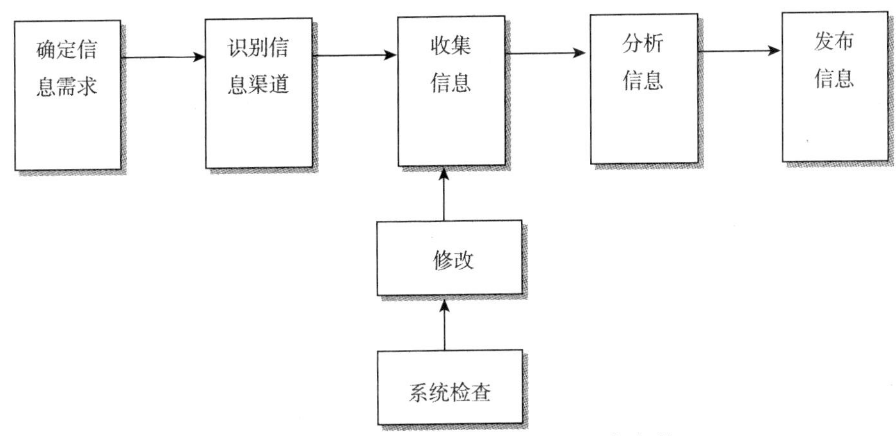

图 7-4　国际市场营销信息系统的基本步骤

资料来源：萨布哈什 C. 杰恩. 国际市场营销［M］. 吕一林，雷丽华，译. 6 版. 北京：中国人民大学出版社，2004.

（2）相关性原则。系统内部各组成部分、各组织环节、各组成要素之间存在着相互关联关系，这种关系相互作用、相互影响、相互依存，有时也互为因果。这就要求我们在实际操作时不能割裂这些有机的关联关系，同时也不能机械地汇总，而要依据固有的相关性有机地结合在一起，形成具有重要价值的信息流。

（3）动态性原则。动态性主要表现在系统内部的动态性和外部的能动性。系统内部，通过对信息的搜集、输入、加工到传递、输出，最后到达信息的使用者，然后又反馈回系统之中，从而形成了系统内部动态的运作方式。外部系统，通过对市场信息的调节和控制，使生产、分配、交换、消费各环节及各领域能够有机地协调起来，以减少各环节、各领域之间的矛盾，从而能动地促进社会经济的发展。

（4）有序性原则。有序性是指系统组成部分的组合具有一定规律。国际市场风云变幻，市场信息也很复杂，而信息系统的功能就是将各种繁杂的信息进行有序组合，使其遵循一定规律进而在动态过程中形成有序的组织形态。

（5）预决性原则。预决性就是目的性，也就是说在人们决定自己的行动之前应获得相应的信息。国际营销信息系统通过实际信息的搜集、加工、整理并加以分析判断，最终形成对未来的预测，从而为信息的使用者提供有力的指导。

7.4　国际市场营销调研的挑战（International Marketing Research Challenges）

如前所述，国际市场营销调研是一个复杂的系统过程。在当前互联网高速发展的背景下，尽管以在线市场营销调研为代表的现代调研方式层出不穷，方便性加强，受众更广泛，但是，传统的营销调研仍不可或缺。总体看来，不仅国际市场营销受目标国政治、法律、文化和社会环境等方面的约束，国际市场营销调研也面临同样挑战，而其他具有共性的问题同样需要调研者的关注。

7.4.1 文化的挑战（Cultural Challenges）

国际市场营销调研需要对目标国的文化进行较全面的了解。目标国与本土在语言、宗教、教育等文化因素上的差异性对产品和服务影响很大。

1. 语言、句法与翻译

在使用调查问卷进行营销调研时，语言成为国际市场营销调研的第一块绊脚石。第一，同一种语言（比如英语）在不同的国度（比如英美）可能产生误解。例如，crackers 的含义在英美就有不同的使用倾向。第二，专门用于研究句子组成部分和排列顺序的句法同样会干扰调查问卷的准确性。比如，简单地将英语和德语进行互译，句法会使译文难以被人理解。第三，由于对等性的缺乏，翻译常常也成为调查问卷设计中的常见问题。虽然在当前的国际市场营销调研中，“回译”（back translation）的使用会有效减少沟通冲突，但如果不注意翻译信度和效度，常常会使调研结果陷入低效。

2. 文化规范

文化规范（cultural norms）是指某一团体的信念、价值、态度、仪式等相对隐性的规约。对国际市场营销调研而言，文化规范可能产生很多问题。比较明显的例子是麦当劳与肯德基在中国市场的竞争。作为世界快餐业的老大，麦当劳在中国市场所占的份额却一直位列肯德基之后。摒弃麦当劳的全球标准化战略，肯德基在调研和理解中国人口味的喜好上明显更胜一筹。

3. 时差与假期

世界各国时差存在的客观性和假期的差异性，无疑对营销调研的时间和成本是一个挑战。

7.4.2 抽样（取样）的挑战（Sampling Challenges）

抽样调查是指从全部调查研究对象中，抽选一部分单位进行调查，并据此对全部调查研究对象做出估计和推断的一种调查方法。人口的多寡、地区的城镇化程度等因素会对抽样结果产生影响。而发达程度的不均衡，比如，计算机的普及程度，也会使调研结果产生差异。

1. 目标国调研人员

在国际市场营销调研中，地方的操本族语的调研人员会较好地保证调研质量，同时，对被访者来说，也是一种尊重。

2. 调查问卷的长度

当前，全球各地越来越多的人曾经遭遇过被调研的情形，这也理所当然地使得调研遭拒的绝对数和相对数上升。因此，在国际市场营销调研过程中，时间的把握也应该成为调研的考虑因素。

3. 激励

在不同的文化中，激励产生的效果也有所不同。激励有时会促生偏见，导致调研结果一定程度的失真，而同样的激励方式，在有的国度甚至可能被视为是对被访者的侮辱。

7.4.3 测量的挑战（Measurement Challenges）

在国际市场营销调研中，范围和测量的对等性非常重要。比如，同一种现象需要在本国和目标国均做以衡量，而且，这种衡量手段和方法也必须是等同的，甚至两个不同国度抽样的对等性也需要加以认真考虑。

7.4.4 基础设施的挑战（Infrastructure Challenges）

网络普及程度、可获得的媒体资料等基础设施对国际市场营销调研的成败具有很大的影响。汇率的波动也会导致调研成本的增加或减少。

7.4.5 信息搜集的挑战（Data Collection Challenges）

国际市场营销调研，在某种程度上，可谓费时、费钱、费力。在全球背景下，寻求调查对象并使其合作并非手到擒来。被调研对象的资料保密性同样需要重视。

7.4.6 法律的挑战（Legal Challenges）

简而言之，各国法律的不同，使得调研者需要格外审慎地对待国际市场营销调研。因此，寻求调研公司的支持不失为一种明智之举。

本章小结

1. 市场营销调研定义为“通过信息把组织及其市场连接起来的职能”。这些信息用于界定和定义市场营销机会及问题，生产、改进和评估营销活动，控制市场营销业绩，改进人们对营销过程的理解。

2. 国际市场营销调研，是指从事国际市场营销活动的企业，针对企业所面临的国际市场营销决策问题，采用科学的方法，系统、客观地搜集、整理、分析、解释和沟通国际市场信息，为制定、评估和改进国际市场营销决策提供依据。

3. 按照目的或性质划分，国际市场营销调研分为探索性调研、描述性调研、因果性调研、预测性调研。探索性调研，是指为探索市场机会，或探索解决营销中某一问题的思路和方法，或探索营销中出现某一问题的原因而进行的营销调研。描述性调研，是指为如实反映市场营销客观状况而进行的营销调研。因果性调研，是指为调查研究某一营销现象产生的原因，并研究分析两者之间的因果关系而进行的营销调研。预测性调研，是指专门为了预测未来一定时期内某一环节因素的变动趋势及其对企业市场营销活动的影响而进行的市场调研。

4. 国际营销调研方法分为案头调研和实地调研。案头调研，又称二手资料调研或文献调研，是指查寻并研究与调研项目有关资料的过程。实地调研，是指调研人员亲自搜集原始资料（即第一手资料）的过程。

5. 营销信息系统，是指由人、机器和程序构成的，系统地搜集、整理、贮存、检索、分析和说明市场营销数据资料的一个持续的过程和方法。国际营销信息系统就是为搜集、整理、贮存、检索和分析信息并据以制定国际营销决策而设计的一个持续的系统。

6. 国际市场营销调研面临很多挑战。文化的差异，抽样的准确与否，测量的对等性，基础设施的发达程度，信息搜集的难度和法律的制约，使得国际市场营销调研变得更加复杂。

案例分析 市场营销调研活动：细节决定成败

数据给企业带来的噩梦

“最近两年，宠物食品市场空间增加了两三倍，竞争把很多国内企业逼到了死角。”《中国财富》在2005年北京民间统计调查论坛上见到了柴先生，“渠道相近，谁开发出好的产品，谁就有前途。以前做生意靠经验，我觉得产品设计要建立在科学的调研基础上。2007年年底，我决定开始为产品设计做消费调查。”

为了能够了解更多的消费信息，柴先生设计了精细的问卷，在上海选择了1 000个样本，并且保证所有的抽样在超级市场的宠物组购物人群中产生，内容涉及：价格、包装、食量、周期、口味、配料6大方面，覆盖了所能想到的全部因素。沉甸甸的问卷让柴氏企业的高层着实振奋了一段时间，谁也没有想到市场调查正把他们拖向溃败。

2005年年初，上海柴氏的新配方、新包装狗粮产品上市了，短暂的旺销持续了1星期，随后就是全面萧条，后来产品在一些渠道甚至遭到了抵制。过低的销量让企业高层不知所措，当时远在美国的柴先生更是惊讶：“科学的调研为什么还不如以前我们凭感觉定位来的准确?”到2005年2月初，新产品被迫从终端撤回，产品革新宣布失败。

柴先生告诉《中国财富》：“我回国以后，请了十多个新产品的购买者回来座谈，他们拒绝再次购买的原因是宠物不喜欢吃。”产品的最终消费者并不是“人”，人只是一个购买者，错误的市场调查方向，决定了调查结论的局限，甚至荒谬。

经历了这次失败，柴先生认识到了调研的两面性，调研可以增加商战的胜算，而失败的调研对企业来说是一场噩梦。

3个小细节1 000万大风险

普瑞辛格调研公司给《中国财富》出示了两组数据，来说明调研的严谨性。同样的调研问卷，完全相同结构的抽样，两组数据结论却差异巨大。邵志刚介绍说，国内一家知名的电视机生产企业，2004年年初设立了20多人的市场研究部门，就是因为下面的这次调查，部门被注销、人员被全部裁减。

问题：列举您会选择的电视机品牌?

其中一组的结论是：有15%的消费者选择本企业的电视机；另一组的得出的结论却是：36%的消费者表示本企业的产品将成为其购买的首选。巨大的差异让公司高层非常恼火，为什么完全相同的调研抽样，会有如此矛盾的结果呢？公司决定聘请专业的调研公司来进行调研诊断，找出问题的真相。

普瑞辛格的执行小组受聘和参与调查执行的访问员进行交流，并很快提交了简短的诊断结论：第2组在进行调查执行过程中存在误导行为。调研期间，第2组的成员佩戴了公司统一发放的领带，而在领带上有本公司的标志，其尺寸足以让被访问者猜测出调研的主办方；其次，第2组在调查过程中，把选项的记录板（无提示问题）向被访问者出示，而本企业的名字处在候选题板的第1位。以上两个细节，向被访问者泄露了调研的主办方信息，影响了消费者的客观选择。

这家企业的老总训斥调研部门的主管：“如果按照你的数据，我要增加一倍的生产计划，最后的损失恐怕不止千万。”

市场调查是直接指导营销实践的大事，对错是非可以得到市场验证，只是人们往往忽视了市场调查本身带来的风险。一句“错误的数据不如没有数据”，包含了众多中国企业家对数据的恐慌和无奈。

资料来源：http：//www. scopen. net.

案例讨论

1. 进行市场营销调研应该注意哪些问题?
2. 两个案例中企业的市场营销调研为什么失败？你认为应该如何改进?

复习题

1. 市场营销调研与国际市场营销调研有何异同?
2. 国际市场营销调研的主要内容有哪些?
3. 国际市场营销调研的程序是怎样的?
4. 什么是二手资料？其来源包括哪几个方面?
5. 国际市场营销实地调研的方法有哪些?
6. 营销信息系统的含义和作用是什么?
7. 国际营销信息系统的组成要素有哪些?
8. 建立国际市场信息系统的步骤和原则是什么?
9. 国际市场营销调研中有何比较常见的挑战?

思考及实践题

1. 国际市场营销调研的来源有哪些?
2. 在撰写国际市场营销报告时，你会考虑哪些因素？报告需要包含哪些内容?

本章注释

[1] 国际市场调查成功案例解析：中国台湾地区3D科技实业有限公司．国际市场调查［J/OL］. http：//www. worldmarketreport. com.

[2] 涂铭、郭宇靖、张舵．“黄牛”逼停iPhone 4S销售谁之过［J/OL］. 2012-01-16. http：//news. xinhuanet. com.

[3] Warren J. Keegan. 全球营销管理［M］. 7版，段志蓉，等译．北京：清华大学出版社，2004.

[4] 李健．国际市场营销理论与实务［M］．大连：东北财经大学出版社，2006.

[5] 逯宇铎，常士正．国际市场营销学［M］．北京：机械工业出版社，2004.

[6] 萨布哈什C. 杰恩．国际市场营销［M］．吕一林，雷丽华，译. 6版．北京：中国人民大学出版社，2004.

[7] http：//www. scopen. net.

Part III
第三篇

国际市场营销战略
International Marketing Strategies

第 8 章
Chapter 8

国际市场进入战略
Strategies for Entering International Markets

重点词汇

Acquisition Strategy The form of foreign direct investment involving the purchase of existing assets in a foreign country. ㊀

B-O-T Project Build-Operate-Transfer is a form of project financing, wherein a private entity receives a concession from the private or public sector to finance, design, construct, and operate a facility stated in the concession contract. This enables the project proponent to recover its investment, operating and maintenance expenses in the project. ㊁

Contract Manufacturing Process of outsourcing manufacturing to other firms to reduce the amount of a firm financial and human resources devoted to the physical production of its products. Companies are finding many reasons why they should be outsourcing their production to other companies. However, production outside of the company does come with many risks attached. Companies must identify what their core competencies are first before deciding whether or not they should contract manufacture. A company's core competencies are what make them competitive in the market place. If a company allows another company to take control of them, it loses control over that advantage. ㊂

Exporting The selling of products made in one own country for use or resale in other countries. Exporting activities often are divided into two groups. One group of activities is trade in goods-tangible products such as clothing, computers, and raw materials. The other group of activities is trade in services-intangible products such as banking, travel, and accounting activities.

Foreign Direct Investment (FDI) FDI is direct investment by a company in distribution located in another country either by sharing a company in the country or by expanding operations of an existing

---

㊀ Charlie Anderson , Acquisition strategy, STEP JOURNAL, http: //www. stepjournal. org, Ooctober_ 2010.

㊁ From Wikipedia, the free encyclopedia, http: //en. wikipedia. org/wiki/Build-operate-transfer.

㊂ From Wikipedia, the free encyclopedia, http: //en. wikipedia. org/wiki/Contract_ manufacturer.

business in the country. Foreign direct investment is done for many reasons including to take advantage of cheaper distribution costs in the country, special investment privileges such as tax increase offered by the country as an incentive for investment or to gain tariff-free access to the companies of the country. Foreign direct investment is in contrast to portfolio investment which is a passive investment in the securities of another country such as stocks and bonds. ㈠

Franchising A specialized form of licensing occurs when a firm in one country (the franchisor) authorizes a firm in a second country (the franchisee) to utilize its operating systems as well as its brand names, trademarks, and logos in return for a royalty payment. If you're looking to start a business, buying into a franchise can be a good alternative to starting a unique venture. Similarly, if you're planning to expand your business, a well managed franchising agreement can be an effective way of moving into new markets. ㈡

Greenfield Investment A form of investment in which the firm designs and builds a new factory from scratch, starting with nothing but a green field. A form of foreign direct investment where a parent company starts a new venture in a foreign country by constructing new operational facilities from the ground up. In addition to building new facilities, most parent companies also create new long-term jobs in the foreign country by hiring new employees. ㈢

Indirect Exporting Sales of a firm products to a domestic customer, which in turn exports the product, in either its original form or a modified form.

Joint Venture A special form of strategic alliance created when two or more firms agree to work together and jointly own a separate firm to promote their mutual interests. ㈣

Licensing A contractual arrangement in which a firm in one country licenses the use of its intellectual property (patents, trademarks, brand names, copyrights, or trade secrets) to a firm in a second country in return for a royalty payment. In particular a license may be issued by authorities, to allow an activity that would otherwise be forbidden. It may require paying a fee and/or proving a capability. The requirement may also serve to keep the authorities informed on a type of activity, and to give them the opportunity to set conditions and limitations. ㈤

Management Contract Agreement between investors or owners of a project, and a management company hired for coordinating and overseeing a contract. It spells out the conditions and duration of the agreement, and the method of computing management fees. ㈥

Non-tariff Barrier are trade barriers that restrict imports but are not in the usual form of a tariff. Any governmental regulation, policy, or procedure other than a tariff that has the effect of impeding international trade.

㈠ From Wikipedia, the free encyclopedia, http://en.wikipedia.org/wiki/Foreign_direct_investment.

㈡ http://www.business.gov.au/BusinessTopics/Franchising/Pages/default.aspx, Feb. 18, 2012.

㈢ http://www.investopedia.com/terms/g/greenfield, Feb. 18, 2012.

㈣ http://www.investopedia.com/terms/j/jointventure. Feb. 18, 2012.

㈤ From Wikipedia, the free encyclopedia, http://en.wikipedia.org/wiki/License, Feb. 16, 2012.

㈥ http://www.businessdictionary.com/definition/management-contract.html.

Strategic Alliance Business arrangement in which two or more firms choose to cooperate for their mutual benefit. ㊀

Turnkey Project Contract under which a firm agrees to fully design, construct, and equip a facility and then turn the project over to the purchaser when it is ready for operation. Turnkey is often used to describe a home built on the developer's land with the developer's financing ready for the customer to move in. ㊁

导入案例

中国比亚迪清洁能源汽车进军北美市场

中新社洛杉矶2011年10月24日电（毛建军 吕冬） 当地时间10月24日上午，中国比亚迪有限公司在洛杉矶市中心举行比亚迪北美总部落成典礼，拉开进军北美清洁能源汽车和太阳能市场的大幕。

比亚迪总裁王传福表示，比亚迪在未来的18个月内会专注于电动汽车销售业务，包括公交车、政府和商业车队、汽车分享和租赁业务。北美总部将通过研发来制定最适合北美市场的车型，并在市场进一步成熟后考虑建设生产基地。比亚迪同时宣布将与赫兹汽车租赁（Hertz Car Rental）合作，为该公司提供用于洛杉矶机场的纯电动汽车车队以及用于租赁业务的电动汽车。除汽车销售和租赁业务外，王传福称比亚迪北美总部也会成为太阳能和LED业务的市场拓展、销售、技术支持、本土产品设计、培训以及售后服务中心。洛杉矶在电动车充电基础设施方面领先全美，充电站遍布整个市区，为清洁能源汽车的市场投放打下了重要的基础。

比亚迪北美总部的落成将为洛杉矶带来近150个工作岗位。出席仪式的洛杉矶市市长维拉莱戈萨说："洛杉矶是全球创新的重要基地，比亚迪将其北美总部落户于此，是我们大力推动清洁技术类就业的又一体现，也帮助我们进一步推动洛杉矶的就业、国际投资以及城市的可持续发展。"据悉，洛杉矶市对零排放的汽车进口商拥有奖励政策，比亚迪出口至美国的电动汽车入关关税将下降15%。

比亚迪股份有限公司由王传福于1995年创立，目前已发展成为中国领先的混合驱动汽车和节能汽车制造商。美国著名投资者、"股神"沃伦·巴菲特目前持有比亚迪近10%的股份。王传福本人被美国《福布斯》杂志评为2009年"中国首富"。

资料来源：中国新闻网，http：//www. chinanews. com/auto/2011/10-25/3411061. shtml，2011年10月25日.

比亚迪的成长速度是惊人的。回顾2003年1月，做电池加工出身的比亚迪公司正式进军汽车行业，成为国内第2家私营轿车企业。刚入行，比亚迪就宣称将生产电动汽车。做电池的要改做车？世人惊叹王传福的疯狂，比亚迪股价一泻千里。然而，1年之后，比亚迪自主研发的电动汽车就开到了2004年的北京车展上。从进入汽车领域开始，比亚迪就着手打造自己的研发团队，致力于新能源汽车的研究，仅前期研发投入就超过20亿元。时至今日，深圳比亚迪已经掌握了电池、电动机、电控这三大电动车的核心技术。

"今年生产一千辆，明年生产一万辆"。依托广东成熟的产业链，比亚迪在惠州、韶关等地建设电动车相关的生产和实验基地，比亚迪新能源汽车的产能将不断提高。比亚迪，作为中

㊀ From Wikipedia, the free encyclopedia, http：//en. wikipedia. org/wiki/Non-tariff_ barriers_ to_ trade.

㊁ From Wikipedia, the free encyclopedia http：//en. wikipedia. org/wiki/Turnkey.

国汽车进入世界轨道的先驱者，给中国汽车行业进入世界以百倍的信心。

8.1 评估可选择性国外市场（Assessing Alternative Foreign Markets）

企业国际化的第一步，就是要选择一种市场进入战略。市场进入战略的选择，应与公司的战略目标相一致，这不仅是企业的首要选择，而且是企业着眼于长远发展的选择。企业的国际市场进入，有两种方式：一是以较少的投资进入国外市场。通过有限的、不经常的出口，可以不必花费太多精力于市场发展；二是通过大量的资本投资和管理投入，来获取并保持世界市场长久的、特定的份额。企业国际市场进入的战略选择应反映一家公司对于下列因素的分析：市场潜力、公司能力、市场化程度以及将要进行的责任管理。

8.1.1 市场潜力（Market Potential）

对市场潜力的评估，有主观和客观两种方法。客观方法的评估依据包括人均收入、能源消耗、人口、GDP、公共基础设施和耐用消费品的拥有量等信息。但是，该类数据反映的是过去，而不是将来。因此，在评估发展潜力时，企业仍需要主观性考虑。比如，随着中欧和东欧计划经济退出历史舞台，许多发达国家的企业关注的不是表明这些国家经济负增长的数据，而是这些国家在新经济政策和规划下未来经济增长的趋势。

8.1.2 竞争水平（Levels of Competition）

在选择外国市场时企业要考虑的另一个因素是市场当前和未来的竞争水平。为了评估竞争环境，它应该掌握目标市场上已存在的竞争对手的数量和规模、它们的市场份额、价格策略和营销战略、各自的优势和劣势，并在通观这些因素的基础上考虑实际的市场状况和自己的竞争地位。例如，韩国的起亚汽车挤进了拥挤的北美汽车市场，因为它相信尽管通用、福田、丰田、大众等汽车公司已占据了巩固的市场地位，但是韩国工厂低价的劳动力成本允许其收取更低的价格。

许多成功的企业始终会关注一些主要的市场以便在合适的时候寻找机会，这对于不断进行技术或常规变革的工业企业尤为重要，电信行业便是一个很好的例证。全球范围内，电信行业曾经是效率低下、发展迟缓的国有垄断企业，而现在却成了各种新技术的集中点，例如，光缆、个人寻呼机、手机服务、卫星网络等。许多这类企业，尤其是欧洲和拉丁美洲的，都已经或正在被私有化。与此同时，过去那些阻止市场进入和创新的障碍的消除，也为企业进入新的区域市场和产品市场提供了有利条件。

8.1.3 政治和法律环境（Political and Legal Environment）

一个企业在进入国外市场之前也需要了解东道主国家的贸易政策及其总体的法律和政治环境。企业往往会尽可能避免选择税收高、贸易限制多的国家，而更青睐开放的、壁垒少的国家。同时，严格的贸易政策或较高的贸易壁垒可能会迫使企业选择 FDI 方式进入市场，例如，福田、通用、奥迪、奔驰等在巴西建立工厂以避免本国的高税收；在评估国际市场时，政府的稳定性也是一个重要因素，如军事突变或类似的骚乱频发的国家和地区是企业需要额外规避的高风险市场；政府对价格的规制和对营利性活动的管理也是需要考虑的因素之一。例如，许多政府禁止为香烟和酒精产品做广告，所以，这些产品的生产者必须明白在这些国家此类限制在多大程度上影响他们打开市场的能力；企业还应慎重地避开东道国的政治敏感问题。

8.1.4 社会文化影响（Socio-cultural Influences）

企业评估外国市场时还必须考虑社会文化因素的影响。由于社会文化因素具有很大的主观性，较难量化，为了减少这些因素带来的不确定性，企业通常选择与其本国文化传统相似的国家作为海外目标市场。

在社会文化因素中，第一个要考虑的因素就是与消费者有关的因素。任何对于目标市场中消费者需要和意向的忽略，都会使企业的市场营销活动陷入麻烦。

如果企业想采用 FDI 模式进入外国市场，还应考虑到与潜在的员工有关的社会文化因素。例如，企业中的奖励机制、工作时间和薪水的规定、工会的作用等。通过雇用当地管理者，听取他们的意见和建议，外国企业往往可以避免或者减少与当地的文化冲突。

营销透视 8-1

中国在非洲的投资模式

2010 年，中国在非洲投资的三个事件引起国际媒体及公民社会关注。

2010 年 6 月埃塞俄比亚吉贝 3 号水电站（Gibe Ⅲ）项目，该项目总投资约 17.5 亿美元，其中中国工商银行投资 5 亿美元。该项目可能对国际河流奥莫河谷下游和图尔卡纳湖地区的生态系统有一些影响。

2010 年 10 月 15 日，赞比亚发生赞比亚科蓝矿业有限公司的劳动纠纷。

2010 年 11 月中国海洋石油总公司（简称中海油）与加纳国家石油公司联手收购美国科斯摩斯能源公司在加纳 Jubilee 深水油田开发项目上所持有的股份，此事虽未通过，但此前有评论说中国将向加纳提供用于发展加纳油气基础设施和农业开发、修建公路、铁路和大坝的 130 亿美元贷款。

以上三个事件代表了中国在非投资的三个主要领域：能源、矿产及水坝。据田春荣《2009 年中国石油进出口状况分析》一文统计：2009 年，安哥拉、苏丹和利比亚等非洲产油国向中国供应原油 6 142 万吨，在中国原油进口总量中占 30.1%。此外，中国在非矿业投资近年亦突然升温，尤其是民营资本的进入异常活跃。

资料来源：易懿敏，中国模式进入非洲的忧虑，http：//www.chinadialogue.net，2011 年 8 月 18 日.

8.1.5 成本、收益和风险（Costs，Benefits and Risks）

评估外国市场还要仔细衡量在特定目标市场从事商务活动的成本、收益以及风险。

（1）成本，即直接成本和机会成本。直接成本是企业进入海外目标市场所需的费用，包括机构的建立（如租用或购买办公设备）、经营管理人员的支出、装备和货物的运输费用等。

然而，成本并不是影响进入战略决策的唯一决定因素。例如，即使在自己的国家加工会更廉价地供应目标市场，很多企业还是决定投资国外市场来加工设备，这是因为它们进入目标市场时，常被“正式或非正式的关税壁垒或类似壁垒的威胁”所阻碍。

（2）收益。进入一个新的潜在市场会给一个企业带来很多的潜在利益，最显著的潜在收益就是可期待的销售量和市场收益。其他的包括较低的取得和加工成本，排斥竞争对手的市场，相对优势，采用新技术，以及通过其他活动取得协同的机会。

（3）风险。很少有不用承担一定风险就能得到的利益。一般来说，进入新市场的企业要承担汇率波动的风险，附加操作的复杂性，以及对潜在市场评估的不准确所造成的直接经济损失。在极端的情形下，还要面对由于战争或恐怖主义而遭遇财产扣押而导致损失的风险。

8.1.6　选择进入模式（Choosing a Mode of Entry）

很多因素影响着是在本国生产、还是在东道国生产的选择。除了考虑一个国家的相对工资水平和土地获得成本以外，企业还要考虑盈余或未利用的建造工厂的容量，引进研究与开发的设备，合理的要求，消费者的需要，以及额外的管理国外机构的行政成本。政治风险也是必须考虑的，国内战争、官员腐败、政府政策不稳定等也会阻止许多企业向东道主国家投入重要资源。

（1）政府政策影响进入模式的选择。高关税政策在鼓励国内生产的同时会阻碍出口；对外国公司高额企业税收和政府对收益回收的禁止会抑制对外直接投资；政府的不作为也会影响企业的投资选择。

（2）交易成本影响进入模式的选择。如果成本偏高，公司很可能采用对外直接投资或合资公司模式。如果成本较低，公司会采用设立子公司、授权或合同加工。在做决定时，公司必须要考虑所有权优势的性质以及保证生产、与当地企业建立和谐的工作关系的能力。

（3）企业的全球总战略影响进入模式的选择。像福特这种在国内和国际活动中寻求规模经济和协同效率的企业，更倾向于所有权为主导的进入模式。相反，像微软和耐克这样竞争力在于其灵活性和对变化市场的快速反应的企业，更喜欢采用东道国当地状况所保证的一切进入模式。作为全球战略的一部分，保证所有市场活动相协调的需要也会影响企业的选择。

（4）其他因素影响进入模式的选择。企业在国外市场中会面临或多或少的不确定性。为了减小因不确定性而导致的风险，一些企业往往选择原始的进入模式，以保证较强的控制力；对于资本缺少或者行政能力薄弱的企业，不能或不愿承受强控制力度所要求的大额资本投资，它们更愿采用那些节省资本和管理责任的进入方式，如许可经营；拥有现金较多的企业更喜欢对外直接投资，它们相信这种方式有高收益的潜力，以及培养年轻的国际化经理人的机会。

总之，和大多数商业活动一样，市场进入模式的选择是对许多因素权衡的结果，这些因素包括市场的风险程度、市场的潜在利润、有效竞争所必需的资源责任的重要性以及企业对控制程度的要求。

8.2　出口战略（Exporting to Foreign Markets）

也许使国内贸易国际化最简单、最传统的方式就是出口，因为它承担最小的责任和风险。

通常一个企业通过出口来测试市场，进而采用其他战略来维持并扩展市场。出口承担着国外环境最低限度的政治和其他风险，并帮助企业获取经验，为未来采取其他战略，进一步对外扩张积累经验。

8.2.1 出口形式（Forms of Exporting）

出口有多种形式，包括间接出口、直接出口和组织内部转让。

（1）间接出口。间接出口指一个企业将其产品卖给国内消费者，而该买主又将该产品以原始或其他变化的形式出口。间接出口与其他战略相比，投资较少，风险也较小，因为企业不必为海外销售而投资；在间接出口中，企业将产品卖给国内市场的中间人，中间人与国外市场或买主订有合同。间接出口适合那些资源有限以及没有出口经验或经验较少的企业。间接出口风险性较小，使得企业通过对自己的资源承担很小的责任来测试市场。中间人负责提供国外市场的相关信息，并降低了企业的信用风险和用于员工和广告的开支。

企业基于下列原因选择间接出口：它不需要国际化的专门技能；它是出口的早期阶段；可避免向国际市场和未开发市场拨出财力、人力；在对国际市场承担更多责任之前，对其产品进行市场测试，并提高其商品名称和商标的知名度；可以促进现金流动，扩大经济规模，通过增加销售量提高经济容量；旨在通过杠杆作用影响销售网络和与他人的合作；有望成为一种在国外储存待售货品的方式，而没有附加的费用和义务。

（2）直接出口。直接出口是指企业的产品直接销售到海外的销售商或者最终用户。通过直接出口，企业获得了对国际化经营宝贵的专业知识，以及对个别国家运作的具体知识。一次出口的成功往往孕育着另一次出口的成功。出口经验的增长使得企业在开拓新的国际市场时更有侵略性。如果该企业后来从事外国直接投资，这些经验也往往有用。例如，罗宾斯就是用这种刻意的方法进入俄罗斯市场。

营销透视 8-2

瑞士表（中国）市场营销案例

随着中国经济发展和人们收入水平的不断提高，对于奢侈品的需求将逐年提高，奢侈品话题也将被人们关注。中国对进口手表的需求也在不断增加。价格不菲的进口手表尤其以瑞士表市场表现活跃。世界排名前10位的钟表商纷纷将开拓的重点转向中国，尤其在上海及北京等地区。2010年，单价在5 000元以上的手表，1年能卖出30万只，其中，上海就占了1/3。

瑞士表是早期成功进入中国市场的奢侈品之一，其成功主要是有以下几方面原因：确实过硬的产品质量；对于典范产品长期坚持设计思想的统一性；长期不遗余力地推广品牌；明确不同产品定位之间的区别并制定相应市场策略；成熟的销售和服务体系。其中瑞士表的设计思想对于其他奢侈品非常有借鉴意义。在世界流行风潮变幻无常的时代，瑞士表采取了中高低端全面覆盖式的策略，以中低端去应合时尚风潮，用高端产品如欧米茄和雷达等产品来坚持自己的“性格”，这种“性格”就是其对于奢侈品的理解：作为奢侈类的消费品，世界上所有的喜好并没有太大差异，在消费奢侈类产品的过程中，各国的文化差异、生活习惯的差异表现并不明显。一位消费心理专家解释了这种“性格”成功的必然性：“其实并不知道自己想要什么，他们的选择是随时受到外界影响的。但在这种影响中，他们又总是特别迷恋某种长期保持自己风格不变的产品，这种产品往往具有品牌震撼力。”

资料来源：张辉．瑞士表（中国）市场营销案例．管理人网．http：//wenku. baidu. com/. 2010-11-16.

直接出口包括应用外资为基础的分销商或代理商，或者在国外设立经营单位以及分支机构或子公司。直接出口为企业提供了产品分布更大程度的控制权，对不断变化的市场条件做出灵活的反应。在直接出口的条件下，企业可以决定产品分布的渠道、促销的手段、价格以及所需的服务。

（3）组织内部转让。企业的内部转让是指一个企业将产品销售到其在国外的子公司。由于跨国企业规模的增大，这种转让变得更为重要。举例来说，英国石油公司将其原油从科威特的石油储备设施中运送到其在澳大利亚的子公司，科威特就是作为出口方。

8.2.2 出口中介（Export Intermediaries）

1. 国际贸易公司

国际贸易公司主要致力于进出口各种商品和提供全方位的服务，包括市场调研、税务、国际运输、主要国家的分配、行销和筹资。国际贸易公司有世界范围内的代理商和办事处，从广泛分布的公司里搜集来的有用信息是它们有效的竞争武器之一。

日本的国际贸易公司是非常成功的，它们已经跻身于世界最大的服务公司之一。因为外国公司寻求进入日本分配复杂的分配系统的入口，日本的贸易公司提供了最早的成功渠道。遍地存在的贸易公司实际上通过日本的每个层次的渠道控制了分配。

2. 其他的中介

除了向出口者与进口者提供一系列大范围服务的中介外，许多其他类型的途径也可以提供更多专门的服务。

（1）制造商代理向国外制造商要求订单，一般通过委托中心。制造商的出口代理商担当着国内制造商的国外销售部门，在国外市场销售公司产品，这是对中小企业最有效用的实践方法。

（2）进口居民购买者实质上与进口委托代理功能相同。但是，他们通常与外国公司联系更多。这与进口委托可以相比，进口委托通常代表大量的海外购买者。

（3）一个发行商在一个特定市场里被赋予代理权，比如，一个人可以作为一种产品的唯一进口商，可以负责对批发商和零售商的后继销售。当有持续销售服务的因素时，发行商就很普遍了。

（4）进出口经纪人一般对国际卖家和买家按其经营的商品进行分类，比如咖啡、可乐、和谷物等的买卖者，特别是通过物流运输的商品，经纪人会协商进口关税的文件，并且为他们的客户获得运输服务。实际上，在国际贸易中，进出口商人需要的各种服务都可以通过进出口经纪人而得到切实保证。

8.3 契约式进入模式（The Contractual Entry Modes）

契约式进入模式包括国际许可证模式，国际特许经营模式，技术协议模式，服务合同模式、管理合同模式、交钥匙工程承包模式、合约制造和共同生产协议。非股权合同安排包括“技术或人类技术向国外实体的转换”。

8.3.1 国际许可证（International Licensing）

国际许可证模式虽然不是中小型企业的专利，但却是它们最喜爱的模式。这种模式是指本国公司（授权人）允许外国公司（被许可人）使用其无形资产，如专利、商标、公司名称等，同时获得版权费或其他回报。通常这些无形资产的转移都是伴随一定的技术服务，以确保资产的适当使用。使用许可证作为进入模式有可能受本国政策的影响。公司如位于知识产权保护意识薄弱的国家，则不适合使用许可证作为进入模式，因为它们在本国可能难以实施许可证协议。另外，使用许可证可能面临高关税和非贸易壁垒，这将妨碍进口，还可能面临目标市场国对外国直接投资和利润收回的限制。在某种意义上，许可证可谓“知识和有价值产权的输出”。

许可证模式不如出口模式灵活，而且公司对被许可人的控制力不及对本公司的海外出口或生产的控制力。但是，当市场不稳定，授权公司在进入外国市场遭遇财政和营销难题时，许可证模式将非常适用。

进入外国市场时，许可证模式之所以流行，原因在于它几乎不含付现成本。公司在获得知识产权许可证时，已经发生了相关费用；因此，通过许可证协议获得的收入经常直接进入公司的财务收入。许可证模式还允许公司利用外国生产的地区优势，而不必承担任何所有权、管理或投资责任。

营销透视 8-3

获颁快递业务经营许可证的企业已达126家

新华网北京2010年5月20日电（记者常志鹏） 国家邮政局20日为联合包裹等18家快递企业颁发国际快递业务经营许可证。加上此前国家邮政局已向9家企业核准颁发的国际快递业务经营许可证、有关省（市）邮政管理局已向99家快递企业颁发的省（市）内快递业务经营许可证，到目前全国获颁快递业务经营许可证的企业已达126家。

针对联合包裹等外资快递企业获得经营许可证，国家邮政局副局长苏和表示，下一步国家邮政局仍将一如既往地坚持依法行政，为中国境内合法经营的中资和外资快递企业提供良好的发展平台，提供包括法律、政策及其他各种发展环境。

中国快递协会副会长兼秘书长达瓦表示，加快邮政业发展符合中央关于转变发展方式、加快服务业发展的大政方针。新修订的《邮政法》核心理念是促进邮政业发展，邮政法设立许可制度的目的也是为了使邮政业健康有序地快速发展。

资料来源：18家企业获得国际快递业务经营许可证．新华网．http：//news. xinhuanet. com，2010-05-20.

因为公司策略、竞争程度、产品特性、授权人与被许可人的利益等不同，所以几乎所有的国际许可证安排都是独一无二的。通常来说，许可证协议属于具体的法律合同文本，通常包括：指明协议的范围；确定补偿方式；确定权利、基本权利和限制；指明合同的期限。

许可证营销方式的优点为经营风险小；带动企业产品的出口；保护专利和商标；分摊研究与开发成本。许可证贸易进入模式的缺点是控制程度低，培养了潜在的竞争对手。

下列几种情况比较适合国际许可证贸易方式：

（1）目标市场国外汇严重短缺，关税高昂，或只有必需品才能获得进口许可。

（2）目标市场国政府需要建立地方工业，加强地方就业。很明显，在这种情况下，许可外国技术进入可以加速工业化，而且没有过高的发展成本。

（3）出口模式与许可证模式并行。如果外资控制的过程比地方实践超前，则地方生产商会加快“盗抢”该过程，或在无法使用该过程的情况下，寻找打破保护专利的方式。既然无法保证该过程的发生，则接受地方使用会不可避免地发生，或者至少通过许可证方式获得版税。

易于通过许可证进行营销的产品或过程通常具有较高的技术含量，也可能是政府直接采购的具有军事或战略价值的产品。大而笨重的产品常常成为许可证营销模式的产物，因为它们多为基础性产品，而且授权人在技术上进行了加强。

通常说来，国际许可证营销模式被认为是“出口模式和生产的补充，而不是进入外国市场的唯一方法”。尽管该进入方式赢利可能为最低，但是风险和难度都要小于直接投资。它也是在外国市场的资本化的合理方式。

8.3.2 国际特许经营（International Franchising）

企业国际化的另外一个常见策略为特许经营，实际为许可证模式的一个特殊形式。特许经营模式使得特许经营方（Franchisor）对加盟方（Franchisee）的控制与支持要优于授权人与特许授权人之间的关系。特许经营是当今发展最快的国际企业模式之一。特许经营协议允许独立企业家或企业（加盟方）通过会费的方式以特许经营方的名义运作企业。特许经营方提供商标，运作系统和产品名誉，包括源源不断的广告、培训、食宿和质量保证支持。

1. 国际特许经营模式中的几个基本要求

第一，特许经营方在国内因为产品的独特性或运作程序和系统的优势获得成功。特许经营的前提是国内成功的元素可以移植到国外去。麦当劳的繁荣是因为“美国式”食品也深受其他国家的欢迎，全球消费者都重视其效率和低廉的价格，而且外国游客似乎通常都希望光顾麦当劳餐厅。第二，如果特许经营方在其国内市场的特许经营已经获得成功。这是个非必选条件。比如，在麦当劳在国外拥有加盟商之前，美国国内已经拥有数百家特许经营店。第三，外国投资者必须对特许经营协议拥有足够的兴趣。

和许可证协议类似，特许经营协议也是以正式合同形式存在，条款方式也很有特点。一方面，特许经营方通常获得固定费用，并可获得加盟商出售特许经营方名称、商标、形式和运作模式权利的“版税”。而且，加盟商通常必须遵守特许经营方对外形、财务报表和运作模式的要求。但是，特许经营方可能为迎合地方风俗习惯和品味，允许加盟商存在一定程度的灵活性。实际上，就像许可证安排一样，加盟商的服务之一就是向特许经营方提供地方市场的文化和风俗习惯。最后，特许经营方几乎总是帮助加盟商建立新企业，提供专业技术人才，发布广告，建立公司形象，而且，通常会为供应商做出最有利的安排。

2. 国际特许经营的优势和劣势

国际特许经营中存在特许经营方和加盟商。在特许经营模式中，特许经营方与加盟商各自获得一定的模式收益，也承担者模式不足所带来的挑战。

（1）特许经营方的优势有以下几点。

- 特许经营方能够在实行集中控制的同时保持较小规模。
- 可以实现在较小资金投入下的高速增长，同时规避了自身的风险。增设加盟店时，利用加盟者的财力资源，降低了财务风险。特许经营方并不拥有加盟店的资产，经营风险由加盟店自行负责。
- 由于加盟店对所属地区有较深入的了解，往往更容易开拓新的业务领域。
- 对加盟店的人员管理不予干预，因此，本身所必须处理的员工问题较少。
- 由于有共同的利益，从理论上说，每个加盟店都会努力提高业绩。
- 通过加盟店各自向顾客提供服务，确保了集团的整体业务，巩固整体在市场的地位。

（2）特许经营的劣势或不足之处。

- 如果加盟店的业务发展顺利，部分加盟者会逐渐产生一种独立感，从而导致产生离异心理，或向特许经营方提出更有利于自己的要求。更有甚者，加盟店可能自立门户，成为自己的业务劲敌。
- 由于加盟店的经济独立性以及分散性的缘故，特许经营方和加盟者之间的沟通困难，特许经营方不可能随时了解加盟店的状况并提供有益的帮助。
- 如果加盟店从事的是局部特许经营权业务，两种业务可能产生摩擦，给特许经营业务带来损害。
- 如果加盟者以总收入的一定百分比支付特许经营权的使用费，他可能不愿意彻底披露自己的总收入。
- 寻找合适的特许经营加盟者可能比较困难。

（3）对加盟商的好处。

- 减少创业风险。一个创业者可以不加入特许经营体系而采取自我创业的方式，但由于资金有限，缺乏经验，面对激烈的市场竞争很难生存；但是若选择一家实力雄厚、信誉好的特许经营企业并加盟其中，其成功的机会将大大提高。
- 可以迅速地获得良好的市场信誉。加盟者由于承袭了特许经营方的商誉，在开业之初就拥有了良好的市场信誉，易给予顾客亲切感，许多方面都可以在一个好的品牌和制度下得到推动。
- 分享规模效益。特许经营企业一般实行联购分销，进货成本低，而且总部的快捷配送使得各加盟店的库存商品降到最低限，降低了库存成本。总部进行集体广告宣传，遍布于各地的加盟店铺本身也是一种广告和促销的形象，这些带来了广告宣传规模效益。加盟店不需自设技术研究和开发部门，分享总部的技术开发成果。
- 加盟者可以从总部那里获得其他许多方面的支持与服务。

（4）对加盟商的不利之处。

- 由于总部对全体加盟店的一致性严格要求，各加盟店的经营自主权受到很大限制。
- 由于合约期限受制于总部，一旦合同到期，各店又要面临新的选择，在一定程度上会影响企业投资和经营。
- 由于加盟合约有条文，限制特许经营业务的转让，这使转让或转移加盟店比较困难。
- 总部的经营能力对加盟店的影响很大。加盟店对总部有很大的依赖性，如果总部一旦做出错误的经营决定，会使加盟店受到牵连。
- 尽管总部统一的管理能够使各加盟店享受规模效益，但这也会使一些地区加盟店错失良机。

总之，特许经营有其独特的优势，但并非十全十美，特许经营方和加盟商都需要清醒认识和分析到这些优缺点，双方博弈的最终结果必将是双赢的局面。

8.3.3　其他契约式进入模式（Other Contractual Entry Modes）

任何一家公司，都可能采用多个专门的策略参与国际市场营销，而不必进行长期投资。这样的专门化模式包括合约制造模式、管理合同模式和交钥匙工程承包模式。

1. 合约制造模式

合约制造模式是指公司将其多数或全部的制造需要外包给其他公司。当地方市场较小，出口进入受阻，无法被许可进入时，合约制造常常成为首选。[1]该策略减少公司所需的用于产品实体生产的财政和人类资源。以耐克公司为例，该公司选择把公司的精力关注于营销产品，并且和东南亚若干工厂签约生产运动鞋。通过这种方法，国际性企业可以关注于价值链中其特色能力的所在而且又从产品生产国的地方优势中获益。但是，这些企业也同时失去了对生产过程的掌控，结果导致质量等问题的产生。

合约制造尤其适合低市场潜在需求量、高关税保护的国度。地方性生产可以避免高关税，但地方市场对该产品的需求量并不足以支持建造唯一的工厂。中美洲、非洲和亚洲的小国比较符合这些条件。当然，国际公司是否采用本这一模式进入市场，还取决于其产品。通常说来，在生产技术可以大规模使用，并且行销努力对于产品的成功“至关重要”的条件下，比较适合采取合约制造模式。

2. 管理合同

管理合同是指一家公司在约定时间内向另一家公司提供管理支持，技术指导或专门化服务，以获得资金补偿。[2]因为其提供服务，第一家公司可以低价获得第二家公司或的销售提成，有时还可以或者以特定价格购买公司股票。管理合同还可以根据赢利、销售增长或质量措施约定绩效奖。管理合同使公司可以获得额外收入而不会引起投资风险和投资义务。该模式主要见于工程承包模式或合资企业合约之中。比如，希尔顿酒店的下属部门向拥有希尔顿徽标但并非公司所属的酒店提供酒店管理和预订服务。

管理合同的益处在于：对于管理承包商供应方而言，管理合同意味着参与国际性企业，但不需要承担产权资本的风险。供应方虽然不需要投入资金，但可以通过成为内部成员代表影响企业在一系列领域的决策，获得对企业大量的业务控制权。很明显，成为内部成员代表可以影响在一系列领域的决策，而这对公司的发展具有长远的重要性，现存的知识早已在以往的大量投资基础上得以确定，此时可以商业化。

这种模式还具有人力资源方面的优势。例如，某公司正在失去大量国内市场。此时，它不必解雇经验丰富的工作人员，而是通过让这些工作人员完成海外的管理合同来赚取利润。也不必因为一旦市场未来可能出现的回调，公司不必而重新聘用这些人员，从而避免了因为解聘和再聘用而产生的成本支出和发生人员流失。

3. 工程承包模式

另外一个参与国际市场营销的模式是工程承包模式。该模式是指在合同条件下，某公司同意设计、建造、配备设备，完成后把工程交给购买方。承包合同的价格可能是固定的，因此，公司需要把成本控制在该固定价格之下。合同还可以根据成本加成约定付费，这样可以把超限成本风险从承包商转移到购买方。

国际工程承包通常是大型、复杂且历经数年的工程。比如，建造核电站、飞机场、钢铁厂、石油化工提炼和处理设备、旅游胜地和住宅开发等。管理这样的建筑工程要求很高的专业技术。

承包工程如今越来越多地以所谓的B-O-T工程为人所熟知。这是一种建设—经营—转让方式，是政府将一个基础设施项目的特许权授予承包商。承包商在特许期内负责项目设计、融资、建设和运营，并回收成本、偿还债务、赚取利润，特许期结束后将项目所有权移交政府，同时，承包商也承担合同期内的金融风险。

8.4 对外直接投资战略（Foreign Direct Investment，FDI）

当市场成熟并且潜在的销售十分可观时，对外直接投资就是正确、合理的选择。对外直接投资要求企业充分利用人员、资本和管理要素。反过来，企业需要制定和执行他们认为进入国外市场最好的营销战略。这种战略能够拥有潜在的最大的利润和控制权。

对外直接投资有两种主要方法：建立新的设施（绿地投资战略）；在投资国购买现有的资产（收购战略）。

8.4.1 绿地投资战略（The Greenfield Strategy）

绿地投资战略就是从无到有的运作。Greenfield 一词来自未开发的绿地。企业购买或租赁土地，建造新的设施，聘用或者调动经理和雇员，然后推出新的行动。

绿地投资战略有几个明显的优势：企业可以根据自己的需求，建设和更新设施场地；地方政府常常因为企业为社会创造了大量的就业机会而给予一定的政策和优惠；企业从零开始，经理人不需要处理现有的债务，顾及陈旧的设施，或与工会讨论改变旧工作规章。

然而，绿地投资战略也有缺点。首先，成功的实施需要时间和耐心；其次，期望地点也许是无法获得或非常昂贵的；再次，在建设新工厂时，企业也必须遵守各种地方性和全国性法规，并监管工厂的建设，聘用和培养当地的员工以满足当地企业经营标准；最后，作为一家外国企业，容易遭到当地政府和人民的排斥。

营销透视8-4

海尔的走出去与“绿地投资”

海尔在海外的发展历程，可谓经历了逆水行舟的坚持与执著，顶着外界的很多质疑来到美国这个人力、原材料成本都很高的地区进行“绿地投资”——新建工厂。尽管海尔十分清楚这种方式的弊端：建设周期长、收效慢、经营风险大，而且由于是新建企业，在美国市场不为人所知，因此起步阶段的业务开展非常艰难。但艰难并不等于可以不做。

达沃斯世界经济论坛曾提出过世界经济发展的三大前瞻，其中一条是说未来世界经济版图将以品牌划分天下。深信品牌当道的海尔为了冲击高端市场，树立高端品牌，仍在艰难之下努力地打拼美国市场。在“先难后易”战略的指引下，海尔先从发达国家市场进行开拓，后向发展中国家延伸。尽管付出了很多代价，但海尔的品牌形象终于在美国以及印度、约旦、巴基斯坦等发展中国家逐渐成长起来，目前海尔已经是中国最大的家电制造企业和品牌值最高的国际化企业。

总的来说，海尔“绿地投资”的战略模式是成功的，海尔“走出去”的主要特点是：经营范围——海尔自己的核心产品；发展进程——从创造国内名牌、国际名牌着手，到出口，再到跨国投资，渐进性发展；对外投资方式——以“绿地投资”即新建企业为主；跨国投资效果——成功率高，发展快。

资料来源：文雪梅，海外并购：我是一只披着羊皮的狼．中华工商时报．2005-07-21.

8.4.2 收购战略（The Acquisition Strategy）

对外直接投资的第二种方法是在东道国收购一家现有的企业。收购企业可以很快获得被收购企业的控制权、员工、技术、品牌和分销网络，借此获得持续的发展。收购企业通过整合国际战略继续创造收益。并且，不同于绿地投资战略，收购战略不增加新产业，这在生产过剩时是一个明显的优势。例如，宝洁公司通过收购 Loretoy Pena Pobre、Grupo SA Carso 进入墨西哥产品市场。宝洁公司也因此获取了 Loreto 的生产设施、著名的组织和卫生纸品牌和它现有的分配制度。

然而收购战略也有缺点。收购的企业要承担被收购公司财务、管理和其他的全部责任。如果被收购的企业有恶劣的劳资关系、无理由的退休金义务，或者隐藏的环境清洁责任，收购企业在收购前必须花费一大笔资金来解决这些问题。企业完成收购后，接下来的问题就是将被收购企业整合到自己的体系中。收购中一个常见的问题就是企业失去了自己的重点。举例来说，婴儿食品制造商格柏，曾经尝试进入家具、汽车、玩具、卡车等自己没有专门知识的多元化领域，收购失败迫使公司最终还是回归其核心的婴儿食品上。此外，需要 2～5 年的时间才能找到合适的收购公司并进行整合，这么久的时间在欧洲或在高科技快速发展的领域的中会成为收购的障碍。2～5 年的时间，在计算机产业代表产品技术的更新换代。

营销透视8-5

中国企业的海外并购

2005 年，中国企业海外并购的舞步渐渐移到了全球并购舞台的中央，引得全球为之关注。就在联想以 17.5 亿元收购 IBM 个人电脑业务的交易正式完成后不久，中国海洋石油公司欲以 185 亿美元收购美国优尼科石油公司的消息在国际市场上激起巨大波澜。此后仅仅几天，中国家电巨头海尔又宣布以 12.5 亿美元的价格竞购美国老牌家电企业美泰克。一时间，中国企业在全球并购市场上成为追逐的焦点。

资料来源：文雪梅，海外并购：我是一只披着羊皮的狼，中华工商时报，2005 年 07 月 21 日.

8.5 国际战略联盟（International Strategic Alliances）

企业可独资经营、收购一个企业或进行连锁经营。相比之下，战略联盟是两个或多个企业之间的合作。在战略联盟中每家企业都以自身利益为动机以合作作为实现自身目标的最佳方式。

国际企业之间的合作可以采取交换产品专利权、共享生产设施、联合资助研究项目和利用现有的分销网络等多种形式。这些合作的形式统称为战略联盟，也就是两个或多个企业选择促进它们彼此利益的商业活动。战略联盟的合作企业也可能采用联合研发、营销和管理的形式。

8.5.1 合资企业（Joint Venture）

合资企业是一种特殊类型的战略联盟，由两家或多家企业共同创造一个在法律上独立有别于母公司的新企业。合资企业，作为一个独立的法定个体，必须拥有自己的管理人员和董事会。其存在方式有以下 3 种：第一，与母公司主要管理人员共同建立管理。第二，母公司承担主要责任。第三，聘请独立的管理人员团队进行经营。第三种方法通常是首选方法，因为独立管理人员把重点放在合资企业而不是讨好母公司。

在过去几十年，合资企业模式加速发展。其中最主要的原因是合资企业通过母公司大幅减少了政治和经济风险。此外，许多国家，特别是经济欠发达国家，合资常常是外国投资的唯一手段。合资企业可以吸引国际营销商：可以专门利用当地合资企业的专业技能；可以有效进入目标市场国的销售系统；可以进入被禁止或者被保护的市场。

从目标市场国角度来看，有利于目标市场国企业发展的兼并可以迅速、便捷地进入市场。最早进入欧洲的美国公司发现当地销售条件不充分、地方融资不足，因此美国公司与当地企业结成伙伴关系，为当地的中间商提供急需的资金。与此同时美国企业也迅速获取了较长时间才能得到的当地企业拥有的市场信息和营销技术。合资企业的多个合作方来自于不同的文化背景，由于固有的语言和价值观的不同，它们之间的关系是脆弱的。日本公司通常不愿意和美国公司成立合资企业，因为更多的时候后者取代前者的高层管理人员，而日本企业在个人管理的长远计划中更注重信任和忠诚；合资企业会计系统和信息系统不一致也会使顺利的工作安排出现艰难的障碍。如果会计系统问题不能解决，在成本分摊、定时购买、折旧和定价等方面也很难做出合理的协调。

8.5.2 战略联盟的好处（Benefits of Strategic Alliances）

进行战略联盟的公司通常希望能够从一方或多方获益。国际化公司通过战略联盟可从4个方面获益：缓解市场准入，风险分担，知识和技术共享，协同合作和竞争优势。[3]

1. 缓解市场准入

企业想要进入一个新的市场，常常面临着诸多障碍，如根深蒂固的竞争或对方的政府规章制度。与当地公司建立合作关系，往往能帮助国际化企业摆脱这些障碍。许多国家也都是很关注外国公司对它们经济的影响，所以如果这些外国公司想在这些国家经营，政府规定跨国公司需要与当地公司合作，中国就是一个例子。

合资公司可以与东道国政府建立更加有效的关系，来淡化外商的身份。因此，这种形式的战略联盟将减少国有化的风险，促使政治与地方认同，并符合当地的法律规定拥有本地所有权。

2. 风险分担

当前，工业竞争激烈，任何公司进入一个新的市场，都没有百分百成功的保证。战略联盟可以减少或控制单个公司的风险。例如，作为成功的商用飞机制造商，波音公司在研发、设计和安全测试一个新飞机模型中会花费数十亿美元，而且其中的大部分费用发生在市场收益之前，为了减轻财政支出，波音公司与日本的一些公司建立了战略联盟，生产其最新的客机波音777，通过与日本的3家公司的合作（富士、三菱和川崎），由它们来完成20%的波音777机身，以减少前期支出，同时通过这一联盟，帮助打开了新飞机在日本的大客户销售，如日本航空和全日空航空公司。

当企业进入了一个刚刚开放的市场，或者是这个市场有很大的不确定性和不稳定性时，风险分担是一个特别重要的考虑因素。

3. 知识和技术共享

战略联盟的另一个原因，是有可能为缺少知识和技术的公司带来它所需要的科技力量。在一个不同的环境信息背景下，合作可以帮助公司获取更多有关如何产生、如何获取一定资源、如何应对当地政府的法规和政策的信息和经验。

营销透视8-6

在美国，一个较成功的合资企业例子就是，丰田汽车和通用汽车公司关闭了位于加利福尼亚州弗里蒙特市的一个旧汽车制造厂，是因为它花费过多而且低效运营。丰田公司随后同意重开这家公司NUMMI（新联合汽车制造公司）。虽然NUMMI（合资公司）同样是由两家合作公司拥有，但由丰田公司管理设施，为双方生产汽车。这个协议的签订主要是为了获取知识信息。丰田公司想要了解更多关于在美国市场上如何处理劳动力和零部件供应商，通用汽车要观察日本企业管理的第一手资料。几年后，丰田公司利用其新获得的信息，在肯塔基州乔治敦开了自己的制造工厂。通用汽车也开发和经营其最新的汽车部门 Saturn，并在德国埃森纳赫组织其最新的欧洲装配厂；结果，这个工厂的生产能力是美国通用汽车公司的两倍。

资料来源：Jeremy Main. 让全球同盟工作［J］. 财富. 1990-12-17：121-126.

4. 协同合作和竞争优势

企业的战略联盟，是为了获得协同合作和竞争优势，从而使得每一个参与合作的企业拥有相对单独进入一个新市场或行业而言，更多的机会和更有效的竞争。西门子公司和摩托罗拉公司建立了合资企业生产 64 兆和 256 兆 DRAM 计算机芯片。摩托罗拉联手西门子，协助筹集 15 亿美元建立新厂，而西门子公司从摩托罗拉获得了生产专业知识，并推进其进入美国市场，而这也使 DRAM 记忆体晶片占据了 40% 的全球市场份额。

8.5.3 战略联盟的局限性（Problems in Strategic Alliances）

战略联盟也存在以下 5 个方面的局限性：合作企业不相容，信息获取受限，收益分发方面的矛盾，自主权丧失以及环境的不断变化。[4]

1. 企业之间的不相容

进行战略联盟的合作企业不相容，是战略合作的缺陷，也是战略合作失败的主要原因。企业文化、目标和宗旨的差异，或任何其他与双方有关的基本问题，都会导致这种不相容。不相容可能导致直接矛盾冲突或者企业执行力不佳。

2. 信息共享困境

对于很多的战略联盟，获得信息受限是导致战略联盟失败的另一个原因。为了双方有效地开展工作，其中一方（或双方）可能不得不提供需要保密的资料给另一方。而信息提供的范围和需求往往很难提前确定并以协议的形式予以确定，因此，在现实的合作中，信息的提供与否可能会危及到合作的顺利进行。

3. 收益分发方面的矛盾

战略联盟另一个缺点是收益的分配问题。因为合资公司共享利润，也共担风险和费用。除了基本的利润分配，还有其他财务上的问题会引起双方的分歧，例如，合作公司是按比例分发共同获得的利润，还是将这些利润进行再投资、计算过程中的收入或利润计算，转让定价等问题。Rubbermaid 公司不得不结束其在整个欧洲、北非和中东地区的制造和行销橡胶和塑料家居产品的合资企业，因为它在当地的合作伙伴，荷兰化学公司 DSM 集团公司反对利润再投资，而 Rubbermaid 公司却要再投资以开发新产品扩大合资企业的销售额。

4. 自主权的丧失

战略联盟的另一个缺陷就是自主权的丧失。正如企业共享风险和利润，他们也共享控制权，从而限制了单家企业的权利。雀巢公司和通用磨坊的合同规定，如果双方的合资终止，雀巢公司则至少 10 年不能进入北美谷物市场。

在极端的情况下，战略联盟，甚至可能成为收购的第一步。战略联盟的结束是因为公司接管了其非合作公司。在另一些情况下，合作伙伴可能会互相指责对方的机会主义行为，换句话说，就是试图不公平的利用彼此。

营销透视 8-7

达娃的分与合

20世纪90年代，达能作为国际食品业巨头，急需打开中国市场，而娃哈哈在发展过程中也急需资金迅速扩张其市场占有率。这在当时是符合二者的基本利益需求的，所以能够达成基本的战略联盟。

达能借助娃哈哈在国内的发展，取得了巨大的股权利益。而娃哈哈在国内的品牌知名度更是有目共睹。

达能虽然有了利益方面的巨大收益，但是在自有品牌渠道开拓上，却一直是处在瓶颈状态，再加上娃哈哈在其合作的品牌之外不断的扩张自有实力，全国很多的娃哈哈工厂事实上已经跟达能没有任何关系了。

这也成了二者关系破裂的导火索。但本质上来看，二者已经到了相互竞争的阶段，破裂的关系是一种必然。

资料来源：娃哈哈与达能国际战略联盟成功与失败的原因，http：//zhidao. baidu. com/question/160080037. html，2012年3月2日.

5. 环境的不断变化

不断变化的情况也可能会影响战略联盟的发展。曾经刺激合作的经济条件可能不再存在，而技术进步可能会使该协定失效。

营销透视 8-8

福特汽车公司和大众汽车公司就放弃了它们的合作项目 Autolatina。当 Autolatina 成立后，巴西的经济及其主要的区域贸易伙伴正饱受通货膨胀和全国债务危机。两家公司都认为它们通过理顺它们在南美洲的业务可以度过经济风暴。但是，巴西和阿根廷的经济改革以及由于南方共同市场协定和乌拉圭回合带动了该地区汽车的需求并减少贸易壁垒。福特高管越来越意识到 Autolatina 会妨碍福特汽车公司的全球化战略的执行。而大众高管也认为，如果它们放弃合作，它们可以做得更好，所以经双方同意该合资企业被终止。

资料来源：巴西受伤：市场蓬勃发展而福特受挫［N］. 华尔街日报. 1996-12-13（A）.

8.5.4 成功联盟的基本准则（Rules for Completing Successful Alliances）

以下这些经验法则可以提高战略联盟成功的可能。

（1）寻求互相依赖的合作伙伴。这一做法既确保了合作双方既有利益又符合双方各自的需要和期望。双方应该在技术和能力上对另一方有适度的依赖。如果依赖性太小，在艰苦时期，合作就会失败；相互依赖太多会导致不安全感和信任的障碍，合作伙伴会过于担心失去对方。

（2）明确合资公司的使命。这一步不只是包含时间和预期经济回报还包括预期的目标，如在这个行业中它希望获得的市场份额或战略地位。明确使命也有利于合作双方明确合作的界限，当合作公司在其他市场成为竞争对手时，战略联盟协议常常失效；要阐明彼此合作的期望，合作公司要清楚明白它们合作的性质，并且它们要在一开始就清楚在其他市场这种合作会如何发展及在什么地方产生冲突。那么就可以决定是否在遇到任何涉及技术转让或获取特殊资源时可以相信它们的合作伙伴。与竞争对手的联盟始终存在着风险，这种风险就是竞争对手使用特洛伊木马策略，那就是，联盟伙伴要进入对方的技术和市场，一旦它得到技术或市场，它就会抛弃联盟伙伴。而另一方就多了一个新的竞争对手，正是其一手训练出来的前合伙人。

（3）高级管理层的参与。他们的参与涉及合资的合法性，并帮助解决合作公司之间执行经理的矛盾。高级管理层参与也保证高级人才会被指派到企业中并使联盟成功。如果公司总裁告诉其经理人把所有的联盟作为自己公司的任务，因为它相信最终会使合作关系有效运行下去。

（4）寻求具有互补技能或资源的合作伙伴。一家公司可能供应技术，而另一家则提供其营销覆盖范围和生产资产。

（5）尽早制订计划。财务预测和目标都应提前议定好。此外，计划应列明取得成功的关键因素，需要掌握分析竞争者的情况，界定产品规格，以及所有涉及的设计、加工制造、营销策略、销售、物流的计划。随着决策的开展，执行计划让筹划委员经常评估结果。

（6）明确规定联盟“离婚”后的财产处理。确定股份须如何处置，例如，合伙公司可以购买对方的股份吗？“离婚”条款应被列入任何合资公司的协议中。

（7）选择合适的人组成公司，给他们提供自主权来经营和利用资源。如果没有高素质的人来管理，良好的计划和明确的目标都是枉然。高素质的人才会找到办法来处理变化即使是在合作初始时，他们也会找到对付不可预期的变化的方法。

（8）学会分享控制权，因为联盟意味着割让其独立自主的权利。当你渐渐在各个方面上了解你的合作伙伴，你会愿意分享支配权。朋友之间更容易相互信赖，而且当出现问题时并不愿意争吵。朋友也不太可能让繁文缛节阻挡重要的决定。在最后的分析中，必须有一个主要机构可以让两方有一个明确的行动方向而没有不满。[5]

电子商务在今天也成为进入国际市场的重要方式（参见本书第5章）。

对于国际市场营销来说，良好的构思和支持计划是成功进入世界市场的必要因素。企业没有恰当的进入战略付出努力也是徒劳的，执行经理将无法执行其有效的营销计划。这不是说企业进入战略是进入国际市场唯一战略。情况随世界市场不断地变化，单一的营销方法是行不通的，进入战略也要适应具体营销环境。企业的进入战略应该为每个单独市场提供最佳的机会并满足本公司的发展目标。企业应该定期地审查决定进入战略的因素，其中包括区域间转移、都市化和郊区化、科技、交通运输、竞争、社会压力、本地专业人才、购买方式和销售网点的变化、政府规章和法律的因素，“保持首要的变化因素”。

本章小结

1. 市场进入战略的选择受到公司的资源、国际市场营销的目的、外国市场潜力和法律、政治环境等因素的影响。每个成功的战略都涉及承诺、风险和潜在的利润。

2. 要在未来的全球市场上生存并占主导地位，选择有创造性的进入战略非常必要。长期以来，出口、特许经营权、国外制造和合资企业普遍作为进入战略而应用。现在，全球性联盟这样的新概念变得普通，收购、融资和复杂的政府合作成为进入战略不可缺少的有机组成部分。

3. 虽然多数公司持有进入战略偏好，但为了追求既定目标，越来越多的企业尝试采取灵活的方法。建立销售子公司也许是进入某些市场的最佳选择，而合资企业也许是进入其他国家的选择。

4. 出口是将商品或服务从一个国家发往另一个国家来使用或销售。出口有多种方式，包括间接出口、直接出口和组织内部转移。

5. 国际许可也是一种普遍的模式，即一家公司将其知识产权授予另一家公司。国际许可的基本模式是：双方协商可接受的条件，决定补偿金额，界定特权和强制性义务，指明协议存续期间。

6. 国际分公司也是增长很快的进入模式。国际分公司是在他人名下进行贸易的独立组织或承包企业。

7. 合同加工、管理合同和项目工程是3种特殊的进入模式。合同加工指企业外购劳动力来生产，以便将精力投入价值链的其他元素。管理合同指公司向其他公司提供经理顾问、技术顾问或其他专业服务，并收取费用。项目工程是一个公司为另一个公司进行项目设计、建设以及设备安装。

8. 最复杂的模式就是FDI（对外直接投资）。FDI控制在国外市场的财产，并享有所有权。投资未开发的市场，需要投资公司启动一个全新的企业模式；相反，投资已开发的市场，要在国外市场收购已有的企业或机构。

案例分析　菲利普·莫里斯公司的收购策略

20世纪50年代，当医学研究的发现变得对烟草公司越来越不利时，广告的限制也对它们起到了一定程度的影响。同时，政府部门也开始制定各种法规来限制烟草公司的经营。于是，绝大多数的烟草公司都开始寻求进行多种经营，进入新的经营领域。

菲利普·莫里斯公司是世界上最大的烟草公司之一，其生产的“万宝路”香烟风靡世界，它强大的财力足可使它轻松地购买其他企业。1959年，该公司用1.3亿美元购买了米勒公司，收购米勒公司的经历是开发市场中最为成功的案例之一。先前，啤酒行业都采用保守和陈旧的方法来开拓市场，莫里斯公司采用了与之不同的方法，并附之庞大的市场开发预算。它对米勒公司进行了改造，淘汰了老式的啤酒生产，而改为主要生产低度的高级啤酒和低浓度的啤酒，并加强广告宣传。结果米勒公司获得巨大的成功，在美国的销售量仅次于百威，接着公司又以米勒啤酒为基础，生产出迎合各种顾客需要的莱特啤酒，这样公司的销售量和利润都大幅上升。1978年，莫里斯公司又收购了7-UP公司，并把原来含咖啡的7-UP饮料改为无咖啡饮料，随后又推出了一种无咖啡的可乐饮料，并在广告上大量宣传这两种饮料，使其销售量迅速上升。最近，该公司又收购了国际第四大烟草公司——乐福门公司，从而使莫里斯公司成为全方位经营的跨国公司，使它不但能保持原生产线和市场，而且把万宝路牌香烟进一步推向国际市场。

资料来源：吴国新．市场营销学习题与案例教程［M］．北京：电子工业出版社，2002.

案例讨论

1. 斯公司对米勒公司的收购属于什么性质和类型的行动?
2. 根据市场增长率和市场占用率，对该公司来说，万宝路香烟属于什么阶段的经营单位?
3. 莫里斯公司主要面临什么样的环境?
4. 购买啤酒生产企业这一多元化经营的首要动机是什么?
5. 购买乐福门公司的益处有哪些?

复习题

1. 国际化企业的主要出口形式有哪些?
2. 出口中介有哪些具体形式?
3. 有哪几种情况比较适合国际许可证贸易方式?
4. 什么是国际特许经营方式? 其优缺点是什么?
5. 对外直接投资战略的两种常见方式是什么?
6. 国际联盟战略有什么益处?
7. 合资经营有什么优势?
8. 成功联盟的基本准则有哪些?

思考及实践题

1. 企业采取合资方式进入外国市场的主要动机是什么?
2. 请结合实践中的案例，探讨战略联盟的优势和局限性。

本章注释

[1] 合约制造模式，www. doc88. com/p-905997613095. html 2012. 4. 6.

[2] 合同管理，management. yidaba. com/search/k，2012. 4. 19.

[3] 战略联盟的作品用 http：//wiki. mbalib. com/wiki/，2012. 6. 25.

[4] 林季红，跨国公司战略联盟新态势与国际生产折中理论的局限，经济管理 2006 年第 13 期，mall. cnki. net/magazine/Article/JJGU200613，2012. 4. 6.

[5] 张小飞，张豫生，企业战略联盟伙伴选择的基本原则，同济大学学报（社会科学版）2002 年第 05 期 mall. cnki. net/magazine/Article/TJDS200205，2012-4-12.

第 9 章
Chapter 9

国际市场细分战略
Strategies for International Marketing Segmentation

重点词汇

International Market Position Breaks down and identifies an appropriate position for products based on the requirements of target consumers in the international market segmentation.㊀

International Market Segmentation The extension of market segmentation. It is also the applying and deepening of market segmentation theory in the international marketing. So-called international market segmentation is that the entire international market will be divided into a number of sub-markets with different characteristics by enterprises according to certain standards, and the customers in those sub-markets will have the same or similar characteristics of demand. Enterprises will choose one or more sub-market as its international target market based on it.㊁

Macro-International Market Segment Refers to the process in which an enterprise will subdivide the international market into a number of sub-markets with similar macroeconomic environment and market demands according to macroeconomic factors which will affect different countries.㊂

Micro-International Market Segment A process in which enterprises will further refine the market according to the individual factors which will impact the demand and different purchasing behaviors on the basis of Macro-International Market Segmentation.㊃

导入案例

清扬洗发水的市场细分与定位

一、“清扬”品牌介绍

2007 年 4 月 27 日，国际快速消费品业巨头联合利华公司在北京召开新闻发布会，高调宣

㊀ 闫国庆．国际市场营销学［M］．北京：清华大学出版社，2004：191-192.

㊁ 王纪中，方真．国际市场营销［M］．北京：清华大学出版社，北京交通大学出版社，2004：87.

㊂ 王纪中，方真．国际市场营销［M］．北京：清华大学出版社，北京交通大学出版社，2004：88.

㊃ 王纪中，方真．国际市场营销［M］．北京：清华大学出版社，北京交通大学出版社，2004：89.

布——该公司进入中国市场10年以来推出的第一款新产品、全国首款“男女区分”去屑洗发水“清扬”正式上市。

长期以来，在宝洁与联合利华的洗发水大战中，宝洁无论是在品牌影响力、市场规模还是在市场占有率方面，都处于绝对优势。特别是在去屑洗发水市场领域，联合利华一直都没有一个优势品牌足以同宝洁的海飞丝相抗衡。作为联合利华10年来首次推出的新品牌，清扬旨在弥补、提升其在去屑洗发水市场竞争中的不足和短板。

二、“清扬”洗发水的功能定位：去屑

在联合利华等外国日化公司进入中国市场以前，消费者对洗发水的要求无非是干净、清爽，并无去屑、柔顺、营养等多重要求。经过近20年的发展，中国消费者对洗发水的品牌意识已经被各大公司培养出来，同时消费者对头发的关注日益增加，为新的洗发水概念进入市场提供了广泛的顾客基础。各洗发水品牌纷纷打出富有新意的定位以获取自己的一席之地，极大地刺激了中国洗发水品牌的繁荣。

“清扬”是联合利华进入中国市场10年以来首次推出的新品牌，品牌定位为“专业去屑”，去屑新诉求是“维他矿物群”去屑。联合利华表示，清扬是法国清扬技术的研究结晶，产品的附加值突破在于“维他矿物群”去屑，联合利华拥有全球专利及临床测试验证，同时为“维他矿物群”进行了商标知识产权注册。联合利华公司表示其一直在为研究适合中国人的去屑产品而努力，在过去10年中，联合利华研发中心在中国已为超过3 000名消费者进行过临床实验，以更多了解中国消费者的头皮状况和问题，从而为中国消费者提供更精纯的去屑产品配方。清扬在进入中国以前，已经在南美、欧洲及东南亚地区去屑市场成为了当仁不让的第一品牌，并被数亿消费者证实了其在去屑方面的功效。因此，清扬也将是中国市场的最佳去屑产品。

清扬用“科技保健”引导消费者，产品宣传中强调“深入去屑，治标治本”，强调专业性。联合利华宣称“清扬”是“消费者信赖的头皮护理专业品牌”，其去屑功能是针对头皮护理，并通过广告的方式强化头屑由头皮产生这一少有竞争对手关注的消费者固有心理认知，表明“清扬”对去屑的根本作用，有效地与其他去屑品牌形成品牌区隔。

三、“清扬”洗发水市场细分创新：性别细分

作为一个新品牌，想在品牌林立的中国去屑洗发水市场分一杯羹，必然需要“清扬”在品牌推出之前找出去屑市场的定位空白点。传统洗发水市场细分常常以功能为标准进行，如去屑、营养、柔顺、防脱发、黑发等，或以头发颜色来细分黑头发专用、染发专用等。清扬首次以性别为细分变量，将市场细分为男士用、通用和女士用市场，并选择男士和通用细分市场作为目标市场。虽然只是简单的性别细分，但在洗发水市场上的确存在男性和女性不同市场的不同需求，而这个需求差异一直是厂家所忽略的。清扬的性别细分在情理之中又在意料之外，这一细分市场的创新使消费者耳目一新，市场上刮起了一股强劲的“清扬”风。

“清扬”将旗下产品分男士和通用两大系列共有34个品种，作为首家推出男士去屑洗发水的品牌，“清扬”通过“倍添维他矿物群”这一概念的宣扬，表明其对男士洗发的关注，可谓开创了男士去屑洗发水的“蓝海”领域。并通过男士系列与通用系列两大阵容所形成的品牌组合构成了联合利华“专业去屑”的洗护完整产品线，可以极大限度地满足消费者的要求。同时，在宣传过程中，通过说教式的广告语言展示“清扬”对男士头屑问题的研究，令消费者产生去屑洗发水分“女士洗发水”和“男士洗发水”的心理认知，有效地将“清扬”与其他众多去屑品牌区分开来。

资料来源：http：//management. mainone. com.

9.1 国际市场细分（International Market Segmentation）

9.1.1 国际市场细分的含义与意义（Definition and Significance of International Market Segmentation）

1. 国际市场细分的概念

国际市场细分是市场细分的延伸，是市场细分理论在国际市场营销中的应用和深化。是指企业按照一定的细分标准，将整个国际市场细分为若干个具有不同特征的子市场，其中，任何一个子市场中的消费者都具有相同或相似的需求特征。在此基础上，企业选择其中一个或多个子市场作为自己的国际目标市场。市场细分的理论依据是顾客需求的异质性——风俗、地理、经济等营销环境的差异，不同国家和地区的消费者对产品的需求不同，对营销方式的反应也有差异。国际市场细分不是将市场进行简单的分类，而是把具有相同或类似需求特征或对营销方式具有相同反应方式的消费者划分为一群，在深刻认识这个群体的消费特征的基础上，企业选择与其资源相匹配的市场，制定相应的市场战略。因此，国际市场细分是企业确定目标市场和制定国际营销策略的前提。[1]

国际市场细分需要在两个层次上进行：第一个层次是国际市场的宏观细分，即在国家层面的市场细分。企业依据一定的标准，将国际市场划分为若干个国家的市场，这些国家间的市场可能只有一个国家或地区，也可能包含若干个国家和地区；第二个层次是国际市场的微观细分，即在国家市场内部的市场细分。例如，某外国企业先将中国和欧盟细分为两个细分市场，然后再将中国市场细分为东北、华北、西北、西南、华东、华南、华中7个子市场。

2. 国际市场细分的意义

（1）有利于满足消费者的需求。市场营销观念认为，对顾客需求的满足是企业营销活动成功与否的关键。但在国际市场营销活动中，企业要面对众多不同国家和地区的消费者，不仅消费者的需求与偏好相差悬殊，而且各国的营销环境也各不相同，任何企业都无法同时满足所有国家和地区消费者的需求。只有对不同国家和地区的市场进行细分，企业才能根据消费需求的特点及自身的资源状况，选择相应的细分市场作为自己的目标市场，从而更好地满足这部分消费者的需求。

（2）有利于企业发现并抓住国际市场的营销机会，确定目标市场。通过市场细分，企业可以了解消费者的特征和市场需求状况，哪些需求已被满足，哪些需求尚未满足，哪些潜在需求可转化为现实需求，从而发现市场机会，并决定是否将它作为自己的目标市场。

（3）有利于企业集中资源，提升企业竞争力。企业资源是有限的，而且市场上存在着众多的竞争对手，通过市场细分，有利于企业把人力、物力、财力集中投到目标市场中，获得竞争优势，占领该目标市场。同时，企业也可以避开与强劲竞争对手在其他市场上的竞争。对于中小企业来说，市场细分的意义尤其突出，效果也更明显。

（4）有利于企业制定和调整国际营销组合策略。通过市场细分，企业可以充分了解细分市场的规模、消费需求的特征及对营销策略的反应方式，从而有利于企业在制定产品、价格、渠道和促销战略时做到有的放矢，更具有针对性。同时，也有利于企业及时掌握市场信息的变化，及时调整营销组合策略，使营销组合策略适应市场需求的变化。[2]

9.1.2 国际市场宏观细分（International Market Segmentation Macroscopically）

国际市场宏观细分是指企业根据影响各国市场需求的宏观因素，将国际市场细分为若干个宏观环境相近、市场总体需求相类似的子市场的过程。

理解国际市场宏观细分应注意以下两点：一是国际市场细分的依据是影响各国市场总体需求的宏观环境因素；二是进行宏观细分后的各子市场间在总体需求上存在较大差异，而各子市场内部则由于宏观环境相近而总体需求相类似。国际市场宏观细分的方法主要有以下几种。

1. 按地理因素细分国际市场

通常说，地理因素是国际市场细分最常用的变量。按地理因素，人们可以把全球市场大致划分为亚洲市场、欧洲市场、拉丁美洲市场和大洋洲市场。其中亚洲市场又可分为东亚市场、西亚市场、南亚市场等；欧洲市场又可分为西欧市场、北欧市场、东欧市场等。按此因素细分国际市场既切实有效，又简便可行。具体来说，这种细分方法具有以下优点：一是地理上接近的市场便于营销管理，便于企业集中采用相应的营销策略；二是处于同一地理区域的各国具有相同的或相似的自然条件、文化背景、地缘特点，使这些国家的消费习惯较为接近，可以当做一个市场来开发；三是随着区域一体化经济的发展，形成了许多经济区域市场，进入一个国家的市场就等于进入了一个区域的市场。

按地理因素细分属于同一个子市场的国家，有时虽然地理位置相近，但经济、政治或文化环境可能存在较大差异。如北美的加拿大、美国、墨西哥这三个国家虽然地理位置接近，但经济发展水平有较大差距，尤其是墨西哥的经济水平与美国不可同日而语。

2. 按经济因素细分国际市场

按经济因素细分主要是根据经济发展指标将各国进行归类，如国民生产总值、人均国民收入、经济增长率、基础设施发展水平等。其中最常见的方法是采用经济学家罗斯托的“经济发展五阶段”理论，将世界各国分为五类：第一类为传统社会阶段；第二类为起飞前夕阶段；第三类为起飞阶段；第四类为趋于成熟阶段；第五类为大众高消费阶段。

按经济因素细分国际市场的优点是同一个子市场的国家在经济发展水平或经济环境上比较接近，有利于企业按市场规模和质量来挑选目标市场及制定相应的营销策略。如英国联合利华公司曾根据不同国家的经济发展特点，开展有针对性的营销活动。在最低收入国家推出肥皂，在次低收入国家推出手洗洗衣粉，在较高收入国家推出机洗洗衣粉，在高收入国家推出纤维软化剂。

以经济因素细分市场的缺点在于，处于经济发展同一阶段的各国可能分布在世界各地，如果可供选择的目标市场较为分散，则不利于国际营销企业提高营销效率和加强国际营销管理。

3. 按文化因素细分国际市场

文化对国际营销的影响是全面而深刻的，如语言、宗教、价值观念等都可导致消费需求的变化。文化的各项因素均可作为细分国际市场的变量，用以划分国际市场。如按语言的不同，可把世界各国划分为英语国家、法语国家、阿拉伯语国家等，针对不同细分市场的语言习俗，在产品说明、市场促销等方面采取相应的营销策略。

依此细分国际市场适用于文化性较强的产品和服务的营销。但相对于按地理因素细分市场而言，这一细分方法具有市场分散，不便于管理的缺点；相对于按经济因素细分市场而言，则可能产生同一细分市场中因不同国家之间经济差距较大而导致的营销活动差异，如共同信仰基督教的国家经济发展水平可能有较大差距。最后，由于文化因素是软性因素，不同市场的容量很难测定。

9.1.3　国际市场微观细分（International Market Segmentation Microscopically）

国际市场的微观细分是指在国际市场宏观细分的基础上，企业再按照影响消费需求和购买行为的个体因素将市场进一步细化的过程。

1. 消费者市场的细分变量

营销人员必须尝试各种不同的细分变量或变量组合进行市场细分，以便找到分析市场结构的最佳方法。我们在此主要考察地理、人口、心理和行为等变量。

（1）地理因素。要求把市场细分为不同的地理区域单位，如国家、地区、州、城市或地段。企业可以选择在一个或几个地区经营，也可在整个地区经营，但要注意消费者需要和欲望的地区差异。

（2）人口因素。根据消费者的年龄、性别、职业、家庭规模、种族、宗教信仰等变量，可将市场分割成不同群体。人口因素是细分消费者群体的最为流行的依据，因为消费者的需要、欲望及使用率经常随人口变量的变化而变化；此外人口变量比绝大多数其他变量更容易衡量。即便用其他基础因素定义了一些子市场，如以个性或行为为基础的市场细分，借助于对人口因素的进一步了解，有利于企业评估目标市场的规模，高效率地开展市场营销活动。

（3）心理因素。用社会阶层、个性、生活方式来进行市场细分的方法越来越受欢迎，市场效果通常好于以人口或地理因素为细分依据的市场效果。这些细分因素让营销人员能真正理解消费者的内心，然后有针对性地拟定营销组合方案。

（4）行为因素。行为因素是指按照消费者的使用情况、追求利益、品牌忠诚度等购买行为因素划分市场。

- 购买时机。购买时机或情境也可以作为市场细分的基础。想象一下在购买一餐饭的过程中，可能影响购买决策的所有因素。一个学生在课间10分钟用以草草充饥的一顿饭与第一次约会时吃的大餐大不相同，与晚上一个人看电视时买来吃的一顿饭更不一样。每一种情境或购买时机都代表一个不同的细分市场，都可以作为目标市场。

  有五种状态特征可能影响购买行为，因此可作为细分市场的描述变量。这些状态特征是：一是物理环境，如商店或销售人员令人愉快还是令人讨厌；二是社会环境，如购买行为有没有被朋友或父母看到；三是时间情景，如做出决策的时间有多少；四是任务定义，即为什么购买产品和服务。如果是送人的礼物，是送女朋友、男朋友、父母还是上司；五是购买前态度，如购买者的心情如何，高兴还是悲伤、主动还是被动等。

- 追求利益。市场也可以以消费者对特定产品的性能或特征的偏好来细分。例如，超市的牙膏货架上，种类繁多的牙膏不仅有诸多的功能选择，如防止蛀牙、清新呼吸、控制牙垢、洁白牙齿等，而且还有不同的味道以供选择；航空服务分为头等舱、商业舱和经济舱；餐馆分为吸烟区和无烟区；邮寄分为普通服务和特快专递。在消费者偏好的基础上，企业能够拟定出个性化的营销组合，以满足消费者的需求。
- 使用者情况。可以按使用者情况将消费者分成不同群体，如非使用者、未使用者、潜在使用者、首次使用者和经常使用者。对潜在使用者和经常使用者应采取不同的营销手段。一般来说，市场份额大的企业应注意吸引新的使用者，而小的企业则应将注意力放在吸引现有大企业客户上。
- 使用率。市场也可被细分为很少使用者、一般使用者和大量使用者。大量使用者只占市场的一小部分，但在总购买量中却占了很高的百分比。以啤酒为例，有数据显示，虽然41%被调查的家庭都有购买啤酒，但大量使用者消费了其中87%的啤酒，几乎是很少使用者的7倍。很明显，啤酒厂商会更愿意花力量使一个大量使用者喜欢它的品牌，而不愿意去吸引几个很少使用者。因此，多数啤酒厂商瞄准啤酒的大量使用者，使用类似Schaefer's牌啤酒的广告宣传——“喝了几瓶时再喝一瓶”。[3]
- 品牌忠诚度。市场还可根据消费者的忠诚度进行细分。一些消费者是绝对忠诚，他们只认同或购买唯一的一种品牌（碧浪）、商店（家乐福连锁店）或企业（通用公司）；一些消费者是在一定程度上忠诚，即对一种产品的两三种品牌忠诚，或者最喜爱一种品牌，但有时也会购买其他品牌的产品；还有一些消费者则对任何品牌都不忠诚，他们或者每次都想买些不同的东西，或者只要是有产品就买，并不分什么牌子。

2. 生产者市场的细分变量

生产者市场的细分变量主要包括地理位置、用户性质、用户规模、用户要求、购买方式等。生产者市场细分的标准如表9-1所示。

表9-1 生产者市场细分标准

	细分标准	细分标准举例
地理	产业或行业	农业、制造业、建筑业等，钢铁、汽车、食品、化工等
	企业规模	大型、中型、小型
	市场集中程度	绝对集中度高、绝对集中度低，相对集中度高、相对集中度低
	地域—国家—地点	亚洲—菲律宾—马尼拉、欧洲—英国—伦敦、美洲—美国—华盛顿等
	基础设施	完善、不完善
购买特点	购买中心	使用者、影响者、采购者、决策者等
	购买规模	大、中、小
	购买方式	直接重复型购买、更改重复型购买、新任务型购买
	采购政策	不采购（租赁、服务合同）、系统采购、秘密招标采购等
	购买标准	追求质量、注重价格、重视服务等

资料来源：王纪中，方真. 国际市场营销［M］. 北京：清华大学出版社，北京交通大学出版社，2004：92-93.

3. 中间商市场的细分变量

中间商市场也称转卖者市场。中间商市场的细分变量也包括生产者市场细分中的地域、购买中心、购买标准、购买方式等细分标准。同时，由于中间商对交货时间和价格比较敏感，非常重视现货交易、广告补贴、折扣、信用保证等因素，所以这些也可以作为中间商市场细分的标准。

4. 政府市场的细分变量

政府市场购买的特点是产品多种多样，从工业用品到消费品几乎无所不包，且购买产品数量巨大。政府购买的主要方式是公开招标采购，世界各国政府都是本国货物和劳务的最大买主。政府市场细分的标准主要有地域、国家、产品、购买数量、购买标准等。其中，价格是最重要的因素。在政府市场上，非东道国企业一般缺乏竞争力；在一些市场体系不完善的国家，由于政府购买没有严密的组织、缺乏决策经验和有力监督机制，因此贪污受贿和权势介入等“暗箱操作”现象严重。

5. 市场微观细分的要求

与国内市场细分一样，国际市场微观细分也要求细分后的子市场符合以下要求。

(1) 可衡量性。这是指细分后子市场的规模和购买力是可以被衡量的。如果按照消费者的个性将消费群体划分为追求浪漫生活的人，一个国家有多少这样的人往往是无法衡量的，因此这种细分就是不符合要求的。

(2) 足量性。这是指细分后的子市场的规模应该足够大，这样企业才可能从市场上得到足够的利润，否则可能得不偿失。所以，有时不能将市场划分得很细，否则市场就不能保持足够的规模。

(3) 可进入性。这是指企业可以达到并服务于该子市场，包括三层含义：一是是否允许外国企业进入，如军用品市场；二是企业能否将产品或服务传递到消费者手中。如有些国家的某些消费群体是不固定的，难以开展有针对性的营销活动；三是企业是否有能力进入到该子市场，即企业在资金、技术、人才等方面是否具备进入该市场的条件。[4]

(4) 实效性。这是指企业的营销活动是否能取得相应的效果，即企业进入该市场是否有利可图。

9.1.4　国际市场细分的步骤（Steps of International Market Segmentation）

美国营销学者麦卡锡（E. J. McCathy）提出了市场细分的7个步骤，对于国际市场细分同样具有很高的指导意义。

1. 选定产品市场范围

产品市场范围应以市场需求，而不是产品本身的特征来确定。例如，某房地产公司打算建造一幢简朴的公寓，若只考虑产品特征，如房间面积、装修程度等，则会以低收入家庭为目标顾客，但若以市场需求角度出发，那些在市区拥有高档住房，但又追求乡间宁静的高收入家庭也可能是这种公寓的需求者。

2. 列举顾客的基本需求

企业应根据人文、心理、购买行为等因素，对潜在顾客的需求作大致的分析。比如房地产公司通过调查，了解消费者对上述公寓存在下列需求：遮风避雨、停放车辆、经济、安全、方便工作和生活、设计合理、工程质量、外来干扰小、物业管理齐全等。

3. 了解潜在顾客的不同需求

对于上述的基本要求，不同的顾客强调的侧重点也不相同。比如房地产公司发现，住宿在校外的大学生认为最重要的是遮风避雨、停放车辆、经济、方便上课和学习；新婚夫妇则把遮风避雨、停放车辆、外来干扰小、物业管理齐全作为重点；较大的家庭住户要求遮风避雨、停放车辆、经济、安全。这样，就把潜在顾客划分为三个不同群体，子市场也初步显现出来了。

4. 过滤掉潜在顾客的共同需求

共同的需求虽然重要，但只能作为策划市场营销组合的参考，不能作为市场细分的标准，而应以特殊需求作为细分标准。例如，遮风避雨、停放车辆、安全等几项是上述三类顾客群体的共同需求，因此必须过滤掉。

5. 赋予不同的子市场一个名称

根据潜在顾客基本需求上的差异，将其划分为不同的群体或子市场，结合群体特征，赋予每个子市场一个名称。例如，可把顾客分为好动者、老成者、新婚者、度假者等。

6. 对各子市场进行再度细分或合并

企业要对各个子市场的特征作进一步的调查研究，进一步分析潜在顾客群体的特点，以便决定对各子市场再度细分或加以合并，使企业能不断适应市场的变化。例如，房地产公司发现，新婚群体和度假群体在心理、购买行为等方面差异很大。虽然同样的公寓都能符合他们的需要，但企业应当采取不同的营销策略，把潜在顾客变为现实的顾客。因此，原来属于一个子市场的，现在就应分为两个单独的子市场。

7. 测量不同子市场的规模

把每个子市场与人口因素相结合，计算各个子市场中潜在顾客的数量，推断出各个子市场的市场规模和营销潜力，从中选择有利于企业发展的细分市场。对于那些规模较小，差异性不是特别明显的子市场，可以考虑将其合并到与其最相近的一个子市场；对于那些市场规模较小而差异性又很大的子市场，企业要在充分考虑成本收益的基础上再决定是否进入该市场。

9.2 国际目标市场战略（Strategy of International Target Market）

9.2.1 评估国际目标市场的标准（Standard for International Target Market Appraisal）

企业在进行国际市场细分后，要选择一个或几个细分市场作为自己的目标市场。所选择的细分市场应符合以下 4 个标准。

1. 可衡量性

细分的市场必须是可以衡量的，即用来划分市场大小和购买力的特征程度，应该是能够测定的，包括市场范围及市场容量的大小。某些细分变量很难衡量，如按心理变量进行细分时，测量具有“依赖心理”的青年人的数量，会相当困难，这个细分市场的大小就很难测量出来，市场细分也就失去了意义。

2. 可进入性

可进入性指的是企业能有效到达细分市场并为之提供服务的程度，即企业通过努力，能够在该细分市场上把自己的产品或服务推销出去的能力。一方面，企业的产品通过一定的分销渠道能到达市场。例如，公用事业一般都存在高度垄断，企业很难进入这些市场；另一方面，有关产品信息能通过一定的媒介被该市场的消费者所接收到。

3. 可盈利性

可盈利性指的是企业能从所选定的细分市场获利的程度，即细分市场的规模必须达到一定的规模，使企业能从该市场上获得一定的利润。如果细分市场规模过小，市场容量有限，而相应的生产成本和销售费用又较高，那么企业获利的机会很小，甚至可能亏损，企业也就失去了进入该细分市场的意义。

4. 差异性

差异性是指细分市场在观念上能被区别，并且对不同的营销组合因素和方案有不同的反应。进行市场细分的假定前提是不同细分市场的需求是异质的，而在某一细分市场内则是同质的，如果对同一营销组合方案，各细分市场的反应是相同的，那么，这样的市场细分对企业来说毫无价值。例如，如果在已婚的和未婚的夫妇之中，对香水销售的反应基本相同，该细分就不必再继续下去了。

9.2.2 影响国际目标市场选择的因素（Factors Influencing International Target Market Choices）

1. 国际目标市场的规模和潜量

目标市场规模太小，企业无法发挥资源优势，无法实现规模经济效益；目标市场规模过大，企业则无法有效控制或占有市场，反而为竞争对手的进入创造了条件或提供了缺口。

2. 目标市场的竞争结构及强度

企业应避免进入竞争激烈或已为竞争对手控制的子市场，而选择那些竞争对手力量薄弱，或竞争尚未完全受到重视而自身又拥有相对竞争优势的细分市场作为自己的目标市场。根据迈克·波特的分析，一个市场的竞争由供方、买方、现有竞争者、潜在进入者及替代品生产者五种力量组成，这五种竞争力量决定市场的竞争强度及盈利水平，企业在确定国际目标市场时，必须认真分析市场的竞争结构及竞争强度，避免和对手造成两败俱伤的局面。

3. 目标市场应符合企业的经营目标和资源条件

在目标市场的规模、潜量、竞争强度都较理想的情况下，企业还须考虑自身的情况。某些目标市场虽然潜力很大，但与企业的战略目标相背离，或者可能分散企业的资源而无法实现战略目标，对于这些目标市场只能放弃。另外，即使目标市场符合企业的战略目标，企业还须在该市场具备一定的竞争优势，如低成本、产品差异性等。否则，企业也不能选择自身无竞争优势的细分市场作为自己的目标市场。

9.2.3 选择国际目标市场的策略（Strategy of Choosing International Target Market）

在对不同子市场进行评估后，企业必须决定进入哪些市场和为多少子市场服务。企业一般有五种策略可以选择，如图 9-1 所示。

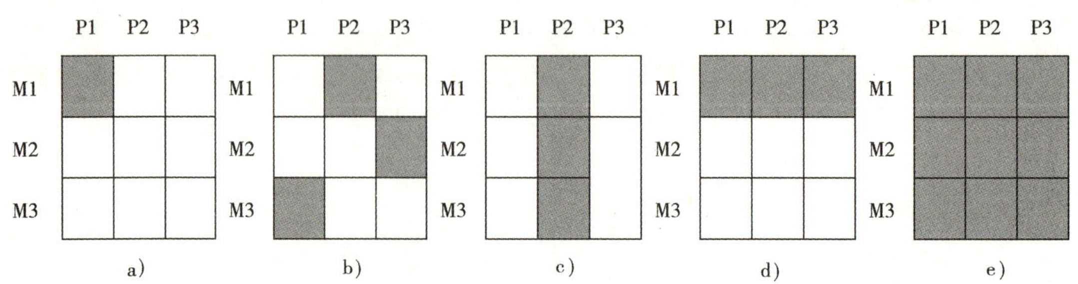

图 9-1 选择国际目标市场策略图

注：P 代表产品种类，M 代表市场种类。

资料来源：菲利普·科特勒. 营销管理［M］. 上海：上海人民出版社，2001：172.

1. 选择单一子市场

选择一个子市场，提供一种非常有特色的产品和服务。很多中小型企业选择这种策略。避免激烈竞争的同时，企业可以集中优势兵力在很小的范围内或市场上专注经营，以形成竞争优势，如北大方正的中文电子排版系统和金利来的男士职业服装。

企业通过专注单一市场，能够深入了解子市场的需要，树立特别的声誉，建立和巩固市场地位。另外，企业通过生产、销售和促销的专业化分工，可以使生产成本大大降低。

选择一个单一子市场的风险较大，一旦单一子市场不景气，企业的整体状况就会急剧恶化。20 世纪 50 年代，日本的九州地区由于煤炭业的蓬勃发展而经济异常景气，该地区人们都很富有。索尼公司的磁带录音机曾经在这一地区非常畅销。但是，随着煤矿的纷纷破产，整个地区经济情况的恶化，索尼的产品随即出现滞销。当时作为一个刚起步的小公司，全部业务和收入几乎完全依赖于该地区的市场销售。突然的销售滑坡使公司一时之间不知如何应对，后来终于通过提高其他地区的销售企业渡过了这个难关。

2. 有选择的专门化

选择几个子市场，提供不同的产品和服务。各个子市场之间联系很少或没有任何联系，然而每个子市场都可能赢利。选择多个子市场可以分散企业的风险，即使在某个子市场失败了，企业仍可在其他子市场获取利润。

放弃一些市场，侧重一些市场，以便向主要的目标市场提供有特色的产品和服务，能够避免正面冲突和恶性竞争。对于大型集团企业来说，则可分成若干相对独立的实体，分别服务于不同的客户群，如香格里拉集团在北京国贸中心拥有中国大饭店和国贸饭店两个不同档次的饭店。

3. 产品专门化战略

企业集中生产一种产品，向几个子市场提供这种产品。通过这种战略，企业在某个产品方面树立起很高的声誉。例如，销售传统相机，而不提供其他产品的企业，一旦传统相机被数码相机代替，企业就会发生危机。

4. 市场专门化

选择一个子市场，提供这个子市场的顾客群体所需要的各种产品。例如，企业可以为大学实验室提供一系列产品，包括显微镜、化学烧瓶及试管等。企业专门为这个顾客群体服务而获得良好声誉，并成为这个顾客群体所需各种新产品的代理商。其风险在于，如果大学实验室突然削减经费预算，企业就会陷入危机。

5. 完全市场覆盖

企业通过提供各种产品满足各种子市场的需求。只有大企业才能采取完全市场覆盖战略，如通用汽车公司（汽车市场）、微软公司（计算机操作系统市场）。大公司可用两种方法达到覆盖整个市场的目的，即无差异市场营销和差异市场营销。

（1）无差异市场营销。企业不考虑细分市场的区别，仅推出一种产品来追求整个市场，致力于顾客需求中的相同之处，而非他们的不同之处。为此，企业仅设计一种产品和制订一个营销计划来迎合最大多数的购买者。凭借广泛的销售渠道和大规模的广告宣传，旨在树立该品牌的超级形象。可口可乐公司早期的营销，就是无差异营销的例子。

制造业中的标准化生产和大批量生产，可以降低生产、存货和运输成本；无差异的广告方案可以缩减广告成本；而不进行细分市场的营销调研和计划工作，又可以降低营销调研和产品管理的成本，因此，无差异营销具有较低企业成本的优点。

当同行业中有几个企业都采用这种战略时，就会使整个市场内竞争加剧，而较小的子市场的需求得不到满足。这种追求整个市场的倾向被一些研究者称为“多数的谬误”。认识到这一谬误，能使企业增强进入较小的被人忽视的子市场的兴趣。

（2）差异市场营销。企业同时经营几个细分市场，并为每个细分市场设计不同的产品。例如，德国大众汽车公司为“财富目的和个性”各不相同的人生产不同的小汽车。

差异市场营销一般要比无差异市场营销创造更大的总销售额。然而，差异市场营销也会增加经营的成本，包括生产成本、管理成本、存货成本和促销成本。

某些企业因为过分地细分了市场，结果并不划算，它们转向“反细分化”或拓宽顾客基础。如强生公司把洗发水市场从婴儿产品扩大到成人产品。

我们有时会听到或看到这样的高论：“全国各地都是我们企业的市场，所有人都是我们的用户和潜在用户。”此话听起来很有企业家气魄，但恰恰是违背市场细分这一最重要的市场经济原则的具体表现，也是我国曾出现大量重复建设、一窝蜂上同样或类似项目，最后导致恶性竞争，资源浪费的根本原因之一。在21世纪初的国内消费品市场上，由于产品差异性很小，所以价格战、广告战在所难免。与此同时，很多用户的深层次需求无人去研究、去关注，产品的创新速度很慢，往往是跟在别人后面走。[5]

所以，聪明的企业必须要重视市场细分，要在子市场中选出用户需求最强烈，购买动力最大，有明显的回报和影响的子市场，并分辨出谁是第一目标用户群，谁是第二、第三目标用户群，谁是相应的竞争对手，从而更有效地制定市场战略与战术，达成企业的经营目标。

9.3 国际市场定位（International Market Positioning）

9.3.1 国际市场定位的含义（Implication of International Target Market）

所谓国际市场定位，是指企业在国际市场细分的基础上，根据目标消费者要求来给产品确定一个适当的位置。市场细分与产品市场定位是营销活动中不可分割的一对孪生兄弟。市场细分的目的是为了区别对待有着不同需求的消费者，把需求相同的消费者分为一组，以便企业选择适合自身发展的目标市场并为目标市场消费者提供合适的产品。而产品市场定位恰好就是通过研究这些不同组的消费者对某品牌产品的感知、认知、态度、需求等特性，并根据他们的需求充分优化产品中他们更为喜欢的方面，从而达到更加突出自己产品这些方面的特征，并使得自己的产品与自己其他的产品不同，使自己的产品与竞争对手的不一样。因此，市场定位所塑造的不是产品在市场中的物理位置，而是心理位置，它取决于购买者如何来认识这种产品。市场定位是企业营销活动的重要组成部分，其正确与否直接关系到营销过程的成败。

9.3.2 国际市场定位的因素分析（Analysis of International Market Positioning）

准确的市场定位是建立在对企业内外部环境因素认真、准确分析的基础之上的。企业在进行产品的市场定位时，应主要分析以下因素。

1. 市场分析

企业的生产经营活动是在一定的市场环境下进行的，市场条件的变化会对企业的产品市场定位产生重要的影响。因此，对于某一产品市场，或将要参与竞争的市场，企业的经营者必须做到对以下几点心中有数：

- 全局观念的市场到底有多大？
- 这个市场的增长率是多少？
- 当前的市场是如何被细分的？
- 当前的市场趋势是否能指明近期细分市场的主要变化？
- 目前企业参与竞争的是哪一细分市场，所占份额有多大？
- 竞争者所占有的市场份额有多大？

2. 竞争者分析

在市场定位中，对竞争对手的分析，从来都是企业格外重视的因素。特别是同行业中的竞争对手，其产品、价格、分销、促销策略会直接影响到本企业产品的市场地位。因此在分析了市场之后，企业还要进一步审视站在对面的竞争对手，看它的本事如何；同时在心里掂量自己是不是能竞争得过它。一个好的市场定位无非是要让自己的产品胜过竞争者，不断地扩展自己的市场占有份额。在市场定位营销策划时，企业经营者要尽可能多地了解对方，这样才能立于不败之地。

3. 本企业分析

要想在竞争中取胜，除了了解企业的外部环境外，还应对本企业的情况有客观准确地把握，只有这样才能真正做到知己知彼，才能做出正确的市场定位决策。本企业的关键问题包括以下几点：

- 从企业规模、市场份额、资金来源、历史记录和现行市场定位的记录看，企业在市场中所处的地位如何？
- 企业是处于领导地位还是仅仅是一个追随者？
- 企业的管理目标和策略是什么？
- 与竞争者相比，企业的优势和劣势是什么？

- 为实现目标，有哪些资源可供利用？
- 企业所处行业的关键性成功因素是什么？

9.3.3 国际市场定位的程序（Process of International Market Positioning）

目标市场定位的具体步骤主要包括以下几点。

1. 确认潜在的竞争优势

企业在进行市场定位时，首先应利用自己的竞争优势，提供比竞争对手更能满足消费者需求的产品和服务。实际上，只有两条可能的产品竞争途径：成本比对手低；或消费者认同的产品功能或特性比对手高，从而能抵消高价带来的不利。在第 1 种情况下，企业应重点寻求降低产品成本的途径；在第 2 种情况下，企业则应重点开发产品的独特功能，赋予产品特色。

2. 选择适宜的竞争优势

在多种竞争优势并存的情况下，企业必须运用一定的方法评估并选择出对企业最适宜的竞争优势，据以建立市场定位战略。企业通常会采用打分法，就是将本企业同竞争对手在各项目上的得分加以比较，从中选出最适宜企业竞争的项目作为有效市场定位的依据。

3. 传达精准的市场定位

正确的市场定位后，企业还必须通过一定的方式把产品的市场定位观念准确、及时、有效地传播给目标市场上的消费者。加大产品宣传力度是企业通常采用的方式。

9.3.4 国际市场定位的战略（Strategy of International Market Positioning）

1. 国际市场定位的依据

（1）依产品特色定位。如果企业的产品在某个方面相对于竞争者的同类产品具有明显的差异性，则可以以此作为广告宣传的诉求点，进行市场定位。依产品特色定位，强调的是其他产品所不具有的、能填补市场空白的某种产品属性，往往较容易被消费者接受。例如，北京全聚德烤鸭，依靠其独特的风味而获得广大消费者的喜爱。

（2）依消费者利益定位。如果企业产品可以给消费者带来新的利益，或者解决消费者关心的某些问题，则可以以消费者利益为诉求点进行市场定位。依消费者利益定位，让消费者感受到实实在在的实惠，因而更能打动消费者。例如，柯达公司推出的全自动傻瓜照相机，解除了许多消费者不会操作相机的烦恼，“只要一按快门，其余工作由我完成”的消费者利益诉求深入人心。

（3）依消费者类型定位。企业针对不同类型消费者的需求和偏好，对产品和其营销组合因素进行改进，使之符合消费者的需求和偏好，并以此作为市场定位的诉求点。依消费者类型定位，企业的产品能更好地满足不同类型消费者的需求和偏好，对消费者的营销刺激作用也更大，因此较容易实现预期的营销目标。例如，宝洁公司推出“海飞丝”、“飘柔”、“潘婷”三种洗发水，分别满足消费者去头皮屑、柔顺及护发的要求。

（4）依竞争者的产品定位。依竞争者的产品定位，企业可以有两种方法：可以通过与竞争产品进行针锋相对的对抗进行定位，把与竞争产品相同的特征作为定位依据，如可口可乐与百事可乐之间、麦当劳与肯德基之间；也可以与竞争产品进行回避定位，把与竞争产品在某一属性或特征上的不同作为定位依据。如统一冰红茶，强调自己是一种含茶的饮料，从而与其他饮料区别开来。

2. 国际市场定位策略

（1）对抗定位。对抗定位是指企业在目标市场上选择与竞争对手接近或相同的定位方式来确定自身的产品位置，在产品、服务、宣传、价格等方面展开针锋相对的竞争。例如，前述的可口可乐与百事可乐的竞争、麦当劳与肯德基的竞争、柯达与富士的竞争。对抗定位是一种以强对强、强强对话式的市场定位方法，适用于实力雄厚的大企业。在市场已存在地位牢固的大企业时，这种策略具有一定的风险性。如"汉堡王"在与"麦当劳"的对抗中败下阵来。采用这种定位策略需要具备三个条件：企业产品总体上优于竞争对手，或至少和竞争对手相同；目标市场具备相当的规模或潜量；这个市场定位能充分发挥企业的资源条件和竞争优势。

（2）回避定位。回避定位是指企业避开与对手直接竞争，而选择竞争对手忽略的市场空白作为自己的定位依据。这种策略能使企业迅速占领市场，并在消费者心目中树立企业形象，风险较低，成功率较高，因此为大多数企业所采用。回避定位的经典案例是七喜的定位。由于可口可乐在市场占据支配地位，与其进行正面竞争非常困难，于是七喜公司反其道而行之，把自己定位成"非可乐"的汽水，从而取得了巨大的成功。

（3）反向定位。反向定位是指企业主动说出自己的差距或缺陷，从而增加消费者对它的信任。反向定位具有较大的风险，如果消费者喜欢最好的产品或服务，这种策略会让企业的愿望落空。因此，在使用这种策略时，要强调存在的差距并不影响消费者的利益。反向定位的经典案例是美国的 Avis 汽车租赁公司，它公开承认自己只是汽车租赁业的老二，但强调自己更加努力。在实施反向定位策略后，该公司扭亏为盈。

（4）重新定位。重新定位是指企业为了改变产品在消费者心中的原有形象，采取一定的措施，重新建立产品在消费者心目中的新形象的行为。当企业原有的市场定位出现偏差或者说当消费者的需求偏好发生变化时，需要重新对产品进行定位。重新定位是企业适应市场环境变化的必要手段。

（5）"高级俱乐部"定位。"高级俱乐部"定位是指企业把自己与行业中公认的最强的几家企业划分为一个档次，借这几家企业来提升自己的地位。例如，克莱斯勒公司提出美国三大汽车公司的概念，把自己和通用、福特并列为三大汽车生产商，从而吸引消费者的注意力。这种战略适用于在行业中无法取得第一位置的企业。

（6）间接定位。间接定位是指通过对竞争对手的产品进行定位，而事实上达到为自己的产品定位的一种策略。这种策略适用于当消费者无法分清企业产品和竞争对手产品的时候。例如，Rapnael 是法国生产的一种葡萄酒，而 Dubonnet 是一种美国生产的葡萄酒，Rapnael 公司通过"每瓶少花 1 美元，你可以享受进口产品"的广告诉求，让消费者知道了 Dubonnet 是美国的产品，间接达到了明确自己纯正法国葡萄酒的市场定位的目的。

3. 常见的几种市场定位失误

（1）定位过低。定位过低也称定位不足。定位过低导致消费者对企业产品印象模糊，与竞争产品相比显示不出明显差异，或者这种差异被顾客认为不具有实质意义。例如，百事可乐公司在 1993 年推出清爽科里斯托饮料时，消费者并不清楚它在软饮料中的重要利益在哪里，对这种饮料也没有特别的印象。

（2）定位过高。定位过高也称定位过窄。定位过高导致无法吸引足够数量的消费者。例如，蒂万尼公司由于定位过高，使消费者认为该公司只生产 5 000 美元的钻石戒指，而事实上，它也生产人们可承受的 900 美元的钻石戒指。

（3）定位混乱。定位混乱导致消费者对产品印象模糊不清，使得消费者感到无所适从。定位混乱的原因包括企业定位主题太多、重点不突出、定位依据相互矛盾、频繁变换产品定位等。例如，史蒂夫·乔布斯的 Next 桌面计算机，首先定位于学生，然后是工程师，再后来是商人，结果都没有成功。

（4）定位怀疑。企业的定位不符合实际，提出的定位目标难以实现，导致消费者不相信企业在产品特色、价格或制造商方面的宣传。

本章小结

本章主要阐述了国际市场细分的相关概念和要素、如何进行国际目标市场细分、国际市场细分战略以及如何进行国际市场定位等问题。国际市场细分是市场细分的延伸，是市场细分理论在国际营销中的应用和深化，可分为宏观细分和微观细分两大类。选择国际目标市场的策略主要包括：选择单一子市场、有选择的专门化、产品专门化策略、市场专门化策略等。国际市场定位策略主要包括：对抗定位、回避定位、反向定位、重新定位、“高级俱乐部”定位和间接定位。

案例分析 9-1　BBC 的市场细分策略

BBC 的电视节目隶属于 BBC 两大节目生产部门——视频中心和新闻中心管理。新闻中心分为 BBC 新闻部、BBC 国内和地方新闻部、BBC 国际新闻部、BBC 体育部 4 个制作部门，负责 BBC 新闻频道、BBC 世界新闻频道和 BBC 国会频道的节目制作以及 BBC 所有电视、广播、网络新闻、体育节目的制作。

BBC 充分考虑了差异化的市场细分策略，在 BBC 新闻节目的基础上又先后注册了 3 个不同品牌，把新闻产品细分成 3 个专业新闻频道。其中 BBC 新闻频道以深度分析和评论见长，面向的目标消费群体为英国大众；BBC 世界新闻频道的特色是世界各地突发新闻直播，主要的目标收视群体为英国以外的观众；BBC 国会频道主要播放记录政党辩论、政客演讲的相关内容，目标收视群体为关心英国民主政治的公民；BBC 国内新闻频道滚动播放国内新闻，直播突发事件，目标收视群体为英国 49 岁以上的男性。各个频道又进一步针对不同收视群体细分成定位不同的新闻栏目，有针对性地播出，并且采取并机直播和相互重播的方式进行内容整合、介质整合，以取得最佳传播效果。

资料来源：李燕吉．市场细分视角下 BBC 电视新闻节目的运营策略［J］．电视研究，2011 年07 期．

案例讨论

1. 依据本章所学知识，谈谈 BBC 进行市场细分依据的标准是什么？
2. 你认为 BBC 的市场细分战略是否成功？

案例分析 9-2　麦当劳的国际市场细分

麦当劳作为一家国际餐饮巨头，创始于 20 世纪 50 年代中期的美国。由于当时创始人及时抓住高速发展的美国经济下的工薪阶层需要方便快捷的饮食的良机，并且瞄准细分市场需求特征，对产品进行准确定位而一举成功。如今麦当劳已经成长为世界上最大的餐饮集团，在109个国家开设了2.5万家连锁店，年营业额超过34亿美元。

麦当劳根据地理要素细分市场，将其市场细分为美国国内市场和国际市场。不管是在国内还是国外，麦当劳都充分考虑了饮食习惯和文化背景的差异。如美国东西部的人喝的咖啡口味是不一样的。通过把市场细分为不同的地理单位进行经营活动，从而做到因地制宜。

每年，麦当劳都要花费大量的资金进行认真严格的市场调研，研究各地的人群组合、文化习俗等，再书写详细的细分报告，以使每个国家甚至每个地区都有一种适合当地生活方式的市场策略。

例如，麦当劳刚进入中国市场时大量传播美国文化和生活理念，并以美国式产品牛肉汉堡来征服中国人。但中国人爱吃鸡，与其他洋快餐相比，鸡肉产品也更符合中国人的口味，更加容易被中国人所接受。针对这一情况，麦当劳改变了原来的策略，推出了鸡肉产品。在全世界从来只卖牛肉产品的麦当劳也开始卖鸡了。这一改变正是针对地理要素所做的，也加快了麦当劳在中国市场的发展步伐。

资料来源：http：//blog. sina. com. cn/s/blog_ 49559c590100dcim. html.

案例讨论

1. 依据本章所学知识，谈谈麦当劳进行市场细分依据的标准是什么？
2. 结合本案例，谈谈餐饮业选择国际目标市场时需考虑哪些因素？

复习题

1. 国际市场细分的意义是什么？
2. 阐述国际市场微观细分的具体要求。
3. 选择国际目标市场时需考虑哪些因素？
4. 如何进行国际市场定位的因素分析？
5. 国际市场定位的策略有哪些？

思考及实践题

零售市场风云变幻，迫使商家不断寻找新的方向。一个引人注目的现象是，各路英豪一边经营传统市场，一边又将目光锁定在中高收入人群，以高端超市业态拓展发展空间，占领市场竞争的制高点。据悉，国内最大的连锁企业华润万家在上海开设了 Ole’超市。与遍布全国的传统超市有所不同，该超市定位于中高端市场，经营的商品品类中，进口商品超过70%，既有食品，也有咖啡吧、时尚精品等，目标客户瞄准的是都市中高级白领、外籍人士、有海外生活经历的特定人群。

华润万家经理俞洁对记者表示，开设高端超市是适应目前消费升级和市场细分需要，针对不同的消费人群所做出的选择。从目前情况看，华润万家在北京、深圳、杭州等地开设高端超市后，销售业绩年增长率有望达到10%以上，从而成为新的利润增长点。

资料来源：国际商报，2010年9月14日第008版.

讨论题

1. 以零售业为例，谈谈进行国际市场微观细分时，应考虑哪些因素?
2. 你认为开设高端超市应注意哪些问题?
3. 你所居住的城市是否有类似案例中的高端超市? 你对此类超市的发展前景如何评价?

本章注释

[1] 逯宇铎，常士正．国际市场营销学［M］．北京：机械工业出版社，2004.
[2] 菲利普 R. 凯特拉奥，等．国际市场营销学［M］．周组城，等译．12 版．北京：机械工业出版社，2005.
[3] 王纪中，方真．国际市场营销［M］．北京：清华大学出版社，北京交通大学出版社，2004.
[4] 李强．市场营销学教程［M］．大连：东北财经大学出版社，2004.
[5] 菲利普·科特勒．营销管理［M］．上海：上海人民出版社，2001.

Part IV

第四篇

国际市场营销策略

International Marketing Mix

第 10 章
Chapter 10

国际市场营销的产品策略
International Product Strategy

重点词汇

Marketing Mix The mix of controllable marketing variables that the firm uses to pursue the desired level of sales in the target market. The most common classification of these factors is the four-factor classification called the "Four Ps (4Ps)" ——price, product, promotion, and place (or distribution). ㊀

Product Mix The full set of products offered for sale by an organization. The product mix includes all product lines and categories. It may be defined more narrowly in specific cases to mean only that set of products in a particular product line or a particular market. ㊁

Product Assortment The collection of products (items, families, lines) that comprise the offering of a given seller. Though sometimes thought to be only a collection of categories of products, more common usage makes the term similar to product mix. Product assortment is used more by resellers; product mix more by manufacturers. ㊂

Product A bundle of attributes (features, functions, benefits, and uses) capable of exchange or use; usually a mix of tangible and intangible forms. Thus a product may be an idea, a physical entity (a good), or a service, or any combination of the three. ㊃

Standardization Strategy To sell the same product without change in the international marketplace.

Adaptation Strategy To modify product for different target markets to meet the local customer's needs.

Brand A name, term, design, symbol, or any other feature that identifies one seller's goods or service as distinct from those of other sellers. The legal term for brand is trademark. A brand may identify one item, a family of items, or all items of that seller. If used for the firm as a whole, the preferred term is trade name. ㊄

㊀㊁㊂㊃㊄ American Marketing Association. http://www.marketingpower.com/.

导入案例

摆脱“苦笑曲线”——让品牌代表中国制造

一位日本前首相讲演时曾说，丰田是我的左脸，松下是我的右脸。但在中国，哪个产业，哪个品牌，可以代表国家的脸面。在著名的微笑曲线的两端，设计和品牌意味着更高的附加值，但在中国制造这里，大多数时候，情况却是“苦笑曲线”，设计和品牌隐藏在制造的巨大阴影之下。

即使是进入梅西、老佛爷这样的销售场所的大牌，你也可以见到被贴牌的“中国制造”商品，可惜的是，为繁荣世界市场立下汗马功劳的中国制造，自己的品牌并没能在国际市场上“登堂入室”，享受礼遇，却被几乎所有上档次的营销场所拒之门外。不够大牌的“中国制造”在国际市场上往往出现在99美分店、低端超市里。在国外受到排挤的中国品牌，在中国的高档商场也受到同样的命运。在北京王府井大街，上海南京西路、淮海中路的高档商场里，你可以看到LV、Prada等各国各种高档品牌，却很难看到中国国产品牌的身影。

在过去的30年中，中国企业主要做的是年复一年地承接外贸订单，加班加点地生产来料加工的产品，并且出口到国外，挣着“辛苦钱”。这种辛苦有时甚至还伴随着资源和环境的成本，备受争议的富士康也是蜗居在微笑曲线的最低端。美国一家市场调查机构提供了这样的数据：苹果公司每台iPad，售价是499美元，成本为260美元，而富士康为其组装，费用为11.2美元，只占其成本的4%，占其售价的2%多一点。

“由于外方控制了收益最高的设计、研发、品牌等环节，过度依赖外资企业出口和加工贸易，不但不能为中国经济带来相应的利益，反而会使国内产业产生空洞化的趋势。”轻研发、轻设计、轻品牌、轻服务，在只顾埋头制造的中国企业这里，微笑曲线变成了“苦笑曲线”。尽管中国已是世界第二大的经济体，品牌研究机构Interbrand发布2010年“全球最佳品牌榜”上，中国品牌依然在全球最佳100品牌榜上无名。

一个品牌要成为在国际上有影响力的品牌，首先要成为国内强势品牌。但是中国目前的经济结构、分配结构，使得国内消费市场一直处于非合适水平，消费者没有能力去支付品牌的溢价；另一方面，有利于自主品牌成长的法律法规体系不够完善也阻碍了企业投入品牌的热情。无论宏观体制上还是微观体制上，中国都还没有形成让自主品牌更加顺利成长和发展的机制。

蜗居在“苦笑曲线”低利润制造端的中国企业，转型是大势所趋，中国制造到中国创造也是必由之路。转型注定很艰难，但绝不是不可实现的。事实上，西方的欧洲、美国曾经走了这条路，亚洲的日本、中国台湾地区、韩国也走过这条路，这些国家和地区转型的过程都历经痛苦，但最终结果都比较成功。

比如，美国在1900年左右基本上完成了工业革命，成为了世界最大最强的制造业中心。随着日本以及后来韩国、中国台湾地区的工业化，美国在许多制造业领域渐渐失去了竞争力。但是，就是从那个时候开始，美国经济已经静悄悄地发生了又一次革命，电脑软件和互联网为代表的信息与通信技术产业异军突起，深刻地改变了美国的经济结构，彻底刷新了美国经济面貌，继续成为全球经济的领袖。

中国需要一场品牌革命，中国的品牌包括国家品牌、区域品牌、产业品牌、企业品牌、产品品牌，它们在世界范围内的崛起，既是中国未来30年发展的最重要的杠杆，又是最重要的任务和最重要的标志。

资料来源（节选自）：刘琼：摆脱“苦笑曲线”——让品牌代表中国制造．第一财经日报．2010年09月29日．http：//business. sohu. com/.

全球经济低迷，企业利润下滑，不断挑战企业的生存能力。中国企业数十年“费资源多污染、费力气不赚钱”的境遇，更是雪上加霜。企业的转型升级和品牌的塑造与传播，是所有企业亟待解决的重要难题，对于位居低利润制造端的中国企业如何破题尤为迫切。

与此同时，企业的国际化竞争中，产品策略还涉及在一个国家或区域市场大获成功的产品，是否可以推而广之到其他海外市场，乃至全球市场；市场拓展中，是否需要对产品做出修改和调整？怎样修改，修改的程度有多大？还是推出适合目标市场的全新产品；产品应该采用什么样的品牌策略；以及采用怎样的产品包装策略以适应目标市场的法律、法规和标准要求并赢得消费者认同和喜爱？除此之外，企业还要考虑基于产品策略基础上的定价策略、渠道策略和促销策略，即营销组合策略的制定和实施。

因此，对于从事国际市场营销的企业而言，更广阔的国际市场，更复杂多变的市场环境，更多元化的消费者需求和更激烈的竞争态势，体现在企业营销组合（Marketing Mix）策略的制定上，需要考虑的因素更多，决策过程更复杂，面对的挑战也更艰巨。

营销策略组合包括产品策略（Product Strategy）、定价策略（Pricing Strategy）、渠道策略（Place Strategy）和促销策略（Promotion Strategy），也就是我们通常所说的4P策略。在国际市场营销组合中，产品是最核心和最重要的要素。离开了产品，定价、渠道和促销便失去了意义。具有竞争力的产品，是企业成功开拓国际市场的前提。产品策略是国际市场营销策略的基础，是制定其他策略的核心和出发点。

10.1 产品及相关概念（Product and Related Concepts）

10.1.1 产品（Product）

产品是指由公司提供的，用于满足需求的任何东西。产品可以是创意，也可以是有形实体，还可以是一种服务，甚至可以是以上三者的混合。例如，星巴克的咖啡，是“魅力小资”，是咖啡，也是“家和公司之间的第三地点”。营销学中的产品与我们生活中所提到的产品在概念上并不完全相同。生活中的产品通常是指有形的产品，例如，桌子、钢笔、瓶装水、电脑、房子等实体产品，是狭义的产品。而营销学中的产品是一个广义的概念，既包括上面提到的实体产品，也包括旅游服务、金融理财、演唱会、保险咨询等无形产品，还包括产品与服务的组合。市场提供（Market Offerings）一词，可以更好地阐明广义的产品概念，也可以清晰地区分广义的产品概念和狭义的产品概念。但为了保持4P的一致性，在大多数的情况下，营销学中仍旧沿用产品（Product）的说法，本书也是如此。

10.1.2 产品的构成（Product Components）

站在消费者的角度，产品是消费者获得的一系列的满足或效用，不仅包括产品的功用、外形、质地、包装、标签，还包括品牌提供的信心、制造商的声誉、拥有和使用产品时所获得的其他效用以及服务。如图10-1所示，整体产品有3个层次（Product Level）：核心产品、形式产品和附加产品。

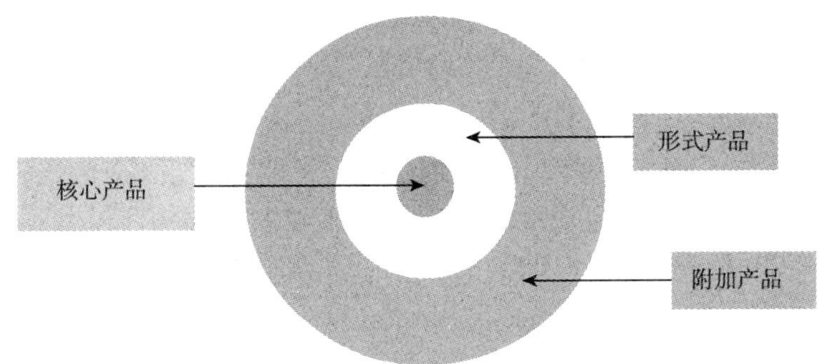

图10-1　整体产品概念

1. 核心产品

核心产品（Core Product）是企业产品概念形成的出发点，是消费者购买产品时所追求的基本利益。就像露华浓广为人知的一句话："在工厂，我们生产化妆品；在商店，我们出售希望。"人们购买化妆品，所希望获得的最基本的、最核心的利益是可以变得更加美丽。

2. 形式产品

形式产品（Physical Product）又称有形产品，是产品核心利益得以实现的物质载体，主要包括质量、设计、规格、品牌和包装等。例如，人们购买汽车，追求的最基本利益是代步工具，而满足消费者需求的产品可以是来自德国的奔驰S500，也可以是中国自主设计制造的吉利自由舰；可以是两门的高尔，也可以是微型车尺寸、轿车配置的奇瑞QQ。在竞争日益激烈的国际市场，形式产品的差异化成为企业提升产品竞争力的重要手段和方法。

3. 附加产品

附加产品（Augmented Product），又称外延产品或延伸产品，是企业提供给消费者的所有附加服务或利益的总和，是消费者所期望的无形利益。附加产品主要包括咨询服务、提供信贷、送货服务、安装保养、产品保证、售后服务和技术支持。哈佛大学教授李维特曾经说过："未来竞争的关键，不在于能生产什么产品，而在于产品提供的附加价值，安装、服务、广告、用户咨询、购买信贷、及时交货和人们以价值衡量的一切东西。"这正是对附加产品内容、功能在未来竞争中重要作用的一种预测。

产品整体概念提示我们，企业之间产品的竞争，已经不仅仅局限于核心产品的竞争，更多的是来自于形式产品和附加产品的竞争。识别和把握消费者对于产品核心功能以外的消费期望，开发满足消费者潜在需求的产品，对于从事国际市场营销的企业来说，尤其复杂而艰巨。只有真正满足消费者需求的产品，才可能成为成功的产品。

2011年苹果公司创始人乔布斯的辞世，再度引发营销界对于苹果公司成功的思考。2012年苹果iPhone4S在中国首发的抢购热潮，全球消费者对于苹果产品的追捧，让曾经以精准定位中国消费者赋予手机的态度和功能诉求，有效满足消费者潜在需求的差异性产品而占据中国手机市场半壁江山的国产手机厂商，再次反思面对千变万化的市场需求，产品创新和品牌价值的重要性。

营销透视 10-1

苹果公司何以走到今天

在 2010 财务年度，苹果公司的营业收入达到 652 亿美元，净利润达 140 亿美元，分别比 2009 财务年度增长了 152% 和 170%。苹果公司的股价也再创新高，2011 年 4 月底，其股价为每股 350 美元，市值达 3 238 亿美元，为全球市值最高的 IT 企业。是什么造就了苹果公司今天的辉煌?

产品战略的本质：用户体验至上

苹果公司的成功来自于对人们如何使用计算机设备的透彻理解，以及开发“酷毙了的产品(insanely great)”的高度承诺。苹果的产品是个人工具，帮助个人解决问题。因此，苹果公司专注于个人用户的体验，不断推出能更好满足消费者体验的产品。从 iPod 到 iPod Touch，从 iPhone 到 iPhone 4，从 iPad 到 iPad 2，苹果公司每一次产品升级，都大大提升了消费者的用户体验。

设计思想：另类思考

苹果特别推崇设计时的简单易用。设计时专注于顾客的想法和需求，专注于简单易用，抓住用户体验这一最实质的东西。从设计意图，到概念的提出，到实现概念的整个产品设计过程，一直到用户使用该产品的体验，最后到外在的华丽外形，都体现了“简单即终极复杂”的设计理念。因此，当苹果产品以精致诱人的造型面市时，产品本身就已经超越了时尚。

企业文化的灵魂：创新

创新文化，使得苹果几乎每年都有新的产品问世。苹果推出的几乎每一款产品，都带给客户最新的体验，引领着时代的潮流。1978 年 4 月推出的苹果 II 是当时最先进的计算机；1983 年推出的丽萨（Lisa）计算机也是当时世界上最先进的；1984 年推出的麦金塔计算机(Macintosh)，设计精美、技术领先，是当时最容易使用的计算机。乔布斯回归苹果之后，先于 2001 年 1 月份发布了用于播放、编码和转换 MP3 文件的工具软件 iTunes，改变了流行音乐世界；2001 年 11 月推出了引领音乐播放器革命的 iPod，以及用于将 MP3 文件从 Mac 上传输到 iPod 上的工具软件 iTunes 2；2007 年 6 月推出了改变智能手机市场格局的 iPhone；2010 年 4 月发布的 iPad 则让平板计算机成为一种潮流，极有可能改变 PC 行业的未来发展。

“精致”、“高雅”、“酷”、“自由”已经成为苹果公众形象的一部分。作为时尚新宠，iPhone 和 iPad 俨然是一种符号，或者是一种身份的象征。

资料来源：陈武朝，价值中国网，2011 年 12 月 27 日，http：//www. chinavalue. net.

10. 1. 3 国际产品生命周期（International Product Life Cycle）

1. 产品生命周期理论

产品生命周期理论是美国哈佛大学教授雷蒙德·弗农（Raymond Vernon）1966 年在其《产品周期中的国际投资与国际贸易》一文中首次提出的。在产品生命周期理论中，一个产品的销售历史好比人的生命周期一样，经历从出生、成长、成熟、老化到死亡等阶段。就产品而言，则要经历一个开发、引进、成长、成熟、衰退的阶段。产品生命周期是产品的市场寿命或经济寿命，典型的产品生命周期一般可以分成 4 个阶段：导入期（Introduction Stage）、成长期（Growth Stage）、成熟期（Maturity Stage）和衰退期（Decline Stage）。在整个产品生命周期中，企业的销售、利润呈现出由弱到强，又由盛及衰的过程（见图 10-2）。

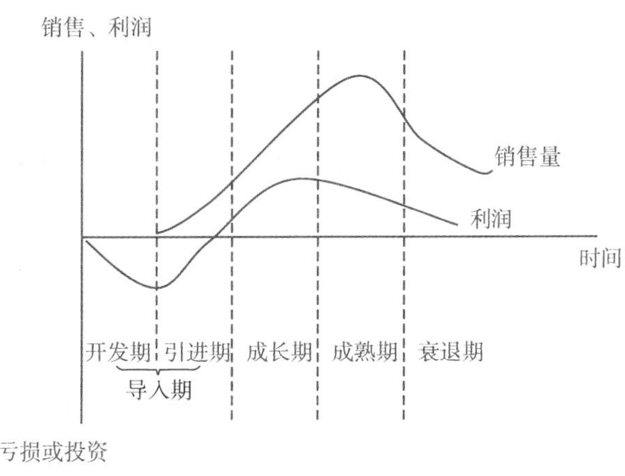

图 10-2　产品生命周期（PLC）

2. 国际产品生命周期

为了延长产品的生命周期，赚取更多的利润，企业需要不断进行产品创新和市场创新。产品创新是指通过不断的产品研发、改进、改良等措施，尽可能地缩短产品导入期，延长产品成熟期，推迟产品衰退期，从而达到增加销售额，提升利润的目的；而市场创新，是指企业将产品引入其他新兴市场，实现产品的市场转移，从而在全球市场范围内延长产品的生命周期。

营销透视 10-2

海外，确有一片蓝天

进入 21 世纪以来，由于中国国内市场包括北京在内的 170 多个大、中城市刮起的“禁摩”、“限摩”之风，对中国摩托车生存环境造成恶劣影响，使得中国很多的摩托车生产企业为了自身发展的需要，不得不将目光盯上了广阔的国际市场，在那同样也充满着竞争的国际摩托车市场打拼、开拓，在那里创造着属于中国摩托车生产企业的一个又一个的奇迹。

重庆摩帮就是海外奇迹创造者中的一支强大生力军。据重庆海关提供的资料显示，重庆市的摩托车出口一直呈现量质齐增的良好势头，重庆市 2005 年累计出口摩托车 173.3 万辆，较 2004 年同期增长 19.7%；价值 5.9 亿美元，增长 18.7%。私营企业是出口的主力军，2005 年私营企业出口 124.6 万辆，增长 78.1%，占同期重庆摩托车出口 71.9%。2005 年，重庆市有摩托车出口业绩的企业多达 96 家，其中重庆力帆实业（集团）进出口有限公司出口 27.8 万辆，几乎与上年持平；隆鑫集团进出口有限公司出口 22.4 万辆，增长 20.6%；重庆宗申集团进出口有限公司 19.4 万辆，增长 4.3%；重庆劲隆科技集团进出口有限公司 18.1 万辆，增长 1.6 倍；嘉陵集团对外贸易发展有限公司 10.4 万辆。以上出口数量排名前 5 位的车厂总共出口摩托车98.1万辆，占全市出口总量的56.6%。

据中国海关统计，2006年上半年，我国摩托车出口433.3万辆，比上年同期增长39.2%；出口金额达15.5亿美元，同比增长54.2%，再创我国摩托车出口的历史最好水平。同时出口平均单价也从上年同期的322.59美元增长到357.5美元，增长10.8%。据重庆市汽车办副处长谭晶宇称，2006年上半年重庆生产摩托356.4万辆，销售356.5万辆，同比增长50%和50.7%，超出全国平均水平15个百分点。上半年，重庆摩托出口109.1万辆，同比增长58%。重庆生产的摩托近1/3在用于出口。

资料来源：重庆摩帮在行动之三：为了海外那一片蓝天［R］．中国摩托车网，2006-9-28. http：//www. mtuo. com.

重庆摩托车生产企业的经历给了我国企业很多启示。在全球环境问题日益突出的大背景下，环保意识的不断提升和我国可持续发展战略的实施，一些产品（如不利于环境保护的产品）必然被淘汰。如何实现这些产业在全球范围的转移，国际产品生命周期理论给出了一个理论的指导和依据。

3. 国际产品技术生命周期

国际产品技术生命周期理论认为，一个产品的技术发展阶段大致分为：新产品阶段、成熟阶段和标准化阶段。

（1）新产品阶段。技术上的新发明是知识密集型产品，需要大量的研发费用和技术资源，因此，少数拥有创新优势的发达工业国家往往是新产品的生产国和出口国。

（2）成熟阶段。随着技术日渐成熟，市场需求增加，原来的产品进口国迅速掌握了技术，使大量生产成为可能，产品从技术知识密集型向技能密集型和资本密集型转变，生产国和出口国转向其他发达国家。

（3）标准化阶段。技术的老化和生产过程的标准化，比较优势转移到了拥有低廉的劳动力成本的国家手中，发展中国家取代发达国家成为主要的生产国和出口国。

4. 国际贸易生命周期

站在国际贸易角度，与国际产品技术周期相对应的是国际贸易生命周期。在新产品阶段，少数拥有创新优势的发达工业国家是主要的生产国和出口国；在技术成熟阶段，生产和出口国转向其他发达国家；到了技术标准化阶段，发展中国家又取代发达国家成为主要的生产国和出口国（见表10-1）。贸易出口国呈现出由少数发达工业国家向其他发达国家，再向发展中国家转移的趋势。

表10-1 国际技术生命周期与国际贸易生命周期

国际产品技术周期 / 国际产品贸易周期	新产品阶段	成熟阶段	标准化阶段
少数发达工业国家	生产国 出口国		
其他发达国家		生产国 出口国	
发展中国家			生产国 出口国

5. 国际产品生命周期理论的现实意义

（1）立足国际市场营销，研发全球产品。国际市场营销中，产品在生命周期的不同阶段不可避免地发生区位转移，国际化企业为了最大限度地开发国际市场，应该在产品研发之初就着眼于全球市场，开发全球产品，以满足产品生命周期不同阶段中不同目标市场的需求。福特公司于 1998 年和 1999 年分别在欧洲和美国市场上市的新版福克斯，在产品的设计上差异很小，而且福克斯的生产平台还可以应用于新一代的马自达 323、沃尔沃 S40 以及沃尔沃 V40 的生产，这是立足于全球市场进行全球产品设计的很好例证。[1]

（2）增强企业创新意识，占据市场主动。根据国际产品生命周期理论，任何一种产品都有市场寿命，都不可能畅销不衰。只有不断创新，适时地推出新产品或开发产品新的功能属性，加快产品升级换代，延长产品的生命周期，才能使产品和企业在强大的国际竞争对手和激烈的国际市场竞争中取得主动。2000 年，我国知名家电品牌“美的”，在全球家电产品功能趋同的市场竞争中，以新的款式和设计为产品提供新的附加值，新产品的推出速度一度达到每 3 天一个新产品，从而在国际市场竞争中赢得主动。

（3）延长产品生命周期，抢占国际市场。延长产品的生命周期，除了不断创新以外，还可以通过区位转移实现。由于同一产品在不同的国家往往处于生命周期的不同阶段，调整产品出口的市场结构也可以实现产品生命周期的延长，从而为企业获取更多利润。我国摩托车产业在中国政府“禁摩”、“限摩”政策出台之后，迅速转向海外市场，目前已成功立足欧洲、非洲和东南亚市场。

（4）抓住产业转移时机，拓展发达国家市场。由于各个国家和地区在技术水平、资金、人力资源、生产资源、环境资源等方面的差异，同一产品在世界上的不同国家和地区经常会处在不同的技术阶段，各个国家和地区在国际贸易中也扮演了不同的角色。依据国际产品技术周期理论，中国企业既可以抓住发达国家成熟产业向海外转移的有利时机，发挥自身制造优势，尽快加入国际产业链条中，又可以通过积极的海外市场拓展，延长产品生命周期，获取更大的市场机会。

营销透视 10-3

中国彩电只培养了工厂没有培养出品牌

当年一味追求规模的彩电企业在品牌的收获上只获得了一面写有自己企业商号的旗子，这面旗子上除了疯狂的价格呐喊声之外没有太多市场信用的积累，虚幻的优势也导致我们的彩电战略至今没有瞄准彩电工业体系内生能力的培养。

主导中国彩电工业发展的主要路线被称为“规模放大型”路线。借助中国彩电市场生产要素价格低廉的特点，把发展的重点放在了产品价格的降低上，凭借国内彩电巨大的内需容量，拼命地放大产量从而降低价格。在市场短缺时代，这种循环有无往而不胜的感觉。但在如今，彩电产品在全球可以覆盖更大市场的形势下，这样的模式已经很难盈利。

中国彩电前 20 年的发展战略实质上是单一的低价格生产要素的依赖化的生存，这是我们只发展出了工厂，而没有发展出品牌的真实原因。工厂是产品价值形成的一个环节，而非竞争性工具，品牌是参与国际竞争的工具。一个国家或者是一个企业只去培养环节而不去培养竞争工具的话，就不会有国际竞争的优势。跨国彩电企业在中国的竞争优势实际上是自己的技术、组织与管理变量与中国生产要素的乘数，而中国彩电企业竞争所依赖的是跨国竞争对手可以轻易获得的低成本资金、低成本劳动力等没有差别的低层次的生产要素，这些生产要素是企业竞争需要的外生变量，是可以用技术、组织、管理这些组织内生变量去控制使用的生产要素，其在创造品牌的过程中属于后决条件，而非先决条件。

资料来源：罗清启．中国彩电只培养了工厂没有培养出品牌［R］．2007-10-30. http：//www. sh360. net.

从上面的案例可以看到，成为世界的加工厂，仅仅是中国企业走向世界，参与国际竞争的阶段性目标或者必须经历的过程。只有充分利用国际产品生命周期理论，站在全球高度，立足全球市场，主动研发创新，才会从廉价的“中国制造”实现向“世界著名品牌”、“中国创造”的迅猛转变。

10.2 国际市场营销的产品决策（International Product Decisions）

产品决策是国际营销组合决策的核心，是其他营销决策制定的出发点。与国内产品决策相比，国际市场营销的产品决策所涵盖的范围更广，要考虑的问题更多，面对的市场环境和消费者更复杂。

国际产品决策包含两个层面，一个是公司层面的涵盖全部产品的决策，即产品组合决策，另一个是单个产品层面的决策，即是在全球市场销售标准化产品，还是为每一个目标市场设计、提供差异化产品的决策。

因此，企业的国际产品决策包括产品组合决策、产品标准化决策和差异化决策、品牌决策以及包装设计决策等。

10.2.1 国际市场营销的产品组合决策（International Product Mix Decisions）

1. 产品组合概念

（1）产品组合（Product Mix），又称产品搭配（Product Assortment），是一个企业生产经营的全部产品线、产品项目的集合，或者说是一个企业生产经营的全部产品的构成。

（2）产品线（Product Line），又称产品大类。企业按照一定的分类标准对企业生产经营的全部产品进行划分，每一组密切相关的产品构成一个产品大类或产品线。在图 10-3 中，每个纵列代表一条产品线。因此，联合利华（中国）有限公司在中国市场上共有 3 条产品线，即 3 大类产品，分别是家庭及个人护理用品、食品及饮料和冰淇淋。

（3）产品项目（Product Item），指的是产品线中不同规格、型号、款式、档次、特色、价格水平的具体产品，例如，金纺、立顿红茶、和路雪等都是产品项目。

（4）基本因素（Basic Factor）。构成产品组合的 4 个基本因素或 4 个基本特征是产品组合的宽度、长度、深度和相关性。

（5）产品组合的宽度（Product Width），是指一个企业生产经营的产品线的多少。一个企业生产经营的产品线越多，产品组合也就越宽，反之组合就越窄。在联合利华的例子中，公司拥有 3 条产品线，因此产品组合的宽度为 3。

（6）产品组合的长度（Product Length），指产品组合中所有产品项目的总数。图 10-3 中联合利华的产品项目数为 26。

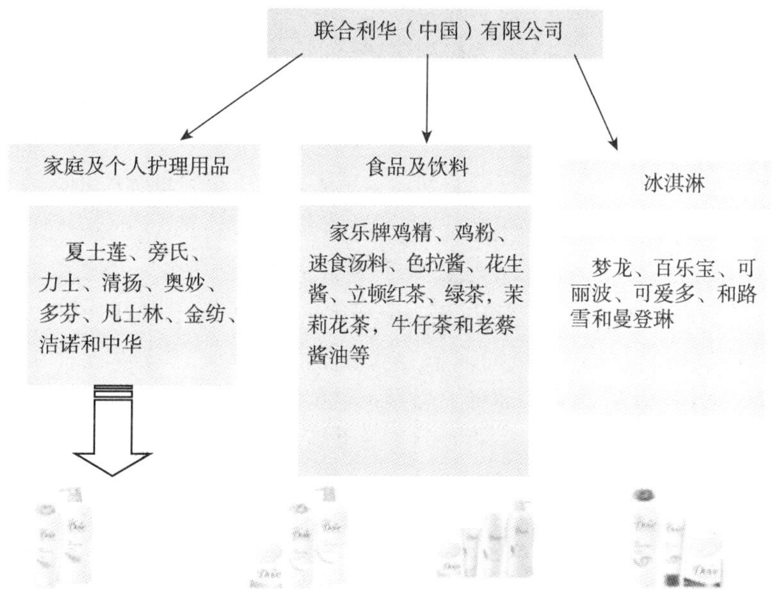

图 10-3　联合利华公司在中国市场的产品组合

资料来源：http：//www. unilever. com. cn.

（7）产品组合的深度（Product Depth），是指产品线中的每一产品项目有多少品种，例如，多芬沐浴系列，分为多芬柔肤乳霜系列、清透盈润系列、多芬活肤乳霜系列、多芬紧肤乳霜系列，每个系列又有不同的规格、型号、款式，因此产品的深度为 12。

（8）产品相关度（Product Consistency），又称产品组合的密度，是产品组合中各个产品线在生产条件、分销渠道、最终使用或其他方面相关联的程度。这种相关联的程度越高，产品组合的相关性越大，各条产品线之间可以共享的资源也越多。

通常来说，致力于多元化的企业产品组合的相关度较小，各条产品线之间的资源共享性较差。例如，全球知名的家电企业海尔集团，在中国的业务已经拓展到了保险业、金融业和物流业。而与之对应的，发达国家的著名企业基本上都是专业化的（通用电气是例外），产品相关度较高。

产品组合 4 个基本因素的构成决定了企业的产品组合情况。在国际市场营销中，面对复杂多变的市场环境、需求多样的消费者和更为激烈的市场竞争，企业应结合自身的发展目标和资源状况，确定适合自己的产品组合，并经常对自己的产品组合进行分析、评估和调整，以保持最适当和最优的产品组合。

2. 产品组合层面

企业的国际产品策略在产品组合层面，主要包括产品组合宽度的增加和产品线的延伸。产品组合宽度的增加是指增加新的产品大类，即新产品策略，我们会在本章后面提及。

产品的延伸策略一般有 3 种：向上延伸策略，向下延伸策略和双向延伸策略。

（1）向上延伸策略，企业将原来定位于中低端市场的产品线向上延伸，增加产品项目以进入高端产品市场。2009 年提出战略转型的吉利公司，以有着“本土版丰田”之称的帝豪品牌，挺进中国乃至欧洲的中高端汽车市场。采用向上延伸策略的考虑主要源于以下几点：高端市场的快速增长率和高利润的吸引力，企业自身提升品牌资产价值，改善品牌形象的需求，以及通过完善产品线成为全线制造商的自身发展需求。

（2）向下延伸策略，即企业以高端品牌推出中低端产品，通过品牌向下延伸策略扩大市场占有率。一般来讲，采用向下延伸策略的企业可能是在高端产品市场受到打击，企图通过拓展低端产品市场来反击竞争对手，打压竞争对手；或者是为了填补自身产品线的空档，防止竞争对手的攻击性行为；也可能是因为中低端产品市场存在空隙，销售和利润空间较为可观。以奶粉为例，2009 年开始，已经在高端市场拥有 70% 的市场份额的外资品牌，不断加大对三四线城市的运作，低端产品高调上市，其中包括多美滋的贝乐嘉和美赞臣的培乐。[2]

（3）双向延伸策略，即产品线同时向上、下延伸，也就是将定位于中端的品牌，向高端和低端市场作向上和向下两个方向的延伸。通常，企业在原有的市场平稳立足并取得了一定的知名度之后，在考虑到企业发展目标、自身资源和市场竞争状况等因素后，会做出同时向两端延伸的决策。通过延伸策略，丰富产品线，加大产品市场覆盖，抢占市场空间，扩大企业规模，实现企业发展。

10.2.2 国际市场营销的单个产品决策（Individual Product Decisions）

国际市场营销是国内市场营销在地理范围上的拓展，但绝不是产品单纯的由国内市场推向国际市场的拓展。国际市场营销面临的第一个决策就是直接将国内的产品不做任何修改地推向国际市场，还是为每一个特定的国际市场提供差异化或定制化的产品。前一种策略是标准化策略，而后一种是定制化策略，或称差异化策略。

1. 国际市场营销的产品标准化策略（Standardization Strategy）

国际产品的标准化策略是指企业向全世界不同国家或地区的所有市场都提供相同的产品，标准化的内容包括品牌名称、产品的物理特性和包装。实施产品标准化策略的前提是市场全球化，消费者需求日益趋同。相似的需求构成了一个统一的世界市场，企业通过标准化产品或服务，获取规模效益。星巴克就是这样的一个例证：

“在地球的任何地方，上千万杯咖啡，按同样的焙烧方式，同样的口味，进入千万个口腔。还有同样的时尚背景音乐、同样的绿色标志、同样的棕色沙发，同样可以自由搬动组合的咖啡桌，全球化标准化的侍者表情，同样一个细节，可能会重复上万次……对了，还有全球化的眼神。西雅图、伦敦、巴黎、开普敦、北京、上海、广州……同一种心跳，等级秩序被取消了，皮肤的颜色变得模糊，文化差异被忽略，属于星巴克的大同世界，正缓缓降临。”[3]

哈佛大学李维特教授是产品标准化营销的坚定支持者，“世界已逐渐变成一个人们需求相同产品与生活形态的共同市场——不论他们居住在何处，全球性公司应该放弃国际与文化间差异的营销手法，而集中精力以满足全球普遍性的需求。”

（1）产品标准化策略的优点。

- 有利于企业规模经济的实现：企业可以通过扩大规模，大幅度降低产品在研究、开发（分摊研发成本）、原材料采购（大宗采购获取折扣）、生产（增加产量以分摊固定成本）和营销（人员培训、广告设计、销售推广）等各个环节的成本而提高利润。

- 有助于全球统一品牌的建立：全球范围内的产品标准化，意味着产品的外观、性能和包装等特征，在世界的每个市场中都是一样的。统一的形象，既强化了企业的声誉，提高了企业的知名度，也有助于消费者对企业产品的识别，培养消费者的品牌忠诚度。
- 有利于企业对全球营销进行有效的控制和管理：产品标准化一方面降低了企业营销管理的难度，另一方面，便于企业集中营销资源，有效实施营销控制。

（2）影响产品标准化策略选择的因素。

- 产品的属性特征：相对于生活消费品而言，工业消费品更适合于标准化，如钢材、煤炭、石油产品、生产设备、汽车零部件等；而在生活消费品中，耐用品较非耐用品更适合标准化，例如，德国的奔驰汽车等多采用标准化的产品策略。
- 产品技术的标准化程度：电视机、录像机、音响、计算机硬件和软件等研究开发成本高的技术密集型产品，基于技术标准化的产品标准化，既是对产品研发的巨额投资的补偿，也有利于产品的全球推广与升级。例如，微软公司的软件、波音公司的飞机等产品。
- 产品的地方和民族特色：如我国的丝绸、中药材、京剧及东巴文化，法国的香奈尔香水和美国的星巴克咖啡等特色产品，均有其与众不同的品牌及内涵。特色就是产品的竞争力，必须保持并且无须改动。
- 竞争环境：如果在国际目标市场上没有竞争对手出现，或市场竞争不激烈，企业可以采用标准化策略；或者市场竞争虽很激烈，但本公司拥有独特的生产技术，且这种独特之处是其他公司无法效仿的，也可采用标准化产品策略。
- 原产国效应（Country-of-Origin Effect）：原产国效应是产品附带的“某国制造”的标签对顾客产生的影响，或者说是某一品牌的产品或服务的制造国家对顾客所产生的影响。当原产国效应形成了一种特殊的国别优势时，采用产品的标准化策略会更加适合。如中国的青岛啤酒，在美国市场主要通过餐馆渠道销售，并被认为是“最适合与中国菜一起饮用的啤酒”。

尽管产品标准化策略对从事国际营销的企业有诸多有利的一面，但缺陷也是非常明显的，即难以满足不同市场消费者不同的需求。当忽略了差异性存在的标准化产品不能够被国际市场所接受时，企业应该考虑放弃标准化，转而采用差异化产品策略。

2. 国际市场营销的产品差异化策略（Adaptation Strategy）

国际产品的差异化策略，又称产品定制化策略，是指向不同国家或地区的市场提供不同的或者经过调整改进的产品。与标准化策略的全球一体化实施前提不同，差异化策略的理论依据是不同国家或地区在需求和营销环境上存在差异。例如，世界著名的汤料公司坎贝尔（Campbell）在中国市场推出经过口味调整的汤谱，主要包括豆瓣汤、鸭肫汤、扇贝肉汤、萝卜汤、胡萝卜汤以及猪肉、无花果、时令汤等[4]；在日本市场则采用更昂贵但是更干净的易拉罐包装替代罐头包装，因为日本人认为罐头是肮脏的。[5]

（1）产品差异化策略的优点。产品差异化策略的最大优势在于：产品的研发、生产和修改，都是以目标市场的环境要求和消费者需求为出发点，是为每一个特殊的目标市场而定制。因此，在市场进入过程中，较少遭遇政策、法规的限制，同时由于产品可以充分满足当地市场的特殊需要，很容易赢得消费者的认同和喜爱。

（2）影响产品差异化策略选择的因素。影响产品差异化策略选择的因素包括政府因素、经济因素、社会文化因素、自然环境因素、公用设施和产品适用条件因素以及产品的特性。

- 政府政策、法律、法规因素：每个国家和政府都会通过法律、法规、标准制定等规范企业生产和产品进出口，设置贸易壁垒，保护消费者。这种因为法律法规和标准的限制而对产品做出的强制性修改和调整，是企业实施差异化策略的重要原因之一。例如，海尔为满足国际社会对环保的要求而推出的超级无氟冰箱达到了德国 A 级能耗标准。在德国，凡购买海尔这一款冰箱的德国消费者均可得到一定的政府补贴。[6] 中国青岛啤酒在 2002 年中国台湾地区宣布对内地烟酒解禁以前，一直以“青一岛”的品牌名称在中国台湾地区销售，即使在成为第一家成功“登陆”台湾市场的大陆啤酒品牌以后，青岛啤酒在台湾地区的品牌设计和包装设计，仍旧采用不同于大陆地区的，一种白底蓝字、标明“台湾地区专销”的标识[7,8]，如图 10-4 所示。

图 10-4　青岛啤酒的两种包装

资料来源：http：//www. ttvs. cy. edu. tw.

- 经济因素和消费者收入水平：处于不同经济发展阶段的市场，人们的收入水平不同，文化，教育程度不同，消费观念及消费习惯不同，对于产品的需求也不同。如人均收入高的国家，消费者追求高档产品和休闲享受，注重产品的款式与包装。而人均收入低的国家，消费者更愿意选择耐用与实用的产品。微软自 2003 年开始实施差异化产品策略——在泰国推广仅售 20 英镑的 Windows XP 简化功能修订版和 2007 年在中国销售低价 Windows Vista 操作系统中文版彩包，被视为满足特定目标市场需求的、能够反映一个国家生活成本的定制化产品。[9,10,11]
- 社会、文化倾向：世界各国在语言、宗教、风俗、习惯、价值观念等方面的差异，影响着消费者的观念和消费需求。因此，识别消费者真正的需求很重要。例如，香港迪士尼，拥有一个全球独一无二的“梦幻花园”，花园内的主要景点就是中国古代塔楼，由卡通片《花木兰》中的人物驻守，游戏中米奇老鼠的情人——米妮身穿中式古装。[12] 哈根达斯在中国除了不失时机地推出自己的系列月饼，还推出了中华美食冰淇淋，包括冰淇淋制作的年糕、叉烧包、小笼包和春卷等。[13]
- 自然环境因素：地理环境、气候环境、人口密度、居住环境等也影响人们对于产品的需求。海尔的“小小神童”洗衣机和嵌入式酒柜，是两款专门为日本市场设计的产品。

“小小神童”洗衣机以其小巧时尚的外观、轻松易用的人机界面，深受日本单身贵族的青睐；而海尔嵌入式酒柜则因符合日本家电向开放式厨房的发展趋势而大受欢迎[14]；1987 年，法国最大的食品公司达能进军中国，成为中国市场上第一个生产酸奶的企业。企业很快遭遇惨败，原因在于其生产的酸奶在销售中需要保持冷藏，而当时“中国最繁华的商业街——上海南京路，从东头跑到西头，所有的食品商店只有一家有冰柜，达能酸奶的惨淡命运从这个细节就已经注定了”。[15]

- 公用设施和产品使用条件因素：基础设施的不同会对产品的使用产生影响。最鲜明的例子是各个国家电压制度是不同的，我国是 220 伏，而日本、美国等国家均为 110 伏。因此，我国出口的电器产品必须要在电源配置上做出相应的调整。还有我们习以为常的左舵驾驶和右侧行驶的交通规则，在英国则正好相反。无论是出口的汽车，还是进口的汽车，对产品的适当改动和修正是必须的。
- 产品的特性：一般来说，非耐用消费品比耐用消费品更需要差异化，耐用消费品比工业消费品更需要差异化，例如，肯德基在中国市场推出了“老北京鸡肉卷”，被认为是“北京烤鸭”的拷贝，“海鲜蛋花粥”和“香菇鸡肉粥”则是为中国早餐市场定制的差异化产品。

3. 标准化策略与差异化策略的选择

事实上，无论是标准化策略还是差异化策略，都有各自的适用范围和应用弊端，过分强调哪一种战略，都有失偏颇。在国际市场营销中，究竟应该采用标准化策略还是差异化策略，以及将策略应用到何种程度，取决于很多因素。首先，产品的特征影响产品的决策。相对于工业用品而言，生活消费品更需要差异化；在生活消费品中，非耐用品较之耐用品更需要差异化；需要大量售后服务的产品，适合采取标准化策略，如汽车维修中大量使用的配件；生命周期短的产品，差异化策略会加大产品成本，不适合采取差异化产品策略。其次，各个国家的政策、技术标准、社会和文化倾向、经济水平和收入水平、基础设施、自然环境、目标市场的竞争激烈程度也影响产品策略的选择。若存在强劲的竞争对手，为了使产品与众不同，企业应采取差异化策略，以更好地满足目标消费者的需求。

企业在标准化策略或差异化策略的选择中，有两个分析方法非常实用：一是根据自身特点，进行系统的跨文化分析与研究，扬长避短，选择最适合的策略；二是通过成本—收益分析，权衡收益与成本，做出最优选择。事实上，很多企业灵活运用标准化策略和差异化策略——将几个相近市场合并为同一市场，采取地区性标准化策略；在另外一些市场，则采取差异化策略，从而在国际市场营销中大获成功。例如，研究发现，在北美、欧洲及日本 3 个市场上出现了一个新的顾客群，他们具有相似的受教育程度、收入水平、生活方式及休闲追求等，企业可将不同国家相似的细分市场作为一个总的细分市场，向其提供标准化产品或服务，如可口可乐的饮料、麦当劳的快餐、苹果的 iPhone、好莱坞的电影等，以满足遍及世界各地的消费者。

10.2.3　国际市场营销的新产品策略（International New Product Strategy）

新产品策略包括全新产品的推出和已有产品向新市场推出两个方面的决策。在国际市场中，企业采取新产品策略的原因有以下几点：①开发新产品，占据国际市场主动的抢先战略的需要。例如，上海通用汽车公司依靠强大的研发能力和生产能力，为中国市场提供4大品牌（凯迪拉克、别克、雪佛兰以及萨博）、18大系列近60个品种的汽车产品[16]；截至2001年，海尔已在欧洲推出了满足欧洲市场需求的58个门类159个规格品种的新产品[17]；②与本土企业竞争的需要。宝洁公司曾于2002年6月推出一款专为中国市场创立的沐浴品牌——激爽，市场目标直指“六神冰凉超爽沐浴乳”，试图在夏季沐浴露市场切出一块蛋糕[18]；③寻找新市场的需要。信息技术的飞速发展，全球化趋势带来的市场范围扩大，为产品的国际市场转移提供了前提条件。我们在前文提到的重庆摩托车生产企业转而开拓尼日利亚、土耳其、阿根廷、伊朗、越南等市场，正是这样的例证。

无论是在国际市场，还是在国内市场，产品在研发程序上没有区别，唯一需要国际化企业给予额外重视的是：在消费者需求的分析和满足环节上，国际市场的新产品设计要更多地考虑国际消费者需求的多元化和差异化，目标市场国的法律、法规限制，文化与社会因素制约和消费者的支付能力等。

10.3 国际市场营销的品牌决策（International Branding Strategy）

10.3.1 品牌的概念（Concepts of Brand）

1. 品牌的概念和构成

（1）品牌（Brand）。品牌是用以识别某个销售者或某群销售者的产品或服务，并使之与竞争对手的产品或服务区别开来的商业名称及其标志，通常由文字、标记、符号、图案和颜色等要素组合构成。品牌包括品牌名称和品牌标志两个部分。

品牌名称（Brand Name），品牌中能够使用语言称谓表达的部分，例如，联想、中国石油、舒蕾、可口可乐、奇瑞QQ、东芝等。

品牌标志（Brand Mark）是品牌中可以被识别和认识的，且不能用语言称谓表达的部分，如特殊的符号、图案、术语、字体造型及其他元素等。图10-5所示为我们非常熟悉的一些品牌标志。

苹果公司

海尔集团

图10-5 著名的品牌标志

资料来源：http：//image. baidu. com.

营销透视10-4

标识的内涵

海尔的新标志由中英文组成，与原来的标志相比，新的标志延续了海尔20年发展形成的品牌文化，同时，新的设计更加强调了时代感。英文标志每笔的笔画比以前更简洁，共9划，“a”减少了一个弯，表示海尔人认准目标不回头；“r”减少了一个分支，表示海尔人向上、向前决心不动摇。英文海尔新标志的设计核心是速度。因为在信息化时代，组织的速度、个人的速度都要求更快。英文标志的风格是简约、活力、向上。英文新标志整体结构简约，显示海尔组织结构更加扁平化；每个人更加充满活力，对全球市场有更快的反应速度。汉字海尔的新标志，是中国传统的书法字体，它的设计核心是：动态与平衡；风格是：变中有稳。两个书法字体的海尔，每一笔，都蕴涵着勃勃生机，视觉上有强烈的飞翔动感，充满了活力，寓意着海尔人为了实现创世界名牌的目标，不拘一格，勇于创新。《孙子兵法》上说，“能因敌变化而致胜者谓之神”，信息时代全球市场变化非常快，谁能够以变制变，先变一步，谁就能够取胜。海尔在不断打破平衡的创新中，又要保持相对的稳定，所以，在“海尔”这两个字中都有一个笔画是在整个字体中起平衡作用，“海”字中的一横，“尔”字中的一竖，“横平竖直”，使整个字体在动感中又有平衡，寓意变中有稳，企业无论如何变化都是为了稳步发展。

资料来源：互动百科，http：//www. hudong. com/wiki.

在国内外企业中曾经掀起一场换标热，例如，中国的汽车企业吉利、长城，互联网软件开发商腾讯公司，世界知名的苹果公司和英特尔公司。其中的原因既有商标在海外市场遭遇抢注而不得不进行的被动换标，也有企业为了树立国际化品牌形象，顺应企业走向国际市场的需要而采取的主动换标，更有企业为实现“超越未来”（Intel Leap ahead）的战略需求而实施的换标之举，如图10-6所示。[18,19,20]

图10-6　企业换标示例

（2）注册商标（Trade Mark）。注册商标是指经营者在商品或服务项目上使用的，将自己经营的商品或提供的服务与其他经营者区别开来的一种商业专用识别标志，是商品的归属标记。注册商标是一个法律范畴的概念，是经政府相关部门依法注册的品牌或品牌的一部分。在国际范围内，商标的申请、注册和使用应遵循保护工业产权的《巴黎公约》和关于商标国际注册的《马德里协定》及《商标注册公约》等国际公约。这些公约对商标的国际注册、商标权利在不同国家互不牵连、驰名商标的保护、商标的转让以及不能作为商标注册的内容等问题都做出了明确的规定。

据不完全统计，我国一些商标特别是知名商标被抢注的事件屡屡发生，造成了每年约10亿元的无形资产流失。

营销透视 10-5

传统品牌的流失与保护

2007年，德国当地时间11月14日下午，历时一年多的王致和商标被德国公司抢注风波，以王致和集团胜诉终于告一段落，这是中华老字号首次在海外维权中获胜。

同样遭遇商标抢注的中华老字号还有“天津三绝”之一的狗不理。20世纪90年代，日本和光堂株式会社与天津狗不理集团的合作伙伴大荣株式会社先后将“狗不理”注册为产品商标。经过10余年的协商和谈判，天津狗不理集团才最终拿回了遭抢注的商标。

“同仁堂”、“全聚德”、“王老吉”、“女儿红”等都曾遭遇海外抢注。老字号频频遭遇抢注，严重地阻碍了国内企业进军海外市场的步伐，同时也影响了老字号的海外声誉和企业权益。

有了前车之鉴，上海老字号“南翔馒头店”在进军东南亚各国之前，就在当地注册了商标。而在日本开的第一家“上海老饭店”也是提前注册商标。我国的老字号都是传承已久的金字招牌，有了商标注册这层“防护衣”，拓展海外市场，将更有法律保障。

与老字号商标遭遇抢注同样引人关注的是，中国有许多文化遗产面临被“抢注”的危险。

继2005年韩国“端午祭”被联合国教科文组织确定为“人类口头和非物质遗产代表作”后，韩国政府又准备把中医改称韩医申报世界文化遗产。

2006年1月，日本的巨摩株式会社在中国抢先将两部古典名著《水浒传》和《西游记》申请注册为动漫游戏的商标，以及更早时印度尼西亚和柬埔寨申报皮影戏的旧事。

资料来源：1. 老店困境突围：中华老字号加速全球出击［N］. 市场报，2007-12-10. http：//finance. qianlong. com；
2. 中国还有多少的文化遗产将会被“抢注”［N］. 浙江日报，2006-10-15. http：//www3. xinhuanet. com；
3. “水浒传”“西游记”商标遭日企抢注［N］. 武汉晨报，2006-5-9. http：//news. sohu. com.

（3）品牌资产和品牌价值。品牌资产（Brand Equity）是与品牌、品牌名称和标志相联系的，能够增加或减少企业所销售产品或提供服务的价值和（或者）顾客价值的一系列品牌资产与负债。品牌资产包括：品牌忠诚度（Brand Loyalty），品牌知名度（Name Awareness），品质认知度（Perceived Quality），品牌联想（Brand Association）和品牌资产的其他专有权——专利权、商标、渠道关系等。

营销透视 10-6

2011 年世界品牌 500 强

2011 年 12 月 22 日世界品牌实验室（World Brand Laboratory）于美国纽约发布了 2011 年度《世界品牌 500 强》排行榜中。苹果（Apple）公司击败 Facebook 成为世界第一品牌，Facebook 退居次席。中国内地 21 个品牌入选，其中中央电视台（CCTV）、中国移动（China Mobile）、工商银行（ICBC）和国家电网（State Grid）位列前 100 名。

《世界品牌 500 强》排行榜的评判依据是品牌的世界影响力，指品牌开拓市场、占领市场并获得利润的能力。入选 2011 年《世界品牌 500 强》的品牌共覆盖了 49 个行业，传统媒体以 37 个品牌入选仍保持着行业第一。消费品领域的食品与饮料行业紧随其后入选 32 个品牌，与去年相同。汽车与零件与零售行业分别有小幅提升以入选 28、27 个品牌紧随其后。而金融行业的前景依旧不容乐观，呈现出下降的趋势。

2011 年度《世界品牌 500 强》排行榜中，100 岁以上的“老字号”达 224 个，比去年增加 1 个。本次入选的 500 个品牌的平均年龄达到 100.09 岁，品牌年龄最大的是牛津大学，迄今已经有 915 年历史，剑桥大学、海德堡大学因为分别拥有 802 年和 625 年历史而分别位居最古老品牌第二和第三。中国内地入选的品牌中只有青岛啤酒（108 岁）超越百龄。

资料来源：2011 年世界品牌 500 强排行榜揭晓，http：//www.iibrand.com.

品牌价值（Brand Value）是品牌资产的市场价值，即消费者对品牌的认可、信赖与忠诚。2011 年世界品牌实验室与 Millward Brown Optimor 公司旗下 BRDANZ 分别通过调研发布了全球及中国品牌的价值排行榜。表 10-2 与表 10-3 分别是由 Millward Brown Optimor 公司 BRDANZ 发布的 2011 年全球最具价值品牌百强排行榜（BrandZ™ Top 100 Ranking Most Valuable Global Brands）和由世界品牌实验室发布的中国品牌价值百强排行榜的前 10 位企业和品牌。

表 10-2　2011 年 BRDANZ 全球最具价值品牌百强排行榜

排名	升降	英文品牌名	行业	品牌价值（100 万美元）	品牌价值变化（%）	品牌贡献	品牌动力
1	2	Apple	科技	153 285	84	4	9
2	-1	Google	科技	111 498	-2	4	4
3	-1	IBM	科技	100 849	17	3	5
4	2	McDonald's	快餐	81 016	23	4	7
5	-1	Microsoft	科技	78 243	2	4	7
6	-1	Coca-Cola	软饮料	73 752	8	5	9
7	15	AT&T	电信	69 916	N/A	3	4
8	-1	Marlboro	烟草	67 522	18	4	4
9	-1	China Mobile	移动运营商	57 326	9	4	9
10	-1	GE	综合集团	50 318	12	1	2

资料来源：2011 年 BRANDZ 全球最具价值品牌百强排行榜，http：//wiki.mbalib.com/wiki.

表 10-3 2011 年中国最具价值品牌排行榜前 10 位

（单位：亿元）

排名	品牌名称	品牌价值	所属行业
1	工商银行	2 162.85	金融
2	国家电网	1 876.96	能源
3	中国移动通信	1 829.67	通信服务
4	CCTV	1 261.29	传媒
5	中国人寿	1 035.51	金融
6	中国石油	1 006.23	石油化工
7	中国石化	958.57	石油化工
8	华为	867.46	通信、电子、IT
9	中国一汽	842.66	汽车
10	联想	825.91	通信、电子、IT

资料来源：世界品牌实验室. http：//brand. icxo. com.

2. 国际市场营销的产品品牌命名（Brand Naming）

国际产品品牌的命名方式和商标的设计应遵循产品品牌和商标设计的一般性原则，如易于记忆、便于识别、简单易懂、方便发音、代表产品的利益或特性、易于引发消费者对于产品质量的正面联想、构思独特新颖、引人注目、便于商品宣传等。著名的国际汽车品牌奔驰、饮料品牌可口可乐等都是消费者耳熟能详且朗朗上口的名字。中国企业中的立信会计、同仁堂制药也是非常成功的命名。

此外，由于语言的差异、文化的不同和目标市场国的法律、法规限制，国际市场营销中产品的命名还应特别注重以下设计原则。

（1）品牌名称不会引起消费者的误解，进一步的要求是能够产生正面联想。当企业将产品推向国际市场的时候，直接使用原来品牌名称或原来品牌名称的外文翻译时，易产生歧义，而恰当的名称翻译，是对好品牌的锦上添花，如我们熟知的可口可乐（Coca-Cola），韩国的厨房用品乐扣乐扣（LOCKLOCK）保鲜盒等。

营销透视 10-7

Lux 一个近乎完美的品牌名称

英国联合利华公司的力士（Lux）是当今世界最有名的香皂品牌，力士品牌今天之所以在全球风行，除了它大量利用影星做广告树立国际形象外，其品牌名称典雅高贵的优美含义也为它的发展起了很大的推动作用。

联合利华公司 19 世纪末向市场推出了一种新型香皂，一年中先后采用过猴牌（Monkey）与阳光牌（Sunlight）作为品牌名称。前者与香皂没有任何联系，显得不伦不类，且有不洁的联想；后者虽有所改进，但仍落俗套。但是 Lux 作为西方国家拉丁字母品牌命名的经典之作，它几乎能满足优秀品牌的所有优点。首先它只有三个字母，易读易记，简洁明了，在所有国家语言中发音一致，易于在全世界传播。其次它来自古典语言 luxe，具有典雅高贵的含义，它在拉丁语中是“阳光”之意，用作香皂品牌，令人联想到明媚的阳光和健康的皮肤，甚至可以使人联想到夏日海滨度假的浪漫情调。另外，它的读音和拼写令人潜意识地联想到另外两个英文单词 Luckys（幸运）和 Luxury（精美华贵）。无论作何种解释，这个品牌名称对产品的优良品质起到了很好的宣传作用，它本身就是一句绝妙的广告词，至今尚无其他品牌能在命名内涵上超过它。

资料来源：杨文京．全球著名品牌的产品命名案例．有效营销．http：//em-cn.com/.2007 年 11 月 30 日．

（2）品牌名称应符合目标市场消费者的文化传统、风俗习惯和宗教信仰。充分认识和了解各国消费者对颜色、数字、动物、花卉、图案、语言等方面的喜好与禁忌在国际市场营销中异常重要。

（3）品牌名称不可违反相应的法律、法规。我国的三枪（Three Gun）内衣在出口美国的时候，美国海关以“枪”为危险物品为由，不准以“枪”为品牌的内衣进入美国。

（4）企业还必须充分了解和遵守目标市场中有关商标的法规，以保证商标可以注册登记，并获得法律保护，同时避免商标等的法律纠纷和由此蒙受经济损失。如我国遵循“商标注册在先”的法律原则，而美国采用“商标使用在先”的法律原则，法律的差异曾导致我国一家玩具公司因不了解美国“商标使用在先”的法律原则而在美国市场上蒙受损失。

10.3.2　国际市场营销的品牌决策（Brand Decisions）

在国际产品策略中，品牌决策包括有品牌决策与无品牌决策，制造商品牌决策与中间商品牌决策和个性品牌决策与统一品牌决策。国际市场营销中的品牌决策主要体现在制造商品牌决策与中间商品牌决策层次上，我们也把侧重点放在这个层面上。

1. 有品牌与无品牌

无品牌策略主要适用于以下几类产品：①不会因生产经营者不同而不同的产品或未经加工的产品，如农、牧、矿业初级产品、电力、煤炭等；②品种繁多，且技术含量不高的小商品，如盐、糖等，消费者在购买时习惯上不去辨认品牌和商标或认为没必要选择品牌和商标的产品。无品牌策略的好处在于由于没有品牌推广、品牌相关包装、渠道和促销上的过多费用，产品成本可以减低，从而获得价格上的优势。但是，无品牌策略的缺点也正是因为价格是产品相互之间竞争的主要因素，甚至是唯一因素，最终的结果是，价格上的激烈竞争会大大压缩企业的利润空间。

与无品牌策略对应的是有品牌策略。有品牌策略的好处在于：①使销售者能更方便地处理订单和解决贸易问题；②销售者的品牌名称和商标对产品独特的特点提供法律保护；③有助于公司形象的建立；④有助于公司获得竞争优势；⑤有助于建立顾客忠诚度。有品牌策略和无品牌策略的选择除了要考虑产品自身的属性以外，策略实施的成本和收益也是重要的衡量因素。有品牌策略收益大，成本也大；反过来，无品牌策略成本少，收益也小。可以说，有品牌和无品牌策略各有其优势和使用情境，也各有弊端，企业在营销实践中还应结合企业的长远发展目标和自身资源状况做出选择。

2. 制造商品牌与中间商品牌

制造商品牌（Manufacturer Brand）又称全国品牌（National Brand），是与中间商品牌相对应的说法。制造商品牌是指产品在市场上以制造商的品牌销售。例如，我国的海尔电器，在欧洲和美国市场上均采用制造商品牌。联想集团也是制造商品牌的采用者。

中间商品牌（Distributor Brand），是相对制造商品牌而言的。制造商将产品卖给零售商或者称中间商，中间商再以零售商或者商店的品牌出现，所以也称分销商品牌、零售商品牌（Reseller Brand）、私人品牌（Private Brand）或商店品牌（Store Brand）。

事实上，在国际市场营销中，很多企业都采用制造商品牌和零售商品牌并举的品牌策略。格兰仕，全球最大的微波炉生产企业，在中国和世界市场中既销售格兰仕（制造商品牌）品牌的微波炉，也销售 GE（中间商品牌）品牌产品；在 2007 年 10 月 17 日宣布合并美国捷威公司（Gateway，Inc.）之后，中国台湾地区的 Acer 计算机公司，已经成为全球第三大 PC 提供商，而 Acer 计算机除了使用其制造商品牌 Acer 以外，还为 IBM、戴尔和日本的 HITACHI 贴牌生产个人计算机；奇瑞 QQ 则代工克莱斯勒 A1 汽车，同时生产 DODGE 和 QQ 汽车，如图 10-7 所示。

克莱斯勒的道吉汽车　　　奇瑞的QQ汽车

图 10-7 DODGE 与 QQ

资料来源：1. http：//image. baidu. com.
2. http：//jsp. auto. sohu. com.

在企业决定使用制造商品牌之后，将面临两个决策，一个是在企业层面的，针对所有产品的品牌决策，即所有产品的品牌是否统一的决策；第二个是在单个产品层面的，每一个产品在不同的市场是否采用相同的品牌的决策，即全球品牌和地区品牌的决策。

3. 统一品牌与个性品牌

品牌统分决策是指国际化企业确定品牌数量的决策：即企业所生产的不同种类、规格、质量的产品是否采用同一个品牌（统一品牌）或者分别使用不同的品牌（个性品牌）。

（1）统一品牌，又称家族品牌（Family Brand），或公司品牌（Corporate Brand），是指企业生产经营的所有产品都使用同一个品牌的策略。很多知名企业，如中国的海尔、联想、TCL，日本的索尼（SONY）、荷兰的飞利浦（PHILIPS），都采用统一品牌策略。统一品牌策略的最大优势是：企业的资源可以集中用于塑造企业形象，显示企业实力，宣传企业品牌；同时可以降低企业单个产品的广告宣传费用，尤其是新产品在新目标市场中的广告推广费用；最后，采用统一品牌还可以帮助企业节省品牌管理费用。统一品牌策略的劣势在于，如果企业的某个产品或某类产品出现问题，会牵连、影响到整个企业的声誉以及企业其他产品的形象和销售；如果企业不同产品之间在档次和质量上差别较大，采用统一品牌策略还会混淆消费者对产品质量的识别，从而影响企业的品牌形象和产品的整体销售。在国际市场营销中，统一品牌策略被大型国际性企业，尤其是品牌知名度高、市场占有率高的企业广泛应用。

（2）个性品牌，又称单个品牌（Individual Brand），是指企业对其所生产的不同产品使用不同品牌的策略。开创品牌管理先河的宝洁公司是将此策略应用得炉火纯青的企业之一。宝洁公司旗下的洗发水品牌就有飘柔、海飞丝、潘婷和伊卡璐等，品牌之间因不同的利益提供而各有所长，相互竞争。“头屑去无踪，秀发更出众”的“锌”生海飞丝，“洗护二合一，让头发飘逸柔顺”的飘柔，“每一刻，发放你独特光彩”、“令头发健康，加倍亮泽”的潘婷，以及“引发活力，让秀发起舞吧”的伊卡璐草本精华，共同构建了宝洁“毫无拘束、品牌自由的国度”。

个性品牌策略适用于拥有多个品牌的企业。不同品牌之间在市场定位、质量、价格等方面存在较大差异的情况下，企业会在高端、中端和低端市场分别推出不同品牌的产品。例如，全球排名第一的化妆品公司欧莱雅，在中国市场有“巴黎欧莱雅”、“美宝莲”、“兰蔻”、“薇姿”、“卡尼尔”、“赫莲娜”、“理肤泉”、“小护士”等10余个品牌。其中，兰蔻和赫莲娜等，锁定高端市场；中档产品则包括通过专业发廊销售的欧莱雅专业美发产品和通过专业药房销售的薇姿和理肤泉；小护士、美宝莲和卡尼尔则瞄准了低端、大众产品市场。

个性品牌策略与统一品牌策略在优势和劣势上形成互补。个性品牌的优势在于各品牌之间相互独立，互不影响，不能“一荣俱荣”，也不会“一损俱损”。但是，个性品牌策略不利于企业品牌的建立，在品牌建立和品牌管理上的费用比统一品牌策略高出很多，同时在新产品的推广上难度也较大。为了综合两种策略的优势，很多企业采取统一品牌加个性品牌的组合策略。

4. 统一品牌与个性品牌并列

统一品牌与个性品牌并列（Corporate Brand Combined with Individual Brand），是公司品牌和单个产品品牌相结合的品牌策略。这种策略既有效利用了企业声誉，又保证了品牌自身的特点和相对的独立性，如我国一汽公司旗下的“一汽解放”、“一汽宝来”和“一汽捷达”；美国通用汽车（GM）旗下的通用别克（GM-Buick）、通用凯迪拉克（GM-Cadilac）和通用雪佛兰（GM-Chevrolet）。

10.4 国际市场营销的产品包装策略（International Packing Strategy）

包装具有保护产品、保护消费者、便于携带使用、吸引消费者注意等功能。在国际市场营销中，对于包装在传达产品信息上的要求更高一些。

在国际市场上，产品包装、设计，除了基本的美观、经济、实用的要求和准确传递商品信息、彰显商品品质的原则外，还应考虑到营销环境因素、社会文化因素、消费者因素和灰色市场的影响。

1. 国家政策、法规和相关标准的限制

世界各国一般都根据自己的需要出台不同的包装法规，对产品的包装具有明确的规定。

营销透视 10-8

我国产品出口所面临的主要包装法规

(1) 对包装材料的规定。发达国家对包装材料的要求正在向节能低耗、防污染、防病虫害、高功能方向发展，可回收利用的生态包装材料是各国研制开发的重点。例如，意大利从1991年就开始禁止在其境内使用不能降解的某些塑料杂品袋；德国政府禁止使用聚氯乙烯，只准使用聚乙烯PE或聚酯类可回收使用的包装材料；美国、新西兰、菲律宾等国禁止使用稻草做包装材料；美国、欧盟、澳大利亚、加拿大等国家和地区要求木制包装必须经过熏蒸、防腐等处理才能入境，否则按要求进行销毁处理。

(2) 对包装标志、标识的规定。欧盟一直通过产品包装、标签的立法对外国产品的进入设置障碍，它一再重申产品包装须有环境标志，对食品包装提出非常具体的要求。比如欧盟要求各国从2002年1月1日起对零售的鱼类和水产品包装上加注品种、产地和捕捞区域等说明标识，并要求在说明标识上标明鱼类和水产品是远洋还是内河捕捞产品，或者人工养殖产品和加工产品，如果是远洋捕捞产品，还须标明捕捞海域。对于加工食品，法国法律则规定必须在食品包装的外包装上用法文印刷准确的产品说明书。欧盟对纺织品等的进口产品还要求加贴生态标签，目前在欧盟最为流行的生态标签为OKO-Tex Standard 100，是纺织品进入欧洲纺织品市场的通行证。CE标志则是工业产品进入欧盟市场的通行证。

(3) 对包装再循环或再利用的规定。为了促进包装物的再循环、再利用，很多国家制定了相关的法律、法规。如德国在1995年7月规定，包装回收法定定额为80%，并要求这个总量的80%～90%必须再循环处理。同时规定运输包装要100%回收，销售包装按“谁生产谁回收”、“谁销售谁回收”的原则，由生产者、销售者负责回收再利用。丹麦政府则于1997年通过法令，禁止使用易拉罐包装饮料，规定啤酒和非酒精饮料必须使用可重复使用的包装；进口不可重复使用包装的饮料必须交纳包装押金，保证包装的回收利用。英国规定从2000年起，实现对60%的工业包装物和35%的家用包装物回收再利用。

(4) 对产品生产企业征收产品包装税（费）的规定。若企业在产品生产过程中全部使用可再循环的包装材料，则可以免征税费；若产品包装部分使用了可再循环材料，则征收较低的税费；若产品包装全部使用不可再利用或再循环的材料，则征收较高的税费。如美国纽约州的法律规定对使用不可再装容器的饮料产品每个包装加征0.02美分的税。

资料来源：中华人民共和国中央政府网站．绿色包装壁垒对我国产品出口的影响［R］.2007-6-29. http：//www.gov.cn.

据商务部统计，我国每年有近240亿美元的出口商品因达不到包装要求而受影响，其中相当一部分是因包装不符合绿色要求造成的。普遍存在的对于绿色产品概念的不清晰和对国际市场上相关信息的缺乏以及自身包装技术的落后，是我国企业遭受损失的主要原因，而这些已经严重地影响了我国企业的出口量和出口市场选择。

2. 经济收入的不同

对于低收入国家市场，国际化企业需要考虑适当减小产品的包装，以适应目标市场相对较低的经济收入和消费水平。例如，百事可乐在中国销售的奇多膨化食品，采用15克的小包装，并将价位定在1元人民币，约为16美分，使得中国的小孩子能买得起。

3. 环保的要求

相对而言，以欧洲为代表的很多发达国家对于环保的关注程度比其他国家或地区要高。对于包装的环保要求一方面来自于国家的法规、条例规定；另一方面来自于消费者的认同和选择。有数据显示，欧洲消费者更倾向于购买对环保有益的产品，并且愿意为环保产品付出比普通商品多出 15% 的价格。

4. 社会、文化因素的影响

包括颜色、形状、图案、文化禁忌、宗教信仰等多种因素。我们仅以颜色为例，红色在中国多象征火红和喜庆，而在英国却让人联想到血腥。白色在西方国家是纯洁、高雅、庄严的象征，只有黑色才与死相伴，在我国白色却被认为是丧事的颜色。在我国常常用于春联的大红色加黑墨的搭配，在俄罗斯则是用于宣布丧事。

5. 气候和自然条件差异

炎热、潮湿、寒冷、干燥、多雨等气候环境会影响产品的质量保持，因此在产品包装设计中应着重考虑以上因素的不同，在包装材料选取、包装工艺等方面做出相应调整。

6. 基础设施的不同

国际产品包装还要考虑国际运输的特殊性，各个国家、地区的储运条件的差异，分销时间的长短和销售条件的不同。如在非洲和拉丁美洲一些国家，由于道路状况不太理想，用玻璃作为包装材料就不太适用；如果消费品在分销渠道中滞留时间较长，对包装质量要求也会更高。

7. 灰色市场（Grey Market）的存在

灰色市场是指通过未经制造商授权的渠道分销商品的市场。在灰色市场中，通过非法渠道进入国际市场的产品，我们称之为水货。国际市场营销中，企业常常会遭遇水货的干扰。防止水货干扰的最好办法是针对不同的市场采用差异化的包装，从而帮助目标市场国的消费者轻松识别水货，不给水货以可乘之机。

本章小结

1. 国际市场营销组合，是企业为特定的目标市场而制定的具体营销手段的组合，内容包括产品决策、定价决策、渠道决策和促销决策（4P 决策）。产品策略是营销策略的核心和出发点。

2. 产品是指由公司提供的，用于满足需求的任何东西。产品可以是创意，也可以是有形实体，还可以是一种服务，甚至可以是以上三者的混合。产品整体概念为企业更好地满足国际市场需求提供了理论依据。

3. 产品生命周期理论是指任何一款产品在市场中都要经历从导入、成长、成熟到衰退 4 个阶段。企业通过持续的产品创新，可以延长产品的生命周期，为企业赢得更多利润。国际产品生命周期理论，既能够帮助企业准确地辨认技术引发的产业转移，抓住由此带来的市场机会，还能够帮助企业及时地调整产品出口结构和国际市场方向。

4. 国际产品策略分为标准化策略、差异化策略和新产品策略。标准化策略是指将产品不做任何修改地推向国际市场，目的是获取研发、采购、生产、营销和品牌管理的规模效益。差异化策略是为了更好地适应目标市场的需求而对产品做出调整的策略。新产品策略则是针对目标市场需求而研发生产新型产品或将已有产品向新市场推广。

5. 国际品牌策略分成三个递进式的决策：有品牌或无品牌决策，制造商品牌或中间商品牌决策，统一品牌或个性品牌决策。在品牌策略决策中，国际市场营销和国内市场营销的区别主要体现在制造商品牌与中间商品牌的决策上，而影响品牌决策的因素包括企业的目标、企业的资源情况、制造商企业与中间商企业在品牌声誉等方面的优劣势比较、目标市场的宏观环境、目标市场的竞争格局以及目标市场的消费者因素等。

6. 国际产品策略的最后一个方面是国际产品包装策略。在国际市场上，文化社会因素、地理气候因素、法律政策因素和消费者收入等都是影响企业包装策略制定和实施的关键因素。

案例分析 10-1　哈根达斯：从小众向大众的品牌渗透策略

1961 年，哈根达斯冰淇淋的创始人鲁本·马特斯正式将自己生产的冰淇淋命名为“Haagen-Dazs”，一个出自北欧语系的品牌名称从此开始了她的“哈根达斯一刻”。虽然传统意义上“根红苗正”的冰淇淋并非起源于美国，但哈根达斯俨然已经成为最“正宗”的冰淇淋的代名词。如今，在全球 55 个国家拥有 700 多家专卖店和几万个零售点的哈根达斯冰淇淋，已经成为全球最具人气的顶级冰淇淋品牌。在中国市场，哈根达斯已于 15 个城市开设了 51 家专卖店，1 000 多个零售点，销售额年增长 40% 以上。

从 1996 年进入中国市场，哈根达斯将其品牌定位于，倡导“尽情尽享，尽善尽美”的生活方式，鼓励人们追求高品质的生活享受。一句“爱我，就请我吃哈根达斯”，像“爱情流行语”一样迅速在北京、上海、广州、深圳等城市蔓延开来。一时间，哈根达斯冰淇淋成了城市时尚一族竞相追求的时尚食品。围绕“爱情”，哈根达斯做足了文章。

产品方面，哈根达斯以非凡的创意调制出绝妙的“冰火奇缘”、洋溢着英伦风情的“悠然一刻”、“心花怒放”、“黑色迷情”、“爱琴海之舟”等；原料方面，采用象征思念和爱慕的马达加斯加香草、象征甜蜜和力量的比利时纯正香浓巧克力等；环境方面，让消费者围坐浪漫红烛、伴着若隐若现的爵士音乐，在精致杯盘叉碟轻轻碰撞的优雅氛围中，细细品味着一款款弥漫着各色情韵的冰淇淋；在细节的关注方面，无论是产品设计、手册、海报，还是选址、装修、灯光、线条、色彩等都力求传递愉悦的体验。总之，让哈根达斯成为情感的代言物，这样卖的就不仅是冰淇淋，而是“甜蜜一刻”，是象征浪漫的体验。

这个世界上，也许很多人没能力为爱情拿出“豪华”，但谁会在意，让自己的爱情在自己能力许可的范围内“奢侈”一下。毕竟约见在哈根达斯，已经是一种很好的表白。

资料来源：黄江伟．星巴克与哈根达斯——从小众向大众的渗透．中国商业评论．2008 年 05 月：14-15.

案例讨论

1. 哈根达斯的品牌定位是什么？
2. 消费者购买哈根达斯的目的何在？
3. 如何划分哈根达斯整体产品的三个层次？其核心产品是什么？

案例分析 10-2　肯德基的中国市场策略

KFC's product strategies are categorized into two aspects. 1. To meet consumers'desire for novelty by introducing western style products like Mexican Chicken Wrap and New Orleans Barbeque Wings. This means can satisfy young consumers who are more open and acceptable to the foreign flavors. 2. To cater to consumers' taste for traditional Chinese meal by offering Chinese style fast food from time to time, say, Old Beijing Chicken Roll, a wrap modeled after the way Peking duck is served, but with fried chicken inside and accompanied with green onions and hoisin sauce, and Sichuan Spicy Chicken which absorbs the spicy flavor of Sichuan dish. Chinese-style breakfast food, like porridge is also served since Oct. 27, 2003 on the breakfast menu of all 59 KFC restaurants in Shenzhen. The breakfast choices are a blend of East and West, ranging from Chinese seafood and chicken congee, Hong Kong milk tea to Western burgers, potato sticks and orange juice (Adler, 2003). This measure can attract older consumers who are fond of Chinese food and in need of the convenience of fast food service as well. Based on its scrutiny and adoption of Chinese traditional culinary arts, KFC has developed a series of products, which are specially designed for the tastes of Chinese consumers. Moreover, in purpose of maintaining its image of a U. S. brand and keeping consistent with its globalization strategy, most of KFC's Chinese side dishes are defined as short-term products and would be replaced by new products.

To represent the Chinese characteristics and increase the identification from Chinese consumers, KFC absorbs Chinese cultural elements into the arrangements and decorations of its outlets all over China. In 2003, KFC spent 7.6 million renminbi (equal to 900 000 US dollars) to redecorate the flagship outlet in Beijing, which is also the world's largest KFC outlet, with the Great Wall, shadowgraph, Chinese kites and other traditional Chinese symbols. In the Chinese New Year of 2003, all the statues of Colonel Sanders in KFC outlets in China were put on the Chinese traditional suits, which are known as "Tang suits".

One feature noticeable in KFC's commercials is its preference on the representation of an ancient art form of China-Beijing Opera. It is interesting to find that a U. S. fast food brand presents a declining traditional art and attaches pop culture elements with it. One of the commercials depicts a Beijing Opera actor in costume and with make-ups still on his face is about to have his KFC meal. The second commercial exhibits the contradiction and later harmony of a father and son; the roles of father and son stand for two generations and serve as the distinct incarnations for traditional and pop cultures. The screen is divided into two parts: the father is singing Beijing Opera in the left room while the son is dancing with Hip hop music in the right room. They finally get to the reconcilement by eating the Old Beijing Chicken Roll served by the mother. The third commercial starts with a background music, which merges the Beijing Opera and electronic midi. The three commercials exemplify KFC's efforts to integrate Chinese traditional culture into the modern pop culture.

案例讨论

1. 肯德基在中国市场采用了怎样的产品策略，你认为成功吗？如果不成功，你有什么建议？

2. 在全球企业纷纷换标的热潮中，肯德基也不甘落后。请查询相关资料，分析肯德基换标的目的和可能产生的效果。

案例分析 10-3　失意的宝洁

世界著名消费品公司宝洁的营销能力早被营销界所传颂，但在中国市场，从第一个针对中国市场的本土品牌——润妍洗发水一败涂地，到激爽沐浴乳的黯然退市，再到飘柔9.9的笨拙，宝洁的身影透着摆脱不掉的失意。

润妍

1997年，以奥妮“植物一派”为代表的中草药洗发产品，在洗发水行业兴起了“植物”、“黑发”的概念，宝洁决定为旗下产品中引入黑发和植物概念品——润妍，意指“滋润”与“美丽”。经过了长达3年的市场调查和概念测试，2000年润妍终于登上了起跑线。同样是在2000年，联合利华推出了具有黑发植物概念的夏士莲品牌延伸产品牌——黑芝麻洗发水。2001年5月，随着宝洁收购同样以植物配方为概念的“伊卡璐”，宝洁对表现不佳的润研彻底丧失了信心，于是宝洁推出的第一个本土品牌只能接受夭折命运。

激爽

2002年，作为专门针对中国市场创立的第一个本土沐浴品牌，激爽被定位为“清爽加振奋”，大打“清凉牌”，市场目标直指六神，试图从其占据的夏季沐浴露市场切出一块蛋糕。新品以低于本土品牌的价格迅速抢占全国各大超市。3年后，这个宝洁曾经投10多亿巨资广告费倾心打造的个人护理用品品牌决定退出中国市场。

飘柔

与前两个品牌不同，飘柔是宝洁公司洗发水产品中的旗舰品牌。在中国市场本土日化品牌，如拉芳、雨洁、清逸、飘影、蒂花之秀、舒蕾等不断崛起之时，宝洁公司逆势而退，包括飘柔、海飞丝和潘婷在内的品牌市场份额全线下降。2003年，为了打压中国本土品牌，宝洁动用了旗舰品牌飘柔，希望借飘柔的品牌形象提高试水低端市场的胜率，尽快在低端市场上脱颖而出，以免身陷低端市场竞争泥潭。

资料来源：1. “百年润发”为何难续百年［J］. 北京晚报. 2006-8-8.

2. 铂策划、陈奇锐，单艳. 2002年十大营销失利案例——润妍：三年准备，一年败北. http：//www. emkt. com. cn.

3. 宝洁的市场经 再谈“润妍”和“激爽”的退市［R］. 品牌世家. http：//guide. ppsj. com. cn.

4. 沈玮. 宝洁“激爽”品牌黯然退市［R］. 2005-9-5. http：//www. sh360. net.

5. 走下神坛：宝洁降价陷入迷途［R］. 成功营销，2004-2-9. http：//business. sohu. com.

案例讨论

1. 在案例中，宝洁公司分别采取了什么产品策略？

2. 结合宝洁的例子，分析品牌延伸策略的适用情境和每种策略的利弊。

3. 你认为润妍产品失败的原因是什么？如果你是宝洁公司的品牌经理，若要重新启动润妍品牌，你会怎样从整体产品概念入手重塑这一品牌？

复习题

1. 什么是产品的整体概念？

2. 什么是产品生命周期？产品生命周期理论对企业的国际市场营销有什么指导意义？

3. 什么是产品的国际技术生命周期？它对企业的产品策略有何影响？

4. 什么是产品组合？产品组合的宽度、深度和关联度对企业营销活动的意义是什么？

5. 请举例说明什么是企业国际市场营销中的产品标准化策略和差异化策略？各自使用的情境是怎样的？两个策略的优势和劣势分别是什么？

6. 什么是企业的国际产品品牌策略？影响企业国际品牌决策的因素有哪些？
7. 在国际市场营销中，影响产品包装设计策略的因素有哪些？

思考及实践题

资料一：宏碁计算机

被誉为华人第一国际品牌、世界著名的宏碁计算机 1976 年创业时的英文名称叫 Multitech。在全世界，以“~tech”为名的信息技术公司不胜枚举，因为大家都强调技术（tech），这样的名称没有差异化；又因雷同性太高，在很多国家都不能注册，导致无法推广品牌。因此，当宏碁加速国际化脚步时，就不得不考虑更换品牌。

宏碁选择 Acer 作为新的公司名称与品牌名称，出于以下几方面的考虑；

（1）Acer 源于拉丁文，代表鲜明的、活泼的、敏锐的、有洞察力的，这些意义和宏碁所从事的高科行业的特性相吻合。

（2）Acer 在英文中，源于词根 Ace（王牌），有优秀、杰出的含义。

（3）许多文件列举品牌名称时，习惯按英文字母顺序排列，Acer 第一个字母是 A，第二个字母是 C，取名 Acer 有助宏碁在报章媒体的资料中排行在前，增加消费者对 Acer 的印象。

（4）Acer 只有两个音节，4 个英文字母，易读易记，比起宏碁原英文名称 Multitech，显得更有价值感，也更有国际品位。

宏碁为了更改品牌名称和设计新商标共花费近 100 万美元。应该说宏碁没有在法律诉讼上过多纠缠而毅然决定摒弃平庸的品牌名 Multitech，改用更具鲜明个性的品牌名 Acer，是一项明智之举。

讨论题

1. 国际市场营销中，品牌的命名有哪些基本原则？
2. “在不良名称上只有负的财产价值”，结合本章内容，谈谈你对这句话的理解。

资料二：Haier's product strategy in USA

In America, we have a two-part product strategy. We want to open and expand new categories. Our wine cellar is an example of this. Then we want to grow our products in mature categories with high quality and differentiated features. You cannot win in this market with a “me-too” product. You have to have a difference that customers will value. Our chest freezer and our window air conditioners with built in de-humidification, air cleaning and remote control are examples of this. Our air conditioners are taking business from Fedders, GE and LG, and our apartment size refrigerators are eating into GE and Sanyo.

资料来源：1. Milton Kotler. Haier in America. http：//kotlermarketing. com.
　　　　　2. http：//www. haierindia. com.

讨论题

1. 海尔在美国的产品策略包括哪些？
2. 新产品的推出对于海尔国际化的意义是什么？

本章注释

[1] Warren. J. Keegan, Mark C. Green. Global Marketing [M]. 4th ed. Pearson Education,

2005：267.

[2] 刘壮志．国产奶粉怎样应对外资品牌进军三四线城市？中国营销传播网．http：//www. emkt. com. cn. 2010年08月16日．

[3] 美国星巴克咖啡：一种生活风格的全球读本［R/OL］．2005-2-24. http：//info. food. hc360. com.

[4] 逯宇铎，常士正．国际市场营销学［M］．北京：机械工业出版社，2004.

[5] 菲利普 R. 凯特拉奥，等．国际市场营销学［M］．周组城，等译．12版．北京：机械工业出版社，2005.

[6] 荣小华．消费者行为学［M］．2版．大连：东北财经大学出版社，2006.

[7] 青啤登陆台湾：目标份额锁定10%［R/OL］．2002-5-22. http：//www. chinaccm. com.

[8] 吴景胜．国际行销［M］．厦门：厦门大学出版社，2004.

[9] 微软计划在马来西亚再推低价软件：源代码是主因［R/OL］．2004-3-3. http：//tech. tom. com.

[10] 迫于各国政府压力：微软拟修改全球统一定价制度［N/OL］．南方日报，2004-10-2. http：//tech. tom. com.

[11] 微软中国证实微软产品将先在中国等亚洲国家调价［N/OL］．北京娱乐信报，2004-3-2. http：//tech. tom. com.

[12] 黄立锋．梦幻乐园的"中国攻略"——解读香港迪士尼［N/OL］．中国证券报，2005-5-28. http：//www. cnki. net.

[13] 黄江伟．星巴克VS哈根达斯：从小众向大众的品牌渗透策略．中国商业评论．2009年08月24日．

[14] 海尔在日本．http：//www. haier. com.

[15] 吴晓波．激荡三十年——中国企业1978～2008（上）［M］．北京：中信出版社；浙江：浙江人民出版社，2007.

[16] http：//www. shanghaigm. com.

[17] http：//www. haier. com.

[18] 沈玮．宝洁"激爽"品牌黯然退市［R/OL］．2005-9-5. http：//www. sh360. net.

[19] 汽车LOGO遭遇中国式尴尬：误读还是恶搞？［J/OL］．车时代周刊，2007-6-7. http：// www. cheshi. com. cn.

[20] 解元利．07年盘点：召回、合并、重组、换标［N/OL］．大河报，2007-12-28. http：//news. chinacars. com.

[21] 唐文龙．换标——品牌的"进化"运动［R/OL］．2007-11-18. http：//www. boraid. com.

第 11 章 Chapter 11

国际市场营销的价格策略

International Pricing Strategy

重点词汇

Adaptation Pricing Strategy (policy) A pricing for the rest of the world of adapting home country prices to local competitive and market circumstances. It also is known as polycentric pricing policy. [一]

Anti-Dumping Duties According to GATT's Article 6, to be imposed on goods that are deemed to be dumped and causing injury to producers of competing products in the importing country. These duties are equal to the difference between the goods'export price and their normal value, if dumping causes injury. [二]

Dumping Occurs when goods are exported at a price less than their normal value, generally meaning they are exported for less than they are sold in the domestic market or third-country markets or at less than production cost. [三]

Extension Pricing Strategy (policy) A pricing policy that requires that the price of an item be the same around the world and that the customer absorb freight and import duties. This is also known as ethnocentric pricing policy. [四]

Invention Pricing Strategy (policy) A pricing policy in which the company neither fixes a single price worldwide nor remains aloof from subsidiary pricing decisions, but strikes an intermediate position. [五]

Parallel Imports Occurs when a product made legally (i. e. not pirated) abroad is imported without the permission of the intellectual property right-holder (e. g. the trademark or patent owner). Some countries allow this, others do not. [六]

[一] American Marketing Association. http://www.marketingpower.com/.

[二][三] WTO. http://www.wto.org.

[四][五] American Marketing Association. http://www.marketingpower.com/.

[六] WTO. http://www.wto.org.

Parallel Imports Develops when an importer buys products from distributors in one country and sells them in another to distributors who are not part of the manufacturer's regular distribution system. It is an exchange activity, made by at least one unauthorized person or organization, and so far, it doesn't follow legal procedure of trade. ㊀

Penetration Pricing Strategy A pricing policy that sets a low initial price in an attempt to increase market share rapidly. This policy is effective if demand is perceived to be fairly elastic. ㊁

Price The value of what a consumer exchanges in return for products. It is the formal ratio that indicates the quantities of money goods or services needed to acquire a given quantity of goods or service. ㊂

Skimming Pricing Strategy A method of pricing that attempts to first reach those willing to buy at a high price before marketing to more price-sensitive customers. ㊃

Transfer Pricing The pricing of goods and services that are sold to controlled entities of the same organization, e. g. , movements of goods and services within a multinational or global corporation. ㊄

导入案例

奔驰降价 20 万，宝马 7 系价格松动

2012 年新年伊始，奔驰 S 级在全国范围内的大幅降价促销受到业内广泛关注。记者从北京地区多家奔驰经销商处了解到，目前奔驰 S 级车型的优惠幅度普遍在 15 ~ 22 万，甚至部分经销商给出的最高优惠幅度已达到 25 万元。此次促销车型主要为奔驰 S 级 300L 和 S350L 两驱型车型。其中，奔驰 S300L 商务版的厂家指导价为 93 万元，优惠 18 万元，奔驰 S300L 尊贵型指导价为 104. 8 万元，优惠 21 万元。其余车型也有不同程度的优惠。其中，顶级商务轿车奔驰 S 级降价明显，入门级奔驰 S300 商务型的价格已经在厂家指导价 93 万元的基础上直降 25 万元，降至 68 万元。这种降价力度让很多人趋之若鹜，北京多家奔驰 4S 的 S300 商务型在降价后已经一售而空。除了北京，奔驰 S 级在广州、上海、鄂尔多斯等地也出现大幅优惠，部分地区的优惠幅度接近 30 万元。

目前奔驰的大幅优惠政策已经收紧，并且仅持续到 2012 年 2 月底。销售人员透露道，大幅优惠的目的是为了清理库存，因为前期到了大批现车。除了清理库存，奔驰在中国的渠道整合以及全新 S 级轿车将要亮相，也是奔驰 S 级大幅降价的原因之一。

被称为“大奔”的奔驰 S 级的降价，在市场层面引发宝马 7 系和奥迪 A8 的广泛关注。记者随后从宝马授权经销商京顺宝、宝泽行和华德宝了解到，宝马 7 系的价格也出现明显松动，宝马 7 系旗下的多款车型有 5 万 ~8 万元的优惠。

资料来源：刘卓，奔驰降价 20 万引热议，宝马 7 系价格松动，第 1 营销网，http：//www. cmmo. cn/，2012 年 02 月 29 日.

尽管非价格因素在市场竞争中的作用越来越显著，但是在产品和服务同质化程度越来越

㊀ Pillp R. Cateora，John L. Graham. International marketing ［M］. 12 th Ed. Mc-Graw Hill，2005：238.

㊁ WTO. http：//www. wto. org.

㊂㊃㊄ American Marketing Association. http：//www. marketingpower. com/.

高，竞争日趋激烈的国际市场上，价格仍是很多企业制胜的重要法宝。德国两大汽车巨头的比拼已经从德国本土市场延伸到中国的汽车市场，奔驰与宝马的价格厮杀就是一个例证。

价格是消费者为获得一定数量的产品或服务所需要付出的货币数量，或者说是产品或服务价值的货币表现。价格还是营销组合中唯一能产生收入的因素，其他因素均表现为成本。因此，价格直接地决定着企业市场份额的大小和盈利率的高低。

价格策略是企业营销组合策略的重要构成部分。随着国际贸易的不断增加，国家和地区间合作与竞争态势的演变，国际营销环境变得日益复杂，定价决策的难度也越来越大。不仅要考虑成本问题（资源成本、人力成本、流通成本、税收成本等）、市场竞争状况和消费者接受能力，还要考虑目标市场的文化社会因素和法律法规因素的影响以及由此产生的成本变化。

价格策略是市场营销中最具弹性的一个策略。企业可以通过价格策略，快速、及时地修正基本定价，应对消费者和竞争者的变化，其他策略的调整则相对较难，费时、费力、成本高、见效慢。

11.1 国际产品价格的构成（The Composition of International Price）

产品价格由 4 个部分构成：生产成本、流通成本、税金和利润。在国际市场营销和国内市场营销中，产品价格的 4 大构成部分没有区别，只是在每个部分中的具体构成要素（例如，国际市场营销中的关税、国际间的运费是国内营销所没有的）和各个部分在价格中所占的比例上有所不同。

1. 生产成本（Production Costs）

成本是产品价格的主要组成部分，它给定了产品价格的底限，也就是说，产品的售价至少要涵盖全部的制造费用，即固定成本（Fixed Costs）和可变成本（Variable Costs）。但是在国际市场营销中，当企业的战略目标定位在快速进入国际市场或在新的国际市场上迅速推广产品、赢取市场份额、抢占市场地位时，企业可能采用变动成本定价法（Variable-cost Pricing），以低于国内市场净价的价格打击竞争对手。除此之外，国际市场营销与国内市场营销在成本上的差异还体现在由于产品差异性策略所导致的制造成本的不同，如为了适应目标市场在度量衡制度上、基础设施上的不同而做的修改会带来产品成本的增加，也可能因为产品简化（如删除部分功能），而带来成本的减少。

2. 流通成本（Distribution Costs）

国际市场营销中，由于流通渠道的加长，牵涉到长途运输、装卸、货运储存、保险、申请进（出）口许可证和保管纳税等国际市场营销中特有的程序，会带来流通成本的明显增加，从而抬升产品的最终价格。

3. 税金（Taxes）

国际市场的价格构成中，税金主要由关税和一般流转税组成。其中，关税是国际市场营销所特有的，是对商品从一国进入另一国所征收的税费，是当地政府为了保护本国市场或增加政府收入而征收的特殊形式的税。另外，出口商品在目标市场国仍须交纳一般流转税（包括增值税、消费税、零售税和营业税等）。以进口到我国的汽车为例，尽管进口汽车关税从 1986 年的

220%一路下调到2006年以后至今的25%，一辆进口汽车所需的关税、增值税和消费税总和仍然保持在车辆自身价格的60%以上。[1,2]

营销透视 11-1

汽车进口关税的9次调整

1985年以前，我国整车进口关税税率为120% ~150%，后又在原有基础上加征80%进口调节税。从1986年开始，我国将关税与进口调节税合并征收，汽油轿车排量3.0升以上进口关税税率为220%，排量3.0升以下税率为180%。该税率一直沿用了8年。在此期间，我国的进口轿车价格较国际市场高出3~4倍，进口零部件组装车的价格也同样高出国际价格数倍。

1994年4月1日，我国对进口汽车关税第一次进行下调，175个汽车税目中有105个下调，税率平均降低13个百分点。排量3.0升以下的轿车关税降为110%，3.0升及以上排量的关税降为150%，各自下降了70个百分点。

1996年，我国许诺到2000年中国关税平均税率从23%降至15%，1997年10月1日先降到17%。与此相对应，1997年10月1日，排量3.0升以下的进口汽车关税税率降到80%，3.0升以上降到100%。

2001年1月1日，汽车关税税率再次降低，排量3.0升以下的进口汽车关税税率降到70%，3.0升及以上降到80%。

2002年1月1日，排量3.0升以下的进口汽车关税税率降到43.8%，3.0升及以上降到50.7%。

2003年1月1日，排量3.0升以下的进口汽车关税税率降到38.2%，3.0升及以上降到43%。

2004年1月1日，排量3.0升以下的进口汽车关税税率降到34.2%，3.0升及以上降到37.6%。

2005年1月1日，我国按照承诺取消了进口汽车配额许可证制度，对汽车产品实行自动进口许可管理，同时将进口汽车关税水平降到30%。

2006年1月1日，我国再次将进口汽车关税税率从30%下调至28%，日历终于翻到了我国完全履行加入世贸组织承诺的最后一年。

2006年7月1日，我国进口汽车关税税率最终将在第9次调整后降至25%，进口汽车零部件的关税税率也将降至10%。这个税率一直维持到今天。

资料来源：2010年汽车进口关税是多少．百度知道．www.baidu.com.

4. 利润（Profit）

利润分成两个部分：一部分为中间商提取的利润，另一部分为制造商的利润。国际市场营销中，由于产品在国际市场中要经历更多的销售环节，更长的销售时间，中间商承担的风险损失也相应增加，所以中间商的利润加成比重增加，有些情况下，中间商的毛利甚至可能会超过制造商的毛利。中间商利润分成的增加，增加了国际产品的成本，进而提高了产品最终价格。

11.2 影响国际定价的因素（The Elements Influencing International Pricing）

产品定价是企业一项复杂而重要的决策，因为价格既是产品在市场中竞争能力的体现，又是关系企业利润的重要因素。价格制定的合适与否，关乎企业的生存和发展。在国际市场营销活动中，企业的定价受到比国内市场更多的因素影响和制约，定价过程也更复杂；同时，企业的国际定价也比国内定价更为敏感，体现在过高定价引发的转移定价质疑或过低价格可能招致的反倾销诉讼甚至制裁。

在国际市场营销中，影响与制约产品定价的因素有 6 大类：政府因素、经济因素、国际价格联盟、市场因素、消费者因素和企业因素。

1. 政府因素（Governmental Factors）

政府对价格进行调控的主要方法包括规定最低限价和最高限价、限制价格变动水平、规定零售价格、实施价格补贴、直接参与国际市场竞争和买卖行为以及采取反倾销措施等。在价格过高、过低或者价格协定违反了公平交易或消费者利益时，政府常常通过关税、配额、限价和禁止价格协定等手段，干预、限制企业的定价自由；当跨国企业为逃避税收、转移利润而采用转移定价策略时，政府也可以通过以上手段防止企业利润大量向海外转移，避免国家税收流失，同时保护本国企业免受低价格的冲击和损害。

2. 经济因素（Economic Factors）

影响企业定价的经济因素主要为目标市场的收入水平和消费者的购买力。2004 年，微软推出为亚洲市场定制的产品，采用了“反映一个国家的生活成本”的价格制定策略；2007 年 8 月，微软中国正式宣布 Windows Vista 操作系统中文版彩包产品价格大幅度调价，一款产品的最高降幅超过千元。截至 2007 年 8 月，Vista 已经在全球销售了 6 000 万套，成为微软史上销售最快的产品。[3,4,5] 麦当劳的定价策略异曲同工，理解麦当劳的定价，只需要知道一个人为了获得一个巨无霸汉堡需要工作多久的时间（“McDonald’s price can be understood in tems of the length of time a person must work to earn enough money to buy a Big Mac”）。[6]

国际市场营销中影响企业定价的另一个因素是汇率因素。汇率直接影响国际营销企业的出口成本和进口成本，从而影响企业的销售额和利润，进而影响一个国家的贸易顺差和逆差。中国经济的快速增长和对外贸易的巨大顺差，引发了整个世界对于人民币升值问题以及汇率问题的关注。很多国家将其对中国的贸易逆差归咎于人民币的相对贬值，并试图通过各种渠道逼迫人民币升值。

营销透视 11-2

中国贸易顺差收窄 14.5% 人民币汇率现贬值预期

据海关总署 2012 年 1 月 10 日发布的数据显示，2011 年中国外贸进出口总值 36 420.6 亿美元，同比增长 22.5%，贸易顺差 1 551.4 亿美元，较 2010 年收窄 14.5%。2012 年世界经济依然疲软，中国外贸出口形势更加严峻，人民币汇率将出现贬值预期。

2011年12月，中国进出口总值为3 329.2亿美元，增长12.6%。其中出口1 747.2亿美元，增长13.4%；进口1 582亿美元，增长11.8%。尽管2011年中国进出口增速达22.5%，但仍难掩中国外贸未来将面临的严峻态势——12月份，中国进出口增速双降，出口增幅从8月份一路走低，而进口从11月份的22.1%降到11.8%。

2011年，在"扩大进口"的政策引导下，中国进口增速高出同期出口增速4.6个百分点，外贸顺差在2010年同比收窄7.2%的基础上继续收窄14.5%，减少263.7亿美元，当年贸易顺差与外贸总值的比值为4.3%，比上年降低1.8个百分点。2011年，中欧双边贸易总值5 672.1亿美元，增长18.3%；中美双边贸易总值为4 466.5亿美元，增长15.9%。2011年1~11月，欧、美、香港市场占中国内地出口总量的49.9%，而2010年这个数字为51.5%。

专家普遍分析认为，外需疲软、人民币升值、劳动力成本上升、通货膨胀、融资困难等因素为阻碍中国外贸出口增长的几大因素。因此，应当保持外贸政策的稳定性，采取多种措施保住外贸增长。

资料来源：中国贸易顺差收窄14.5% 专家称人民币汇率现贬值预期. 新华网. www.xinhuanet.com. 2012-01-10.

3. 国际价格协定（International Price Agreement）

国际价格协定是同行业之间为避免国际市场中的恶性竞争（尤其是降价竞争）而采取的价格联盟，协定可以是企业自行达成的，也可以是政府推动的。石油输出国组织（OPEC）是众所周知的国际卡特尔（Cartel）组织，掌控全球石油产量的67%，使其实际上控制了全球油价的走势。国际市场价格协定主要有以下几种形式：国际协定、同业公会（Trade Associations）协定、卡特尔、联合协定和专利授权协定。

4. 市场竞争（Market Competition）

供求关系的不平衡（供大于求）和激烈的市场竞争限制了企业的定价自由。全球化条件下的跨国企业，常常不得不以竞争对手的价格作为定价的参考和依据，甚至追随竞争对手的定价，以顺应行业价格。

5. 消费者因素（Consumer Factors）

消费者因素是影响价格决策的重要因素之一。消费者因素包括消费态度与行为、消费者的购买意愿、消费者的购买力和消费者的价格敏感度（Price Sensitivity）等。

在消费者态度中，消费者对某个国家或地区的态度影响消费者对产品价格的接受度。例如，在中国，西方国家的商品一般比市场价格高出20%~30%。除了高额进口税所导致的外国商品价格升高以外，还有一个原因就是中国消费者对外国商品刮目相看的消费态度。因此，较高的价格成为了很多来自发达国家的跨国企业在发展中国家所实施的市场品牌策略中非常重要的一环。[7]与之相对应的，我国制造的产品在海外市场中则以价格低廉著称，"MADE IN CHINA"很大程度上等同于低质廉价，这样的消费者态度和认知对中国企业的海外营销非常不利，严重地限制了企业的定价空间，影响了企业的盈利能力。

6. 企业因素（Enterprise Factors）

（1）企业目标。包括企业的全球目标和企业在某个市场的具体营销目标。通常来说，致力于全球市场的企业，较之将海外市场看做国内市场的补充的企业，定价策略更具雄心，目标更长远。具体到某个海外市场中，企业的营销目标可能是立足生存、追求利润、迅速占有市场、快速的现金回流或者致力于品牌树立。不同的目标会影响企业定价的高低，以立足生存和迅速占有市场为目标的企业倾向于采取低价格策略，而追求利润和致力于品牌树立的企业则更多地采用高价策略。2001 年，长虹提出“强占低端与抢占高端市场并举”的市场战略，在利用自身的规模优势最大限度地挤占全球低端产品市场份额的同时，开发出 300 多项新产品，抢滩高科技家电产品出口市场，如公司先后推出的数字高清彩电、数字高清背投彩电、LCD 彩电、PDP 彩电、彩电 + DVD 以及彩电 + DVD + VCR、DVD + VCR 组合产品、数字家庭影院、数字变频空调、数字卫星接收机等一系列数字化产品，受到国际市场客户的普遍欢迎，高附加值产品的出口比例已占长虹海外营业收入的 60% 以上。[8,9]

（2）企业成本因素。在国际市场营销中，产品的制造成本可能受益于全球生产基础上的规模效益和海外生产基地的低资源成本因素而有所下降，也可能因为差异化产品策略而导致成本的变化（研发和改动导致的成本上升和功能减少而导致的成本下降）。此外，流通成本也会因为流通渠道的延长、运输距离的加大、关税和相关进出口费用的产生而上升。

国际市场营销中由于汇率变动和币值变动而导致成本变动的情况也很常见。跨国企业在长期合同中或当付款有可能推迟好长一段时间的情形下，应充分考虑汇率波动、币值变动以及目标市场国的通货膨胀或通货紧缩等因素引起的风险。20 世纪 90 年代，我国国有感光企业之一的汕头公元厂与日本富士公司签订了 320 亿日元引进设备的合同，签字时美元对日元的比价是 1∶260。等到支付时，由于日元对美元的大幅升值，中方付给日方的 320 亿日元，已从原来的 1.25 亿美元，变成了 2.5 亿美元，加上利息，债务共计 40 亿元人民币。[10]

尽管影响国际定价决策的因素很多，包括定价目标、成本、竞争、消费需求、政府干预和国际价格协定，但总体上来说，企业目标是定价的出发点和指导方针，成本是依据，其他的是影响和限制定价的因素。实证研究还表明，总成本是影响定价的最重要的因素，竞争者竞价策略次之，接着是企业的出厂成本、投资收益政策和消费者购买力。[11]

11.3 国际市场营销的定价方法（The Approaches to International Pricing）

影响国际市场营销中产品定价的主要因素归结为两点：成本和市场。成本给定了产品价格的底限，市场给定了价格的高限，即产品既不能低于成本，也不能高于市场接受能力。如果再加上竞争的因素，产品的定价方法有 3 种：成本导向定价法、市场导向定价法和竞争导向定价法。

11.3.1 成本导向定价法（Cost-Oriented Pricing）

成本导向定价法是以产品的成本为基础来确定产品价格的定价方法，即以成本为基础，加上适当的期望利润。具体的成本导向定价法有成本加成定价法（Cost-plus Pricing）、目标利润定价法（Target-return Pricing）和边际成本定价法（Marginal-cost Pricing）。

边际成本定价法，又称变动成本定价法（Variable-cost Pricing），是以变动成本为基础，不计算固定成本的定价方法。由于是不计固定成本的不完全成本定价，产品的价格较低，适用于企业将价格作为主要市场竞争手段以打击或排斥竞争对手的情况；在国际市场营销中，尤其适用于企业在将产品打入国际市场的初始阶段，致力于尽快赢得市场份额的情形。

成本导向定价法是生产导向的定价法，由于方法容易掌握和运用而为企业所广泛采用。但是，这种定价方法的缺点在于：成本的界定和计算可能很麻烦（成本中应包括所有的成本）；没有从消费者的利益出发考虑产品的定价，忽略了市场竞争。因此，这一定价方法在强调成本的同时，可能会制约定价的灵活性。

11.3.2 市场导向定价法（Market-Oriented Pricing）

市场导向定价法是一种根据消费者对产品价值的认知和需求的强度，即消费者的价值观来决定价格的方法。通常来说，消费者对企业产品的价值认同越高，产品的定价越高；市场对产品的需求强度越高，产品的定价越高。这正是在国际市场上，具有较高品牌知名度的国际化企业，通常可以给产品定一个很高价格的原因所在。市场导向定价法包括价值认同定价法和需求差别定价法。

营销透视 11-3

被误读的“国际”品牌

百老汇

全世界都在感叹戏剧的不景气，但独百老汇与伦敦西区却永远兴旺红火，人流鼎盛。有人曾在伦敦爱德华王子剧院门口观察过，这里即将演出《妈妈咪呀!》（*Mamma Mia*!），2 分钟内购票的 10 个观众中，3 个英国人，不过来自乡下，从口音可以听出；7 个外国人（其中有 3 名来自亚洲）中，2 个头发全白的老太太，3 个 40 岁左右的中年人士，还有两名很兴奋的小观众，但他们实在太小，不足 4 岁，可能把这里当成了游乐场。

美宝莲、玉兰油、巴黎欧莱雅

美宝莲、玉兰油绝对是国内“名价比”（知名度/价格）最高的化妆品品牌。在中国，几乎每一个开始学习涂涂抹抹的女人最初都会选择美宝莲，每一个开始投身美白工程的女人都会试试玉兰油。“当我在他面前掏出美宝莲的粉饼补妆，他诧异万分，委婉地指出我的品位差，然后就头也不回地走掉了。”一个在美国留学的女生委屈地描述她一段失败的异国邂逅。很多到过国外的人才惊呼原来美宝莲、玉兰油、巴黎欧莱雅等都只是超市货架上的普通化妆品，没有专柜，没有巨星代言，几乎上不了台面。

资料来源：被中国人误读的 39 个品牌消费符号．和讯网．http：//lux. hexun. com/. 2008-08-22.

11.3.3 竞争导向定价法（Competition-Oriented Pricing）

竞争导向定价法是以市场上相互竞争的同类产品价格作为定价的主要依据，确定自己产品价格的定价方法。虽然主要以竞争状况的变化确定和调整价格水平，但这一定价方法兼顾了产品的成本和市场的需求，因此，是企业应用较多的定价方法。

蒙牛是将竞争导向价格策略运用得炉火纯青的企业之一。面对国外竞争对手，蒙牛采用“第一的品质，第二的价格”策略。以进入北京市场为例，在几乎所有超市中，蒙牛选择消费者熟悉的帕玛拉特（Parmalat，意大利前乳品巨头）作为定价的参考，不仅产品紧贴帕玛拉特摆放，价格也总比帕玛拉特低一角，以致有人惊呼“草原的帕玛拉特来了”。在香港，则以保利（Pauls）为定价参照，价格始终低于保利；面对国内竞争对手，尤其是伊利的挑战，蒙牛则坚持“贵一角”的定价策略，收获更大利润的同时，树立了“东西好自然卖得贵”的品牌形象。[12]通过竞争导向的定价策略，蒙牛击败了国内、国外的强大竞争对手，迅速抢占国内（如北京）市场和香港市场。

11.4 国际市场营销的定价策略（International Pricing Strategy）

给产品制定一个恰当的价格是企业市场营销成功的关键——合适的产品、恰当的渠道和正确的促销，还需要正确的价格。国际市场营销的定价策略包含两个方面的内容：一个是产品的价格制定；另一个是产品在国际市场竞争中的价格调整，主要是指企业在某一个特定市场中的价格应对。例如，应对竞争者的价格调整、不同季节和时段的价格调整、针对零售商的折扣定价以及地区的差异定价。在国际定价决策中，与国内市场营销的主要区别体现在第一个方面的决策，我们也将重点放在新产品的定价策略上。

11.4.1 统一定价策略、多元定价策略与协调定价策略（Extension Pricing Strategy，Adaptation Pricing Strategy and Invention Pricing Strategy）

企业在国际市场营销中，会遇到这样一个问题：同一种产品在世界各国市场上保持一致的价格，还是针对各国的不同情况，制定不同的价格？如果考虑文化、经济发展水平、消费者因素、市场竞争和政府政策、法律和法规等环境因素，企业会针对不同的市场制定不同的价格，即多元定价策略；与此对应的，则是忽略所有的环境因素，忽略各国的生产成本、竞争、分销渠道及分销成本等因素的差异，在不同的市场采用完全相同的价格策略，即统一定价法。由于两种定价策略均有各自的优势和适用情境，也有相应的缺点，协调定价策略正为更多的跨国企业所重视和采用。

1. 统一定价策略（Extension Pricing Strategy）

统一定价策略是指企业的同一产品在国际市场上采用同一价格的策略。这里的同一价格是指母公司与各国子公司的同一产品出厂价折合为同等金额的母国货币或同等金额的可兑换货币。

统一定价策略适用于拥有垄断或差异化寡头垄断优势的公司，如波音公司出售给全球所有国家的喷气式飞机，都是统一定价；统一定价策略还适用于产品导入阶段，市场仅局限于少数创新使用者的情形；另外，采用直销方式的产品也可以采用全球统一定价策略。

统一定价策略的好处在于：简单易行，企业可以忽略，甚至不需要调研和掌握目标市场国的环境、市场和消费者等信息；有利于企业建立全球统一的公司形象和产品形象；有利于公司的价格管理和营销管理，避免平行进口（Parallel Imports）现象的发生。

与统一定价策略的优势一样，这一策略的劣势也很明显。在国际市场中，产品的成本因不同市场中税赋水平、中间商利润、汇率变化等因素的差异而很难统一。加上不同国家的市场状况差异、竞争程度差异和竞争对手的情况差异，统一价格在不同的市场中可能会因为价格过低而失去获取最大利润的机会，也可能会因为价格过高而失去竞争力，从而影响企业在不同市场的利润水平，甚至竞争力。

统一定价策略的弊端使得这一策略越来越少地为跨国企业所使用，取而代之的是多元定价策略。

2. 多元定价策略（Adaptation Pricing Strategy）

与统一定价策略相反，多元定价策略是指企业在不同的市场中允许采用不同价格的策略。多元定价策略的最大优势是充分考虑了各国市场竞争、市场条件和消费者的具体情况，体现了各国市场实际存在的差异，能够更好地满足各国市场的实际需求。

营销透视 11-4

微软 Vista 降千元，首次打破全球统一定价

2007 年 8 月 1 日下午，微软中国正式宣布 Windows Vista 操作系统中文版彩包产品价格大幅度调价。一款产品的最高降幅超过千元。这是微软自进入中国以来，首次出现的降价行为。但更值得注意的是，降价行为只针对中国市场，这也是微软首次为单一市场松动其全球统一定价策略。

当天下午的消息显示，Vista 中文家庭普通版彩包此前售价为 1 499 元，降价后为 499 元，为降价幅度之最，达到千元。其次是 Vista 中文家庭高级版彩包，由此前的 1 780 元降至 899 元。Vista 中文商用版彩包及 Vista 中文旗舰版彩包的降价幅度较小，分别由 1 980 元降至 1 880 元，和 2 500 元降至 2 460 元。

微软中国 Windows 客户端产品部总监韦青告诉腾讯科技，降价将会是一个长期策略。而最新消息显示，Vista 已经在全球销售了 6 000 万套，成为微软史上销售最快的产品。

韦青表示，这一降价行动经过了总部的讨论与批准。是专门考虑到本地市场及不同国家消费者的独特性做出的不同定价考虑，目前只针对中国市场。此前，微软一直坚持全球统一定价。

资料来源：1. 微软 VISTA 降千元，首次打破全球统一定价 . http：//www. niwota. com.

2. Vista 价格高台跳水：微软独对中国降价［K］. 产业资讯 . 2007-8-2. http：//www. pconline. com. cn.

决定企业是否采用多元化定价策略的因素很多。如 2003 年微软曾在泰国推广仅售 20 英镑 Windows XP 简化功能修订版，原因除了“反映一个国家的生活成本”以外，还迫于政府源代码的压力和亚洲市场大量盗版软件的冲击。当企业在不同的国家或市场具有不同的战略目标和营销目的时，多元化定价策略也是一个很适用的定价方法。

多元化定价策略的最大弊端在于由于不同市场的价格差异而导致的平行进口。当产品在不同国家或市场的价格差异很大，大到足以涵盖国际运费和中间商利润，且仍有利可图时，平行进口就发生了。

3. 协调定价策略（Invention Pricing Policy）

在统一定价策略中，跨国公司的定价决策权集中在母公司层面，而多元化定价策略的定价决策权却在子公司层面，介于两者之间的是协调定价策略，即跨国公司对同一产品既不采用同

一价格，也不完全放手各个子公司独立定价的策略。协调定价策略既综合了统一定价策略和多元化定价策略的优点，又克服了两者的缺点；既考虑了母公司的整体利益，又兼顾了子公司的特殊利益；既维护了定价的计划性，又保持了定价的灵活性。因此为更多的跨国企业所奉行和采用。

11.4.2 撇脂定价策略与渗透定价策略（Skimming Pricing Strategy and Penetration Pricing Strategy）

跨国企业向国际市场推出新产品时，企业有两种策略可供选择——撇脂定价策略和渗透定价策略。

1. 撇脂定价策略（Skimming Pricing Strategy）

撇脂定价策略是指在新产品进入目标市场的初期，制定较高的价格，在竞争对手推出相似产品之前，最大限度地、迅速地摄取利润，收回产品投资。20 世纪 90 年代末的中国，随着民众购买能力的提升和国家政策的鼓励，汽车成了新的消费热点。进口汽车通过高价格撇脂定价策略赚取市场暴利，同等性能的汽车，其价格在中国市场与美国市场差异极大，大众甲壳虫，中国的售价是美国的 3. 36 倍，别克是 2. 36 倍，丰田花冠是 2. 8 倍。[13]

撇脂定价策略适用于以下几种情境：

- 专利保护产品、高新技术产品或独家经营的产品、没有或很少有竞争对手和竞争的产品。
- 产品具有较高的品牌认知度或很高的质量，消费者愿意为此付出高价。近来颇受诟病的奢侈品在中国的高定价，引发了人们对于中国奢侈品税的大讨论。其实，除了税收导致的产品价格飙升以外，消费者对国外产品的品牌与质量的认同，以及愿意为此付出的高价格，才是“国际化”品牌能够实施撇脂定价的真正动因。以一瓶 LANCOME 的“小黑瓶”为例，在中国的 LANCOME 官方网站上，我们看到一瓶 50ml 的兰蔻“精华肌底液”，售价为 1 080 元人民币。而在韩国仁川机场的免税店里，100ml 的兰蔻“精华肌底液”仅售 175 美元，约合人民币 1 103. 02 元人民币。容量加倍，价格却基本等同，这意味着国内的消费者为了购买同样的产品要付出的价格是国外消费者双倍。
- 市场有足够的需求，且需求缺乏弹性，也就是说消费者对产品的需求不会因为价格高而大量减少。

与汽车企业相类似，当大批消费品跨国公司以品牌为武器进入中国市场时，撇脂定价策略为很多公司所采用，例如，嘉士伯啤酒、桂格食品、联合利华、可口可乐等。

营销透视 11-5

可口可乐在中国的价格策略

In 1979, when Coca-Cola entered Chinese market, it captured just a sliver of the market at its first by offering its high-profile (and pricy) soft drink. Twenty years later, Coca-Cola reduced expenses by manufacturing locally, setting up 34 bottling plants and forming partnerships with three bottling groups to create a low-cost, efficient distribution network. It now sells more than 20 different drinks for about 25 cents a can and 12 cents a returnable glass bottle, only slightly more than local brands. Even its marquee Coke brand sells for only 10% to 15% more than the most popular local brands. As a result, Coke sells more than half of all carbonated soft drinks in China and generated more than ＄2 billion in revenue in 2003.

资料来源：http：//bbc. icxo. com.

2. 渗透定价策略（Penetration Pricing Strategy）

与撇脂定价策略相反，渗透定价策略是在产品进入新市场时，尽可能地压低产品的价格，在迅速打开市场的同时，通过低价格防止竞争者的进入，保持并不断扩大企业的市场份额。

采用渗透定价策略的企业应具备雄厚的实力，足以承担由于低价策略所导致的新产品进入期的亏损；同时具备迅速扩大生产和销售的能力，以规模弥补低价格带来的损失；或者拥有较低的土地成本、资源成本、人力资源成本等。我国企业采取低价渗透策略基本上是基于这样的优势。

20 世纪 80 年代，温州打火机生产商以大规模的生产、低廉的价格、多样的款式，成功地取代了 20 世纪 60 年代以来的世界三大打火机生产基地——日本、韩国和中国台湾地区，成为世界的打火机王国[14]；日本的爱华音响在中国市场采用了薄利多销的定价策略，以更接近中国品牌的价格销售高保真音响（质量不比日本的索尼逊色多少），而避开同样来自日本的、昂贵电子消费品牌索尼的竞争。[15]

撇脂定价策略和渗透定价策略各有各的优劣势和使用情境。企业在实际应用中，应充分考虑企业的市场目标、企业的资源状况、产品的需求弹性以及目标市场的竞争状况等因素，选择最适合企业的定价策略。同时，根据情况的变化及时转换定价策略。在进入中国市场的最初阶段，可口可乐采用撇脂定价策略，最大限度地获取利润。随着时间的推移和公司的不断发展，大规模的本土化支撑了可口可乐的成本降低，定价策略随之转向低价策略。

11.4.3 国际市场营销中的价格战（The Pricing War in International Marketing）

自 1996 年长虹在中国市场掀起价格战高潮以来，很多中国企业或主动或被动地把降价当做了最主要的竞争手段。从行业来看，价格战波及家电领域、服装行业、零售业、民航业、运输业、国产汽车业、通信业、餐饮业、图书市场以及生产资料领域[13]；从市场范围来看，价格战由中国蔓延到世界的每一个角落。2000 年左右，许多国外家电品牌酝酿将生产线搬迁至中国，为与中国国产家电企业在未来全球市场中的价格战做准备。[16]随着中国经济的发展和人均收入的提升，劳动力成本不断攀升，包括中国在内的世界企业又将制造和生产向具有更低劳动力成本的国家和地域转移，中国企业进入微利时代，亟待转型以谋求生存和发展。

2002 年，科特勒教授在名为“微利时代与全球化时代的营销策略”的中国演讲中，着重强调了全球“微利时代”的概念和中国市场在全球“价格战”和“微利时代”中的重要作用。在美国女作家萨拉的《离开“中国制造”的一年》一书中，描述了一个美国家庭抵制“中国制造”近一年后终于发现：“没有中国产品的生活一团糟。”生动有趣地揭示了中国制造带给全球的方便和低价格以及“中国制造”的不可或缺。

营销透视 11-6

离开“中国制造”的一年

在这个阴沉的下午，我坐在沙发上，环顾节日后乱得一塌糊涂的家，后背猛然冒出一股不安的凉意来。照理说早就该注意到，可我直到此刻才发现——中国的产品充满我的家。

中国，在 DVD 播放机上散发着幽蓝的辉光；中国，在客厅一角圣诞树上垂下的灯泡和玻璃球上闪闪发亮；中国，在我脚下的条纹袜子上蹭得我脚痒痒；中国，躺在门口那一堆脏鞋上，透过红发洋娃娃的刺绣眼睛，打量着周围的世界，还有中国造的咀嚼玩具，逗弄着我家的狗；中国，从钢琴上摆放的台灯洒下一轮黄色的光晕。

我赶紧从沙发上起身，清点起圣诞节礼物来，并把它们分成两大类：中国、非中国。清点结果，中国，25；非中国，14。我想，儿童特别节目真该更新一下地理知识了。圣诞老人的小矮人们并不是在冰雪覆盖的北极作坊里干活，而是在远离咱家乡海岸至少 7 000 英里的工厂里工作。圣诞节，孩子们一年到头盼星星盼月亮般盼来的一天，原来竟是个中国节。如此细细琢磨一番，事情似乎已经失控了——突然之间，我想把“中国”给请出去。想要彻底驱逐“中国”，为时已晚。要是把我们已经抬进家门的“中国制造”全扔了，我家也就差不多空了。

资料来源：萨拉·邦焦尔尼. 离开“中国制造”的一年［M］. 闾佳，译. 北京：机械工业出版社，2007.

降价不会是长期的竞争手段。当价格降到一定程度时，无论是主动降价的企业还是被动降价的企业都很难从中受益。价格战也不等同于降价战，以差异化的产品、高端的定位和较高的价格参与竞争同样是价格战的手段和方法。在全球市场不断推出低价位一次性刀具的情况下，吉列以差异化的产品 Sensor 和产品的高端定位赢得了另一片天空。

近年来的中国市场，我们越来越少地听到价格战这个词，也越来越多地看到中国企业向高端市场的高歌猛进，2011 年 5 月，娃哈哈的“爱迪生”奶粉高调入市，直击高端市场；维维集团也联合澳大利亚塔图拉乳业公司，定制原装进口奶粉进军高端市场[17]；吉利汽车借帝豪进入欧洲市场，收购沃尔沃冲击国内汽车中高端市场[18]。除了针对单个产品的定价决策外，企业还需要对企业所生产的所有产品，即产品组合做出相应的定价决策。包括产品线定价法（Product-Line Pricing）、任选产品定价法（Optional-Product Pricing）、副产品定价法（By-Product Pricing）和附属产品定价法（Captive-Product Pricing）。由于产品组合定价策略，不是国际市场营销所特有的定价策略，因此在这里不多讲述。

11.5　国际定价中可能遇到的几个问题（Some Problems Related to International Pricing Strategy）

11.5.1　倾销与反倾销（Dumping and Anti-Dumping）

依据世贸组织协议规定，倾销（Dumping）是指一成员商品以低于其国内贸易正常价值的价格进入进口国市场。倾销有3个必要条件：产品以低于正常价值或公平价值的价格销售；这种低价销售的行为对进口国产业造成了损害；损害与低价之间存在因果关系。只有同时具备了上述3个条件的低价销售行为，才能够依据反倾销法采取反销售措施，征收反倾销税（Anti-Dumping Duty）。

营销透视 11-7

中国与反倾销

据中国商务部网站和阿里巴巴网站数据显示：自1996年起，中国已经成为世界上遭遇反倾销调查和诉讼最多的国家。1989～2002年12月20日，中国产品共遭遇外国反倾销调查509起，遭遇保障措施46起，两者相加高达555起，涉及4 000多种商品，出口金额160亿美元。仅2005年上半年，就有印度（5）、墨西哥（3）、澳大利亚（2）、南非（2）、哥伦比亚（2）、美国（2）、欧盟（1）、加拿大（1）、巴基斯坦（1）、土耳其（1）、以色列（1）等11个国家（地区）对我国发起反倾销、保障措施调查21起（反倾销20起，保障措施1起），涉案金额约2.96亿美元。仅2007年11月份，中国企业遭遇的反倾销调查、诉讼和裁决以及中国企业提起和中国商务部裁定的反倾销案例就有33件，范围涉及机械、电子、五金、纺织、化工、塑料、食品、家电、建材、冶金和服饰等11个行业。

2012年1月19日，美国商务部宣布，将对中国输美风电产品展开反补贴和反倾销“双反”调查，这是继太阳能电池后美国又一次对中国清洁能源产品发起贸易救济调查。2011年12月末，美国风塔联盟提出申诉，宣称中国企业获得政府补贴，以低于成本的价格在美进行倾销，要求发起“双反”调查。统计数据显示，2008年中国输美风塔总值逾2亿美元，但2010年大幅回落至1亿美元。

倡导的清洁能源领域主动挑起贸易摩擦，不仅破坏中美能源合作，也损害美国产业自身利益，并与全球共同应对气候变化和能源安全挑战的大趋势背道而驰。

资料来源：1. 2005年中国企业遭遇的国际反倾销事件［R］. 2005-7-27. http：//info. china. alibaba. com.

2. http：//sousuo. mofcom. gov. cn.

3. 德永健. 美商务部宣布对中国输美风电产品展开双反调查. 经济参考. http：//www. jjckb. cn/. 2012年01月20日.

但是，针对我国企业的反倾销措施很大一部分是因为“不可持续的”贸易逆差。欧盟贸易专员彼得·曼德尔森（Peter Mandelson）曾经警告中国：如果中国不能帮助减少（欧盟对华）“不可持续的”贸易逆差，欧盟可能将被迫采取反倾销举措，以保护自身免受中国出口产品的冲击。[19]这里的“不可持续的”贸易逆差被归因于中国的汇率政策，2011年中国外贸进出口总值36 420.6亿美元，贸易顺差1 551.4亿美元，较2010年收窄14.5%[20]。

11.5.2 国际转移定价（International Transfer Pricing Strategy）

国际转移定价是跨国公司在母公司与各国子公司或各国子公司之间转移产品和劳务所采用的内部交易价格，是国际化企业为谋求利润最大化而采取的一种手段。这一定价策略制定的出发点是为了减少关税和所得税支付，规避风险（将资金从高通胀率、严格外汇管制或政治、军事动荡的国家尽快转出，减少滞留）。

企业在利用转移定价规避风险、获取最大利润的同时，对子公司所在国不可避免地造成利润和税收的损失。2000 年度在华的外资企业自报亏损额竟达 1 260 亿元，60% 的在华外商直接投资企业自称是亏损的。隐藏在背后的定价转移直接造成了我国巨额的税收流失。[14] 为了应对国际化企业的这一策略，有的国家制定了相应的法律、法规，要求国际企业制定内部转移价格时能遵守公平交易的原则，减少目标市场国损失，保护目标市场国的正当利益。

11.5.3 平行进口（Parallel Imports）

平行进口是指未经相关知识产权权利人授权的进口商，将由权利人自己或经其同意在其他国家或地区投放市场的产品，向知识产权人或独占被许可人所在国或地区的进口。[21] 从渠道角度来看，平行进口是指进口商将从一个国家的经销商手中购买的产品转售给另一个国家未经授权的经销商的交易行为。在交易中，至少有一个未经授权的人或机构的参与。平行进口发生于采用差异化定价策略的跨国企业中，也可能发生于存在进口配额限制或者实施高关税政策的国家或地区市场——当企业的产品在不同的两个市场中，价格存在差异，且差异大于产品在两个市场之间转移所发生的关税、运输成本和国际中间商利润等全部费用的总和时，平行进口就会发生。

灰色市场是介乎正当的“白色市场”与非法的“黑色市场”之间的一种称谓，这一用语表达了人们对平行进口合法性的怀疑态度。尽管平行进口和灰色市场在概念的内涵和外延上并不完全相同，但是大部分情形下，人们往往忽略两者的差异，将其视为同一个概念。

中国是世界上平行进口较严重的国家，大量灰色市场的存在，严重干扰了企业的正常运营和市场的公平竞争。仅以 IT 市场为例，几乎所有的进口产品都可能遭遇水货（原本不应该在某地区销售的产品，或者是绕过某地区的正规代理直接在该地区销售的产品）的冲击，有水货的品牌已是司空见惯，而没有水货的品牌似乎已不正常。

平行进口既侵犯了正规分销渠道的利益，也损害了消费者的合法利益。跨国企业在面对平行进口时，可以从渠道的建立和管理入手，实施授权经营，加强渠道监视控制系统。

本章小结

1. 在营销组合中，价格是唯一涵盖成本并且产生收入的因素。价格也是营销组合中最灵活的因素。定价决策是企业管理层面临的最重要也是最复杂的决策问题之一。

2. 除了进出口关税和进出口过程中发生的相应费用以外，国际产品价格的构成要素与国内产品的构成要素基本相同。国际市场上的产品定价方法分为成本导向定价法、竞争导向定价法和市场导向定价法。

3. 国际市场营销的定价策略依据产品在不同的市场采用同一价格还是不同价格，分为统一定价法、多元化定价法和协调定价法。在国际市场的新产品策略中，企业可以采用高价撇脂策略以最大限度地摄取利润，也可以采用低价渗透策略，迅速地占领市场，取得市场领导地位。

4. 在国际市场营销定价决策中，企业会因为不同的定价策略而遭遇不同的问题。平行进口发生在多元化定价策略的企业中，也发生在实施进口配额和高关税的国家。

5. 国际转移定价是跨国企业内部子公司之间产品和原材料的交易价格。国际转移定价在减低国际市场运营中目标市场不稳定所带来的风险，帮助企业最大限度地获取利润的同时，可能对目标市场国的税收造成非常大的损失，因此转移定价法会受到目标市场国的调查和制止。

6. 反倾销措施是世界各国最普遍采用的保护国内产业、维护公平贸易环境和抵制非公平竞争的重要手段之一。我国是目前世界上遭遇反倾销调查和指控最多的国家。如何尽快完善我国的反倾销立法，掌握和利用国际贸易组织的规则，规避反倾销措施，对我国企业的国际化非常重要。

案例分析 11-1 时髦的“价值定价”

从20世纪90年代以来，营销人员又多了一个新的营销术语：价值（Value）。在此之前，营销人员从对冰淇淋到小汽车的每一件商品都想象到奢侈、显赫和铺张，但是在开始经济衰退之后（主要指美国），他们开始重新设计，重新包装、重新定位和重新营销产品，从而强调“价值”。现在，价值定价——强调产品的质量，同时以价格为特色，以较多的价值换取较少的价值，已经在全球获得了广泛的运用。

营销人员发现，不断变化的经济（尤其指经济不景气）和人口状况已造就了一个老谋深算、讨价还价的新顾客群体，他们很关心买什么，在哪儿买，以及怎么买。在过去，炫耀富贵和铺张浪费是一种时髦；但今天，获得一笔好的交易才是时尚。为了使消费者相信他们获得的价值大于他们为此支付的成本，各公司（从快餐连锁店到证券经纪业）纷纷调整了它们的营销战略：

- 美孚（Mobil）的黑弗蒂（Hefty）分公司将垃圾袋的价格减掉20%，并且每盒多装20%的塑料垃圾袋。已有20多年营销经验的黑弗蒂公司还就增强垃圾袋的结实程度提出了一个口号——“我们的结实就是价值。20世纪90年代以后人们寻求的是价值，甚至对垃圾袋也不例外。”
- 百事可乐的塔科贝尔连锁店采用了一种成功得令人难以置信的“价值菜单”：59美分的塔科和15种其他商品，价格分别是59美分、79美分或99美分。麦当劳紧跟其后，采用“超额价值餐”，在广告中强调：“好食品，好价值。”很快，温迪、汉堡王和其他竞争者也纷纷加入角逐的行列，采用了它们自己的价值定价方法。
- 证券行业的西尔森—莱曼·哈顿公司（Shearson-Lehman Hutton）在20世纪90年代发起了一场新的广告运动来帮助它抵补折扣经纪人的低价要求。西尔森的一位营销高级管理人员说：“人们在问：‘我能得到我所支付的吗？这里边的价值是多少？’。企业面临的挑战是，相对于其设定的价格，它们能提供的价值是多少。”
- 20世纪90年代中期，在一次世界旅行中，通用电器公司的董事长杰克·韦尔奇先生（Jack Welch）注意到全球的顾客正越来越多地对价值而不是技术感兴趣。“我们正面临讲究价值的10年。如果不能以全球最低价销售高质量的产品，你就会被挤出竞争。”其结果是，从冰箱到CAT扫描器和喷气发动机的所有产品中，通用电器公司都设定了难以打败的价格，努力地提供基本的、可靠的产品。
- 别克将它的产品系列“公园大道”车作为“美国最高价值的汽车”，价格是25 800美元。“公园大道”在维修成本、燃料节省库和车子的折旧程度几个方面都位居第一。“我们可以说你们没必要用买一辆经济型车来实现物有所值。你们没必要为了得到大的价值来放弃豪华、性能或规格。”

价值定价不仅仅是减价，还包括许多内容。它意味着在价格和质量之间找到一个平衡点，使产品能给消费者带去他们所需要的价值——对消费者来说，“价值”不等于“便宜”；价值定价要求企业在有利润可赚的同时适当减价，以及找到维持甚至改善质量的方法。

尽管价值定价的趋势是随着经济衰退开始的，但涉及实质内容却是更深层次的。消费者观点的改变是因为在生育高峰期出生的人逐渐变老（美国如此，中国也面临着人口老龄化的趋势），以及他们所受到的不断增加的经济压力。现在，对美国消费者而言，当今“被挤出来的消费者”肩负着20世纪80年代不加节制消费所带来的债务、日益增长的孩子培养费、购房费以及照顾年老父母的预备费用和自己保健和退休的预备费用。因此，在经济状况改善之后的很长时间里他们仍会要求得到更多的价值。甚至在经济衰退之前，购买者就已经开始考虑价格和质量之间的相等关系。因此，在现在及可预见的将来，价值定价仍然会是一个极为重要的战略。为了赢得明天更加精明的消费者，营销人员需要不断寻找新的方法，以更低的价格向顾客提供更多的价值。

资料来源：菲利普·科特勒，芮新国．时髦的“价值定价”．中国营销传播网．http：//www. emkt. com. cn/. 2002年12月16日．

案例讨论

1. 影响消费者价格接受的因素有哪些？
2. 企业如何应对消费者的变化？

案例分析 11-2　贸易逆差让欧盟恼火

Peter Mandelson, the European Union trade commissioner, warned China yesterday that the EU could be forced to use anti-dumping measures to defend itself against Chinese exports if Beijing failed to help reduce an “unsustainable” trade deficit rising by €15m ($22. 3m) an hour.

European frustration with China’ limits on market access for foreign companies and an exchange rate policy seen as undervaluing the renminbi has been fuelled by the growth of a trade deficit with China to €86bn in the first seven months of the year.

“Europe is becoming more open to China, but I can’t sustain that unless China shows the same openness to us,” Mr. Mandelson told the Financial Times, warning he would come under increasing pressure to take tougher action if Beijing did not move to clear market barriers. He said Chinese leaders needed to reduce non-tariff barriers, regulation and discrimination against European companies.

资料来源：Amy Kazmin, Mure Dickie. EU Issues Threat to China over Trade Gap. Fanancial Times. November 23, 2007. http：//www. ftchinese. com.

案例讨论

1. 在上述案例中，欧盟实施反倾销措施的原因有哪些？
2. 在营销实践中，中国企业应怎样应对反倾销调查和指控？

复习题

1. 影响企业国际定价的因素有哪些?
2. 讨论政府干预对国际定价的影响。
3. 国际市场定价的依据是什么?
4. 简述成本导向定价法与市场导向定价法的差别。
5. 支持国际市场营销中差异化定价的理论是什么?
6. 在何种条件下,统一定价是有效的?
7. 什么是平行进口?平行进口产生的原因有哪些?企业如何应对或管制平行进口?
8. 什么是国际转移定价?如何看待跨国公司内部的转移定价问题?其主要目的是什么?
9. 什么是撇脂定价与渗透定价策略?各自的优缺点及其使用条件是什么?

思考及实践题

大行其道的新奢侈主义

新奢侈主义正在中国出现,主流消费价值观是体验奢侈、占有 LOGO、透支信用卡、享受误读的利润与快乐,反消费者被边缘化,成为弱势群体。越是众所周知的消费符号,越容易被误读。作为全球化时代的文盲的分支,消费文盲崇拜 LOGO 但常因消化不良而误读品牌内涵、热衷购买但屡屡靠价位来获取优越感、追求身份认同但身份并不匹配、热爱国际化但只想在本土扮演优越阶层角色。

1998 年进入上海,1999 年进入北京,2005 年进入广州的 IKEA 家居,以其 DIY 的设计风格及昂贵的售价,一时成为白领与小资理想的高端家居品牌。而美国人的评论是“cheap IKEA”,他们买家具就像买衣服,好看就买,买来就用,腻了就换,许多家具的命运不是被换、被卖就是被扔。

讨论题:

1. 结合以上资料,分析产品国际市场定价的方法有哪几种?

2. 作为 IKEA 公司来说,他们全球市场采用了怎样的定价策略?依据是什么?你认为他们的定价策略是成功的吗?

本章注释

[1] 进口关税下调影响不大:进口车更受汇率影响 [N/OL]. 财经时报,2005-1-22. http://www.chinaspcar.com.

[2] 汽车进口关税:220%到25%,不能忘却的纪念 [R/OL]. 2006-12-12. http://www.enorth.com.cn.

[3] 微软计划在马来西亚再推低价软件:源代码是主因 [R/OL]. 2004-3-3. http://tech.tom.com.

[4] 迫于各国政府压力:微软拟修改全球统一定价制度 [N/OL]. 南方日报,2004-3-2. http://tech.tom.com.

[5] 微软中国证实微软产品将先在中国等亚洲国家调价 [N/OL]. 北京娱乐信报,

2004-3-2. http：//tech. tom. com.

[6] Warren. J. Keegan，Mark C. Green. Global Marketing［M］. 4th Ed. Pearson Education，2005:11

[7] 宜家低价策略抢得中国市场［M］. 2006-3-8. http：//blog. icxo. com.

[8] 罗清启. 长虹背投攻略：中国家电的国际化变法［R/OL］. 2001-11-12. http：//www. emkt. com. cn.

[9] http：//www. changhong. com. cn.

[10] 袁卫东. 跨越——柯达在中国［M］. 北京：中信出版社，2005：36.

[11] 苏比哈什 C. 贾殷. 国际市场营销［M］. 吕一林，雷丽华，主译. 6 版. 北京：中国人民大学出版社，2004：337.

[12] 张治国. 蒙牛内幕［M］. 3 版. 北京：北京大学出版社，2006：123，125，135.

[13] 吴晓波. 大败局［M］. 浙江：浙江人民出版社，2007：122.

[14] 何佳讯，卢泰宏. 中国营销 25 年［M］. 北京：华夏出版社，2004：146.

[15] 菲利普 R. 凯特拉奥，等. 国际市场营销学［M］. 周组城，等译. 12 版. 北京：机械工业出版社，2005：376.

[16] 逯宇铎，常士正. 国际市场营销学［M］. 北京：机械工业出版社，2004：330-332.

[17] 刘壮志. 国产奶粉怎样应对外资品牌进军三四线城市？中国营销传播网. http：//www. emkt. com. cn/. 2010 年 08 月 16 日.

[18] 李书福借帝豪进欧洲，沃尔沃开始反哺吉利. 中国营销传播网. www. emkt. com. cn/. 2012 年 01 月 11 日.

[19] http：//www. ftchinese. com.

[20] 中国贸易顺差收窄 14.5%，专家称人民币汇率现贬值预期. 新华网. www. xinhuanet. com. 2012-01-10.

[21] 王春燕. 平行进口的含义特点表现形式［N/OL］. 中国知识产权报，2002-12-20. http：//ckrd. cnki. net.

第 12 章
Chapter 12

国际市场营销的渠道策略
International Place Strategy

重点词汇

Agent A company or individual that represents a company in a particular market. Normally an agent does not take title to goods. ㊀

Channel of Distribution (Also called distribution channel) An organized network (system) of agencies and institutions which, in combination, perform all the functions required to link producers with end customers to accomplish the marketing task. ㊁

Direct Marketing The total of activities by which the seller, in effecting the exchange of goods and services with the buyer, directs efforts to a target audience using one or more media (direct selling, direct mail, telemarketing, direct-action advertising, catalog selling, cable selling, etc.) for the purpose of soliciting a response by phone, mail, or personal visit from a prospect or customer. ㊂

Distributor A wholesale middleman, especially in lines where selection or exclusive distribution is common at the wholesale level and the manufacturer expects strong promotional support. It is often a synonym for wholesaler. ㊃

E-commerce Also named as e-business A term referring to a wide variety of Internet-based business models. Typically, an e-commerce strategy incorporates various elements of the marketing mix to drive users to a Web site for the purpose of purchasing a product or service.

Exclusive Distribution A form of market coverage in which a product is distributed through one particular wholesaler or retailer in a given market area. ㊄

Grey Market A market where a product is bought and sold outside of the manufacturer's authorized trading channels. ㊅

Intensive Distribution A form of market coverage in which a product is distributed through all

---

㊀㊁㊂㊃㊄ American Marketing Association. http://www.marketingpower.com/.

㊅ Investopedia (A Forbes Media Company). http://www.investopedia.com/.

available wholesalers or retailers who stock and sell the product in a given market area. ㊀

International Logistics　It is the design and management of a system that controls the flow of materials into, through, and out of the international corporation. It encompasses the total movement concept by covering the entire range of operations concerned with goods movement, including therefore both exports and imports simultaneously. ㊁

Logistics　A single logic to guide the process of planning, allocating, and controlling financial and human resources committed to physical distribution, manufacturing support, and purchasing operations. ㊂

Middleman　Also called Intermediary An independent business concern that operates as a link between producers and ultimate consumers or industrial users. There are at least two levels of middlemen: wholesalers and retailers. ㊃

Selective Distribution　A form of market coverage in which a product is distributed through a limited number of wholesalers or retailers in a given market area. ㊄

导入案例

Avon in China

In 1990, Avon became the first international company to use chuanxiao or direct selling in China. By early 1998, more than 100 000 sales representatives were selling Avon products from Guangdong in the south to Xinjiang in the remote northwest, and the company had begun building a $40-million plant to meet demand. In April 1998, after consistent attempts to regulate direct selling, Chinese government banned direct selling altogether. Avon had to close its operations until mid-June for reorganization, during which it lost $100 000 a day, and half of its salespeople.

Avon was thus forced to move into retailing and wholesaling. It had to retrain manager, rethink marketing, and overhaul its China strategy. Some 95 percent of Avon's sales are dependent on about 12 000 small retail license-holders who buy products from Avon for resale in their stalls or kioks. Avon is also exploring alternative distribution channels. It struck a deal with Hong Kong-based drugstore chain Watsons to set up small Avon counters in its locations across China. The company is also pursuing the possibility of selling its product on home-shopping channels and the internet.

In September 1998, Avon secured approval to use government-regulated "sales promoters." In classic direct selling, independent sales reps make money on the difference between the price of buying goods form Avon and selling them to customers. Under the new model, salespeople will not own the

---

㊀ American Marketing Association. http://www.marketingpower.com/.

㊁ Michael R. Czinkota, Llkka A. Ronkainen. Michael H. Moffett. International Business [M]. 7th ed. Thomson Learning: 509-510.

㊂ American Marketing Association. http://www.marketingpower.com/.

㊃ American Marketing Association. http://www.marketingpower.com/.

㊄ Michael R. Czinkota, Llkka A. Ronkainen. Michael H. Moffett. International Business [M]. 7th ed. Thomson Learning: 509-510.

merchandise. Rather, they will sell to customers at retail prices and collect commission from Avon. Avon hopes to rehire most of the salespeople it lost during its closure as promoters. Meanwhile, its former sales reps are treated as "preferred customers" and receive discounts on purchases for personal use. To discourage clandestine direct selling, Avon permits them to buy only three units of any one product at a time.

Source: Philip Kotler. Swee Hoon Ang. Siew Meng Leong. Chin Tiong Tan. Marketing Management: An Asian Perspective [M]. 3rd ed. Pearson Education: 552.

1998 年中国政府颁布了《关于禁止传销经营活动的通知》，传销行业进入全面禁止和整顿阶段。作为中国市场上第一家国际直销企业，雅芳迅速启动了艰难的渠道调整计划，推动经营模式转型以适应通知要求。专卖店、卖场里的开放货架、商厦中的专柜、社区里的服务店、人员上门推销和互联网营销取代了之前的经典直销模式。[1]

雅芳的遭遇是所有国际化企业在海外市场中都可能经历的：渠道的结构不同、可选择的模式不同、消费者的不同以及政府因素的限制等，均影响了企业在国际市场中的渠道决策。

国际营销渠道（International Distribution Channel, also called Channel of Distribution）是将产品实体及其所有权从一国的生产者转移到国外消费者或最终用户手中所经过的各种通道和中间机构的总和，是产品由一个国家的生产者流向国外最终消费者和用户所经历的路径。通道以生产者为起点，以消费者或最终用户为终点。中间环节包括出口商、进口商、代理商、批发商和零售商。

国际营销渠道承担着商品的两种转移：一是通过交换而发生的产品所有权在国际市场上的转移，我们称之为商流；伴随着商流，还有在适当的时间通过适当的运输工具和运输方式，将产品运送到适当地点的产品实体的空间移动，称之为物流。商流与物流相结合，使产品从生产者最终到达消费者手中。

分销渠道策略是企业对产品进入目标市场的路径选择，它关系到企业在什么时间、什么地点、由什么组织向消费者提供产品和服务。分销渠道的决策包括渠道长短与宽窄的决策以及中间商选择的决策。

12.1 国际营销渠道（International Distribution Channels）

12.1.1 国际营销渠道模式（The Patterns of International Distribution Channels）

与国内营销相比，国际营销渠道的层次更繁复，选择更多样，决策更复杂。因为要实现产品的国际流通和转移，至少要经过出口国和进口国两个市场的销售渠道，而每个国家的分销结构及分销渠道中中间商的职能和角色都因其经济发展水平、传统、市场特点和竞争状况的差异而不同。一般来说，国际市场上的分销渠道模式有 10 种，如图 12-1 所示。

图 12-1 中的出口中间商（Export Intermediary）、进口中间商（Import Intermediary）、批发商（Wholesaler）和零售商（Retailer）统称渠道中间商（Middleman）。渠道中中间商的层级数量决定了渠道的层次（Channel Level），从没有中间商介入到一个中间商、两个中间商再到多个

中间商介入，渠道层次分别为零级渠道（Zero-Level Channel）、一级渠道（One-Level Channel）、二级渠道（Two-Level Channel）和多级渠道（Multi-Level Channel）。

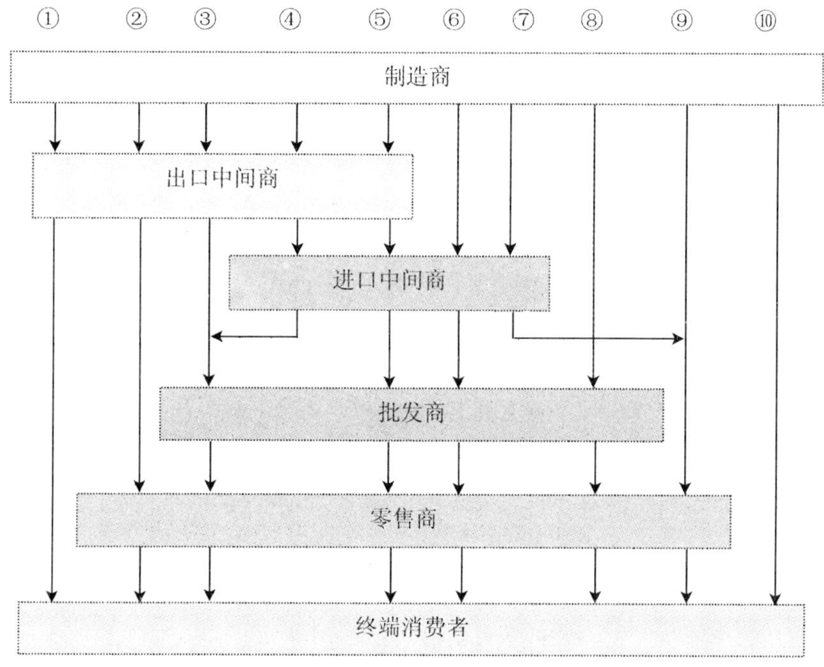

图 12-1　国际营销渠道模式

在图 12-1 中，前 5 种渠道均需要通过企业所在国国内的中间商环节实现产品的国际转移，我们将这 5 种渠道统称为间接渠道。其中，第 5 种渠道所经历的中间环节最多，包括出口中间商、进口中间商、批发商和零售商，是 10 种渠道中最长的渠道。在后 5 种渠道模式中，企业省去了国内的中间商环节，直接将产品销往国外市场。其中，在第 10 种渠道模式中，产品直接由制造企业销售给终端消费者，销售层次最少，渠道最短。

在第 2、3、8、9 渠道中，批发商和零售商也兼营了进口业务。

12.1.2　国际营销渠道成员（The Members of International Distribution Channels）

国际营销渠道的中间商（Intermediary，or Middleman）是指渠道的中间环节，包括所有参与分销活动的个人和组织。中间商在国际贸易中承担着企业与终端用户之间中介和桥梁的作用。国际市场营销中对中间商的划分有以下几种。

依据中间商所在地分为：进口国中间商和出口国中间商；

依据中间商从事贸易的类型分为：出口中间商、进口中间商和国外经销商；

依据中间商是否获得产品的所有权分为：经销商和代理商；

依据经销商的业务性质分为：批发商和零售商。

（1）经销商。经销商又称商人中间商（Merchant Middleman），是指先买断商品的所有权，然后再将商品转售出去的中间商。经销商通常具有较大的营销自主权，也承担着一定的经营风险。国际市场营销中的经销商主要包括进出口公司、出口行、国外经销商。

（2）代理商（Agent）。代理商是指接受委托人的委托，寻找客户，同顾客谈判，从中赚取代理费的中间商。与经销商不同，代理商并不取得商品的所有权，例如，经纪人、制造商代理人和销售代理人等。

（3）分销商（Distributor）。分销商是与国外供应商通过长期建立的合作关系，拥有对供应商产品的特许销售权，同时享有国外供应商提供的价格优惠的批发商。分销商通过从国外供应商那里买进产品，自行定价后转卖给批发商、零售商以获得差价收入。

（4）批发商（Wholesaler）。批发商是指从事批发活动的中间商。批发商的职能包括买、卖、运输、储存、融资、信息收集、生产计划、风险管理，甚至管理咨询等。

（5）零售商。零售商是指从事零售业务的中间商，它位于国际分销渠道的最终环节，从所有其他中间商手中购得产品，再将产品转卖给消费者或工业用户。

近年来，随着全球零售业的迅猛发展和零售模式的不断创新，全球零售业呈现经营规模多极化和零售企业国际化的趋势，全球零售企业也越来越多地履行和分担了批发商的职责和任务。但批发商与零售商的根本区别在于：批发商将产品转卖给零售商用于再销售或者卖给生产企业用于再生产，而零售商则是将产品卖给终端消费者消费使用，产品不再用于生产和赚取利润。

零售商的类型包括百货商店（Department Store）、专业商店（Specialty Store）、超级市场（Supermarket）、便利商店（Convenience Store）、折扣商店（Discount Store）、仓储大卖场（Warehouse Market）以及连锁商店（Chain Stores），等等。

12.2 影响国际营销渠道选择的因素（Factors Influencing Channels' Choices）

在国际市场营销中，可供选择的分销渠道通常很多。为了找出直达企业目标市场的最佳途径，企业通常要考虑 6 个具体因素，它们分别是成本（Cost）、资本（Capital）、控制（Control）、市场覆盖面（Coverage）、特点（Character）及连续性（Continuity）。这 6 个具体决策因素被称之为“渠道决策的 6 个 C”。

1. 成本（Cost）

成本是指渠道成本，即开拓渠道的投资成本和保持渠道的维持成本。通常，开发渠道的投资成本是一次性支出，而维持渠道的成本是长期的、主要的、经常的支出。后者包括本企业推销人员的一切费用、各中间商的佣金、商品流转过程中的储运装卸费用、各种单据和书面工作费用、广告宣传费用和洽谈买卖等各种业务行为费用。

渠道费用构成了企业的销售成本。渠道费用过大，会严重影响企业开拓国际营销渠道的能力和效益。但是取消中间商，则需要企业承担中间商的全部职能。评价渠道成本可以借助渠道效率（Channel Efficiency）这一指标，即在完成渠道必备职能的前提下，减少成本同时更好地发挥渠道作用的能力。衡量渠道成本的第二个指标是这一渠道费用是否能最大限度地扩展其他 5 个“C”的利益。

2. 资本（Capital）

这里的资本是指建立渠道的资本要求。自建渠道，企业能够拥有自己的营销队伍和营销力量，但是需要大量的现金投入；如果使用中间商，则可以大大减少企业一次性的现金投资。因此，除了财力雄厚的企业有能力投入大量现金，建立自己的营销渠道之外，一般中小企业由于企业资源的限制，更适宜通过中间商间接出口。

3. 控制（Control）

对于分销渠道的控制力度是国际营销渠道选择时的重要考量。不同的渠道安排，对应着不同的营销控制程度。通常，企业通过自建渠道，可以实现对分销的较强控制。在市场变化和消费者需求变动时，可以及时感知，并迅速做出相应的策略调整——产品的调整、价格的调整以及促销策略的调整；反之，如果采用中间商进行分销，企业对渠道的控制力度相对较弱，为了达到有效分销的目的，企业就必须投入资本以激励和控制中间商。此外，大量中间商的采用还会导致企业对于市场变化的反应迟缓，以致因此错失良机。最后，渠道的长短也影响渠道的控制力，渠道越长，企业对于售价、销售量、推销方式等的控制能力越弱。

4. 市场覆盖面（Coverage）

市场覆盖面是指企业在国外销售产品的市场区域。市场覆盖面的选择，以取得最大经济效益为前提，并不是越大越好。许多国家的主要购买力常常集中在某几个人口密集、购买力强的中心区域或者城市，如将产品成功打入这几个区域，就可以以相对较少的分销成本获取较大的销售收益。例如，一些国际奢侈品品牌在进入中国市场时，最先锁定中国的东部沿海地区，如广东、上海等地，而不是经济、文化发展水平远远落后的西部地区，就是看中了东部发达地区的较高经济收入和较强的消费能力。

与此同时，为了达到足够的市场覆盖面，在中间商的选择上，企业应尽可能与大批发商（或大代理商、大经销商）合作，配合各种适当的促销手段，推动企业产品销售，树立企业形象和产品形象。

5. 特点（Character）

选择和开拓国际市场营销渠道，既要考虑本企业的资源状况、产品特点，还要考虑目标市场国的市场特点和环境特点。

（1）企业的资源状况。如果企业具备足够的财力、销售资源和管理经验，而销售规模又比较大的话，就可以自建渠道或自派销售人员进行销售工作；如果企业实力较弱，则宜采用间接分销渠道，借助中间商实现分销。另外，如果企业能够与中间商进行良好的合作，或者能够对中间商实施有效的管理和控制，也可以选择间接分销渠道。反之，若中间商不能很好地合作或者不可靠，不利于产品的市场开拓和经济效益的实现，则企业不如选择直接销售渠道。

（2）产品特点。产品自身的特点也影响营销渠道的选择。通常来说，标准产品、低价产品宜选用长渠道；单价高的产品，应注意减少流通环节，否则会造成销售价格的提高；过重或体积过大的产品，以及不易多次搬运的产品，应尽可能选择最短的分销渠道，以减少运输和储存等销售费用；技术要求高，需要安装和经常维修服务的产品，如计算机，最好由企业直接销售给终端用户或选择尽量少的中间商，从而提供及时良好的销售技术服务；鲜活、易腐、市场寿命短的产品和时尚产品，宜选用较短的渠道；原料、初级产品宜直接销售给进口国的生产企业；最后，在新产品销售中，为尽快地将新产品投入市场，扩大销路，生产企业一般组织自己的营销队伍，直接销售给消费者，当然，也可以考虑采用有良好合作关系的中间商分销。

（3）市场特点。市场特点包括以下两点：渠道结构和消费者特征。

每个国家的市场都有其固有的或传统的渠道结构。在渠道结构中，各式各样的中间商和他们的职能、活动和服务，反映着各个国家的文化社会传统、经济发展水平、市场特点和竞争状况。如日本拥有世界上最复杂的多层次分销渠道；美国的分销渠道相对来说比其他国家短；德国的分销渠道多种多样；而中东国家的分销渠道简单。在进入不同国家市场时，应考虑当地的特点而选用相应的渠道。

消费者的购买习惯也影响渠道的选择。沃尔玛发现“中国是一个以市中心为居住和消费主体的国家”，“便利消费”是人们的“首要选择”，而且，“中国消费者对会员店及其他的超市业态的接受程度不高”。于是，在新店选择上，以在市中心开设购物广场作为中国业务发展的重点，而不是传统的美式折扣店[2]。

总体来说，如果市场范围广，潜在顾客数量大，消费需求多，需要通过中间商提供服务来满足消费者需求时，企业宜选择间接分销渠道。若市场范围小，潜在需求少，企业则可以抛开中间商，选择直接销售。

6. 连续性（Continuity）

渠道的连续性是保证企业国际营销渠道顺畅的前提条件。这里的连续性包含两层意思：稳定性和灵活性。稳定性是指渠道中的中间商，只要符合本企业营销目标的要求，就不宜轻易变更，因为他们已经具有了经营本企业产品的经验。灵活性是指随着竞争的需要和营销环境的变化，一家企业的国际营销渠道是可以改变的，灵活的渠道要比僵化的渠道更有效益。

在企业进行营销渠道选择时，只有全面、均衡地考虑以上的6个“C”，才能建立起符合企业长期营销目标和渠道方针的分销渠道。但是，需要注意的是，在国际市场营销实践中，由于各种分销渠道互有长短，各有利弊，很多企业采取复合型的分销模式，即几种分销模式混合使用，像我们将在后面提到的联想集团就针对不同的用户使用了不同的分销模式。

营销透视 12-1

如何在迪拜市场做中国生意

迪拜有为数不少的专业产品批发市场，诸如汽配、服装、纺织品、鞋类箱包、手机配件、建材五金等，而建材五金批发市场无疑是众多市场中最为活跃的市场之一。不同于国内的专业市场，迪拜所有的市场都是自发形成的，在沿迪拜湾的一片狭小空间里，每条街面都可以成为连接亚非大陆的货物场，每个店面都可以成为中转交易平台。

在经营方式上，印巴人喜欢代理制，在市场里转悠，随处都可以看到英国的涂料、意大利的锁具、德国的工具、日本的电机等，这些国际品牌都（由）各自独立的经销商运作，有些品牌可能还不止一个经销商。

中国商人喜欢自销形式，以现货对现金。很多企业抛开中间商环节，直接来到迪拜设立门面或办事处。这种方式极大地刺激了整个市场的神经，由于厂商自销所具备的价格优势，直接影响了整个市场价格的稳定性。当然中国商人中运用代理制的也不乏其人。但这种代理仅为一般代理或者是形式上的代理，受代理条款约束程度很低，更多的仅为松散型合作方式。如果产品是普通常规产品或技术含量较低产品，代理的生存空间就比较脆弱，任何自销形式都会对其造成正面冲击。

如何平衡这两者之间的关系，还要根据企业的具体目标而定。国内曾有一家锁具工厂，在众多地区有一般代理，但价格一直被压得很低。在迪拜进行考察后发现市场利润空间比想象中的要大，最后决定直接入驻设点。这样一来，原代理的部分客户放弃代理而主动向该工厂门面进货，门面与代理形成一种竞争关系，最后致使代理转向其他国内供应商。最后该工厂只得适时调整政策，在价格上区别对待，才挽回了一些主要的代理客户。

宁波一家灯具工厂为更好地利用代理的销售网络，尽管已经进驻迪拜，但主动避开正面冲突，以办事处方式经营，取得代理的信任并开始推广其产品。花费较少的时间将产品打入了这个市场。

资料来源：刘明娜．在迪拜市场如何做中国生意［N］．中国经营报．2005-6-10.

12.3　国际营销渠道决策（International Distribution Channels Decisions）

渠道决策在整个市场营销战略中占有极其重要的地位。这是因为：第一，渠道的选择直接制约和影响着其他营销策略的运用。例如，渠道费用会成为产品价格的重要组成部分，渠道决策会影响企业产品在市场上的竞争地位，渠道的选择也会影响广告和促销决策的选择；第二，渠道决策是一项长期的决策。渠道模式一经确定，即使市场环境发生一定变化，改变或替代原有的渠道关系也很困难；第三，由于在企业和最终消费者之间存在多个相对独立的渠道中间商，企业对渠道的控制受到一定程度的限制，在实际效果上可能会出现严重的“时滞”；第四，渠道决策需要中间商的密切合作，才能得到贯彻执行。

国际市场营销的渠道决策由两个层面的决策构成。第一，企业标准化与差异化的决策，即企业在全球市场采用统一的渠道模式，还是针对不同国家和市场设计不同的渠道模式；第二，企业在某个特定市场的渠道决策，包括新建渠道与利用原有渠道的决策、渠道长度决策和渠道宽度决策。

有关渠道标准化和差异化的决策是国际市场营销中特有的决策，而有关渠道长度和宽度的决策以及新建渠道与利用原有渠道的决策则是市场营销所共有的。

在国际市场营销中，由于生产企业与终端消费者处在不同的国家，政府因素、市场因素、基础设施因素和消费者因素的影响相对来说更复杂，企业决策时需要考虑的因素更多，制定策略的难度因此加大。

12.3.1　国际营销渠道的标准化与差异化决策（Standard Distribution Channel and Adapted Distribution Channel）

依据企业在不同的市场是否采用相同的渠道模式，国际市场营销的渠道策略分为标准化分销渠道和差异化分销渠道。

1. 标准化分销渠道（Standard Distribution Channel）

标准化分销渠道是指企业在全球市场上采用相同的营销渠道模式，即在国外市场上直接采用与国内市场统一的营销渠道模式。营销渠道标准化基于这样一个前提：国际需求的不断趋同。工业品和部分消费品的营销模式在许多国际和地区已经出现了标准化和统一化的趋势。创办于1955年的麦当劳，是将特许经营模式运用得最成功的全球化品牌之一。截至2011年年底，麦当劳已经在全球100多个国家开设了31 000多家分店，年营业额数百亿美元。[3]

采用标准化渠道策略，有利于企业利用经验曲线效应，实现规模效益，降低企业成本；标准化渠道策略还方便跨国流动的消费者寻找和购买到他们熟悉和喜爱的国际性品牌，增强消费者对品牌的忠诚度。但是由于各个国家的市场环境各不相同，甚至差异很大，实施标准化渠道策略往往困难重重，所以越来越多的企业倾向于采用差异化的分销渠道策略。

2. 差异化分销渠道（Adaptated Distribution Channel）

差异化分销渠道，也称多样化渠道策略或地区化渠道策略，是指企业在不同的市场中，依据不同国家或地区的具体情况，有针对性地采用不同的分销渠道，肯德基在中国对特许经营零售模式的改变就是一个差异化策略的很好例证。[4]

营销透视12-2

肯德基的连锁经营

200万元就能拥有一家肯德基？这是肯德基所属中国百胜餐饮集团特许加盟发展部总监唐达摩在4月20日“2006特许展”上公布的消息。肯德基自1999年在中国市场开放特许加盟业务以来，加盟费保持在800万元人民币左右，这次加盟费门槛低至200万～800万元。中国连锁经营协会会长郭戈平指出：“这次调整后，肯德基将进一步加快发展速度。”

唐达摩告诉记者，从2000年肯德基实施“直营连锁”与“特许连锁”两头并进的战略开始，肯德基平均每年接受1 000份以上的申请，作为面试官，他发现随着市场发展成熟，合格的人越来越多，“人才是特许加盟选择的关键，有了好的人才，也就成功了一半。”据介绍，目前肯德基的加盟者很大一部分是海外归来，在国外感受到肯德基加盟模式的成功，回国后寻找机会实践的人才。

肯德基拥有全国最大的自营物流体系，全国范围拥有16个配送中心，确保所有店铺的物流成本最低，保持产品价格一致。

肯德基进入中国的头10年，只开了100家店，一直在为后面的发展做准备，随后的8～9年后发制人开了1 500家店，远超过2007年同期麦当劳在中国680家连锁店的规模。这是肯德基中国竞争策略的一部分，为保持领先优势，就要加快开店速度，跑马圈地，提前占领市场。加盟政策有了更大弹性，预示着肯德基将加快特许经营发展的步伐。

资料来源：钟旭东．市场营销价值的认识与实现［M］．北京：机械工业出版社，2007：197.

肯德基和麦当劳，在进入中国之初都摒弃了国际主流的特许加盟策略，转而采用直营。但是在数年之后，肯德基有了更灵活的尝试——在中国内地采取“不从零开始”的特许经营模式，即肯德基将一家成熟的、正在营运的餐厅转让给加盟者，避免加盟者的自行选址、开店、招募训练员工等大量繁复的工作。与麦当劳侧重于全球标准化渠道策略相比，肯德基更侧重本土化的发展战，肯德基的“中国加速”也正如火如荼地进行中。[4]

国际市场营销企业采用差异化分销渠道的主要原因包括以下几点。

(1) 营销环境。目标市场国的分销渠道结构、基础设施、人口分布、商品储存条件等，都影响跨国企业在特定市场中的渠道选择。例如，宝洁公司在美国等发达市场主要依赖沃尔玛等大型零售商，而省略经销商。但在中国，他们发现要实现销售目标，就不能摆脱经销商，尤其是在三四级市场，经销商的作用更为重要。[5]

(2) 消费者特点。不同国家或地区的消费者在消费习惯和消费模式上各不相同，消费者往往选择自己熟悉的特定渠道购买产品。可口可乐公司为了迎合中国消费者的购买习惯，联合最具中国特色的“居委会”，沿街“兜售”冰冻饮料。

营销透视 12-3

兜　售

可口可乐公司已经开始行动，建立强大的分销渠道：它与中国的忙人——居民委员会捆在一起。老人们忙忙碌碌地做着他们高兴和喜欢的事。他们喜欢做的事包括在上海市交通和小贩管制区周边推着冷冻可乐的销售车。公司已经与很多居委会签约，确保有一支由 150 辆手推车和 300 辆三轮车组成的销售队伍。

推车小贩将可乐公司的推销车放在当地居委会的小店里。通常，店内有置放一台大型制冰机的空间。每个居委会都签约在它们的地盘内独家存储、冷冻和销售可乐。

可口可乐公司没有公开居委会的销售额。显然，销量有季节差异，大量销售集中在炎热的夏季。公司经理只是说他们对目前的进展非常满意。

资料来源：苏比哈什 C. 贾殷. 国际市场营销 [M]. 6 版. 吕一林. 雷丽华，主译. 北京：中国人民大学出版社，2004：364-365.

(3) 竞争对手的渠道策略。跨国企业进入海外市场时，通常选用和竞争对手相同的渠道模式，因为消费者已经习惯了这一购买模式。

(4) 政府的政策、规定与限制。与安利的遭遇类似，自 1998 年以后，世界最大家居用品制造商——特百惠，不得不改变公司不进入零售市场的计划，在中国转型为以“店铺 + 推销员”单层直销模式。

虽然渠道建设相对于营销组合中的其他三个决策来说，是一个相对长期的决策，但是渠道的选择仍旧需要不断调整和变化，如瑞典宜家家居在对法国家庭居住面积调查的基础上，将家具样板间搬进了法国地铁。

营销透视 12-4

地铁中的样板间

CCBN 讯：据法国《论坛报》近日报道，瑞典宜家积极创新销售理念，将家居样板房搬进巴黎地铁，1 月 9 ~ 14 日将在巴黎 Auber 地铁站展示两个 54 平方米的家居样板房，Auber 地铁站每天乘客流量达 25 万人次。据调查，在巴黎只有 47% 的家庭起居室面积超过 30 平方米，瑞典宜家积极转变销售理念，设计和产品非常贴近法国民众的生活习惯，市场份额不断提升。

2011 年，宜家在法国实现22 亿欧元销售额，占到法国家居市场营业总额的17 %，预计在2020 年市场份额将提升至20%左右。

资料来源：瑞典宜家积极创新销售理念．中国营销传播网．www.emkt.com.cn. 2012 年01 月25 日。

12.3.2 新建渠道与利用原有渠道的决策（Establishing Channels or Working with Channels Intermediaries）

1. 新建渠道

新建渠道，又称自建渠道，是指企业在进入国际市场后，为本企业的产品营销建立自己专门的网络或通路。自建渠道的优势非常明显——保证企业对分销渠道的有效控制，从而提高企业的服务质量；根据及时的消费者信息反馈，迅速调整产品线，适应市场需求。从长远发展角度来看，自建渠道为跨国企业进一步开拓国际市场积累了丰富的国际市场营销经验。

新建渠道的投入资金大、耗费时间长、风险高，通常只适用于规模大、实力强的跨国企业，且企业在目标市场有长期的发展计划和长远的发展目标。自建渠道在刚刚进入目标市场时，由于对当地市场的不熟悉和渠道的经验积累很少，开拓起来相对较难。而利用原有渠道则因为投资小、见效快、渠道的变革和调整比较容易等优势，为更多的企业所选择。

2. 利用原有渠道

利用原有渠道是指企业在目标市场上委托该国原有的中间商经营产品。在国际市场营销中，企业选择与原有渠道中间商合作的原因在于：首先，利用原有渠道不需要一次性的大量资金投入；其次，原有渠道对目标市场非常熟悉，消费者对于渠道的认同度也很高，发挥原有营销渠道的作用，可以帮助企业迅速进入目标市场；再次，渠道的调整相对灵活；最后，选择与国内原有渠道的合作，可以有效绕开目标市场的进入壁垒。例如，在 TCL 进入欧洲市场时，选择与在欧洲和北美市场已经建立了相对完善营销网络的汤姆逊合作；海尔则借助当时的家电生产商——三洋的销售网络进入日本市场[6]；中国的“好孩子”童车利用沃尔玛、西尔斯和凯马特等美国主流商业渠道迅速占领美国市场，跻身世界三大自行车制造商[7]；谷歌通过签约 3 家授权代理商（相当于在中国市场平添出近 10 000 人的销售队伍），加快其向中国本土企业，特别是中、小企业渗透的速度，提高竞争力。[8]

利用原有渠道的劣势在于：企业对分销渠道的控制力差，不利于国际化企业的长期发展；终端零售商可能对产品的专注程度不如自有渠道，造成企业产品在分销中与其他产品竞争有限的分销资源，甚至发生冲突。

新建渠道和利用原有渠道各有利弊。衡量和选择的标准主要有：

（1）目标市场的政治和社会文化因素。对于政局不稳、社会冲突、骚乱频发的地区，由于新建渠道需要大量的投资和长时间的运作积累，为了最大程度地减低风险，利用原有渠道是最好的选择；另外，如果政府对某种商品的分销商有相应的规定和限制，企业也不可能建立自己的渠道。2007 年 1 月 1 日起在中国市场施行的《成品油市场管理办法》和《原油市场管理办法》，首次对外开放了中国国内原油、成品油批发经营权。而在此之前，我国原油资源一直是由国家统一配置，成品油也只能由中石油、中石化两大集团集中批发。[9]

（2）目标市场的竞争状况。产品具有独特性，市场竞争较弱时，可以采用与原有渠道合作的模式；如果竞争激烈，且现有渠道大多被竞争者所占据，企业就不得不建立自己的渠道。

（3）企业对渠道的控制力度的要求。当希望对分销渠道有很强的控制力时，企业应选择自建渠道；反之，则可以选择与原有渠道合作的模式。

（4）企业的因素，包括企业的目标和企业的资源状况。致力于长期国际市场营销的企业或实力强的企业，有必要、也有资金实力建立自己的渠道，同时企业在分销方面的经验、人力资源也是支持企业自建渠道的因素之一。

12.3.3　国际营销渠道的长度决策（The Length of Distribution Channel）

在某一特定市场中，企业渠道决策的主要内容是渠道设计决策，即渠道的长度和宽度决策。

渠道的长度决策涉及是否使用中间商，使用哪些类型的中间商以及每种类型中间商的数量问题。依据渠道中间商的层级多少和每一层级中中间商数量的多少，分销渠道分为直接渠道与间接渠道；间接渠道又分为短渠道与长渠道、宽渠道与窄渠道。

1. 直接渠道（Direct Marketing Channel）

生产企业不通过中间商环节，将产品直接销售给消费者的渠道模式，又称零级渠道（Zero-Level Channel）。在直接渠道中，没有任何一个中间商的介入，节省了分销所产生的一切成本，从而降低了产品的价格。直接营销渠道包括电视购物、网络销售、上门销售和制造商商店等几种模式，也包括国际范围的博览会、展销会、交易会、订货会。例如，中国进出口商品交易会（原广交会），是我国目前历史最长、层次最高、规模最大、商品种类最全的综合性国际贸易盛会。在 2011 年结束的第 110 届广交会上，共有来自美国、荷兰、西班牙、阿联酋、韩国、日本、巴西、阿根廷、土耳其、印度、马来西亚、泰国、新加坡、巴基斯坦、斯里兰卡以及中国香港、澳门和台湾地区等 49 个国家和地区共 529 家优质企业参展进口展区，吸引了 103 060 人次海内外专业买家到场洽谈采购[10]，共有 209 个国家和地区的 207 103 位境外采购商到会，出口成交额达到 368.6 亿美元。[11]

2. 间接渠道（Indirect Marketing Channel）

生产企业通过中间商环节把产品传送到消费者手中。依据渠道中中间商的层级数量，间接渠道分为一级渠道、二级渠道和多级渠道。间接分销渠道是消费品（如化妆品、饮料、食品等）的主要分销途径。

通常来说，渠道层次越多，渠道越长，企业对分销的控制力越弱。同时，由于成熟的市场是微利的市场，过多的销售环节会摊薄利润，造成企业利润降低，或者迫使企业抬高产品的终端价格以保持利润。因此，很多企业通过精简渠道层次，加强渠道控制，同时削减渠道成本，降低产品价格，保证企业利润。

12.3.4　国际营销渠道的宽度决策（The Width of Distribution Channel）

国际营销渠道的宽度是指渠道每个环节所使用的同类型中间商的数目多少。企业的渠道宽度决策限定了企业在营销渠道每个层次上能够采用的中间商数量，依据中间商数量的多少，企业的渠道决策有以下 3 种：密集分销策略、选择分销策略和独家分销策略。

1. 密集分销策略（Intensive Distribution）

密集分销，也称广泛分销，是指在同一分销层次上尽可能多地使用中间商，以拓宽分销渠道。密集分销策略的优点在于产品的高市场覆盖率，最大限度地便利消费者购买的同时，有利于企业迅速占领市场，提升销售。密集分销最适用于便利品和工业用品中供应品的销售。不足之处在于，密集分销加剧了经销商之间的竞争，不利于形成经销商对生产商的忠诚度，经销商的服务水平也较难保证和控制。

2. 选择分销策略（Selective Distribution）

选择分销策略是指在一定时间内、特定的市场中，精选少数中间商分销本企业的产品。选择分销策略，既便于企业与中间商建立良好的合作关系，也能保证企业获得适当的市场覆盖面。消费品中的选购品（如服装）、特殊品（如家电）和工业品中的零部件比较适合采用选择分销策略。与密集分销策略相比，采用选择分销策略的企业对渠道的控制力较强，成本也较低。

很多企业在进入国际市场之初，为了迅速覆盖市场，往往采用密集分销策略，待取得了一定的市场份额之后，再逐步淘汰一些作用小、效率低的中间商，转而采用选择分销策略。1996～1997 年，宝洁在中国市场执行以密集分销为主的拓展计划，但是到了 2005 年，宝洁在中国全面推动“强化专营专注和整合区域分销商”的经销商整改行动，力图“寻找忠诚度更高和资金实力更强的经销商，对渠道控制得更加彻底”。[5,12,13]

3. 独家分销策略（Exclusive Distribution）

企业在特定地区只选择一家中间商销售自己产品的分销策略为独家分销策略。通常生产企业与分销企业之间要签订协议，规定在一定的地区、时间内，经销商不得再经销其他竞争者的产品，生产商也不得再找其他中间商经销该协议中的产品。

采用独家分销策略，生产商在中间商的销售价格、促销活动、信用和各种服务方面拥有较强的控制力，并通过独家分销形式取得经销商强有力的销售支持。独家分销的不足之处在于产品的覆盖面较小，导致顾客在购买地点的选择上感到不方便。独家分销适用于产品的市场竞争程度较低或者服务要求较高的专业产品或高档产品。当企业想与中间商建立长久而密切的关系时，独家分销策略也是一个很好的选择。

企业的渠道宽度决策受到以下几点因素的影响：

（1）产品特性。通常来说，便利品适合采用密集分销策略；选购品和特制品宜采用选择分销策略；购买频率高、消费者品牌忠诚度低的产品，宜采用密集分销策略；高档产品或服务性要求较高的产品则最好采用独家分销模式，例如，汽车的专营店和奢侈品的专卖店（LV、PRADA 的专卖店）。

（2）市场覆盖率。市场覆盖率始终是影响企业渠道宽度决策的核心因素。提高市场覆盖率，有利于企业扩大市场，增强销售能力，提升销售额。但是，渠道覆盖率的加大往往伴随着成本的增加，企业需要在扩大市场覆盖面与控制成本之间权衡比较，做出最有利于企业长期战略目标实现的选择。

品牌专营是中国轿车市场的主流渠道模式。尤其是在消费者对汽车服务功能的延伸具有较高需求时，品牌专营具有无法比拟的优越性。研究显示：截至 2006 年，中国具有轿车经营权的企业达到 7 000 多家，包括连锁店及特许经营的零售店铺在内可达到 20 000～30 000 家，而其中品牌专营店大约有 2 000 多家。国内的主要轿车制造商都已经或正在构建品牌专营的渠道模式。广州本田拥有专卖店 120 多家，上海通用 118 家，一汽大众奥迪 48 家，捷达宝来 235 家，上汽大众将以往庞大的经销网络与维修网络重新整合，四位一体的品牌专卖店数量不低于 300 家。[14]

(3) 控制能力。对终端销售点的失控，不仅会使企业的分销效益下降，而且还可能毁掉整个产品市场。一般来说，希望对终端具有较强控制力的企业，不宜采取密集分销，而独家分销和选择分销可能是更好的选择。事实上，企业无论选择哪一种分销方式，都要遵循一个重要的标准和前提，即必须保持企业对分销网络的良好控制能力。

国际市场营销实践中，在国际分销渠道的选择上，更多的跨国企业会针对不同的产品、不同的市场，选择不同的渠道策略，甚至对同一个产品、同一个市场，也会采用两种或多种渠道模式，像在下面联想的例子中我们看到的。

营销透视 12-5

“混合销售”模式

正式收购了 IBM 全球 PC 业务之后，联想的分销模式得到了广泛的关注。“混合销售”模式，也就是直销、分销并举的模式。

按照目前联想和 IBM 的销售模式，针对家庭和个人用户的产品（特别是联想），以分销为主。而从未来消费类电子产品看，不论是国内渠道还是国际渠道，厂商直销都不切合实际。因此，在个人消费端，势必还要走大分销到零售卖场的模式。对此，可以说各国渠道商都有合作和发财的机会。

在此次的战略联盟，将使得未来 IBM 在针对商业客户实施服务时，如需 PC，则优先从联想购买。作为交换，联想在中国内地的商业客户的服务，则优先给 IBM。

资料来源：谢少常．新联想将采取什么销售策略［J］．计算机产品与流通．2004-12-22. http：//it. sohu. com.

在明确了以上的渠道战略安排和策略设计后，企业还面临着店铺的选址和店内的设计、装潢等问题。进入中国的跨国企业在这方面借助完善的系统和体系设计、成熟的创业和管理经验，表现卓越，堪称典范。例如，我们众所周知的麦当劳和肯德基，也正如我们将在下面营销透视中所见到的星巴克和哈根达斯。

营销透视 12-6

“苛刻”地选择店铺

构成一份美好食品的要素除了本身的品质外，在什么样的环境中食用、与谁共同享用、要以怎样的心情面对等问题十分重要。因此，在专卖店的选址、装修等方面，星巴克、哈根达斯等企业投入了很大的精力。

星巴克以年轻消费者为主，因此在拓展新店时，他们费尽心思去找寻具有特色的店址，并结合当地景观进行设计。濒临黄浦江的滨江分店，透过花园玻璃帷幕表现出了宫殿般的华丽。

对于黄金路段，更是“不惜代价”，在上海淮海中路“东方美莎”到“中环广场”，短短1 000米的距离，星巴克就圈了4家店。星巴克连锁店外观单纯从店周围的环境来考虑，但是其内部装修却要严格地配合连锁店统一的装饰风格。每一家店本身就是一个形象推广，这是星巴克商业链条上的一环。他们专门在美国成立了一个设计室，为全球每一家新店创造丰富的视觉元素和统一的风格，从而使顾客和过路客赏心悦目，达到推广品牌的目的。这种推广方式被称为“Tie-in”，就是把咖啡馆形象和顾客紧密联系起来。

哈根达斯在选址时，甚至还要特别聘请专业的、熟悉当地生活形态的房产代理来挑选旗舰店的地址。所有门店一律设在城市最繁华的地段，人流量大，广告效果也明显。在上海，哈根达斯有22家店铺，几乎最繁华的地段都没能逃脱哈根达斯的“慧眼”。在杭州，哈根达斯将烟雨江南的西湖美景作为专卖店的背景，中西合璧的创意成为了吸引消费者光顾的一大动力。虽然哈根达斯的店面一般都不大，但对所有的旗舰店都不惜重金装修，竭力营造一种轻松、悠闲、舒适、具有浓厚小资情调的氛围。

资料来源：黄江伟. 星巴克与哈根达斯——从小众向大众的渗透. 中国商业评论. 2008年. 05：14-15.

几年前，全球流行的一句话，叫做“细节决定成败”。延伸到营销领域，细节营销被不断提及。事实上，很多跨国企业在中国市场的成功，源于对细节的关注和把握，源于“面对”而非“背对”消费者需求的细节关注；源于品牌塑造中点点滴滴的积累，源于“用平视、友善的目光”去建立的信任；源于“用温暖的双手、肩膀”去获得的信赖；源于对文化与品牌的“苛刻”追求。

12.4 电子商务（Electronic Commerce）

在本书的第5章中我们曾经简单地提到电子商务，事实上，进入网络时代之后，国际互联网络的投入使用，克服了以往各国在时间和空间上的差异，形成了一个真正意义上的全球市场。各国经济之间相互依存、相互依赖的程度不断加深，全球已经变成了一个不可分割的整体。

与此同时，得益于中国经济的快速增长和科技的迅猛发展，中国互联网用户数量急剧增加。据中国国务院新闻办公室、国家互联网信息办2011年9月底的数据披露，中国互联网用户已突破5亿，互联网普及率接近40%[15]。另据易观智库EnfoDesk的研究显示，2011全年中国移动互联网用户规模已经达到4.3亿人，市场规模达到851亿元[16]。互联网的普及和应用，推动了电子商务市场的繁荣和发展。

营销透视12-7

亚马逊在哪儿

就在几乎谁都没有搞清它的店面在哪里的时候，亚马逊由最初的一家通过互联网售卖图书的网上书店，经过短短的两年的发展，一举超过无数成名已久的百年老店而成为世界上销量最大的书店。

2007年，亚马逊已经可以提供310万册图书目录，比全球任何一家书店的存书要多15倍以上。亚马逊书店的1 600名员工人均销售额37.5万美元，比全球最大的拥有2.7万名员工的巴诺图书公司要高3倍以上。其市值更是远远超过了售书业务的本身。通过亚马逊的Web网站，用户通过检索功能，只需点击几下鼠标，就可以在数百万种图书中，找到自己想要的那本书，而且很快就会有人把想要的书送到家里了。亚马逊另一个吸引人的地方，是它提供了很多的增值服务，包括对书籍评论和介绍。而在传统销售方式下，这些增值服务会变得非常昂贵。在成功地将自己发展成超越传统书店的世界最大规模书店之后，今天亚马逊的业务已扩展到音像制品、软件、各类日用消费品等多个领域，成为美国、也是全世界最大的电子商务网站公司。

资料来源：百度知道. www. baidu. com.

电子商务（Electronic Commerce）是利用计算机技术、网络技术和远程通信技术，实现整个商务（买卖）过程中的电子化、数字化和网络化。它是通过网络，通过网上琳琅满目的商品信息、完善的物流配送系统和方便安全的资金结算系统进行交易[17]。

电子商务借助于国际互联网完成一系列营销环节，从而达到营销目标的过程。基于电子商务的交易主体：企业（business）和消费者（consumer），我们通常将电子商务分为4种类型：B2B（企业对企业）、B2C（企业对消费者）、C2B（消费者对企业）和C2C（消费者对消费者）。在这里我们主要谈谈B2C模式的电子商务。

企业对消费者（也称商家对个人客户或商业机构对消费者），也就是电子商务商业机构对消费者的电子商务，其基本等同于电子零售商业。B2C的最大优点是使得购物更方便快捷，因为它不仅能够提供更多的商品和选择，而且能够提供更加优惠的价格。

营销透视 12-8

2012年B2C市场规模将达到4 500亿元

据易观智库近期发布的行业预测报告显示，2012年中国B2C市场将保持稳定的增长，B2C市场交易规模将达到2 380亿元，同比增长预计达128%。而2010年中国B2C的同比增长速度为300%以上。

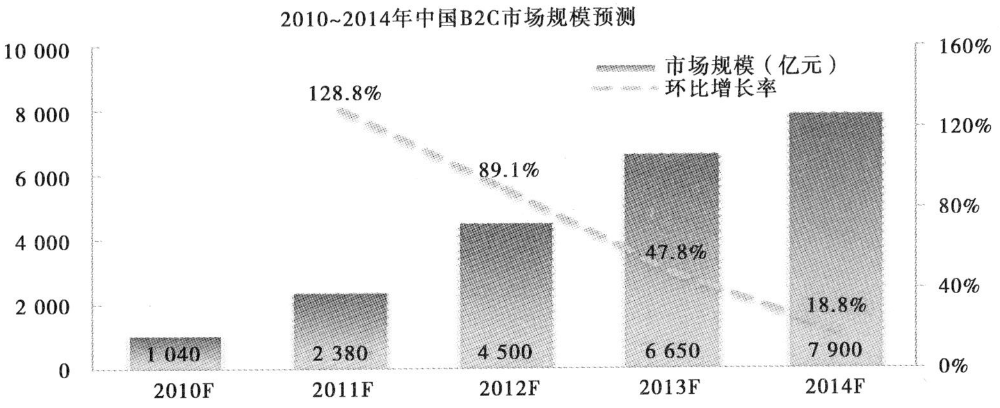

易观研究认为，B2C市场增长的放缓与营销成本的压缩控制有关。优质营销资源的匮乏导

致营销成本在2011年快速提升，让电商企业全年的运营成本大幅提升。首先，2012年物流环节依然是B2C市场痛点。电商自建物流的门槛也在快速提升，除京东、亚马逊等核心B2C外的企业很难再集中资源大兴土木。整体市场的物流还是需要依靠第三方物流的能量。

其次，电子商务最关注的问题还是营销问题。为了满足交易规模的快速增长，电子商务营销战已经从线上到线下实现了全面覆盖，资源的争夺成为市场竞争的核心。随着资本市场的冷却，电商需要寻找新的订单入口。从整体的运营节奏上，大部分电商都会在2012年调整节奏，控制户外、SEO等传统营销的成本。因此，2012年电商整体的营销成本会出现下滑，而精准广告的整体规模依然保持增长。

资料来源：陈寿送. 2012年B2C市场规模将达到4 500亿元. http://tech.cn.yahoo.com/. 2011-12-23.

电子商务的成功主要有4个因素：第一，要给消费者以实惠。这种实惠既包括金钱价格上的实惠（由于渠道环节的减少而导致的成本因素的降低），也包括精力与体力价格的实惠，消费者可以足不出户，遍览众多商家的商品信息和价格信息；第二，需要一个具有吸引力的网站，从而激发消费者的购买欲望；第三，要提供安全可信的交易环境和及时准确的送达系统；第四，要确保电子商务企业的诚信，质量的诚信、送达的诚信、售后服务的诚信，等等。

12.5 国际物流（International Logistics）

物流（Logistics）是物品从供应地向接收地的实体流动，是保证正确的商品在正确的时间、以良好的状态和合理的成本转移到正确的地点的企业活动。从供应链角度来界定，物流是供应链活动的一部分，是为了满足客户需要而对商品、服务以及相关信息从产地到消费地的高效、低成本流动和储存进行的规划、实施与控制的过程。[18]物流的职能包括订单处理（Order Processing）、仓储（Warehousing）、运输（Transportation）和库存管理（Inventory Management）。

国际上有多种对于物流概念的界定。其中，美国物流管理协会的定义最具影响力和代表性。

2003年，美国物流管理协会重新修订了物流的定义，明确地将“物流”改成了“物流管理”：物流管理是供应链管理的一部分，是对货物、服务及相关信息从起源地到消费地的有效率、有效益的正向和反向流动和储存进行计划、执行和控制，以满足顾客的要求。

欧洲物流协会1994年的定义为：物流是在一个系统内对人员或商品的运输、安排及与此相关的支持活动的计划、执行与控制，以达到特定的目的。

我国2001年颁布的《物流术语国家标准》中对物流的定义是，物品从供应地向接收地的实体流动中，根据实际需要，将运输、储存、装卸、搬运、包装、流通加工、配送、信息处理等功能有机结合来实现用户要求的过程。物流产业属于广义的服务业范畴。根据三次产业分类法，可以将物流产业归为第三产业范围。

在我国，现代物流业的真正快速发展始于21世纪，在加入世贸组织以后的30年间，其发展经历了知识普及、实践起步和全面发展3个阶段。目前我国物流产业呈现“三高一低”的特征。“三高”是指物流总费用与GDP的比率高、库存水平高和管理费用高。“一低”则是指物流总体水平偏低，我国物流业与发达国家之间存在较大差距。[19]

国际物流，是产品实体在不同国家之间的转移，是国内物流的延伸和进一步扩展。有效的国际物流管理，适时、适地、保质、按量、低成本地将国际市场需要的产品运送到目的地，是企业不断开拓国际市场的重要保证，是国际市场营销得以成功的重要支撑。

20 世纪 90 年代以来，国际物流的概念和重要性已经为各国政府和全球跨国企业所普遍接受。国际贸易和跨国经营的发展，实物和信息在世界范围的大量流动和广泛交换，促使物流国际化成为国际贸易和世界经济发展的必然趋势。物流国际化的要求已经拓展到物流设施的国际化、物流技术的国际化、物流服务的国际化、货物运输的国际化、包装的国际化和流通加工的国际化。只有广泛的国际物流合作，才能促进世界经济共同繁荣已经成为业界的共识。

本章小结

1. 渠道策略（分销策略）同产品策略、促销策略和定价策略一样，是企业能否成功地将产品打入国际市场，实现企业经营目标的重要手段。国际分销是将产品实体及其所有权从一国的生产者转移到国外消费者或最终用户手中所经过的各种通道和中间机构的总和。分销的目的是确保正确的商品，在正确的时间，以合理的价格转移到正确的地点，提供给正确的消费者。

2. 国际营销渠道中中间商的种类和数量的不同，构成了国际营销渠道的 10 种基本模式。

3. 国际营销渠道的决策包括标准化渠道决策和差异化渠道决策、新建渠道决策和利用原有渠道决策、渠道长度决策和渠道宽度决策。其中，渠道宽度决策包括密集分销策略、选择分销策略和独家分销策略。

4. 影响国际营销渠道选择的因素很多，概括为 6 个“C”，分别是成本、资本、市场覆盖面、控制、消费者特点和连续性。除此之外，政府因素也影响渠道的选择。

5. 国际物流是相对国内物流而言的，是产品实体在不同国家之间的转移。通过系统有效的物流管理，实现货物实体运输的成本最优化，有利于保持企业在国际市场中的高效率和低成本，从而提高产品在国际市场的竞争力。

案例分析　TCL 折戟汤姆逊：并未带来拓展欧美市场机遇

从 1988 年开始，欧洲市场就对我国和韩国彩电实施反倾销调查，并于 1991 年对我国彩电征收 15.3% 的最终反倾销税；中国彩电被阻隔在欧盟市场之外长达 10 年之久。2003 年 5 月，美国也开始对我国彩电实施反倾销调查。2003 年 11 月 24 日，美国商务部初步裁定我国出口到美国的彩色电视机存在倾销行为。如果裁决结果依然是肯定的，那么 2003 年以后的 5 年内，美国进口我国彩电的税率将提高 30% 以上，高关税带来的将是毁灭性的打击和仅仅剩下本土、东南亚、中东、南美等局部市场的大幅萎缩局面。与此同时，由于我国彩电企业在核心技术方面基本上没有专利权，中国彩电产品只要出口，就很可能落入专利的陷阱。

面对以上问题，TCL 主动寻求办法。2003 年 11 月 4 日，TCL 集团与法国汤姆逊公司正式签订协议，重组双方的彩电和 DVD 业务，组建全球最大的彩电供应商——TCL 汤姆逊电子公司，即 TTE 公司，这是我国企业第一次兼并世界 500 强企业，TCL 集团也借 TTE 公司规避欧美市场的反倾销，化解专利危机。与汤姆逊的合作，使 TCL 面临的难题迎刃而解。百年品牌——汤姆逊是全球第一台互动电视专利技术的拥有者，在数字电视、解码器、调制解调器、DVD

机、MP3播放器、电子图书和家用数字网络等方面均处于世界领先地位，是欧美消费者认可的数字巨人。旗下的THOMSON品牌和RCA品牌分别在欧洲与北美市场上拥有良好的品牌形象。经过多年经营，在欧美已有庞大的销售网络。利用这些有利条件，可以大大节约TCL进入欧洲数字彩电的品牌推广成本。在技术上，合资公司为TCL带来了世界最先进的“第五代背投”；在国际市场的抢占上，TCL已经成功化解了美国、欧盟的反倾销危机和专利危机，同时绕开了欧洲的贸易壁垒。TCL重组汤姆逊，为中国企业走出去树立了一个战略典范。

但这次并购并没有给TCL带来拓展欧美市场的机遇，反而背上了沉重的包袱。收购汤姆逊后，TCL集团在2005年、2006年连续亏损两年，戴上了*ST的帽子。2007年4月，TTE欧洲公司申请破产清算。TCL集团壮士断腕，却留下了不小的后遗症。

李东生谈及并购汤姆逊的教训时说，“我们并购的时候有一样东西没看准，就是说未来电视会往哪个方向走，究竟是等离子还是液晶电视，当时更多人认为是PDP等离子，当时汤姆逊有很强的DLP技术，我们认为汤姆逊的背投更胜等离子，结果一脑门子扎下去，结果赔了大钱。”

资料来源：1. 邱小立. 成功营销[J]. 2004-2-9. http://business.sohu.com.
2. 李少林. TCL折戟汤姆逊往事：并未带来拓展欧美市场机遇. 2012年02月02日. 中国营销信息网. www.emkt.com.cn.

案例讨论

1. 在国际市场营销中，TCL遇到了哪些问题？
2. TCL选择了怎样的渠道模式？目的是什么？
3. TCL对中国企业国际化的启示是什么？
4. TCL的最终失败对中国企业的国际化并购有什么启示？

复习题

1. 什么是营销渠道？国际营销渠道包括哪些组成部分？
2. 国际市场营销渠道的基本模式有哪些？
3. 简述国际分销渠道选择的影响因素。
4. 如何对分销渠道的长度和宽度进行决策？
5. 什么是密集、选择和专营分销？如何选择？
6. 企业应该如何选择国际营销渠道？请举例说明。
7. 什么是国际物流？国际物流系统是如何构成的？

思考及实践题

宝洁的渠道困境

1998年进入中国市场的宝洁，由于生产的日用化工品属于低值易耗品，因此需要建立高渗透、高覆盖的市场分销网络。起步阶段宝洁在全国有300多家分销商，但各家生意规模都比较小，而且竞争激烈，“窜货”现象严重，各分销商与宝洁的票据结算费时费力等问题突出。而且，零售市场由于连锁零售终端大量出现，他们希望和宝洁公司直接合作。2006年宝洁开始了渠道调整，砍掉众多的分销商，重新设置位数较少的大户经销商，并同时进行信息系统整合，这引起了众多分销商的反对和不满。

资料来源：钟旭东．市场营销价值的认识与实现［M］．北京：机械工业出版社，2007：193.

讨论题

1. 宝洁刚刚进入中国市场时，选择了怎样的分销策略？为什么？

2. 宝洁调整中国市场分销策略的原因是什么？你认为会成功吗？为什么？

3. 如果你是宝洁公司的市场营销人员，请针对宝洁营销中出现的问题给出相应的渠道解决方案。

本章注释

［1］安装“雅芳”．21世纪经济报道［J/OL］．中国经济网．2007-2-16. http：//mba. ce. cn.

［2］2005年零售业大盘点．商业经理人［J］．2006. 1-2：35.

［3］http：//www. mcdonalds. com. hk.

［4］肖可，刘伟勋．大幅降低加盟门槛：肯德基特许经营加速度［N/OL］．经济观察报，2006-4-24. http：//dlib. cnki. net.

［5］伯倩．宝洁双头鹰战略雏形凸现［R/OL］．2005-8-28. http：//www. sh360. net.

［6］邱小立．重组汤姆逊TCL绕道国际市场．成功营销［J/OL］．2004-2-9. www. business. sohu. com.

［7］逯宇铎，常士正．国际市场营销学［M］．北京：机械工业出版社，2004.

［8］汪瑞林．搜索百度李彦宏［M］．北京：经济日报出版社，2005.

［9］我国原油和成品油批发市场明年1月1日开放［N/OL］．上海证券报，2006-12-7. www. hexun. com.

［10］第111届中国进出口商品交易会．中国商务部．http：//www. mofcom. gov. cn/. 2012-03-16.

［11］第109届广交会落幕 采购商及出口成交双增长．新浪财经．http：//www. sina. com. cn. 2011-05-06.

［12］徐春梅，等．宝洁整改分销商［R］．2005-8-22. http：//www. sh360. net.

［13］宝洁经销商整改运动全国蔓延［N/OL］．中国经营报，2005-8-21. http：//business. sohu. com.

［14］我国汽车市场分销渠道模式［D］．中国论文中心．2006.

［15］中国互联网用户已突破5亿，普及率接近40%．新华网．www. xinhuanet. com. 2011年09月29日．

［16］2011年移动互联网市场规模达851亿．人民网．http：//www. people. com. cn/. 2012年01月10日．

［17］互动百科．http：//www. hudong. com/wiki.

［18］张海燕，吕明哲．国际物流［M］．大连：东北财经大学出版社，2006.

［19］物流产业．智库·百科．http：//wiki. mbalib. com/wiki/.

第13章
Chapter 13

国际市场营销的促销策略
International Promotion Strategy

重点词汇

Advertising The placement of announcements and persuasive messages in time or space purchased in any of the mass media by business firms, nonprofit organizations, government agencies, and individuals who seek to inform and/ or persuade members of a particular target market or audience about their products, services, organizations, or ideas. ㊀

Direct Marketing A form of nonstore retailing in which customers are exposed to merchandise through an impersonal medium and then purchase the merchandise by telephone or mail. ㊁

Integrated Marketing Communication, IMC A planning process designed to assure that all brand contacts received by a customer or prospect for a product, service, or organization are relevant to that person and consistent over time. ㊂

International Advertising The advertising phenomenon that involves the transfer of advertising appeals, messages, art, copy, photographs, stores, and video and film segments (or spots) from one country to another. ㊃

Promotion Mix The various communication techniques such as advertising, personal selling, sales promotion, and public relations/product publicity available to a marketer that are combined to achieve specific goals. ㊄

Public Relations That form of communication management that seeks to make use of publicity and other nonpaid forms of promotion and information to influence the feelings, opinions, or beliefs about the company, its products or services, or about the value of the product or service or the activities of the organization to buyers, prospects, or other stakeholders. ㊅

Sales Promotion The media and nonmedia marketing pressure applied for a predetermined, limited period of time at the level of consumer, retailer, or wholesaler in order to stimulate trial,

---

㊀㊁㊂㊃㊄㊅ American Marketing Association. http://www.marketingpower.com/.

increase consumer demand, or improve product availability. ㊀

导入案例

汇源收购案的公关危机

2008 年 9 月 3 日汇源果汁发布公告称，荷银将代表可口可乐公司全资附属公司 Atlantic Industries 以约 179.2 亿港元收购汇源果汁集团有限公司股本中的全部已发行股份及全部未行使可换股债券。如果此次交易完成，汇源果汁将成为 Atlantic Industries 的全资附属公司，可口可乐也将完成其历史上在本土市场以外的最大规模的一次收购。此举在社会上引起了轩然大波，之后短短的十几天时间，汇源事件又从一个普通的收购案升级成为引起整个社会大讨论的品牌危机。

"骑虎难下，进退两难"可以形容此后汇源的窘境。进，如果收购成功，可能再次激起广大消费者的抵抗情绪。面对一个普遍抵制、销量惨淡的市场，可口可乐恐怕也只有"弃子"这一步棋可走。退，即使商务部一纸公文取缔了这次兼并交易，形势恐怕也不会如朱新礼（汇源掌门人）想象得那般乐观，他起码要面对这样的双重危机：于外，"崇洋卖国"的标签已被牢牢地套在他和汇源的身上，想要恢复以前良好的民族品牌形象，仿佛天方夜谭；于内，由放弃企业和裁员所造成的人心浮动和不信任感，使得企业文化和凝聚力大大衰减。

从年初雪铁龙的广告，到万科被指责捐款不足九牛一毛的"捐款门"事件，再到如今可口可乐收购汇源事件中朱新礼一句"养儿卖猪"引来的网友口诛笔伐，虽然相关企业所属的行业、事件的危机性质或是解决危机的方式不尽相同，却都不谋而合地犯下了同一个错误：无端地伤害了消费者的情感，甚至伤害了广大国人日益强烈的民族、爱国之情，而这似乎也正是 2008 年品牌危机的一大特征。品牌是在企业和消费者的不断交流中形成的，而危机则往往是由于交流不畅导致的。在这个情感充沛的时代，维系好企业与消费者的情感交流，自然是公关和品牌工作的重中之重。作为企业，要意识到企业行为在消费者的眼中早已被无形中放大了无数倍。即使是单纯的商业事件也有可能被消费者感性地上升到民族利益的层面。

资料来源：1. 吕艳丹，陈宗楠，林端，朱斌. 2008 年中国两大品牌危机典型事件解读. http://brand.icxo.com/. 2008 年 12 月 15 日.

2. 可口可乐 179 亿港元全购汇源果汁. 新浪财经. http://www.sina.com.cn. 2008 年 09 月 03 日.

可口可乐的此番收购，引发了人们对汇源这一民族品牌存亡的质疑。大宝被强生收购后，"小护士"品牌立刻遭遇雪藏的历史也重新被人们提及，一些人甚至宣称"从此汇源将在我的视野里消失"，民族品牌换民族了。一向在国际公共关系运用上长袖善舞的跨国企业，在中国市场再次面对挑战。

13.1　国际促销与整合营销（International Promotion and IMC）

促销（Promotion）是促进销售的简称，是指企业通过人员推销或非人员推销的方式，向目标顾客传递商品或劳务的存在及其性能、特征等信息，帮助消费者认识商品或劳务带给购买者

㊀ American Marketing Association. http://www.marketingpower.com/.

的利益，从而引起消费者兴趣，激发消费者购买欲望和购买行为，实现企业销售的活动。促销手段包括公共关系、广告、销售促进和人员推销。

每种促销手段各具特点和功能，相互补充、相互联系。广告是让别人知道你，公共关系是让别人喜欢你，销售促进是让知道你和喜欢你的消费者购买你，人员推销则推动了最终的购买。在国际市场营销活动中，为了实现目标，企业往往整合多种促销手段，搭配和协调使用促销组合（Promotion Mix）。

整合营销传播（Integrated Marketing Communication，IMC）是以整合企业内外部所有资源为手段，重组再造企业的生产行为与市场行为，充分调动一切积极因素，以实现企业目标的全面的、一致化的营销。整合营销的基本主张是，要将所有的沟通工具，如商标、广告、公关、直复营销（DM）、活动行销（EM）、CI 等一一综合起来，使目标消费者处在多元化且目标一致的信息包围之中，即“多种工具，一个声音”，从而帮助消费者更好地识别和接受品牌和公司。整合式营销传播不但突出了“沟通”（Communication）在整个营销活动中的重要地位，而且强调通过促销手段和多元取向的促销工具的结合来整合和强化沟通攻势。

国际促销（International Promotion），是企业与国际客户之间的一种信息沟通行为，手段包括国际公共关系、国际广告、人员销售和促进销售。与普通市场营销一样，广告和促进销售是国际促销活动的重要手段。同时需要注意的是，在国际市场营销中，国际公共关系的作用格外重要，尤其当企业的国际化营销活动牵涉了政治因素、经济安全、文化意识、宗教信仰、情绪情感和价值观冲突等敏感问题时，其重要性更加凸显。

13.2 国际公共关系（International Public Relations）

13.2.1 公共关系的含义（The Concept of Public Relations）

公共关系（Public Relations）是指某一组织为改善与社会公众的关系，促进公众对组织的认识、理解及支持而发动的一系列促销活动。公共关系的职能包括争取对企业有利的宣传报道、帮助企业与有关各界公众建立和保持良好关系、树立和保持良好的企业形象以及消除和处理对企业不利的谣言、传说和事件。

20 世纪 80 年代以来，随着经济全球化进程的加速，越来越多的企业参与到全球营销中，国际公共关系的价值和作用开始得到认同和重视。在世界范围内，公关费用的年平均增长率一度达到 20%，印度更是高达 200%。[1]据中国国际公共关系协会（CIPRA）发布的 2006 年度中国公关行业调查报告显示，中国（不包括港澳台地区）公共关系营业额超过 80 亿元人民币，年增长率为 33.33%。[2]随着全球经济转暖和我国经济快速增长，2010 年公共关系市场再次迎来了快速增长的发展势头，整个行业年营业额估测为 210 亿元人民币，年增长率为 25%左右。[3]

13.2.2 国际市场营销的公共关系策略（Strategies in International Public Relations）

对于跨国企业来说，良好的公共关系有助于企业获得国际市场准入、赢得目标市场国政府的信任、取得政府采购订单以及得到政府的政策、税收支持。2005 年，在中国总理温家宝和芬兰总理万哈宁（Matti Vanhanen）共同出席的签字仪式上，诺基亚获得了 2006 年度中国移动价值 58 亿元的 GSM/GPRS 网络设备采购订单，以及中邮普泰 2006 年度价值超过 150 亿元的移动终端产品采购订单，共计 208 亿元人民币。[4] 2012 年 2 月 23 日，国家副主席习近平访问土耳其，同土耳其签订近 43 亿美元的各类经贸协议，其中采购合同及意向 4.9 亿美元。[5]

依据企业进入国际市场的阶段和公共关系活动的目的，国际公共关系活动可以分为以下 3 个类型。

1. 市场进入公关

在国际市场进入中，跨国企业往往会遇到各种各样的问题和障碍。取得当地民众的理解和支持，加强与政府机构或政府官员的沟通和联系，得到政府的信任与好感，赢得政府高层的认同非常重要。2005 年 8 月，中国第三大石油公司——中国海洋石油有限公司正式退出并购美国优尼科石油公司的竞争，尽管中海油的出价比竞争对手美国雪佛龙公司此前提出的收购价格高出了约 15 亿美元。不去追究“中海油以贯彻国家能源战略为己任”的“豪言”，与“美国众议院以 333 比 92 票的压倒优势，要求美国政府中止这一收购计划，并以 398 比 15 的更大优势，要求美国政府对收购本身进行调查”两者之间的关联，中海油的结局，就像媒体评论的一样——“出师未捷身先死”。[6]

与中海油形成鲜明对照的是 2012 年 1 月宣布破产保护的柯达公司。20 世纪 90 年代，国际上吵翻了天的所谓的“中国威胁论”、中国国内高涨的民族主义、“引进外资会不会扼杀民族工业”的质疑和“狼来了”的恐惧，加大了柯达整合中国感光企业的难度。但是，柯达还是以积极促进两国间贸易关系进一步向前发展的承诺，积极、友善的公共关系活动，赢得了中国政府高层人士的支持，艰难地完成了对中国影像产业的“全行业合资计划”。中国感光材料行业“借助跨国公司促进行业改组改造，加快全行业结构调整”，柯达则用 12 亿美元换来了排他性的生产许可，即我们熟知的“98 协议”。[7,8]

2. 关系维持公关

顺利地进入国际市场之后，维持与当地政府和公众之间业已建立的良好关系同样非常重要。在中国市场取得成功的跨国企业，有一个共同的口号“我们是中国公司”，像摩托罗拉的“以中国为家”、飞利浦电子的“我们是一个地地道道的中国公司”[9]和柯达的“做中国的世界企业公民”等。[10]下面的营销透视中列举的是一些成功的跨国企业在中国市场的公关活动。

营销透视 13-1

跨国企业的中国公关与中国企业的跨国公关

- 2005 年 9 月 12 日，万众期待的香港迪士尼乐园正式对外开放，国家副主席曾庆红、香港特首曾荫权等众高官参加了开幕典礼。
- 微软董事长比尔·盖茨先后 10 次访华，并出席了系列政府活动。微软在加大对中国投资的同时，向中国政府表示为中国谋求利益的诚意。2005 年 4 月 18 日，中国国家主席胡锦涛访美，做客比尔·盖茨在西雅图的豪宅，并出席晚宴。

- 麦当劳在中国华南首个“麦当劳叔叔之家儿童教育抚育项目”及“麦当劳叔叔之家和爱心寄养家园”2007年11月8日在广州儿童福利院正式揭牌，为中国的孤残儿童提供爱心援助。这也是该项目继2006年11月首次落户天津之后，由麦当劳叔叔之家慈善基金会在中国赞助的第二家。
- 2004年，联想集团正式成为第6期国际奥委会全球合作伙伴。联想集团也是奥运史上第一家获此资格的中国企业，联想开始借助体育营销打开世界市场。2007年联想赞助威廉姆斯F1车队。
- 2004年，蒙牛在香港成功上市，牛根生获得“中国策划最高奖”、“影响中国营销进程的25位风云人物”；2005年，牛根生捐出全部股份，设立了“老牛专项基金”，成为“全球捐股第一人”。《凤凰周刊》将比尔·盖茨、巴菲特、李嘉诚、牛根生并称为“全球四大捐赠巨头”；2006年，蒙牛被评为首届中国企业社会责任调查最具社会责任感的企业之一；同年，《财富》杂志首次发布“最受赞赏的中国公司”排行榜，蒙牛与海尔、联想、宝钢名列前4位。

资料来源：1. 林景新．政府公关：跨国企业的中国式营销之舞[N]. 2005年11月8日．http：//www. globrand. com.
2. 华南首个“麦当劳叔叔之家赞助项目”揭牌[N]．民营经济报．中国赞助网．http：//www. zhaozanzhu. com.
3. 联想F1赞助换标ThinkPad替代Lenovo攻欧洲市场[N]．北京商报. 2007-9-24. http：//news. itdb. cn.
4. 从蒙牛在危机下的品牌塑造 看“三化四阱七法则”．中华品牌管理网．http：//www. cnbm. net. cn/．2009年4月21日．

3. 危机处理公关

危机处理公关又称冲突解决公关。《危机管理》一书的作者Steven Fink曾经做过大量调查，80%的《财富》500强公司的CEO认为，现代企业界面对的危机，就如同死亡一样，几乎是不可避免的事情。有55%的被访者认为危机影响了公司的正常运转。既然危机不可避免，既然冲突后果严重，如何迅速有效地解决冲突、化解危机已经成为企业公共关系活动必不可少且极其重要的内容之一。

良好的危机公关，不仅可以及时地纠正企业的错误，求得消费者、公众和政府的谅解，而且可以化危机为商机，并借此建立与消费者之间的联系和信任，赢得消费者的喜爱。美国强生公司泰诺胶囊的危机公关是我们耳熟能详的例子，而罗氏药业在中国上演的一出闹剧却有悖其百年全球品牌的身份。

营销透视13-2

罗氏药业，拿什么拯救自己

在2003年中国遭遇SARS危机早期，百年著名品牌、全球第六大制药企业豪夫迈·罗氏，为求蝇头小利而不惜放弃市场经济道德，在缺乏政府与专家权威指导时，利用市民不知情盲目恐慌购买心理，别有用心地借助网络和短信媒体，迅速散播“达菲是治疗非典型肺炎病原体禽流感B-2病毒的特效药”的谎言，拉动达菲销量。随着谣言传播力度的增大，在短短的几天内达菲的需求量剧增100倍。

达菲的阴谋被戳穿后，遭到来自媒体、公众、政府还有经销商的口诛笔伐，全方位抨击罗氏制药公司，使罗氏遭遇 SARS 危机中的危机。罗氏以拖待变，始终没有给社会公众以正面的回应，并否认自己的可耻行为给整个社会带来的巨大危害，甚至还大言不惭地表示“谁将此罪名栽到罗氏制药的身上，我们将保留对他追究法律责任的权利。”

造谣欺骗发昧心财，一赖二拖无意悔改，在中国 2003 年的非典事件中，借助谣言“多收了三五斗”。罗氏药业虽得到了短期利益，但失掉了消费者的信任和中国未来的市场，罗氏品牌形象也遭受严重损害。

资料来源：严庆安．罗氏药业：拿什么拯救自己[J]．成功营销．2004 年 2 月 9 日．http：//business. sohu. com.

公共关系的应用范围很广，除了企业和各种组织机构以外，国家也可以利用公共关系去吸引公众的注意力（或者抵消公众头脑中的坏印象），吸引更多的观光者和外国投资者，取得国际上的支持。例如，中国篮球明星姚明加盟的上海城市宣传片“无数个姚明，好一个上海”，展现了上海国际化大都市“海纳百川、追求卓越”的城市精神，以此吸引国际旅游者的光顾和国际投资的青睐。

营销透视 13-3

浴火重生：香港旅游业 V 型复苏

2003 年 6 月 23 日，世卫组织宣布香港从“非典”疫区名单中除名的当天，香港经济发展及劳工局局长联同旅发局主席，举行记者招待会，正式公布激活“全球旅游推广计划”。

2003 年 6 月 23 日至 9 月 15 日，香港旅发局制作了 5 段新闻影带，分发到 69 个国家的 368 家电视台，并邀请了皇马球队、篮球巨星姚明等、奥运滑冰好手关颖珊等多位知名人士，及 586 位国际传媒嘉宾访港宣传，接受传媒专访和出席演讲活动达 79 次。同时，香港旅发局组织了来自 17 个不同市场的 300 多家旅游代理商和 1 930 位旅游业务代表赴香港考察。

2003 年 7 月 13 日起，旅发局推出为期两个月的“好客月”推广活动，联合旅游业界开展合作促销，刺激旅游者并提升市民的消费金额。

2003 年 9 月起，为了确保旅游业持续复苏，巩固香港作为亚洲首屈一指旅游目的地的地位，旅发局策划了全球广告宣传活动。活动以“乐在此，爱在此！”为主题，由成龙担任全新电视宣传片的主角，在全球 16 个重点市场和 30 多个大城市播出。

旅发局配合郭富城主演的电视剧《动感豪情》开展大型的公关宣传活动，内地、台湾和东南亚地区有 3 亿户家庭收看了此剧。旅发局还与国家地理频道的《亚洲自我挑战赛》节目合作推广香港旅游。

2003 年 12 月，旅发局举办了“香港缤纷冬日节”大型活动，节目融合了西方节庆和中国传统特色，掀起了香港在圣诞和新年前后的旅游高潮。

资料来源：吉米·周．浴火重生，香港旅游业 V 型复苏[J]．成功营销．2004 年 2 月 9 日．http：//business. sohu. com.

虽然香港为了消除“非典”负面影响所进行的推广活动共花费约 5 亿港币，但是通过这一系列推广活动，截至 2003 年 10 月 10 日，为香港带来了总值 10.43 亿港元的宣传效益。不仅如此，旅游带动消费，为香港经济注入了一剂强心针，让香港在最短的时间里得以浴火重生。

2009年11月，中国政府推出一系列全球广告，试图提升“中国制造”的国际形象，提高中国产品的全球认知度。在不断变化的世界新形势之下，中国的这一宣传举措，对建立良好的国家形象，无疑具有积极的意义。

营销透视13-4

中国制造　世界合作

2009年11月，美国有线新闻网开始在亚洲市场播出一则30秒的商业广告，内容是宣传在全球化大背景下，“中国制造”产品其实也是世界上各个贸易体共同分工协作、盈利共享的事实。当然，该广告也有利于重新打造与巩固“中国制造”在全球市场上的声誉。

图13-1　商务部全球投放“中国制造”广告

资料来源：必应图片. http: //cn. bing. com/images.

主题：世界合作

这则30秒的广告围绕“中国制造，世界合作”这一中心主题，强调中国企业为生产高质量的产品，正不断与海外各国公司加强合作。广告一个个画面集中展现了“中国制造无处不在的身影”，“中国制造，世界合作”的理念贯穿整个广告。

一天之计在于晨，清晨跑步的运动员所穿的运动鞋是“中国制造”，但是“综合了美国的运动科技”；日常家庭中所用的冰箱印着“中国制造”的标签，但是融合了欧洲风尚，为您储存美味的食品。一个类似iPod的MP3播放器上用英文标注“在中国制造，但我们使用来自硅谷的软件”，体现了爱音乐也爱中国制造的理念。就连法国顶级模特儿所穿的知名品牌衣裳也由“中国制造”，而广告最后出现的飞机画面，是融合全球各地工程师的结晶，更是展现了“世界合作”这一理念。

投放对象：国际主流媒体

该广告被认为是中国政府的首个品牌宣传活动。这一广告攻势的主要诉求是竭力在海外宣传中国品牌，提升外国人对中国制造产品的认知度，使他们不再仅仅将中国看成一个成本低廉的市场。商务部目前已购买了为期6周的广告时段，一些国际主流媒体如美国有线电视网将是重点投放对象。

资料来源：商务部全球投放广告提升中国制造形象. 新浪网. http: //www. sina. com. cn. 2009年11月30日.

企业赞助也是公共关系活动的重要内容之一。联想加入2008奥运全球合作伙伴（TOP）

计划；燕京啤酒赞助NBA的休斯敦火箭队；2006年4月，海尔携手NBA完成标志性签约成NBA全球唯一家电合作伙伴[11]；1999年，可口可乐启动“第一代乡村大学生奖学金”，帮助边远山区的第一代大学生完成大学学业；宝洁投入巨资捐建希望学校等。与国际上的跨国企业相比，我国企业的海外赞助行为比较少，目的也更趋于商业化，在体现企业社会责任感和帮助企业赢得目标市场国公众好感方面差距很大。

13.3 国际广告（International Advertising）

广告（Advertising）是以付费方式，通过大众媒体向目标顾客和公众进行信息沟通的一种促销手段，是一种非人员的促销活动。广告具有树立企业形象、沟通市场和商品信息、创造消费者需求以及文化传播等职能。广告以其市场覆盖面广、渗透性强的特点，成为当今企业营销中的主要促销手段之一。

国际广告是以国际消费者为目标受众，在国际环境下开展的广告活动。据英国的Zenithoptimedia公司的数据统计和预测分析，2003年全球广告支出为358.86亿美元，2005年升至403.984亿美元，同比上一年度的年均增长率从2003年的2.9%到2005年的4.7%，并将在2006年达到5.8%，2008年全球互联网广告开支将达到342亿美元，比2005年增长84%。互联网广告开支与广播广告开支之间的差距正在缩小。到2008年，两者之间的差距将从2005年的3.9%缩小到0.7%。从中长期来看，互联网广告收入将达到杂志广告的水平。2008年互联网广告收入将占英国整个广告市场开支的12.9%，占瑞典全部广告开支的10.5%。这是互联网广告首次在全球的某个地方达到两位数的市场份额。[12]

广告担负着传播和沟通信息的职能，广告本身又是一种文化行为。因此，在国际市场营销中，除了宏观环境的差异、消费者的复杂多样化以外，社会文化因素对广告的设计、推广和广告策略的制定和实施也有非常重要的影响。这也注定了国际广告决策远比国内市场营销中的广告决策更加复杂和艰难。

13.3.1 国际市场营销的广告策略（International Advertising Strategy）

面对错综复杂的国际市场，企业的广告决策所面临的第一个难题就是广告的信息和媒体选择的标准化与否的问题：全球范围内的统一广告策略，抑或针对不同国家或地区市场的差异化广告策略。据此，国际市场营销中的广告策略分为标准化广告策略、差异化广告策略和模式化广告策略。

1. 标准化广告策略（Standardization Advertising Strategy）

标准化广告策略，或称全球广告策略，是指在不同的地区或国家，对同一产品采用相同广告主题的广告策略。“全球广告”，即一种“行遍天下”式的全球广告策划，是基于全球各国或各地区市场具有共性这一前提而实施的广告策略。标准化广告策略尤其适用于致力于塑造企业统一形象的国际性企业，例如IBM、奔驰、万宝路、可口可乐等。体现在广告用语上，如NIKE的“Just Do It”、飞利浦的“让我们做得更好”、吉列的“男人最好的选择”。

标准化广告策略突出了国际市场基本需求的一致性，既有利于企业建立全球统一的品牌形象，又节省了企业的广告费用。但是由于标准化广告忽略了市场之间的差异性，所以广告的针对性不强，往往不能满足目标市场的特殊需求。因此，一些跨国企业放弃标准化广告，转而采用差异化广告策略。

2. 差异化广告策略（Adaptation Advertising Strategy）

差异化广告策略，或称本土化广告策略，定制广告策略（Customization Advertising Strategy），是强调国家或地区的差异性，针对特定目标市场，开展适合其顾客需求的广告活动的策略。

秉承“思路全球化、行动本土化”的海尔，在广告上采用了本土化策略，例如，在美国的广告语是“What the world comes home to”，在欧洲则用“Haier and higher”。[13]

标准化广告策略和差异化广告策略各具特点，也有各自的适用范围。通常来说，消费类的产品或具有较多社会文化属性的产品，宜选用差异化广告策略。全球品牌、科技含量高的产品、工业产品多选用标准化广告策略。事实上，国际市场中很少见到绝对的标准化广告或绝对的差异化广告，大多数的跨国企业往往采取折中的广告策略，只是可能会更倾向于标准化或者差异化而已，这种折中的广告策略，我们称之为模式化广告策略。

3. 模式化广告策略（Pattern Advertising Strategy）

模式化广告策略是介于标准化和定制化广告策略之间的一种策略，是全球化统一促销概念下，针对单个的目标市场进行适度调整的广告策略。模式化广告策略的发展是与营销观念从全球化向全球本土化发展的趋势一致的。

跨国企业在中国市场经历了从“全球化”（Global）向“全球本土化”（Glocal）演变的过程，即由重视全球性的统一广告策略，向所谓的“全球品牌本土化”、“跨国品牌区域化”的广告策略转变。全球本土化，也称全球兼顾当地，包含了“全球策略、本土执行”和“全球观感、本土策略”两个方面的含义，趋势则是“更彻底的中国本土化”。因此，1867 年创建于瑞士的雀巢咖啡，广告画面上出现了中国青年吹长笛的镜头，中国的农村青年也穿上了 1980 年由香港商人黎智英创办的“佐丹奴”服装。[14,15][16]

模式化广告策略还体现在同一广告主题下的代言人的选择上。SK-Ⅱ在保持产品全球定位的同时，在不同的国家选择不同的代言人，以适应当地消费者的不同喜好和需求，如其在泰国的代言人是 Jeab Maroon，在韩国的代言人是 Jinyoung，英国代言人是 Stella，中国代言人是林忆莲。

由于模式化广告策略既兼具了标准化广告策略和差异化广告策略的优点，又弥补了两种广告策略的不足，因此，越来越多的跨国企业开始采用模式化广告策略。

13.3.2 国际广告的创意制作（International Advertising Design）

美国西北大学著名教授唐·舒尔茨在《整合行销传播》中指出：在同质化的市场中，唯有传播能创造出差异化的品牌竞争优势。找到一个以消费者欲求为出发点的“轴心”概念（Big Idea）是有效传播的关键。而这种“轴心”概念正是广告的创意或者产品的创意在广告中的体现。

广告创意是广告设计制作者在酝酿广告时的构想，是广告的核心。美国职业篮球联盟（NBA）的“I love this game”，麦当劳的“I'm lovin'it”，统一润滑油的“多一些润滑，少一些摩擦”，Epson 打印机的“不打不相识”都是绝妙的创意。

国际广告在广告诉求上，要新颖、有创意，同时还要考虑政治、文化、民族情感等方面的问题，体现在广告语言、图片设计等方面应尤为注意和谨慎。日本丰田的一款汽车在中国市场上的广告就遇到了这样的问题。

营销透视 13-5

丰田霸道，莽撞广告挑动敏感神经

崎岖的山路上，一辆丰田“陆地巡洋舰”迎坡而上，后面的铁链上拉着一辆看起来笨重的“东风”大卡车；一辆行驶在路上的丰田“霸道”引来路旁一只石狮的垂首侧目，另一只石狮还抬起右爪敬礼。该广告的文案为“霸道，你不得不尊敬”。

这两则丰田新车广告刚一露面，就在读者中引起了轩然大波。“这是明显的辱华广告!”很多看到过这两幅广告的读者认为石狮子有象征中国的意味，丰田霸道广告却让它们向一辆日本品牌的汽车“敬礼”、“鞠躬”。“考虑到卢沟桥、石狮子、抗日三者之间的关系，更加让人愤恨。”对于拖拽卡车的“丰田陆地巡洋舰”广告，很多人则认为，广告图中的卡车系国产东风汽车，绿色的东风卡车与我国的军车非常相像，有污辱中国军车之嫌。选择这样的画面为其做广告，极不严肃。在舆论的强大压力下，丰田公司和负责制作此广告的盛世长城广告公司在 2003 年 12 月 4 日公开向中国读者致歉。

广告的确清晰地阐述了产品的诉求——霸道，但同时也碰触了日本侵华战争那道历史的伤痕，让中国人生起警惕与愤慨之心，激化了对立的情绪。正是忽略了这个愤怒与疼痛的“语境”，在运用狮子符号时又过于轻率，才导致了这场尴尬的局面。

资料来源：崔艳．丰田霸道，莽撞广告挑动敏感神经［J］．成功营销．2004 年 2 月 9 日．http：//business. sohu. com.

13. 3. 3 国际广告的媒体选择（Media Alternatives）

国际广告的媒体选择很多，印刷品广告（报纸、杂志）、电子媒体广告（电视、广播）、户外广告、邮寄广告、POP 广告、互联网和其他广告。

1998 年 5 月，时任联合国秘书长的安南在联合国新闻委员会上提出，应利用最先进的第四媒体——互联网。自此，“第四媒体”的概念正式得到使用。第四媒体区别于以纸为媒介的传统报纸、杂志，以电波为媒介的广播和基于电视图像传播的电视（它们分别被称为第一媒体、第二媒体和第三媒体）。

1. 印刷品广告

印刷品广告包括报纸广告、杂志广告、电话簿广告、画册广告、火车时刻表广告等。报纸广告覆盖面宽，读者稳定，具有较强的新闻性、可读性、知识性，传递灵活迅速，便于保存，制作成本低廉。缺点是广告有效时间短，日报只有一天甚至只有半天的生命力。

杂志广告是指利用杂志的封面、封底、内页、插页为媒体刊登的广告。杂志广告内容专业性较强，有独特的、固定的读者群，有利于有的放矢地刊登相应的商品广告，阅读有效时间长，便于长期保存。

2. 电子媒体广告

包括电视广告、电影广告、电台广播广告、电子显示大屏幕广告、幻灯机广告和扩音机广告等。

（1）电视广告。电视广告是指利用电视为媒体传播放映的广告。电视广告虽然起源较晚，但发展迅速。在全球范围内的广告媒体中，电视广告收入占总收入的36%以上。著名广告人大卫·欧格威不无自豪地说："如果给我1小时的时间做电视广告，我可以卖掉世界上所有的商品。"可见电视广告的效果之显著。电视广告的收视率高，且常常插播于精彩节目的中间，带有一定的收看强制性。中国中央电视台广告部市场调查显示：全国共有电视机2.8亿台，估计一次开机2亿台，每台收看人数4人，抽样调查显示，新闻联播的收视率为50.6%，之后观众继续收看天气预报。因此，新闻联播后至天气预报前的1分钟时段内打广告，其受众人数为2亿×4×50.6%≈4亿，5秒广告告知了4亿人，这样才引得中央电视台广告标王投标金额的不断刷新，从2004年蒙牛以3.1亿荣登标王宝座，到之后的宝洁、伊利、纳爱斯，最高纪录为4.2亿元。央视《新闻联播》前20秒报时广告招标金额卖出了5.5亿元的"天价"。[17][18]与此同时，电视广告的局限性也很明显，制作成本高，电视播放收费高，而且瞬间消失。电视制作广告的高昂费用，使得许多中小型企业无力问津。

（2）广播广告，是指以无线电或有线广播为媒体播送传导的广告。由于广播广告传收同步，听众容易收听到最快最新的商品信息，而且它每天重播频率高，收播对象层次广泛，速度快，空间大，广告制作费也低。广播广告的局限性是只有信息的听觉刺激，没有视觉刺激，而恰恰视觉刺激比其他刺激更易于给人们留下深刻记忆，因此，这种广告可能妨碍商品信息的有效传播。

3. 户外广告

户外广告主要包括路牌广告、霓虹灯广告、灯箱广告、交通车厢广告、招贴广告（海报）、旗帜广告以及气球广告等。1998年，在美国纽约曼哈顿最繁华、也最具有商业标志意义的时代广场，竖起了第一块中国公司的广告牌（见图13-2），它成为了中国公司进入全球化的一道风景线。[19]

图13-2 曼哈顿时代广场的999广告

资料来源：http：//www.baidu.com.

4. 邮寄广告

邮寄广告是广告主采用邮寄售货的方式，供应给消费者或用户广告中所推销的商品。它包括商品目录、商品说明书、宣传小册子、明信片、挂历广告以及样本、通知函、征订单、订货卡、定期或不定期的业务通信等。邮寄广告是广告媒体中最灵活的一种，也是最不稳定的一种。

5. POP 广告

POP 是英文 Point of Purchasing Advertising 的大写字母缩写，译为售点广告，即售货点和购物场所的广告。世界各国广告业都把 POP 视为一切购物场所（商场、百货公司、超级市场、零售店、专卖店、专业商店等）场内场外所做广告的总和。

6. 新媒体

新媒体是针对传统媒体而言的，广义上的新媒体是指“互动式数字化复合媒体”，包括手机媒体、IPTV（交互网络电视）、数字电视、移动电视、博客、播客等。而狭义的新媒体则是指基于互联网这个传输平台来传播新闻和信息的网络。新媒体分为两部分，一是传统媒体的数字化，如报纸、期刊的电子版，二是因网络提供的便利条件而诞生的“新型媒体”，如百度网、淘宝网等。

借助于网络技术的发展而诞生的新兴媒体形式，最大的优点在于快速、即时、覆盖面广、互动性和大众参与性强。但是，新媒体的广泛覆盖面和其无所不在的信息展示，往往令消费者面对大量信息的包围而感到疲倦，甚至产生厌烦和抵触的情绪。尽管关于新媒体的界定和研究还不多，但不可忽视的是，新媒体在广告中的作用将会越来越重要。

营销透视 13-6

被新媒体包围的生活

早上上班等电梯会看到分众（传媒），广告放个不停，我眉头一皱，掏出手机看手机报。到了办公室，先上网看一下新浪财经频道，这时一个某银行的视频广告窗弹出来，我迅速关掉。下班了，搭公交回家，车上有北广数字传媒的公交电视。可怜我在公交中快被挤成罐头了，耳边还不断被广告轰炸耳膜，一播还连续十几条。此时我就在心里咒骂那些广告主：“这种抓狂的感受，你们这些坐在豪华车里的老板们是感受不到，或者说即使知道也是毫不同情的吧！”我有时也打车，北京的士倒还舒服，某些地方就倒霉了，据说出租车上还有视频广告，而且是声音不能关掉的……作为一个典型的漂在北京的年轻白领，我一天接触到很多视频广告，但基本都被滤过了。

资料来源：新媒体营销观察．http：//www. newmediamarketingcn. com.

7. 其他广告

其他广告指除以上 5 种广告以外的媒体广告，如馈赠广告、赞助广告、体育广告以及包装纸广告、购物袋广告、火柴盒广告、手提包广告等。在各种广告媒体中，电视广告和报纸广告共同贡献了广告收入一大半，分别为 36% 和 30%，位居第三位的是杂志广告。广播广告以平均 8. 5% 的总收入排位第四。互联网作为一种新兴的广告媒体，份额不断攀升。仅 2011 年第 2

季度，8 371 个网络广告主投放网络广告 185.5 万天次，投放费用共计 45.9 亿元，相当于 CCTV 全年广告收入的 1/3[20].

13.3.4 影响国际广告策略的因素（Factors Influencing International Advertising）

影响国际广告的因素主要有 3 点：法律的限制因素、媒体的限制因素、广告受众的限制因素。

1. 法律的限制

世界各地不同国家，在广告内容、广告用语、广告产品、广告时间和广告播出方式上都有相应的法律规定。了解各个国家的相关法律规定，适当调整广告策略，对于国际化企业尤为重要。

在美国，黄金时段（18：00~24：00）每 60 分钟的节目中，其广告时间不得超过 9 分 30 秒。其他时间每 60 分钟的节目中，其广告不得超过 16 分钟。禁止播放香烟、算命、测字、摸骨、占星、看手相等广告。

在法国，禁止播出含有政治、宗教、暴力及色情等内容的广告；不得播出烟酒广告；不得播出处方药和麻醉品广告；不得播出文艺产品、流通业广告；不得播出保险、招聘和求职广告。广告不得使用法语之外的其他语言；公共电视台和商业电视台每天播出广告的时间平均为每小时 6 分钟，每小时最多不得超过 12 分钟。

德国的电视广告主要由《广播电视法》和民间的广告委员会来规范。德国国立电视台在周一到周六的全天内，只可以播放总计 20 分钟的广告。对以广告费为主要收入渠道的私营电视台，则没有任何广告播放时间段的限制。不过，对于电视广告的播放频率，无论国立还是私营电视台，每小时内最多只能播放总计 12 分钟的广告，每次播放广告时间不得超过 6 分钟，在两次播放广告的时间段内至少要有 30 分钟的间隔。[21]

在欧美国家，比较广告、儿童广告、烟草广告、药品、食品广告以及酒类广告都是广告法中限制的重点；在世界的其他地区，例如亚洲，比较广告也受到严格控制；法国禁止零售商、出版社、电影院、报刊做广告；在科威特，政府控制的电视网每天只允许播放 32 分钟的广告，而且只能在晚上。[22]

中国也有相应的法律法规，对广播电视广告的播放做出规定和限制。

营销透视 13-7

中国广电总局对广告的相关限制

2009 年 9 月 10 日，国家广播电影电视总局颁布最新的《广播电视广告播出管理办法》，相关规定包括：

第十六条 播出机构每套节目每日公益广告播出时长不得少于商业广告时长的 3%。其中，广播电台在 11：00 至 13：00 之间、电视台在 19：00 至 21：00 之间，公益广告播出数量不得少于 4 条（次）。

第十七条　播出电视剧时，可以在每集（以45分钟计）中插播2次商业广告，每次时长不得超过1分30秒。其中，在19：00至21：00之间播出电视剧时，每集中可以插播1次商业广告，时长不得超过1分钟。

播出电影时，插播商业广告的时长和次数参照前款规定执行。

第十八条　在电影、电视剧中插播商业广告，应当对广告时长进行提示。

第十九条　除电影、电视剧剧场或者节（栏）目冠名标识外，禁止播出任何形式的挂角广告。

第二十条　电影、电视剧剧场或者节（栏）目冠名标识不得含有下列情形：

（一）单独出现企业、产品名称，或者剧场、节（栏）目名称难以辨认的；

（二）标识尺寸大于台标，或者企业、产品名称的字体尺寸大于剧场、节（栏）目名称的；

（三）翻滚变化，每次显示时长超过5分钟，或者每段冠名标识显示间隔少于10分钟的；

（四）出现经营服务范围、项目、功能、联系方式、形象代言人等文字、图像的。

第二十一条　电影、电视剧剧场或者节（栏）目不得以治疗皮肤病、癫痫、痔疮、脚气、妇科、生殖泌尿系统等疾病的药品或者医疗机构作冠名。

第二十二条　转播、传输广播电视节目时，必须保证被转播、传输节目的完整性。不得替换、遮盖所转播、传输节目中的广告；不得以游动字幕、叠加字幕、挂角广告等任何形式插播自行组织的广告。

第二十三条　经批准在境内落地的境外电视频道中播出的广告，其内容应当符合中国法律、法规和本办法的规定。

第二十四条　播出商业广告应当尊重公众生活习惯。在6：30至7：30、11：30至12：30以及18：30至20：00的公众用餐时间，不得播出治疗皮肤病、痔疮、脚气、妇科、生殖泌尿系统等疾病的药品、医疗器械、医疗和妇女卫生用品广告。

第二十五条　播出机构应当严格控制酒类商业广告，不得在以未成年人为主要传播对象的频率、频道、节（栏）目中播出。广播电台每套节目每小时播出的烈性酒类商业广告，不得超过2条；电视台每套节目每日播出的烈性酒类商业广告不得超过12条，其中19：00至21：00之间不得超过2条。

第二十六条　在中小学生假期和未成年人相对集中的收听、收视时段，或者以未成年人为主要传播对象的频率、频道、节（栏）目中，不得播出不适宜未成年人收听、收视的商业广告。

第二十七条　播出电视商业广告时不得隐匿台标和频道标识。

第二十八条　广告主、广告经营者不得通过广告投放等方式干预、影响广播电视节目的正常播出。

资料来源：广播电视广告播出管理办法．法律教育网．http：//www. chinalawedu. com/. 2009-09-10.

2. 媒体的限制

各个国家的传媒业发展水平各不相同，经济、文化、教育等方面也存在差异，企业在广告媒体的选择上，除了考虑产品因素以外，还应该考虑目标市场国的可选择性和消费者的媒体习惯。

营销透视 13-8

2011年移动互联网市场规模达851亿

2011年，中国移动互联网市场用户及市场规模均有比较良性的增长，根据易观智库EnfoDesk的研究显示，2011全年中国移动互联网用户规模达到4.3亿人，市场规模达到851亿元。

对比2009年和2011年的市场规模构成变化可以发现，2011年移动购物与无线广告在规模占比上都有了很大的提高，尤其是移动购物，从2009年的规模占比3%增长到11%，用户通过移动终端购物的习惯逐步养成。易观国际分析师孙培麟预计，2012年市场用户规模及从移动互联网市场规模保持相对稳定的增长，移动互联网用户数有机会在2012年突破6亿人，并且超过互联网用户数量，智能终端、移动互联网应用继续延续2011年的增长速度。

资料来源：陆绮雯．2011年移动互联网市场规模达851亿．解放日报．2012年01月10日．中国营销传播网．www. emkt. com. cn.

在中国，电视媒体是按行政层级架构的，每级媒体代表着不同的权威。中国有两三千家电视台……作为唯一的国家电视台——中央电视台处在这个金字塔的最顶部，具有高度权威性。接下来是省级电视台、城市台和县级电视台。在中国消费者心目中，在县级电视台播的广告，就是县级名牌，省级电视台播的广告就是省级名牌，而央视播的就是中国名牌。[23]因此，CCTV的广告收入从1998年的44.4亿元，上升到2000年的52.9亿元，2003年升至75.3亿元，2011年再创142.5亿元新高。广告招标金额不断攀升，但是争当标王的企业仍趋之若鹜[24]。

3. 广告受众的限制

国际市场营销中的广告策略应该考虑目标市场国的消费者特征。不同国家的居民有自己的价值观、审美观、宗教信仰和教育水平，广告设计应符合当地的民风民俗、文化习惯、审美观念和理解能力。图13-3是日本丰田汽车在雅虎中国上的一幅网络平面广告：青山为背景，松树作点缀，刚与柔并济，驾和乘共享，中国文化跃然纸上。

图13-3　皇冠广告

资料来源：www. yahoo. com. cn.

达克宁的“杀菌治脚气，请用达克宁”和“斩草除根”以简单明了的诉求迎合了当时的目标消费者——中国的足球运动员；以及在本章的课后案例中，我们还能看到，西门子家电在中国的广告，“大气而充满诗情画意的景观变化，宛如一幅幅泼墨山水写意画”，“从意境到色调到直观诉求都很合乎中国人的文化欣赏口味”。

13.4 其他销售手段（Other Promotion Activities）

13.4.1 人员推销（Personal Selling）

人员推销是指企业通过派出推销人员，或委托、聘用当地人员，与一个或一个以上可能成为购买者的国外顾客沟通、交流，作口头陈述，以推销商品，促进和扩大销售。

针对不同的国际市场环境和不同特点的消费者，人员推销应采取相应的、有针对性的技巧，以激发消费者的兴趣，引发消费者的购买愿望，在满足消费者不同需求的同时，实现企业的销售目标。尤其是当顾客对来自海外的跨国企业知之甚少时，采用当地人员推销可以增强顾客对企业的了解和信任，建立顾客与企业之间的长久关系。正如一位在中东从事计算机营销的公司经理指出的“尽管你对产品知道的很多，但是当地人更了解市场。要避免犯错误，在中东地区销售，市场知识要比产品知识更重要”。[25]

与国际广告和国际公共关系相比，人员推销受到国际环境因素的影响和限制相对较少。在国际市场营销中，实现有效的人员推销的关键在于推销队伍的设计、推销人员的选择、聘用、培训、评估、激励和管理。

13.4.2 直复营销（Direct Marketing）

直复营销（Direct Marketing，DM），是通过个性化的沟通媒介向目标市场成员发布信息，以寻求对方直接回应（问询或订购）的促销方式。直复营销的特点是互动性和个性化，注重客户服务和企业与客户的长期合作关系。直复营销的中间商环节较少，甚至没有中间环节，由此可以节省渠道费用，进而降低产品终端价格。例如，平安保险公司的车险电话直销产品，其投保费率较其他渠道低 10% ~15%。[26]

直复营销的模式包括：

- 直销（Direct Selling），是以面对面的方式，直接将产品及服务销售给消费者，销售地点通常是在消费者或他人家中、工作场所，或其他有别于永久性零售商店的地点。2005 年 8 月 10 日，中国国务院通过了《直销管理条例（草案）》和《禁止传销条例（草案）》以后，直销走出了发展初期和转型期，进入现代直销时期。目前我国的直销企业有雅芳（中国）、如新（中国）、宁波三生、宝健（中国）、新时代、富迪、金士力、南京中脉、安利（中国）、欧瑞莲、广东康力、康宝莱（中国）、完美（中国）、南方李锦记、玫琳凯（中国）、北京罗麦、广东太阳神、上海美乐家和天津尚赫。[27]
- 直邮营销（Mail Selling），最常见的模式是邮购公司，如小康之家、贝塔斯曼、客万乐、麦考林等都是从事这种业务的公司。

- 电话营销（Telemarketing）是指针对预选目标群进行集中的电话推销或调查。服务性业务多采用此种模式，如休闲俱乐部和酒店预订服务等。2007 年 7 月，中国平安电话车险专属产品首家获得中国保监会的批准，国内首个专用于电话销售的车险产品由此诞生（400-8000-000）。
- 电视营销（Cable Selling），中国目前已批准 125 家电视媒体从事电视购物业务（其中一家已停播），产品涵盖保健品、化妆品、手机、厨房用具等。通常来说，电视购物的价格比市场上同类产品的价格要低 20% 左右。[28]
- 网络营销（Online Marketing），科技的进步、互联网的应用和普及，网络营销所具有的快速、便捷、互动和低成本等特点，使其为大多数企业所采用。戴尔是其中比较成功的例子。

营销透视 13-9

进入微博营销时代

中国互联网络信息中心（CNNIC）最新调查结果显示，截至 2011 年 10 月底，中国网民数量直逼 5 亿，微博访问用户规模超过 2 亿人，而且这一数字还在不断增长。另据数据中心（DCCI）预计，2011 ~ 2013 年这 3 年间，服务商微博账户数的年增长率将在 140% ~ 200%，2012、2013 年微博用户将出现爆发性增长。中国社会经济进入全民传播时代，中国企业已经进入微博营销时代。

从 2010 年 2 月，戴尔中国正式进驻新浪微博，其微博数量、关注人数、转发次数、被评论次数不断攀升，截至 2011 年 11 月 10 日，其粉丝已达 133 886 人之多。与戴尔涉足微博营销一样，截至 2011 年 11 月，世界 500 强中已经有 392 家企业，加入了微博网站 Twitter，在中国，有 54 362 家企业、1 337 家媒体、5 269 家各类公共团体进驻新浪微博，微博作为社会化媒体对传统营销产生的巨大冲击直观显现。

资料来源：胡卫夕，宋逸．微博营销——把企业搬到微博上．北京：机械工业出版社．2011.

13.4.3 销售促进（Sales Promotion）

销售促进，又称营业推广，是指企业运用各种短期诱因，鼓励购买或销售企业的产品或服务的促销活动，是一种短期的刺激消费者购买或提升中间商和零售商效率的促销活动。销售促进是企业加强产品与消费者沟通、扩大市场份额、压制竞争对手的重要方式，是使销售量在短期内达到最大化的有力工具。

根据促销目标和对象不同，销售促进分为 3 类：针对消费者的营业推广、针对中间商的营业推广和针对销售人员的营业推广。

（1）针对消费者的营业推广（Consumer Promotion）。目的在于吸引新顾客，留住老顾客；动员现有顾客购买新产品或更新设备；引导顾客改变购买习惯；或培养顾客对本企业的偏爱行为等。营业推广的方式包括赠品、样品试用、优惠券、促销包装、摸奖、抽奖、现场示范和展销等。其中，赠送样品或试用样品是介绍一种新商品最有效的方法，但是费用很高。例如，

DHC 上海公司在中国长期提供免费试用品以吸引消费者尝试产品；立顿通过赠送 Q 果趣奶茶杯，吸引消费者购买一定数量的奶茶（见图 13-4）；可口可乐则常年鼓励消费者收集瓶盖或易拉罐的拉环，参与网络上的抽奖活动，从而促销企业产品。

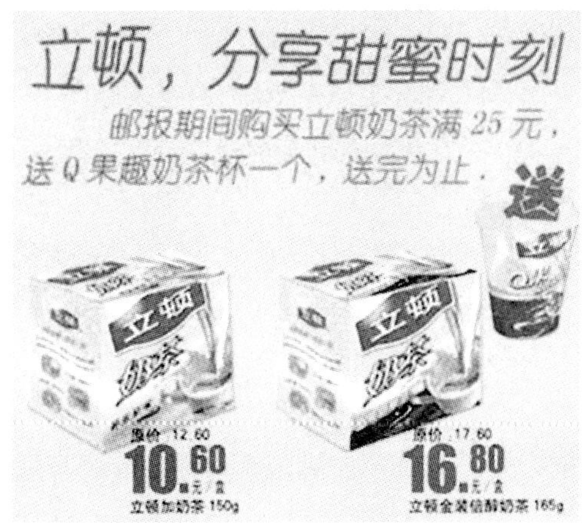

图 13-4　立顿广告

资料来源：http：//image. baidu. com.

致力于消费者营业推广的努力，塑造了“终端为王”的营销新趋势，决胜终端逐步蔓延到了各个行业，包括家具行业、日化行业和乳品饮料行业。

营销透视 13-10

营销终端化

不知道从什么时候开始，营销界出现了线上和线下的说法，我也因此有了自己关于终端营销的概念。2006 年，零距离接触可口可乐在广东发起的“红潮行动”，亲自参与中国移动校园、社区宣传渠道开发项目，我更加坚信营销终端化将成为一个营销的发展方向。

家具行业喊了几年的“终端为王、决胜终端”口号，近两年来似乎变得更是迫在眉睫。从 2006 年开始，几乎所有的厂家将把最重要资源投放在终端，终端争夺战愈演愈烈。从专卖店、形象店，到终端情景展示，厂家在销售终端上纷纷做足工夫抢夺客户资源，提高单店赢利能力。

就算传统以广告拉动的日化、牛奶行业，终端争夺运动也是竞争激烈。在国内日化业做终端的开山鼻祖是“丝宝”，当年它通过创作日化行业独一无二的终端策略，将企业迅速从 5 个亿到 20 个亿。之后被“隆力奇”等企业发扬光大。而今，日化终端营销已经成为每一个日化企业不得不修炼的专业课。所以，日化行业的终端培训市场也因此而日益红火。而中国乳业界的传奇“蒙牛”，打破了传统的商超、派送等渠道，从 2006 年初就开始了自建终端的尝试，如今正在火热地向全国推广。

着实，现在媒体多了，人们视线分散了，单个媒体的影响力在减弱；信息多了，人们对信息接受的难度变大了，我们很难通过大众传播去准确地捕捉它们。这样，传统广告的风险成本在不断增加，而终端营销，它所面对的是最有可能给自己带来产品销售，最有传播价值的客户。做终端虽然辛苦，但总是能给自己实实在在地实现销量、树立形象、创造价值。抛开一夜暴富的梦想，抛开营销的喧哗与浮躁，对于立志做大、做长久的大品牌，务实做终端已经逐渐成为营销的潮流与方向。

资料来源：彭旭知.2007年，关注营销“四化”. www. ecm. com. cn. 2007年11月15日.

（2）针对中间商的营业推广（Intertrade Promotion）。目的是鼓励批发商大量购买，吸引零售商扩大经营，积极购存或推销某些产品。其方式包括批发回扣、推广津贴、销售竞赛、交易会或博览会、业务会议和工商联营。在中国的汽车销售中，汽车制造商常常采用返点销售和销售竞赛方式鼓励销售商的销售行为。[16]

（3）针对销售人员的营业推广（Salesforce Promotion）。旨在鼓励销售人员热情推销产品或处理某些老产品，或促使他们积极开拓新市场。形式包括销售竞赛、比例分成以及免费的人员培训和技术指导等。

在国际市场营销中，在不同的市场，企业应根据市场的环境特征和消费者特征，设计有针对性的促销活动。西门子家电在中国大打文化牌，先送锦囊，再送红包，“一元复始，万象更新”地与中国人一起过大年，自然你好我好大家好，西门子在一片好声中赚了个盆满钵满。[29]

很多国家对于销售促进的形式和规模以及审批程序有一定的限制。对销售促进活动实施严格限制的国家有奥地利、比利时、丹麦、德国、意大利、日本、韩国、墨西哥、荷兰、瑞士和委内瑞拉等。法国则规定赠送礼品的金额不得超过促销商品价值的一定百分比，且礼品必须与促销的商品有关。[30]

2007年11月10日，重庆市沙坪坝区家乐福超市举行“10周年店庆”促销活动。由于人多拥挤，发生踩踏事故，造成3人死亡，31人受伤，其中有7人重伤。针对频繁的促销活动所引发的安全事件，商务部叫停了限时限量促销活动[31]；中国国家工商总局也下令严禁家电商家以低于成本价促销商品。[32]

除此以外，长期的促销还容易引起消费者对促销的过分依赖。一旦失去促销的刺激，比如降价或赠品，消费者就可能对产品再无兴趣，进而转向其他同类产品的购买。有这样一种说法：一个品牌为了提升销售量所投入的促销费用如果高于广告投入，就会非常危险。久而久之，促销会使积累起来的品牌资产，在消费者的心目中渐渐变得模糊甚至消失。

本章小结

1. 国际促销是企业与国际客户之间的一种信息沟通行为，是“谁”通过“什么渠道”对“谁”说“什么内容”的活动。有效的促销策略是企业国际市场营销成功的关键要素。

2. 国际促销组合中包括国际公共关系、国际广告、人员推广和销售促进。与国内市场营销强调广告和销售促进的重要作用不同，国际市场营销中对于公共关系的意义和作用给予了更多的关注和重视。国际促销的复杂性和特殊性也主要体现在国际公共关系和国际广告上。

3. 整合营销（IMC）主张把企业的一切活动进行一元化整合重组，使企业在各个环节上达到高度协调一致，紧密配合，以实现企业与消费者全面、有效的沟通。

4. 国际公共关系是企业进入国际市场、建立良好政府和公众关系、处理企业危机的重要手段。对于跨国企业来说，公共关系和企业的战略一样重要。在中国，一个成功的企业，至少必须兼备两种能力，一种是把做企业内部运营好的能力，另一种是政府公关能力，成功的政府公关可以让企业的发展事半功倍。

5. 国际广告是跨国企业国际市场营销中的重要沟通工具。广告依据内容和媒体选择的标准化与否，分为标准化广告策略、定制化广告策略和模式化广告策略。标准化广告策略和定制化广告策略各有各的适用范围和优劣势，跨国企业更多地采取折中的模式化广告策略。广告的创意、设计和媒体选择均受到目标市场国的法律环境、媒体因素和消费者因素的制约和影响。

6. 人员促销和促进销售也是企业促销的重要手段，在国际市场营销和国内市场营销中都被广泛使用。

案例分析 13-1　透视林书豪“经济学”

过去一周（2012 年 2 月），印着字母“LIN”的 T 恤，网上销量增加了 30 倍。原本做好“滞销”准备的 17 号战袍，如今成了脱销的抢手货。在尼克斯官方网站的销售平台上，林书豪的球衣被摆在最显眼的“主推款”位置上，售价高达 54.95 美元。对于现在的尼克斯队来说，林书豪完全可以称之为一棵摇钱树，林书豪以 1 400 万美元的品牌价值成为全球第 6 的体育摇钱树，而尼克斯的收视率也因为林的出现提升了 66%。

目前，林书豪每打一场比赛的薪资为 9 620 美元，但在以后，他的薪资和价值将得到提升。他很可能从赞助商那里获得 1 000 万 ~2 000 万美元的年收入。长期而言，如果表现能持续，球队也有望在电视转播上大捞一笔。

林书豪无疑是全球蹿红速度最快的运动员，他的表现甚至影响到了股市，尤其是对于已经上市的麦迪逊广场花园（MSG）来说。自从 2 月 5 日起，该公司股价已经上涨了 6 个百分点，市值增加了 1.39 亿美元。要知道，在过去的两周中所有关于 MSG 的大部分消息都是负面的，且其盈利比上财年下降 22%，只有林书豪的爆发具备了积极正面的影响力。不仅如此，整个联盟都会因此收获颇丰。2010/11 赛季，NBA 的总收益是 38 亿美元。有了中国市场的支撑，仅估算国际电视转播费的提升，这一数字在 2012/13 赛季可能会增加 1% ~2%。估计商品销售和国际电视转播这两块会增加 4 000 万至 8 000 万美元。

资料来源：郝青. 透视林书豪“经济学”. 人民日报海外版. 2012-2-17. 第 13 版.

案例讨论

1. 在本案例中，林书豪爆红后，有哪些企业或者行业受益？

2. 如果你是公共关系公司的营销经理，你会推荐哪些或哪类企业请林书豪作代言人？作为代言人，林书豪所代表的企业特征应该是怎样的？

案例分析 13-2　西门子家电的文化营销

文化，作为一种习惯，规定着人们，尤其是深受某种文化浸蕴的人的取舍、好恶、趋同。在地球越来越变小成为一个村落的今天，作为一个国际化的跨国公司，西门子家电向消费者传递诉求信息时，将文化作为一个要素加以运用的方式，已越来越引起业内关注。

活动 1：“智慧锦囊”活动

6 ~8 月间，家电市场已经升温至白热化，“降价”、“打折”、“买赠”如风卷残云般几乎横扫了所有国内外家电品牌。西门子家电却顶住压力，另辟蹊径，从文化的角度打了一个漂亮而惊险的“擦边球”——向消费者赠送一个内装有冰箱产品知识及选购要点手册的“智慧锦囊”，取得了不俗的效果。

一提到“锦囊”，熟谙中国传统文化的人可能立刻就会想到《三国演义》中诸葛亮的“锦囊妙计”，神机妙算。西门子家电在锦囊上写着“如何选冰箱，绝招囊中藏”，更兼其外观造型古香古色，给人以物虽轻而意义重的感觉，不可不引起重视。

其次，在营销宣传中，它们突出“赠品受益一时，知识受用一生”的主题。这一点上，又与中国人强调“受人以鱼，不如授人以渔”暗合。面对市场上众多的广告炒作，不玩弄概念、不兜圈子，将产品知识和盘托出，打破了存在于生产者和消费者之间的“信息不对称”，不能不说给国人以雪中送炭之感。

其实，对于绝大多数的消费者而言，买的最终还是产品而非赠品，抓住这一心理，在文化营销上做得精巧些、做得大气点，既加强了消费者和生产者之间的交流，又有利于培养品牌忠诚度，何乐而不为？

活动2：“世纪上新品，老外发红包”

蛇年伊始，西门子家电文化营销出了个奇招，制作“红包贺卡”向消费者拜年。巧妙的是，在红包里面还有一枚一元硬币，寓意“一元复始，万象更新”。可谓尽得中国传统文化之真味。

试想，哪个中国人没有收到过“压岁钱”呢？没有过对春节的企盼？这里既有美好温馨的祝愿，又有对一种文化的认同，老外拜年发红包，图的就是个新年新意。

再以广告为例，无论是新版的超薄洗衣机广告片，大气而充满诗情画意的景观变化，宛如一幅幅泼墨山水写意画，还是旧版冰箱广告片，诉求“持久锁住营养”，配之以赏心悦目的红苹果。从意境到色调到直观诉求都很合乎中国人的文化欣赏口味。相较之下，一些品牌在文化的运用上就生疏了许多。

资料来源：胡志刚．西门子家电的文化营销．中国营销传播网．2003-2-21.

案例讨论

1. 在本案例中，西门子采用了哪些促销手段？
2. 联系本案例，谈谈跨文化营销中应注意的问题。

复习题

1. 国际市场营销中促销的含义是什么？
2. 什么是促销组合？每种促销手段的功能是什么？
3. 找一个中国市场的实例，讨论企业如何在国际市场营销中运用公共关系策略。
4. 请结合实例谈谈国际市场营销企业如何进行危机公关。
5. 国际广告决策有几种类型？如何正确处理和协调国际市场营销中广告的标准化与差异化的关系？
6. 在进行国际广告决策时，企业应该主要考虑哪些因素？
7. 请结合实例谈谈销售促进的类型和每一种推广模式的优缺点。

思考及实践题

资料一：渣打，你的“理想伙伴”

在全世界59个国家拥有1 200多家分支机构，在众多类似于浦东陆家嘴的财富展台拥有一席之地的渣打银行，希望自己在顾客和公众心目中是个什么形象？如果你认为这家拥有 150 年历史的英国银行希望以盛装华服的富豪形象出现，那就错了。

渣打银行为成为这样一项“世界上最伟大的运动”的主要赞助商而自豪，这项运动并不是已经成为上流社会生活的符号高尔夫，也不是炫耀财富的帆船赛，而是坚持了 11 年的“渣打马拉松”。平均每 6 个香港人中就有一名跑过“渣打马拉松”，渣打银行未参与前这项比赛只有几百名参赛者，现在已经突破 40 万。

汗水、尘土、世界上最漫长的赛道、精疲力竭地坚持，很难把这些与一家银行结合起来？这正是渣打想要的。“成为你的理想伙伴”，是渣打银行董事局主席戴维斯 6 年前总结出来的品牌精髓。而一个参与者众的马拉松赛事，正是渣打认为最能体现这一品牌精髓的。“伙伴”是一个令人想起来会感到温暖的词语，同时还意味着信任、坚持、为你着想和付出，渣打希望自己在客户心目中，是这样一家银行。

讨论题

1. 渣打银行的品牌精髓是什么？在消费者心中的形象定位是怎样的？

2. 在其品牌及形象的塑造中，渣打采用了哪些公共关系策略？

3. 如果你是渣打银行的公关部经理，你还会在中国市场推出怎样的促销举动？

资料二：政府公关——跨国企业的中国式营销之舞

1998 年中国政府下达传销禁令，对于中国境内所有以传销方式进行销售的公司全部进行停业整顿，禁止传销。消息一出，以直销作为企业主营模式的美国安利受到严重的打击。安利高层迅速启动政府公关以挽救企业危机。在安利公司游说安排下，美国贸易谈判代表巴尔舍夫斯基借约见国务委员吴仪的机会，提出有关 3 家美资的直销公司在中国的出路问题。同时，安利借克林顿即将访华的机会，再次就直销转型问题与中国相关部门进行磋商。在安利的努力下，中国政府相关部门迅速成立专项小组，协助安利等外资直销公司进行转型。不久，安利（中国）以“店铺销售加雇佣推销员”的方式完成转型经营，出色的政府公关使安利在中国化解了一场灭顶之灾。

与安利一样，摩托罗拉、微软等跨国巨头自进入中国以来，最重要的企业战略之一就是构筑良好的政府关系。“我们在任何国家公共事务的角色都是向当地政府说明：‘我们的立场为什么最符合你们的公众利益’”。美国联邦快递 UPS 在政府公关准则手册中这样写道。这一条原则，可以说是所有跨国企业的政府公关的核心原则之一。

跨国企业在中国进行政府公关，主要遵循着以下三项原则：与政府部门进行主动沟通；与政府建立互信基础；与政府进行利益互惠。跨国企业在中国获得的良好发展，与其出色的政府公关能力有密切关系。从这个角度看，本土企业要发展壮大，就必须如跨国企业一样，从战略层面重视政府公关，从策略层面切实推进政府公关，将政府公关变成企业发展的助推剂。

资料来源：林景新．政府公关：跨国企业的中国式营销之舞［R］．2005-11-8．全球品牌网．http：//www.globrand.com.

案例讨论

1. 在本案例中，所提到的跨国公司有哪几家？它们分别采取了哪些公共关系营销的手段或方式？这样的公共关系活动，对于它们在国际市场上的商务活动有怎样的帮助和收益？

2. 促销是促进销售的简称，是企业与顾客之间的沟通过程。除了本案例中提到的公共关系活动以外，还有哪些促进销售的方式或沟通方式?

本章注释

[1] Warren. J. Keegan, Mark C. Green. Global Marketing [M]. 4th Ed. Pearson Education, 2005: 336.

[2] 罗添，李蒸. 中国公关行业收入80亿元：等于国际公司一年收入 [R/OL]. 2007-4-6. 中国经济网. http: //www. ce. cn.

[3] 中国公关业年营业额估为210亿元，增25% 远超GDP. 中华工商时报. 2011-4-11.

[4] 诺基亚获中国208亿订单 [N/OL]. 信息时报，2006-9-15. http: //www. ciweekly. com.

[5] 习近平在中土经贸合作论坛上的讲话. 中国经济网. www. ce. cn. 2012-2-23.

[6] 中海油为什么海外并购失败：魔鬼存在于细节中 [N/OL]. 财富时报，2005-12-29. http: //finance. sina. com. cn.

[7] 国家发展计划委员会调查组. 利用外资促进行业调整的新探索——我国感光材料行业企业与柯达公司合资合作情况调查报告 [R]. 人民日报，1999-8-10 (2).

[8] 袁卫东. 跨越——柯达在中国 [M]. 北京：中信出版社，2005年.

[9] 卢泰宏. 解读中国营销密码 [R/OL]. 2001-8-4. http: //www. brandgoo. com.

[10] 许朝辉. 柯达的中国之路 [J/OL]. 北大商业评论. 2004 (2). http: //www. mie168. com.

[11] 谭周长. 海尔赞助NBA的阳谋 [R]. 2006-4-17. http: //www. boraid. com.

[12] 实力传播 (Zenithoptimedia). http: //www. zenithoptimedia. com.

[13] 周小华. 从海尔集团美国建厂看海尔国际化战略 [R]. 2004-8-13. 中西慧通 (北京) 有限公司. http: //learning. sohu. com.

[14] 卢泰宏，彭玲. 广告公司在嬗变中转换角色 [J/OL]. 销售与市场. 2008-8-23. http: //www. 51cmc. com.

[15] 何佳讯，卢泰宏. 跨国公司中国市场传播策略 [J] 中国广告. 2002 (3): 34-38.

[16] 何佳讯，卢泰宏. 中国营销25年 (1979~2003) [M]. 北京：华夏出版社，2004.

[17] 市场营销基本知识. http: //hi. baidu. com/wonfeng/blog.

[18] 席佳琳. CCTV广告招标成交额再创新高.《金融时报》. http: //www. ftchinese. com/. 2011-11-09.

[19] 吴晓波. 大败局 [M]. 浙江：浙江人民出版社，2007: 202.

[20] 艾瑞iAdTracker: 2011年Q2网络广告投放回暖. BNET商学院. http: //www. bnet. com. cn/. 2011-08-17.

[21] 谢春林. 违规广告难治的原因和治理思路 [J]. 视听杂志. 2006 (2).

[22] 菲利普R. 凯特拉奥，等. 国际市场营销学 [M]. 12版. 周组城，等译. 北京：机械工业出版社，2005: 335.

[23] 李黎莉. 央视广告招标，一场垄断盛宴 [J/OL]. 中国新闻周刊. 总第206期. 2004-11-30. http: //business. sohu. com.

[24] 央视《新闻联播》前 20 秒报时广告招标 5.5 亿元．华商报．2010-11-09. http：//hb. qq. com.

[25] 苏比哈什 C. 贾殷．国际市场营销［M］.6 版．吕一林，雷丽华译．北京：中国人民大学出版社，2004：369.

[26] 平安首推车险电话直销［N/OL］．东方早报，2007-8-1. http：//www. rmic. cn.

[27] 中国直销网．http：//www. zhixiaowang. cn.

[28] 电视购物网．http：//www. chinatvshopping. com.

[29] 胡志刚．西门子家电的文化营销．中国营销传播网．www. emkt. com. cn．2003-2-21.

[30] 逯宇铎，常士正．国际市场营销学［M］．北京：机械工业出版社，2004：377.

[31] 07 十大商业新闻出炉：家乐福促销引发踩踏事故榜上有名［N/OL］．市场报，2008-1-9. http：//www. 28. com.

[32] 工商总局下严令年底家电促销噱头减少［N/OL］．南方都市日报，2007-12-5. http：//news. soufun. com.

参考文献

［1］阿尔·里斯，杰克·特劳特．定位［M］．谢伟山，等译．北京：机械工业出版社，2011.

［2］达娜—尼科莱塔·拉斯库．国际市场营销学［M］．马连福，等译．3 版．北京：机械工业出版社，2010.

［3］菲利普 R. 凯特奥拉，玛丽 C. 吉利，约翰 L. 格雷厄姆．国际市场营销学［M］．赵银德，等译．14 版．北京：机械工业出版社，2009.

［4］肯尼思 E. 克洛，唐纳德·巴克．广告、促销与整合营销传播［M］．3 版．北京：清华大学出版社，2008.

［5］罗格 D. 布莱克韦尔等．消费者行为学［M］．吴振阳，等译．机械工业出版社，2003.

［6］迈克尔 D. 怀特．国际营销错误案例：公司原本不应犯的错误［M］．董俊英，译．北京：经济科学出版社，2003.

［7］莱弗拉·里卡德，基特·杰克逊．《金融时报》营销案例［M］．文红，等译．2 版．北京：中国人民大学出版社，2004.

［8］罗杰·贝内特，吉姆·布莱斯．国际营销［M］．刘勃，译．3 版．北京：华夏出版社，2005.

［9］查尔斯·拉姆，小约瑟夫·海尔等．市场营销学［M］．徐岚，译．3 版．北京：机械工业出版社，2010.

［10］陈启杰．现代国际市场营销学［M］．上海：上海财经大学出版社，2000.

［11］陈信康．市场营销学案例集［M］．上海：上海财经大学出版社，2003.

［12］菲利普·科特勒，洪瑞云，梁绍明等．市场营销原理（亚洲版）［M］．何志毅，译．北京：机械工业出版社，2006.

［13］甘碧群．国际市场营销学［M］．武汉：武汉大学出版社，1999.

［14］高秀丽等．市场营销［M］．上海：上海财经大学出版社，2007.

［15］郭国庆．市场营销学通论［M］．3 版．北京：中国人民大学出版社，2006.

［16］国务院发展研究中心企业研究所课题组，陈小洪．中国企业国际化战略［M］．北京：人民出版社，2006.

［17］何佳讯，卢泰宏．中国营销 25 年（1979—2003）［M］．北京：华夏出版社，2004.

［18］胡凌，胡志安．国际市场营销［M］．北京：清华大学出版社，2004.

［19］胡卫夕，宋逸．微博营销——把企业搬到微博上［M］．北京：机械工业出版社，2011.

[20] 杰弗里·埃德蒙·柯里．国际营销：向国际市场进军和渗透［M］．竺彩华，等译.2版．北京：经济科学出版社，2002.
[21] 兰苓．市场营销学［M］．北京：机械工业出版社，2008.
[22] 李尔华．国际营销实务［M］．北京：中国人民大学，2004.
[23] 李健．国际市场营销理论与实务［M］．大连：东北财经大学出版社，2006.
[24] 李晏墅．市场营销学［M］．北京：高等教育出版社，2008.
[25] 李颖生．跨国公司的中国市场谋略［M］．南昌：江西人民出版社.2004.
[26] 卢强．定价［M］．北京：机械工业出版社，2011.
[27] 卢泰宏．跨国公司行销中国［M］．广州：广东旅游出版社，2002.
[28] 逯宇铎，常士正．国际市场营销学［M］．北京：机械工业出版社，2004.
[29] 迈克尔·津科特，伊尔卡·朗凯恩．国际市场营销学［M］．陈祝平，译．北京：电子工业出版社，2004.
[30] 荣小华．消费者行为学［M］.2版．大连：东北财经大学出版社.2006.
[31] 斯蒂芬P. 罗宾斯．今日商务［M］．张海森，宿玉荣，译．北京：中信出版社.2004.
[32] 苏比哈什C. 贾殷．国际市场营销［M］．吕一林，雷丽华，译.6版．北京：中国人民大学出版社，2004.
[33] 万后芬等．市场营销教学案例［M］．北京：高等教育出版社，2003.
[34] 汪中求．细节决定成败［M］.2版．北京：新华出版社，2004.
[35] 王继忠，方真．国际市场营销［M］．北京：清华大学出版社，2004.
[36] 吴景胜．国际行销［M］．厦门：厦门大学出版社，2004.
[37] 吴晓波．大败局［M］．杭州：浙江人民出版社，2007.
[38] 吴晓波．激荡三十年：中国企业1978—2008［M］．北京：中信出版社，2008.
[39] 阎国庆．国际市场营销学［M］．北京：清华大学出版社，2004.
[40] 杨红涛．现代市场营销学：超越竞争，为顾客创造价值［M］．北京：机械工业出版社，2009.
[41] 杨勇．市场营销：理论、案例与实训［M］．北京：中国人民大学出版社，2006.
[42] 袁卫东．跨越——柯达在中国［M］．北京：中信出版社，2005.
[43] 甄伟，米俊．市场营销失败案例分析［M］．北京：中国经济出版社，2003.
[44] 钟旭东．市场营销价值的认识与实现［M］．北京：机械工业出版社，2007.
[45] Alan Rugman. The End of Globalizaiton［M］. UK：Pandom House，2000.
[46] Ankie Hoogvelt. Gloabalization and the Postcolonial World［M］.2nd ed. London：Palgrave，2001.
[47] David Boddy，Robert Paton. Management：An Introduction［M］. London：Prentice Hall，1998.
[48] Frans J. Schuurman. Globalization and Development Studies［M］. London，Thousnd oaks.
[49] LCCIEB. How to Pass Marketing. 2nd level. London：LCCIEB，1999.
[50] Mankiw，N. G. Principle of Economics. Beijing：China Machine Press，1997.
[51] Michael R. Czinkota，Llkka A. Ronkainen. Michael H. Moffett. International Business［M］.5th Ed. New York：Thomson Learning.
[52] Panitchpakdi Supachai，Clifford Mark L. China and the WTO. Singapore：Jhon Wiley &Sons

(Asia) Pte Ltd, 2002.

[53] Philip Kotler, Swee Hoon Ang, Siew Meng Leong, Chin Tiong Tan. Marketing Management: An Asian Perspective [M]. 3rd ed). Pearson Education.

[54] Pillp R. Cateora, John L. Graham. International marketing [M]. 12th ed. New York: Mc-Graw Hill, 2005.

[55] Russell S. Winer. Marketing Management [M]. New York: Prentice Hall, 2000.

[56] Thomas S. Bateman, Scot A. Snell. Management: Competing in the New Era [M]. 5th ed. New York: McGraw-Hill Company, Inc, 2002.

[57] Mary Trigwell Jones. How to Pass Business Practice [M]. 2nd Level. London: LCCIEB, 1999.

[58] Warren J. Keegan, Mark C. Green. Global Marketing [M]. 4th ed. New York: Pearson Education, 2005.

[59] William Greider. One World, Ready or Not: the Manic Logic of Global Capitalism [M]. London: Simon& Schuster, 1997.

[60] William D. Perreault, E. Jerome McCarthy. Basic Marketing: A Global-Managerial Approach [M]. 14th ed. New York: McGraw-Hill Company, Inc. 2002.

推荐阅读

[1] Advertising age. http：//www. advertisingage. com/

[2] American Marketing Association（美国营销协会）. http：//www. marketingpower. com/

[3] APEC. http：//www. apec. org/

[4] Forturn. http：//money. cnn. com/

[5] http：//icmr. icfai. org/

[6] International Trade Center. （UNCTAD/WTO）. http：//www. intracen. org/index. htm

[7] Kotler Marketing Group. http：//kotlermarketing. com/

[8] Made in China. http：//www. made-in-china. com/

[9] Marketing Teacher. http：//www. marketingteacher. com/

[10] MBA 智库百科 . http：//wiki. mbalib. com/

[11] Mc Graw Hill on-line learning center. http：//highered. mcgraw-hill. com/

[12] Promotiong Marketing Association. http：//www. pmalink. org/

[13] Tax and Accounting Sites Dictionary. http：//www. taxsites. com/

[14] The Leigh Bureau. http：//leighbureau. com/

[15] The World Bank. www. wb. org

[16] The World Factbook. www. cia. gov

[17] Website Marketing Plan. http：//www. websitemarketingplan. com/

[18] World Federation of Direct Selling Associations（世界直销协会联盟）http：//www. wfdsa. org/

[19] World Trade Organization. www. wto. org

[20] 博锐管理在线 http：//www. boraid. com

[21] 成功营销 . http：//cn-marketing. hexun. com/

[22] 泛太直销研究网 . http：//ppdsi. com/

[23] 环球企业家 . http：//www. gemag. com. cn/

[24] 新浪潮 . http：//www. nwmag. cn/

[25] 价格扫描网 www. pricescan. com

[26] 价格在线 . www. priceline. com

[27] 经济观察报 . http：//finance. sina. com. cn/.

［28］美国管理协会（中国）. http：//www. amachina. com/cn/
［29］商学院 . http：//www. bmronline. com. cn/
［30］商业评论 . http：//www. hbrchina. com/
［31］上海合作组织经济合作网 . http：//www. sco-ec. gov. cn/
［32］世界经理人 . www. icxo. com
［33］思路资讯 . http：//www. silkrc. com/
［34］销售与市场 . www. cmmo. com. cn
［35］新营销 . http：//www. nmktmag. com/
［36］营销学苑 . http：//www. yxxy-mg. com/
［37］致信网 . http：//www. mie168. com/
［38］智能购物代理商 . www. bots. com
［39］中国广告传播网 . http：//www. 789aaa. com/
［40］中国国际贸易促进会 中国国际商会 . http：//www. ccpit. org/
［41］中国零售企业网 . http：//www. leadshop. com. cn/www/Carrefour/
［42］中国商标网 . www. ctmo. gov. cn
［43］中国商标注册在线 . http：//www. tmchina. cn/
［44］中国商标专网 . http：//www. cha-tm. com. cn/
［45］中国营销传播网 http：//www. emkt. com. cn/
［46］中国直销传播网 http：//www. cnmlm. com/cn/
［47］中国直销网 . http：//www. zhixiao. cn/
［48］中国直销网 . http：//www. zxw114. com/
［49］中华人民共和国商务部 http：//www. mofcom. gov. cn/

市场营销学

课程名称	书号	书名、作者及出版时间	版别	定价
市场营销学（营销管理）	978-7-111-43017-9	市场营销学（第11版）（阿姆斯特朗、科特勒）（2013年）	外版	75
市场营销学（营销管理）	978-7-111-31520-9	市场营销学（第3版）（拉姆）（2010年）	外版	49
市场营销学（营销管理）	978-7-111-38252-2	市场营销原理（亚洲版）（英文版·第2版）（科特勒）（2012年）	外版	79
市场营销学（营销管理）	978-7-111-43202-9	市场营销原理（亚洲版·第3版）（科特勒）（2013年）	外版	79
国际市场营销学	978-7-111-38840-1	国际市场营销学（第15版）（凯特奥拉）（2012年）	外版	69
国际市场营销学	978-7-111-29888-5	国际市场营销学（第3版）（拉斯库）（2010年）	外版	45
国际市场营销学	978-7-111-29200-5	国际市场营销学（英文版·第3版）（拉斯库）（2010年）	外版	56
服务营销学	978-7-111-36293-7	服务营销（第5版）（泽丝曼尔）（2011年）	外版	78
服务营销学	即将出版	服务营销（第6版）（泽丝曼尔）（2014年）	外版	75
服务营销学	978-7-111-44625-5	服务营销（第7版）（洛夫洛克）（2013年）	外版	79
服务营销学	978-7-111-35736-0	服务营销（英文版·第5版）（泽丝曼尔）（2011年）	外版	85
市场营销专业英语	978-7-111-22485-3	市场营销专业英语（沈铖）（2007年）	本版	25
市场营销学（营销管理）	978-7-111-42983-8	市场营销管理：需求的创造、传播和实现（第3版）（“十二五”国家级规划教材）（精品课）（钱旭潮）（2013年）	本版	39
市场营销学（营销管理）	978-7-111-36268-5	市场营销基础与实务（第2版）（高凤荣）（2011年）	本版	35
市场营销学（营销管理）	978-7-111-37474-9	市场营销基础与实务（精品课）（肖红）（2012年）	本版	36
市场营销学（营销管理）	978-7-111-32795-0	市场营销实务（李海琼）（2011年）	本版	34
市场营销学（营销管理）	978-7-111-29816-8	市场营销实训教程（郝黎明）（2010年）	本版	32
市场营销学（营销管理）	978-7-111-42825-1	市场营销学（曹垣）（2013年）	本版	39
市场营销学（营销管理）	978-7-111-24623-7	市场营销学（兰苓）（2008年）	本版	32
市场营销学（营销管理）	978-7-111-46806-6	市场营销学（李海廷）（2014年）	本版	35
市场营销学（营销管理）	978-7-111-28089-7	现代市场营销学：超越竞争，为顾客创造价值（精品课）（杨洪涛）（2009年）	本版	35
市场营销学（营销管理）	978-7-111-39589-8	营销管理（第2版）（王方华）（2012年）	本版	39
国际市场营销学	978-7-111-44117-5	国际市场营销（刘宝成）（2013年）	本版	39
国际市场营销学	978-7-111-39277-4	国际市场营销学（第2版）（精品课）（李威）（2012年）	本版	38
服务营销学	即将出版	服务营销教程（郑锐洪）（2014年）	本版	35
服务营销学	978-7-111-39417-4	服务营销学（聂元昆）（2012年）	本版	35

华章教育

经济管理类精品规划教材系列

课程名称	书号	书名、作者及出版时间	定价
税务筹划	978-7-111-45031-3	税务筹划与国际税务（王素荣）（2013年）	39
国际财务管理	978-7-111-26975-5	国际财务管理（“十一五”国家级规划教材）（崔学刚）（2009年）	35
财务管理（公司理财）学习指导	978-7-111-22593-5	财务管理案例习题集（夏光）（2007年）	28
财务管理（公司理财）	978-7-111-44665-1	财务管理原理（第2版）（王明虎）（2013年）	35
财务管理（公司理财）	978-7-111-31468-4	公司财务管理（吴立范）（2010年）	48
财务管理（公司理财）	978-7-111-46442-6	公司财务管理（叶陈刚）（2014年）	39
财务管理（公司理财）	978-7-111-33229-9	公司理财（周夏飞）（2011年）	38
财务分析	978-7-111-17048-8	财务分析（第2版）（“十一五”国家级规划教材）（鲁爱民）（2008年）	30
现代服务学导论	978-7-111-22976-6	现代服务学导论（“十一五”国家级规划教材）（李琪）（2008年）	32
网络支付与结算	978-7-111-22890-5	网络支付（黄超）（2008年）	30
网络支付与结算	978-7-111-30379-4	网上支付与电子银行（帅青红）（2010年）	29
网络营销	978-7-111-35888-6	网络营销（杨路明）（2011年）	32
电子商务物流管理	978-7-111-44294-3	电子商务物流管理（第2版）（杨路明）（2013年）	39
电子商务法	978-7-111-32870-4	电子商务法（张继东）（2011年）	32
电子商务安全管理	978-7-111-32556-7	电子商务安全与电子支付（第2版）（杨坚争）（2011年）	28
战略管理	978-7-111-30855-3	战略管理：获取竞争优势之道（张文松）（2010年）	38
运营管理	978-7-111-45739-8	生产与运作管理（第2版）（陈志祥）（2014年）	35
运营管理	978-7-111-46120-3	运营管理（第3版）（马风才）（2014年）	35
领导学	即将出版	领导学：方法与艺术（第2版）（仵凤清）（2014年）	36
管理学学习指导	978-7-111-44584-5	管理学学习指导（郝云宏，向荣）（2013年）	35
管理学	978-7-111-43793-2	管理学（郝云宏、向荣）（2013年）	39
管理学	978-7-111-35399-7	管理学（李彦斌）（2011年）	35
管理学	978-7-111-44254-7	现代管理学（第2版）（“十一五”国家级规划教材）（张英奎）（2013年）	30
创业管理	978-7-111-36622-5	创业学（张文松）（2011年）	29
质量管理	978-7-111-41192-5	质量管理（第2版）（马风才）（2013年）	30
项目管理	978-7-111-32042-5	项目管理（孙新波）（2010年）	39
项目管理	978-7-111-40259-6	项目管理概论（第2版）（宋伟）（2012年）	30
税务会计	978-7-111-41879-5	纳税会计（王红云）（2013年）	39
会计学	978-7-111-46279-8	会计学基础（邱玉莲）（2014年）	39
管理会计	978-7-111-46850-9	管理会计：理论·模型·案例（第2版）（精品课）（温素彬）（2014年）	40
成本管理会计	978-7-111-44597-5	成本管理会计（第3版）（精品课）（崔国萍）（2013年）	38
组织行为学	978-7-111-46172-2	组织行为学（第2版）（王晶晶）（2014年）	35
组织行为学	978-7-111-27494-0	组织行为学（肖余春）（2009年）	38
薪酬管理	978-7-111-44129-8	薪酬管理理论与实务（第2版）（刘爱军）（2013年）	39
人力资源管理	978-7-111-44594-4	人力资源管理（张英奎）（2013年）	35
人力资源管理	978-7-111-43953-0	人力资源开发与管理（冯光明）（2013年）	39
营销策划	978-7-111-38329-1	营销策划：方法、技巧与文案（第2版）（孟韬）（2012年）	39
消费者行为学	即将出版	消费者行为学（第3版）（王曼）（2014年）	39
市场营销学（营销管理）	978-7-111-42983-8	市场营销管理：需求的创造、传播和实现（第3版）（“十二五”国家级规划教材）（精品课）（钱旭潮）（2013年）	39
市场营销学（营销管理）	978-7-111-24623-7	市场营销学（兰苓）（2008年）	32
市场调研与预测	978-7-111-41102-4	市场研究：方法与应用（唐小飞）（2013年）	39
商务谈判	978-7-111-23176-9	商务谈判实务与案例（石永恒）（2008年）	28
品牌管理	978-7-111-45544-8	品牌审美与管理（李杰）（2014年）	45
零售营销（管理）	978-7-111-38292-8	零售营销（李桂华）（2012年）	39
客户关系管理	978-7-111-39847-9	客户关系管理：概念、技术与策略（苏朝晖）（2012年）	32
国际市场营销学	978-7-111-39277-4	国际市场营销学（第2版）（精品课）（李威）（2012年）	38
广告策划	978-7-111-42350-8	广告策划：实务与案例（第2版）（吴柏林）（2013年）	35